한반도
국제정치의
비극

동북아 패권경쟁과 한국의 선택

전봉근

박영사

냉전기 한국의 최대 외교안보 과제는 대북 전쟁 억제와 남북통일이었다. 탈냉전기의 최대 과제는 남북관계 개선과 한반도 비핵평화체제 정착이었다. 그런데 남북 분단 78년, 한국전쟁 종전 70년, 탈냉전 33년이 지난 오늘 한반도 현실은 그런 기대와 크게 다르다. 남북관계 개선, 한반도 비핵평화는 고사하고, 북한은 핵무장 했고 한반도 정세는 제2의 한국전쟁을 우려할 정도로 악화했다. 2010년대 후반 들어 미중 패권경쟁이 치열해지면서, 동북아, 특히 한반도가 초강대국 간 지정학적 경쟁의 한 복판에 놓였다. 따라서 북핵문제에 더해 미중 패권경쟁에 대한 효과적인 대응이 사활적인 외교안보 과제가 되었다.

안타깝게도 이 과제들은 상당 기간 해결될 조짐이 없을 뿐 아니라, 오히려 더욱 악화할 가능성이 크다는 데 문제가 있다. 이 과제들은 정치군사적 성격을 가진 데다 휘발성이 커서 조그만 충격에도 한국의 국익에 치명적인 결과를 초래하는 공통점이 있다. 결국 한국 외교는 과거에 그랬듯이 앞으로도 남북 분단, 북한 핵무장, 미중 패권경쟁, 한일 갈등 등 중층적인 외교안보 위협요인과 투쟁하고 관리하며 살아갈 가능성이 크다.

한국은 왜 이런 복합적인 외교안보 위기에 빠지게 되었나? 지속가능한 평화와 번영을 보장하기 위해 한국은 어떻게 대응해야 하나? 이런 상황인식과 의문이 필자가 이 책을 쓰게 된 배경이다. 이런 문제의식은 필자만의 것이 아니라, 우리국민과 외교안보통일 연구자들이 다함께 공감하는 문제일 것이다.

보통 외교안보는 어떤 나라에서나 국민의 일상적인 고민거리는 아니다. 한국전쟁, 베트남전쟁, 우크라이나전쟁과 같이 개개인의 생명이 걸린 전시는 다르지만, 평상시 일반 국민은 공기와 같이 외교안보를 잊고 지낸다. 그런데 평시에도 국민 개개인이 외교안보 동향에 촉각을 세워야만 하는 나라가 있다면, 아마 한국을 손꼽을 것이다. 탈냉전기에도 줄곧 핵 위기와 전쟁 위기에 시달렸던 나라는 아마 한국이 유일할 것이다. 한국은 세계 유일의 분단국으로서 북한과 제로섬적인 서로 '먹고 먹히는' 안보경쟁 관계에 있다. 휴전선은 군사력 밀집도와 군사적 긴장도가 세계 최고이다. 북한은 9개 핵무장국(nuclear-armed state) 중에서 유일하게 핵 선제공격을 위협하는 나라인데, 그 대상이 바로 한국이다. 북한의 임박한 핵공격에 대해 한국도 선제공격 대응 원칙을 갖고 있는데, 이렇게 상시적으로 서로 선제공격을 위협하는 나라는 세계 어디에도 찾기 어렵다.

역사적으로 한반도는 동북아 패권경쟁이 발생할 때마다 이에 끌려드는 지정학의 활성단층 지대에 있었다. 한반도는 20세기 중반 미국과 소련의 지정학적 결정으로 분단되었고, 오늘은 미중 패권경쟁이 초래한 지정학적 소용돌이에 다시 빠졌다. 오늘 한국은 세계 10대 종합국력 중견국가, 6대 군사 강국이라고 하지만, 남북 분단과 주변 강대국으로 인해 '안보 취약국가'의 본질은 그대로이다. 한국은 세계 10대 경제 대국이지만, 자원빈곤 국가이자 제한된 내수시장을 가진 '경제 취약국가'의 본질도 변하지 않았다. 한국경제의 대외 의존도는 세계 최고 수준이며, 에너지·식량·자원의 자급률은 최저 수준이다. 미중 패권경쟁과 각자도생 시대에 국가 간, 진영 간 지정학적, 지경학적 무한경쟁이 벌어지면서, 한국의 안보적, 경제적 취약성은 더욱 커질 전망이다.

동북아에서 세계적 강대국에 둘러싸인 중소국가 한국은 '끼인 국가'의 비운을 온몸으로 겪고 있다. 한반도의 비극은 동북아 지정학과 강대국 정치의 산물이다. 한반도는 전통적으로 유목세력과 농경세력, 그리고 대륙세력과 해양세력이 충돌하는 중간 지대였다. 임진왜란, 청일전쟁, 러일전쟁, 한국전쟁 등 강대국들이 대거 참전했던 동북아 대전(大戰)은 한반도를 끼고 발생했다. 냉전기에는 자유진영과 공산진영이 충돌하는 단층선이 한반도를 갈랐고, 양대 진영이 직접 충돌했던 한국전쟁으로 인해 남북 분단은 더욱 고착되었다. 21세기에는 미중 패권경쟁이 한반도를 신냉전의 전장(戰場)으로 만들었다.

더욱이 한반도는 중층적인 지정학적 단층 지대에 있다. 이런 지정학적 구조는 한반도에서 평화정착과 통일 노력이 반복적으로 실패하고, 갈등과 분단이 재생산되는 주요 배경이다. 오늘 한반도에는 미중 간, 중일 간, 남북 간 등 삼중의 지정학적 단층이 활성화되었다. 국내에서 대북, 대외정책을 둘러싼 남남갈등까지 포함하면, 한국은 사중(四重)의 지정학적 단층대에 살고 있다고 하겠다. 이런 한반도의 비상(非常)한 지정학적 토양은 비상한 대응책을 요구한다. 이런 한반도와 동북아의 지정학을 객관적으로 분석하고, 한반도의 영구평화와 번영을 위한 국가 대전략을 찾는 것은 현 시대 정치인과 전문가들의 역사적 소명이자 숙제가 아닐 수 없다.

이 책은 필자가 2010년대 중반부터 이런 문제의식을 갖고 수행한 연구의 결과물이다. 당시 중국의 부상이 지속되면서, 동북아에서 미중 경쟁, 중일 경쟁, 북중 관계 긴밀화, 한미일 대 북중러 진영화 현상 등이 부각되었다. 필자는 이런 동북아 국제정치 동향에 대한 대응을 염두에 두고, 본격적으로 중소국 외교, 한국의 국가 정체성, 동북아 지정학, 한국의 지전략과 대전략 등에 대한 연구를 진행했다. 국립외교원 외교안보연구소에서 '중소국 외교 세미나 시리즈'를 운영하고, '외교전략연구센터'의 책임교수도 맡았었다. 2019년 화웨이 5G 통신장비 사태를 계기로 외교부가 미중 경쟁에 대한 대응책을 수립하기 위해 외교전략조정회의를 가동할 때, 국립외교원을 대표하여 참가했었다. 관련 연구 결과는 국립외교원 외교안보연구소 정책연구시리즈와 주요국제문제분석으로 발표되었다.

이 책은 아래의 논문과 보고서를 수정 보완하고 재구성하여 집필했다. 포함된 정책연구시리즈 논문은 "21세기 한국 국제안보 연구: 개념과 실제"(2015), "동북아 세력정치와 한국 안보"(2018), "중소 중추국 외교전략과 한국 외교"(2018), "미중 경쟁 시대 한국의 중간국 외교전략"(2019), "동북아 지정학과 한국 외교전략: 강중국과 중추국 정체성을 중심으로"(2020), "동북아 신지정학 시대 공동안보를 위한 지역안보협력 추진 전략"(2021), "동북아 전쟁과 한국의 지전략"(2022) 등이 있다. 주요국제문제분석 보고서는 "국가안보전략의 국익 개념과 체계"(2017), "미중 경쟁 시대의 동북아 국제정치와 한국 안보"(2017), "북핵 해법 논쟁과 한반도 비핵·평화공존체제"(2018), "미중 경쟁 시대 정체성 기반 국익과 신외교 원칙"(2019), "코로나19 팬데믹의 국제정치와 한국 외교 방향"(2020), "미중 경쟁 시대의 동북아 평화협력 추진 전략"(2021), "한국 외교를 위한 전략의 역할과 방법"(2022) 등이 있다.

이 책의 1부는 과거와 현재 동북아 지정학과 패권경쟁 동향을 분석하고 평가했다. 동북아의 패권경쟁은 역내 국제정치의 반복되는 현상이라는 점을 주장하고, 중소국으로서 강대국 세력경쟁 사이에 끼인 한국의 딜레마와 비극을 분석했다. 2부는 한국 외교의 '전략 빈곤' 현상을 분석하고, 전략적 사고의 방법과 국가안보전략 체계를 제시했다. 그리고 지속가능한 외교전략을 수립하는 데 필수적인 국가 정체성을 제시하고 토론했다. 3부에서는 미중 패권경쟁 사이에서 한국의 효과적이고 지속가능한 외교전략을 제시했다. 효과적이고 지속가능한 외교전략을 수립하려면 국가 정체성에 기반을 둔 외교전략과 국민합의가 필요하다는 점도 강조했다.

이 책은 필자의 정년퇴임기념 저술이다. 필자가 학업을 끝내고 외교안보 분야에 종사한 지 30년이 지났다. 탈냉전기의 외교안보 격변기 동안에 필자는 정부 안팎에서 외교안보 업무에 직간접적으로 참여하고, 연구할 기회를 가졌다. 필자가 그동안 집중했던 과제 중 하나인 북핵문제에 대해서 30년에 걸친 실무경험과 연구 결과를 『비핵화의 정치 (2020)』, 『북핵 위기 30년(2023)』에 담았다.

이 책이 완성되기까지 주변에 많은 신세를 졌다. 동료 교수와 학계 전문가들의 지적 자극과 교류는 이 글을 집필한 원동력이 되었다. 수시로 나라의 앞날을 생각하며 한국의 외교안보전략을 같이 토론했던 이동희, 전경만, 한용섭, 박영호, 김태현, 이상현, 김흥규, 전재성, 신범식, 박병광, 이수형, 박인휘, 이병철 박사님께 감사드린다. 이 책이 발간될 수 있도록 안내해 주신 한용섭 박사님께 특별히 감사드린다. 이 책이 완성되도록 도와준 유지선, 김자희, 김수겸 연구원에게도 감사의 마음을 전한다. 집필하면서 부족한 부분이 있었지만, 다음을 기약하기로 했다. 마지막으로 이 책이 한반도의 비핵평화, 동북아의 평화공영체제를 구축하는 데 한 장의 벽돌로 쓰이기를 소망한다. 그리고 윤정, 재은 두 딸과 그의 아이들은 핵 위기, 전쟁 위기가 없는 세상에서 살게 되기를 염원한다.

제1부

동북아 패권경쟁과
한반도의 운명

제1장

미중 경쟁에 대한
한국의 딜레마와 고민

'역사의 종언'에서 '역사의 반복'으로

2022년 2월 러시아의 우크라이나 침공은 탈냉전기 평화에 대한 유럽인과 세계인의 꿈을 깨어버리고, 현 국제질서의 취약성을 일깨운 대사건이었다. 우크라이나 전쟁의 충격파는 유라시아 대륙을 가로질러 반대편에 있는 동북아에도 고스란히 전달되었다. 동북아 지역은 전통적으로 강대국의 세력경쟁이 집중되는 지정학적 지진대이다. 탈냉전기에 미국 주도의 일시적인 평화기가 있었지만, 탈-탈냉전기 들어 미중 전략경쟁, 북한 핵무장, 역내 군비경쟁이 치열해졌다. 우크라이나 전쟁은 이런 동북아의 불안정성을 더욱 증폭시켰다. 사실 2010년대 들어 동아시아지역, 특히 대만과 한반도가 세계 최대의 전쟁 발화점으로 손꼽혔다는 점을 고려할 때, 이 지역에서 내일 군사적 충돌이 발생하더라도 그리 놀랄 일이 아니다. 그렇다면 한국은 사면초가(四面楚歌) 또는 '퍼펙트 스톰'으로 알려진 위험천만한 동북아 안보 정세 속에서 어떻게 지속가능한 평화와 안녕을 보장할 것인가?

2010년대 후반의 갑작스러운 국제정세의 악화는 그 이전 탈냉전기의 세계평화와 국제협력 분위기와 크게 대조된다. 1991년 소련이 해체되고 공산진영이 붕괴하면서, 미국과 서방의 자유진영이 냉전의 최후 승리자로 떠올랐다. 세인들은 인간 이성과 과학기술의 발전으로 인류가 탄압과 전쟁과 빈곤의 굴레에서 벗어나, 마침내 자유와 평화와 풍요가 넘치는 역사 발전의 종착역에 도착했다고 믿었다. 프란시스 후쿠야마(Francis Fukuyama)는 그의 저명한 책 이름이 대변하듯이『역사의 종언(1989)』을 선언했다.

모든 전문가가 '역사의 종언'과 영구평화의 도래에 동의하지는 않았다. 현실주의 국제정치 이론가와 지정학자들은 탈냉전기의 미국 패권질서가 일시적인 현상이며, 강대국 세력경쟁과 시정학적 충돌이 재현될 것을 경고했다. 이들은 국제법적으로 평등한 주권국가로 구성된 국제사회의 '무정부적' 본질이 변치 않는 한 세력경쟁과 전쟁은 불가피하다고 주장했다. 현 국제사회에는 국가를 강제하는 세계정부가 없기 때문에 결국 국가 간 힘의 논리가 최종적인 발언권을 갖는다. 현실주의 국제정치 이론가로 유명한 존 미어샤이머(John Mearsheimer) 시카고대 교수도 일찍이 "미래로 복귀(Back to the Future, 1990)" 논문에서 강대국 정치와 세력경쟁의 귀환을 전망하며, 인류의 미래는 과거로 복귀할 것이라고 경고했다. 즈비그뉴 브레진스키(Zbigniew Brzezinski) 전 미국 국가안보보좌관도『거대한 체스판(The Grand Chessboard: American Primacy and Its Geostrategic Imperatives, 1997)』에서 유라시아 체스보드 위에서 대륙세력과 해양세력 간 경쟁과 충돌이 반복될 것이라고 예고했다. 그는 유라시아 대륙에서 지정학적 충돌이 불가피한 5대 중추지역을 제시했는데, 여기에 우크라이나와 한반도를 포함시켰다는 점은 현재 양국의 정세에 대해 시사하는 바가 크다.

2010년대 들어 '중국의 부상'이 지속되고 미중 경쟁의 조짐을 보이자, 국제정치학자들의 경고음은 더욱 커졌다. 미어샤이머 교수는 『강대국 정치의 비극(2014)』에서 '중국의 부상' 이후 강대국 정치의 속성으로 인해 미중 충돌은 필연적이라고 주장했다. 그래함 앨리슨 하버드대 교수도 『예정된 전쟁(2018)』에서 지난 500년간 패권국이 16번 교체되었는데, 이 중 12번이 전쟁으로 끝났다고 분석했다. 고대 그리스 역사가 투키디데스가 2,500년 전 아테네와 스파르타의 패권전쟁이 필연적이라고 주장했듯이, 앨리슨 교수는 역사가 반복되어 미중 경쟁도 '투키디데스의 함정'에 빠질 것이라고 경고했다.

중국 화웨이 5G 통신장비 사용금지 사태의 충격

"전 세계에서 지정학적으로 가장 불리한 위치에 있는 나라가 폴란드와 한국이다. 강대국들에 포위되었던 두 나라가 역사적으로 지도에서 완전히 사라진 적이 있다는 건 놀랄 일이 아니다. 한국은 한 치의 실수도 용납되지 않는 지정학적 환경에 살고 있다. 모든 국민이 영리하게 전략적으로 사고해야 한다. 생존과 직결된 문제다." 존 미어샤이머 교수가 2011년 한 국내 언론과 인터뷰에서 했던 말이다.[1] 폴란드가 이웃 강대국들에게 123년이나 나라를 찢기고 빼앗긴 역사는 잘 알려져 있다. 과연 한국도 그렇게 위험한 땅에 살고 있는가?

근대 폴란드는 유라시아 대륙의 서쪽 지정학적 단층지대에 위치한 대표적인 국가이다. 결국 폴란드는 프러시아, 러시아, 오스트리아 등 3개 강대국 정치의 희생양이 되어, 1795년부터 1918년까지 지도에서 완전히 사라졌었다. 폴란드의 피침 망령은 오늘 우크라이나에서 되살아났다. 폴란드는 우크라이나 전쟁을 눈앞에서 보면서 다시 국가 상실의 악

---

1) 존 미어샤이머 교수 인터뷰. "한국, 폴란드처럼 지정학 위치 최악, 미중 갈등 대비를," 『중앙일보』, 2011.10.10.

몽을 떠올렸을 것이다. 우크라이나 전쟁 이후 폴란드가 K2 전차, K9 자주포 등 한국 중무기의 최대 수입국이 되었다는 사실은 미어샤이머 교수의 통찰력과 예지력을 상기시킨다.

미어샤이머 교수의 경고는 점차 현실화하여, 2010년대 중반 이후 한국도 미중 전략경쟁의 소용돌이에 끌려들었다. 2016년 7월 당시 박근혜 정부가 주한미군의 사드(Terminal High Altutude Area Defense, THAAD) 고고도미사일방어체계 배치를 결정하자, 중국은 즉각 이에 대한 경제보복에 나섰다. 동 사건의 본질은 중국의 부상으로 인한 미중 전략경쟁과 동북아 국제질서의 변동이었다. 하지만 당시 한국 정부는 이런 본질을 외면한 채 한중 양자 차원에서 임기응변으로 대응하는 데 그쳤다.

우리 국민이 한반도의 지정학적 취약성을 인식하고, 미중 경쟁의 열기를 체감한 사건이 2019년에 또 발생했다. 사드 도입 결정으로 악화하였던 한중관계가 채 회복되기 전에 소위 '화웨이 사태'가 발생했다. 미국 정부가 국가안보 침해를 이유로 중국 화웨이 5세대(5G) 통신장비의 사용을 금지시키고, 한국을 포함한 동맹국에도 공동 대응을 요구했다. 마침내 2019년 6월 당시 문재인 정부는 미중 경쟁에 대한 대응책을 본격적으로 모색하기 위한 외교전략의 전면적 재검토에 나섰다.

사실 미중 패권경쟁은 한국뿐만 아니라, 미중 경쟁에 끼인 모든 '중간국'에게 현시대 최대의 외교안보 고민거리다. 지리적·경제적·전략적으로 미중 경쟁의 정중앙에 위치한 한국은 미중 경쟁의 압박을 더욱 크게 느끼고, 고민도 깊다. 전문가들은 미중 관계 문제가 향후 적어도 한 세대, 또는 21세기 내내 한국 외교의 최대 과제가 될 것이라고 경고했다.

한국은 어쩌다 이런 외교안보적 난관에 봉착하게 되었나? 미중 패권경쟁의 핵심 원인 중 하나는 중국의 급속한 국력 신장이다. 1960년 중국의 국내총생산(GDP)은 미국의 11%에 불과했지만 유례없는 고도 경제성장을 지속한 결과, 2019년 미국의 67%, 2021년 미국의 77%에 도달했다. 또 다른 경제력 지수인 구매력평가지수(PPP)를 보면, 중국은 미국을 2014년에 추월했다. 중국은 2010년에 국내총생산이 일본을 추월하여 세계 2위 경제 대국이 되었다. 일본은 1968년 서독을 제치고 세계 2위 경제대국이 되었는데, 42년에 3위로 밀렸다. 2021년 중국 경제는 3위 일본과 큰 차이를 벌리고 있는데, 일본을 추월한 지 불과 11년 만에 일본 경제의 3.6배가 되었다. 이 수치가 보여주듯이 미중 간 급속히 좁혀지는 경제력 격차, 중일 간 현격히 벌어지는 경제력 격차는 바로 오늘 미중 경쟁과 중일 경쟁의 핵심적 배경 요인의 하나가 된다.

코로나19 팬데믹, 미국의 대중 견제와 탈동조화(decoupling) 등 변수가 있지만, 대체로 중국이 2030년쯤 미국을 추월하여 명실상부 세계 1위 경제 대국이 될 것으로 전망되었다. 20세기 내내 압도적인 경제력 우위와 최강 군사력으로 누구와도 비교될 수 없는 군사적 우월성(supremacy)을 자신했던 미국은 '중국의 부상'에 충격을 받았다. 특히 시진핑 정권의 권위주의 체제 강화, 팽창적인 일대일로 구상(Belt and Road Initiative, BRI), 해군력 증강은 미국의 본격적인 견제를 촉발했다. 마침내 트럼프 행정부는 중국을 자유주의 국제질서에 대한 수정주의 국가이자, 미국에 대한 전략적 경쟁국으로 규정하고, 전면적인 경쟁과 견제를 선포했다. 뒤이은 바이든 행정부는 트럼프 행정부의 대중 경쟁 정책을 계승했을 뿐 아니라, 각종 동맹정책과 산업정책을 동원하여 대중 경쟁과 견제를 더욱 강화했다.

우리 정부는 2010년대 중반부터 시작하여 점차 미중 양측으로부터 동시에 유혹과 압박을 받는 곤혹스러운 상황에 봉착했고, 그 강도는 계속 증가했다. 과거 중국은 한미동맹을 동북아 지역 질서의 일부로 수용했지만, 점차 역내에서 자신의 전략적 이익을 침해한다며 비판하기 시작했다. 한편, 한국 정부가 한중 전략적 협력 동반자관계를 강화하면, 미국은 이를 '중국 경사(傾斜)'로 비판하기 시작했다. 한국은 일방에 대한 행동이 타방의 비판과 반작용을 초래할 것을 우려하기 시작하고, 선택의 압박을 느꼈다. 이런 인식은 한반도(한국)가 지정학적으로 미중의 이익권, 영향권이 겹치는 지정학적 중간지대에 있다는 점을 방증하고 있다. 예를 들면, 한국의 아시아인프라투자은행(Asian Infrastructure Investment Bank, AIIB) 참여, 중국 전승절 70주년 기념 열병식 참석, 한국 내 사드 고고도미사일방어체계 배치, 한미일 군사협력 강화, 미국의 남중국해 자유항행 작전 참여, 한국의 인도-태평양전략 발표 등이 그런 미중 간 이해의 충돌을 초래하는 외교안보적 사안이다.

박근혜 정부 시기에는 미중 양측의 상반되는 요구를 소위 '미중의 러브콜'로 치부하며 여유롭게 호기를 부리기도 했다.[2] 이때 한국 정부의 대응은 새로운 정세와 대응책에 대한 전면적인 검토가 아니라, 정세를 '예의 주시'하며 결정을 미루거나 미봉책을 강구하는 데 그쳤다. 그런데 이는 '시간 벌기'로 해소되는 문제가 아니었다. 사드 배치에 대한 중국의 반발은 한국이 예상했던 것보다 훨씬 강하고 끈질겼다. 이 사건은 미중 경쟁의 엄중한 현실을 일깨웠다. 향후 미중 패권경쟁이 '뉴노멀(New Normal)'로 장기화할 것으로 예상됨에 따라, 한국 외교가 시험대에 들었다. 한국은 미중 양쪽으로부터 러브콜을 받고 교량 역할을 하는 중추국(pivot state)이 되거나, 또는 양쪽으로 비판받고 공격받는 동네북(shatter zone state)이 될 가능성이 모두 열려있기 때문이다. 또는 한국이 한미동맹에 더욱 편승하는 '대중 균형' 옵션, 또는 반대로 중국에 줄서는 '중국 편승' 옵션도 있다. 그런데 '중국 편승'은 한국의 한미동맹에 대한 의존도가 높고 국민의 반중적 정서가 만연해서 실현성이 없는 옵션이다.

---

2) 윤병세 외교부 장관, "우리의 전략적 가치를 통해 미중 양측으로부터 러브콜을 받는 상황은 결코 골칫거리나 딜레마가 아니고, 축복이라고 할 수 있습니다. 우리로서는 신정부 출범 후 말해온 대로 한미동맹을 더욱 공고히 발전시켜 나가면서, 한중 전략적 협력동반자 관계를 보다 내실화시켜 이 중요한 관계를 조화롭게 발전시켜 나가도록 노력해야겠습니다." (재외공관장 개회사, 2015.3.30.).

사드 사태의 교훈에 따라, 2019년 화웨이 사태가 새로 불거지자, 우리 정부는 이전보다 체계적으로 정세평가와 대응책을 모색했다. 첫째, 외교부는 기존 조직으로 미중 경쟁과 같이 신형의 복합적인 외교 사안을 효과적으로 대처하는 데 한계가 있다고 보고, 관련 조직을 보강하고 정책조정 기능도 강화하기로 했다. 외교부는 90년대 초 급변하는 탈냉전의 국제정세에 효과적으로 대응하기 위해 외교정책실을 설치한 적이 있다. 이후 미국 주도의 국제질서가 정착되자 외교정책실을 용도 변경하고 전략기획 기능도 축소했다가, 동 기능을 다시 보강했다. 국립외교원 외교안보연구소도 미중관계 연구팀을 가동하고, 전문가 네트워크를 활용하여 정부의 미중 정책 수립을 지원했다.

둘째, 정부는 미중 경쟁에 대응하기 위한 외교 원칙을 제시했다. 우선 화웨이 건에 대해 "기업 자율성을 존중하면서, 통신 보안에 영향을 주지 않는 방안을 강구한다"는 대응 원칙을 발표했다. 문재인 대통령은 미중 무역전쟁에 대한 대응 원칙도 제시했다. 미중은 한국의 "1, 2위 교역국으로 모두 중요하므로 한 나라를 선택하는 상황에 이르지 않길 바라며, 다자주의, 개방주의 무역체제를 지지"한다고 밝혔다. 미중 전략경쟁에 대해서는 "개방성·포용성·투명성이라는 역내 협력 원칙에 따라 한국의 신남방정책과 미국의 인도−태평양 전략 간 조화로운 협력을 추진한다"라는 입장을 제시했다.

화웨이 사태를 계기로 정치인과 외교안보 전문가들은 미중 정책에 대한 논쟁을 벌였다. 한미동맹, 군사안보 전문가들은 전통적인 한미동맹의 강화와 대중 견제 정책을 주장했다. 한편, 미중 경쟁 사이에서 한국의 딜레마를 최소화하고 외교적 자율성과 경제적 실익을 극대화해야 한다는 중도적 입장도 제시되었다.[3] 이런 중도적 입장의 요지는 아래와 같다.

---

3) 전봉근, 『미중 경쟁시대 한국의 '중간국' 외교전략 모색』 정책연구시리즈 2019−3 (서울: 국립외교원 외교안보연구소, 2019).

첫째, 한국도 국익을 지키는 국익 외교, 외교 원칙을 엄수하는 원칙 외교, 국제질서 변동에 유연하고 전략적으로 대응하는 전략 외교를 추진한다. 이때 한국의 정체성에 기반한 본연적인 국익과 국제사회의 보편적인 외교 원칙을 채택하고 이를 관철해야 한다. 둘째, 국익 우선주의와 전략적 유연성의 원칙에 따라, 당분간 미중 경쟁 사이에서 양자택일의 배타적 선택을 거부하고, 미중 양국과 동시에 관여와 협력을 확대하는 '이중 편승' 전략을 추진한다. 한국은 한미 간 외교안보적 이익을 지켜야 하지만, 한중 간 경제통상적 이익도 결코 포기할 수 없기 때문이다. 셋째, 미중 경쟁을 거부하는 모든 공동 이해국과 연대하여 미중 사이에서 중소국가와 중간국가가 공존·공영하는 국제정치경제 공간을 확장한다. 이를 위해 유사한 가치와 상황을 공유하는 국가와 연대하는 중견국 외교, 중간국 외교, 규범 외교를 확대한다. 다자주의와 규범 기반 국제질서를 주창하는 EU, 영국, 프랑스, 독일, 캐나다, 호주, 싱가포르, 일본 등과 연대하며 다자주의와 자유무역을 추구한다.

화웨이 사태에 대해, 당시 문재인 정부는 일단 미중 간 중도적, 균형적 입장을 선택하기로 결정했다. 그렇다고 한미동맹을 약화하거나, 훼손하려는 의도는 전혀 없었다. 반대로 한국 정부는 북한의 핵위협 증대에 대한 한미동맹의 대북 억제력 강화, 그리고 남북 및 북미 정상회담을 위한 미국의 동의가 필요했기 때문에 한미관계에 더욱 집중했다. 오히려 트럼프 정부가 미국제일주의 원칙에 따라 한미동맹을 훼손하는 언동을 반복하면서, 한미관계가 흔들렸다. 하지만 미중 경쟁이 더욱 심화되면서, 한국의 균형적 입장은 미국과 중국 모두에게 환영받지 못했다. 탈냉전기에 한국의 안전보장과 경제성장을 가능케 했던 안미경중(安美經中)의 외교 대원칙이 시효를 다한 순간이었다. 그렇다면 그 대안은 무엇인가? 바야흐로 한국사회와 전문가그룹은 그 답을 찾기 위한 대논쟁의 여정을 시작했다.

미중 관계에 대한 국민의 고민과 선택

외교안보 문제는 흔히 전문가의 영역이라고 한다. 그런데 여론조사 결과를 보면 우리 국민은 미중 패권경쟁으로 인한 국제정세의 변동에 민감하고 적극적으로 반응했다.4) 북한과 일본 문제는 특별한 역사적 경험과 생생한 기억으로 인해 국민이 민감하고 강한 입장을 보이는 것이 당연하다. 하지만 미중 경쟁은 2010년대 후반에 부각된 새로운 현상인데도 국민은 이를 매우 심각하게 인식했다.

2019년 11월에 발표된 동아시아연구원(EAI)과 통일연구원의 여론조사 보고서에 나타난 우리 국민의 생각은 다음과 같다. 우선 EAI 여론조사 보고서에 나타난 국민의 생각이다.5) "한국이 당면한 위협 요인"에 대한 질문(복수 선택)에서 주변국 무역·기술 마찰 54%, 불안정한 남북 관계 50%, 주변국 사이 군사적 경쟁과 갈등 48% 등 순으로 대답했다. 종래 국민이 느끼는 최대 위협 요인은 항상 북한(핵) 문제였지만, 미중 전략경쟁과 무역전쟁, 미국의 중국산 화웨이 5G 통신장비 사용 중지 요구, 한국의 사드 도입에 대한 중국의 경제보복 등이 주요 안보위협 요인으로 급부상했다.

"미중 간 심각한 갈등 시 한국의 선택"에 대한 질문에 대해, 중립 70%, 미국 지지 24%, 중국 지지 5% 등으로 대답했다. 한국민은 미중 경쟁에서 불가피하게 선택해야 한다면 미국을 중국보다 선호하면서도, 미중 강대국 경쟁에 끼지 않으려는 강한 '중립' 의사를 보였다.

---

4) 이상신 편, "KINU 통일의식 조사 2021: 미중 갈등의 인식," 2021년 10월 조사 요약보고서; 김양규, "중간국 한국의 여론지형 변화: 부정적 대중국 인식 확대 요인과 정책적 함의," (2022년 한국국제정치학회 연례학술회의, 2022.12.2.); 동아시아연구원(EAI), 겐론NPO, "제9회 한일국민 상호인식 조사," (결과 보도자료, 2021.9.28.).
5) 동아시아연구원, "문재인 정부 중간평가: 여론조사 및 후반기 정책과제 발표," (EAI 정책토론회 발표자료, 2019.11.5.) (한국리서치, 1000명 웹 조사, 2019.10.24.~29. 조사 실시).

"미국의 인도-태평양 전략과 중국의 일대일로 구상이 충돌할 때 누구를 선택" 질문에 대해, 양쪽 모두 선택 24%, 양쪽 모두 불참 24%, 미국에만 참여 27%, 중국에만 참여 1% 등 대답했다. 여기서도 위와 마찬가지로 의도적으로 위험 분산(헤징)을 위해 양쪽에 다 참여하거나 불참하는 선택이 48%로 다수였다. 또한 여전히 중국 선택은 매우 낮았다. 이는 성공한 한미동맹의 역사와 인접 강대국인 중국에 대한 두려움이 반영된 것으로 보인다.

"한국이 당면한 위협에 대한 대처방안"에 대한 질문에서 한미와 한중의 균형 발전 32%, 한미동맹 강화 30%, 남북 교류협력 강화 27%, 분열 국론의 통일 26%, 비핵화 협력 23%, 한일관계 회복 19%, 경제협력과 무역 확대 19%, 주변국과 다자안보 협력 강화 15%, 중국과 전략적 협력 강화 7% 순으로 대답했다. 여기서도 한국민이 미중 간 균형과 한미동맹 강화를 같이 선택하려는 이중적인 모습을 찾을 수 있다.

비슷한 시기에 발표된 통일연구원의 여론조사에서도 미중관계에 대한 국민의 높은 우려와 선택을 거부하는 중도적, 균형적 성향을 찾을 수 있다.[6] "안보 문제에서 미국과 중국 중 누가 더 중요" 질문에 대해, 같다 52%, 미국 43%, 중국 5% 순으로 대답했다. "경제문제에서 누가 더 중요" 질문에 대해서도 같다 58%, 미국 31%, 중국 11% 순으로 대답했다. 안보와 경제에서 미중이 모두 중요하다는 견해가 절대 다수이다. 양자택일해야 한다면 미국을 크게 선호하고, 중국을 강하게 거부하는 견해를 재확인할 수 있다. "국제사회의 리더 역할을 누가 잘할 것인가"에 대해서는 미국 70%, 중국 18%로 대답했다.

이 통일연구원 여론조사에 따르면, 미중 간 선택 문제에 대해서는 국민 대다수가 선택을 꺼리며, 경제와 안보 분야 모두 같이 필요하다는 태도를 보였다. 미중 경쟁 사이에서 대다수 국민은 균형외교, 헤징외교

---

6) 이상신, "동북아 정세와 한국인의 인식,"(11차 통일연구원 피스포럼 발표자료, 2019.11.6.) (2019년 4월, 9월 2회, 1000명 대면조사).

를 선택했다. 동시에 한미동맹과 주한미군의 필요성에 대해서 국민 절대다수가 지지했다. 국민은 미국과 중국 모두가 우리 안보와 경제를 위해서 필요하다고 간주하면서도, 굳이 선택해야 한다면 미국을 선호한다. 미국의 리더십에 대한 수용성은 매우 높지만, 중국의 리더십에 대한 수용성은 극도로 낮다.

이 여론조사 결과는 앞으로 한미, 한중 관계가 모두 순탄치 못할 것을 예고했다. 우선 우리국민은 미국이 미중 경제를 탈공조화하고 대중 견제에 동맹국을 동원하는 구상을 지지하지 않았다. 또한 다수 한국민은 중국과 경제협력이 필요하다고 말하면서도, 중국에 대한 높은 불신과 비호감을 드러냈다.

2020년대 들어 미중 패권경쟁이 치열해지면서 탈냉전기의 세계화와 국제협력 추세가 급격히 쇠퇴했다. 2020년 초 시작된 코로나19 팬데믹도 국제사회의 세력경쟁과 각자도생 추세를 더욱 가속화했다. 동북아에서도 신냉전의 진영화 추세가 확연해졌다. 우리 국민은 이렇게 급변한 동북아 정세를 어떻게 인식하며, 어떤 대응책을 선호할까? 2021~2022년 여론조사를 중심으로 우리 국민의 생각을 읽어본다.

2021년 통일연구원 여론조사에 따르면, "(북한을 제외하고) 한국 안보에 가장 위협적인 주변 국가는 누구인가" 질문에 대해, 중국 72%, 일본 21%, 미국 6%, 러시아 1% 순으로 답변했다.[7] 국민은 압도적으로 중국을 안보위협 국가로 지목했다. 서울대 평화통일연구원 2021년 여론조사에서 "북한을 포함하여 가장 큰 안보위협 국가"를 질문했을 때, 중국 46%, 북한 38%, 일본 11%, 미국 4%, 러시아 1% 순으로 대답했다. 우리 국민이 전통적인 주적(主敵)인 북한보다 중국을 더 큰 안보위협으로 지목한 것은 매우 특이하다. 미중 패권경쟁, 고구려사를 둘러싼 동북공정(2002), 사드 배치에 대한 경제보복(2016), 코로나19 팬데믹(2020)의

---

7) 이상신 편, "KINU 통일의식 조사 2021: 미중 갈등의 인식," (2021년 10월 조사 요약보고서, 2021).

중국 기원설 등 복합적 요인이 누적된 결과로 보인다.

"한중 경제 관계"에 대한 질문에서, "경제적으로 상호 이익이다"(동의 50%, 보통 39%, 반대 11%), "중국의 큰 시장은 우리에게 경제적 기회를 제공한다"(동의 56%, 보통 32%, 반대 11%) 등으로 응답하여, 중국이 제공하는 경제적 기회를 높이 평가했다. 다른 한편, "한중 경제는 미래에 경쟁할 것이다"(동의 61%, 보통 30%, 반내 10%), "한국의 우위 상품에게 중국은 위협이 될 것이다"(동의 62%, 보통 32%, 반대 6%) 등으로 응답하여, 한중 경쟁을 경계했다.

2022년 EAI 여론조사에서 "중국에 대한 인상"을 묻는 질문에서, 좋지 않은 인상 70%, 좋은 인상 12% 순으로 응답했다.[8] "중국이 신뢰할 만한 파트너인가" 질문에 대해서는 신뢰할 만하지 않다 90%, 신뢰할 만하다 8% 순으로 응답했다. 2019~2022년에 걸친 EAI 연례 여론조사에서, 중국에 대한 비호감도는 52%에서 70%로, 불신도는 80%에서 90%로 증가하여, 대중 감정은 악화일로에 있다. 이런 대중 불신과 비호감을 반영하여, 우리 국민의 한중관계 현재와 미래에 대한 평가도 매우 낮다. "한중관계의 현황 인식"(보통이다 51%, 나쁘다 37%, 좋다 10%), "한중관계의 미래 전망"(현재와 같을 것이다 60%, 좋아질 것이다 19%, 나빠질 것이다 16%) 등에서 매우 낮은 기대를 보여준다.

"중국의 부상이 한국의 경제적, 안보적 이익에 주는 영향"에 대한 질문에서, 위협이다 75%, 기회이다 19% 순으로 답변하여, 위협 인식이 월등히 높았다. 2019~22년 사이에 위협인식은 70%에서 75%로, 기회인식은 23%에서 19%에서 각각 변화하여, 위협 인식이 증가하는 추세이다.

중국에 대해 부정적 인식을 가진 응답자를 대상으로 "중국에 대해 좋지 않은 인상을 갖게 된 이유"에 대한 질문에서, 사드 보복 등 강압

---

8) 김양규, "중간국 한국의 여론지형 변화: 부정적 대중국 인식 확대 요인과 정책적 함의," (2022년 한국국제정치학회 연례학술회의, 2022.12.2.).

적 행동 때문(68%)을 압도적 요인으로 응답했다. 그 뒤로 한국을 존중하지 않으므로(39%), 역사 갈등 때문(30%), 일당지배 체제(29%), 군사적 위협(12%) 등 요인을 지목했다. 중국의 정치·외교·경제적 강압 행위에 대해 한국인은 매우 분노하고 비판하면서도, 중국을 큰 '군사적 위협'으로는 생각하지 않다는 점이 특이하다.

"미중관계에 대한 한국의 외교전략"에 대한 질문에서, 미중 균형외교(53%), 미국과 동맹 강화(31%), 중국과 동맹 강화(4%), 자주 외교(12%) 순으로 답변했다. 여기서 '미중 균형외교'에 대한 선호가 2016년부터 50~60% 범위에서 등락하면서 아직 국민의 다수 의견이라는 점에 주목한다. 한편, '미국과 동맹'은 2016년 14%에서 2021년 31%로 증가했고, 증가 추세가 뚜렷했다. '자주 외교' 선택은 2016년 29%에서 2021년 12%로 하락했는데, 그 감소분만큼 '미국과 동맹 강화'가 증가했다.

"한국 안보에 미중 누가 더 중요한가"에 대한 질문에서, '미국이 더 중요' 55%, '미중이 비슷하게 중요' 42%, '중국이 더 중요' 3% 순으로 응답했다. 2019년 9월 여론조사에서는 '미중이 비슷하게 중요'가 52%, '미국이 더 중요'가 43%로 응답했는데, 이는 당시 트럼프 대통령의 반동맹, 미국 제일주의 정책으로 인해 미국에 대한 신뢰가 하락했던 탓으로 보인다. 이 조사 결과에서 우리 국민이 자국 안보를 위해 미국을 선호하면서도, 미중을 같이 중시하려는 태도를 볼 수 있다. 중국을 더 중시하는 응답은 일관되게 무시할 정도(2019년 9월 4.7%, 2021년 10월 2.6%)로 낮다.

"한국 경제를 위한 미국과 중국, 누가 더 중요한가" 질문에 대해, 국민은 미중이 비슷하게 중요 55%, 미국이 더 중요 37%, 중국이 더 중요 8% 순으로 응답했다. 지난 수년간 '중국이 더 중요'는 10% 이내로 일관되게 낮았고, '미중 경제 비슷하게 중요'는 50~60%를 유지했다는 특징이 있다. 탈냉전기에 한국경제의 지속 성장에서는 중국 경제의 기여도가 매우 컸다. 하지만 2010년대 들어 미중 경쟁 속에서 한국이 대중 경제의존도를 낮추기 위해 경제 다변화를 추진했고, 중국에서 임금이 상승하면서 한국 기업도 투자를 축소했다. 이 여론조사를 보면 한국경제에 미중 모두 중요하다는 입장이 다수이고, 미중 양자를 비교할 때 미국의 중요성이 컸다. 이 수치를 보면, 소위 '안미경중' 외교 원칙은 이미 국민인식에서도 유효하지 않다.

EAI와 일본 겐론NPO의 공동 여론조사(2021)에서 "군사적 위협을 느끼는 국가는 누구인가(복수응답 가능)" 질문에서, 북한 86%, 중국 62%, 일본 39%, 러시아 11%, 미국 8% 등으로 응답했다.[9] 북한과 중국이 우리의 최대 안보위협으로 지목되었다.

"한미일 삼각 군사안보 협력을 강화해야 하는가" 질문에 대해, 해야 한다 64%, 어느 쪽도 아니나 26%, 부정적이다 8% 순으로 응답했다. 한미일 군사협력에 대한 지지는 2020년에 비해, 일 년 만에 11% 증가했고, 중립과 반대는 각각 3%, 8% 감소했다. 여기서 국민의 중국의 안보위협에 대한 인식 증가로 인해, 한미일 삼국 안보협력에 대한 거부감이 대폭 감소했을 뿐 아니라, 다수가 지지했다는 점에 주목한다. 그런데 일본 국민은 '어느 쪽도 아니다'가 52%로 다수 의견이며, 2020년에 비해 2021년에 1% 증가했다. 한미일 군사협력 강화에 대한 지지는 2020년 39%에서 2021년 36%로 오히려 줄었다.

여기서 한일 국민 간 상호인식은 매우 비대칭적이다. 최근 한국민이 한일관계 개선, 한미일 군사협력에 대체로 호의적으로 변한 데 비해, 일본 국민은 여전히 신중하고, 유보적이다. "한일 양국의 미래상"에 대한 질문에서, 우리 국민은 한일 대립을 어떻게든 미래지향적으로 극복해야 46%, 적어도 정치적 대립은 피해야 29%, 상대국의 마음이 변치 않으면 무시와 거리두기로 대응해야 16% 순으로 응답했다. 반면에 일

---

9) EAI, 겐론NPO, "제9회 한일국민 상호인식 조사," (결과 보도자료, 2021.9.28.).

본 국민은 적어도 정치적 대립은 피해야 32%, 잘 모르겠다 24%, 어떻게든 미래지향적으로 대립 극복해야 23% 순으로 응답했다. 이런 일본 국민의 한국에 대한 유보적, 중립적, 무심한 태도는 일본의 한일관계 개선, 한미일 군사안보협력에 대한 소극적 대응에서 드러난다. 일본인은 한국의 쿼드 참여에 11%만 찬성하여 부정적 태도를 보였다(불필요 39%, 모르겠다 49%). 이는 우리국민의 51% 지지와 대조적이다(불필요 18%, 모르겠다 31%).

상기 2019~2022년 여론조사에서 나타난 특징적인 동향과 이로 인한 정책적 함의는 다음과 같다. 첫째, 한국의 외교안보 관심이 종래 한반도에 집중되었으나, 급격히 동북아 국제정치와 미중 경쟁으로 확대되었다. 국민은 오랜 역사와 냉전의 기억 속에서 강대국 세력경쟁으로 인해 입었던 피해를 상기하며, 또 강대국 세력경쟁의 사이에 끼여 원치 않는 선택을 강요당할 것을 우려하는 것으로 보인다.

둘째, 단기간 내 중국에 대한 비호감, 불신, 안보 우려가 급증했다. 반면에 그에 대한 반작용으로 미국에 대한 호감, 한미동맹에 대한 의존과 신뢰가 급증했다. 현재 주한미군 주둔에 대한 지지가 매우 높을 뿐 아니라(통일연구원, 91%), 통일 후 주둔도 다수가 지지했다(54%). 한미동맹 속에서 경제발전, 안전보장, 정치발전이 모두 성공했다는 점에서 한미동맹과 주한미군의 존재에 대한 거부감이 매우 낮다. 2017년에 북한의 핵무장과 핵 위협 수준이 급증했다는 점도 한미동맹의 필요성을 더욱 절감하게 만든 것 같다. 미중 갈등 시, 미국 지지(24%)에 비해 중국 지지(5%)가 낮다. 미국의 인도-태평양 전략과 중국의 일대일로 구상에 대한 참여도 미국만 참여(27%)에 비해 중국만 참여(1%)가 크게 낮다. 미국과 중국의 세계적 리더십에 대한 한국민의 선호도도 미국이 중국보다 훨씬 높다. 우리 국민은 거대한 이웃국가인 중국과 외교안보적, 경제통상적 협력 필요성을 수용하면서도, 중국의 리더십을 철저히 거부하며 강한 경계심을 드러냈다.

셋째, 국민은 한국이 미중 패권경쟁 사이에 끼이는 것을 크게 우려하고 거부한다. 미중 갈등에 대해 '중립'을 선호하는 비율(70%)이 매우 높다. 미중 경쟁으로 인한 위험을 회피하기 위해 때로는 미중의 일방에 참여하기보다는 둘 다 참여 또는 둘 다 거부를 선호했다. 통일연구원 여론조사에서 한국민은 미중이 모두 우리 외교안보와 경세통상에서 중요하다고 인식하고 있다. 국민은 미중 양국에 대한 선택을 거부하고, 실제 양국의 협조가 외교와 경제 분야에서 모두 필요하다고 보았다. EAI 여론조사에서도 한미동맹 강화를 선호하면서도(30%), 한미관계와 한중관계의 균형 발전을 지지했다(32%).

결론적으로, 위 여론조사에서 동북아 신지정학에 대한 우리 국민의 전략적 고민을 읽을 수 있다. 부상한 중국에 대한 비호감과 안보위협 인식이 급증하고, 중국에 대한 대응책으로 미국을 더욱 좋아하고 의존하게 되었다. 그러면서도 미중 간 외교안보적, 경제통상적 선택에 대해서는 최대한 선택을 미루는 중립적인 태도를 보였다. 오랫동안 갈등하면서 살아온 대륙 세력인 중국은 가깝고, 영토적 욕심이 낮은 해양 세력인 미국은 멀다. 따라서 국민이 미국을 안보 후원자로 선택한 것은 지정학적, 전략적으로 매우 타당하다. 한미동맹은 한미가 서로 필요로 하고 호혜적인 소위 '자연동맹'이다. 중국을 불신하고 싫어하지만, 너무 강대하고 가까이 있기 때문에 적대시할 수는 없다. 그런데 이런 균형외교, 헤징외교를 얼마나 지속할 수 있을지 의문이다. 한국의 대미 의존도가 커질수록 미국은 한국에게 더욱 강한 반중 연대를 요구한다. 중국은 반대로 현재 한중 교역관계에 부합하는 수준으로 한국에게 친중적이거나, 최소한 균형외교를 요구한다. 미중 패권경쟁이 가열되면서, 미중 사이에 끼인 한국의 전략적 딜레마도 더욱 커질 전망이다.

미중 경쟁 사이의 '끼인 국가' 한국

2010년대 들어 세계와 동북아 정세는 세기적인 변곡점을 맞았다. 탈냉전기의 미국 패권, 세계화, 자유무역, 글로벌 거버넌스의 시대가 저물고, 미중 패권경쟁, 반세계화, 보호무역, 세력경쟁의 시대가 열렸기 때문이다. 더욱이 동북아에서 강대국 세력경쟁의 시대가 재현되고, 미중 패권경쟁의 지정학적 충돌선이 바로 한반도를 통과하며 남북 분단을 다시 고착시키고 있다. 미중 경쟁 이외에도 북한 핵무장, 한일 갈등, 중일 경쟁, 일본의 재무장과 보통국가화, 러시아의 군사 활동 확대 등을 포함하는 동북아 신지정학은 한국의 안보 국익에 사활적인 위협 요인이다. 특히 지정학적으로 미중 패권경쟁의 한가운데 놓인 한국은 세계 어떤 나라와도 비교할 수 없을 정도로 그 충격을 고스란히 떠안게 되었다. 그 결과, 한국이 다시 선택의 기로에 섰다. 바야흐로 한국에게 외교의 시대, 전략의 시대가 열렸다.

미중 관계에 대한 한국의 대응과 선택이 돌연 한국 외교안보의 최대 과제이자 쟁점이 되었다. 종래 한국 외교안보에서 최대 쟁점이자 난제는 대북정책이었다. 탈냉전기에 한반도 평화와 남북관계 개선을 중시하는 남북대화파와 한국 안보와 한미동맹을 우선시하는 한미동맹파가 충돌하면서 소위 '남남갈등' 현상이 발생했다. 이때 우리 대북정책은 국익과 주변 국제정세에 따라 결정되는 것이 아니라, 정권 교체에 따라 좌우를 큰 폭으로 오갔다. 국제사회의 보편적, 정상적인 국가 기준에서 본다면, 기현상이 아닐 수 없다. 대북정책을 둘러싼 남남갈등은 외교안보 노선상의 논쟁에 한정되지 않고, 한국 정치를 분열시키는 쟁점이 되었다.

미중 전략경쟁이 악화되자, 미중관계에 대한 한국의 대응을 둘러싸고 다시 정치적인 남남갈등이 재현되었다. 한국은 미중 사이에서 꼭 한편을 선택해야 하나? 만약 선택해야 한다면 누구를 선택할 것인가? 사실 이런 선택의 문제는 한국 외교에서 생소하고, 새삼스럽다. 현대 한국인의 기억에 이런 중차대한 외교적 선택을 두고서 고민한 적이 별로 없었다. 현대 한국은 1945년 해방과 분단, 미군의 남한 점령과 군정, 1948년 정부 수립, 1950년 한국전쟁 발발과 1953년 한미동맹 체결 등을 거치면서 자유진영의 지도국인 미국의 보호망과 세력권을 벗어난 적이 없다. 따라서 냉전기 한국은 이런 선택의 고민에서 자유로웠다.

한국 정부 수립 이후 미국과 한미동맹은 우리 정치와 외교안보에서 상수(常數)였고, 우리국민에게 공기와 같은 존재가 되었다. 대북정책과 달리, 동맹정책에 대해서는 보수와 진보진영 간 차이도 미미하다. 한국은 분단국가로서 다른 어떤 나라보다 큰 외교안보적 취약점을 가졌지만, 한미동맹으로 그 약점을 충분히 보완하며 국력을 국가발전에 집중할 수 있었다. 더욱이 한국은 자원 빈국이고, 저개발국이었지만, 미국과 경제협력을 확대하고 미국이 주도한 자유무역질서를 활용하여 경제 중진국으로 성장하는 데 성공했다. 탈냉전기에도 한국은 유일한 동맹국이자 안보 후원국인 미국이 세계 패권국으로 부상했기 때문에 미국 주도의 국제질서에 더욱 안주했다.

탈냉전 초기에 한국은 미국이 리드하는 자유주의 국제질서에 새로이 동참한 중국 시장에 접근하는 기회를 얻었다. 1990년대 한국은 인접한 거대 신흥시장을 활용하여 70년대 '중동 붐'에 버금가는 경제성장의 기회를 누렸다. 신흥 중국시장에 시의적절하게 진입한 결과, 한국의 경제력은 계속 팽창했고 마침내 21세기 들어 세계 10위권 경제 규모의 선도적인 중견국으로 부상하고 선진국 대열에 합류할 수 있었다. 이런 한국의 성장사를 볼 때, 한국에게 미국은 냉전기부터 지금까지 줄곧 필수적이며, 대체 불가능한 외교안보적, 경제통상적 자산이라는 점에 변함이 없다.

그런데 한중 수교(1992) 이후 불과 한 세대 만에 중국이 한국의 최대 경제통상 파트너로 부상했다. 아마 한국이 미중 양국과 동시에 협력하고 통상하지 않았더라면 오늘과 같은 중견국과 선진국의 국제적 위상과 경제력을 갖기 어려웠을 것이다. 하지만 미중 경쟁이 악화되면서 한국은 미중 양측으로부터 외교안보, 경제통상, 과학기술, 세계외교 등 전 영역에서 줄서기와 양자택일을 압박받고 있다.

한국이 성장을 지속하고 안보를 지키려면 미중 양국과 교류협력이 필수적이다. 그런데 미중이 서로 제로섬 경쟁에 빠지면서 한국에게 '안미경중(安美經中)'의 이중적 협력전략을 더 이상 허용하지 않으려고 한다. 미국은 한미동맹에 상응하는 한미 경제협력, 소위 '안미경미(安美經美)'를 요구한다. 중국도 한중 경제협력 수준에 상응하는 만큼 중국의 안보도 고려하는 '경중안중(經中安中)'을 요구하기 시작했다. 한국과 주한미군이 북한의 핵미사일에 대비하기 위해 사드 고고도미사일방어체계를 도입하자, 중국이 한국에 경제보복을 가한 것이 대표적인 사례이다. 이런 새로운 국제정세에 대해, 국제정치 석학인 하영선 서울대 명예교수는 한 언론 인터뷰(2019)에서 미중이 국제질서 재건축을 위해 경쟁하는 "문명사적 변환기"로 규정했다. 그리고 지금 한국의 선택이 100년간 한국의 국운을 좌우할 것이라며, 국제정세와 한국 외교의 엄중성을 경고했다.

역사를 돌이켜 보면, 한국이 강대국 사이에 끼여 선택을 압박받고 고민했던 것은 어제오늘만이 아니다. 사실 중소국들은 동서고금을 막론하고 항상 강대국들로부터 줄서기를 강요받고, 생존을 위한 선택을 고민했다. 그런 생존의 위협과 선택의 고민이 일상화 되었다고 해도 과언이 아니다. 중소국가, 끼인 국가의 비극이 아닐 수 없다. 마찬가지로 고대, 중세, 근대 한국도 동북아에서 강대국의 흥망성쇠로 세력경쟁과 세력전이가 발생할 때마다 줄서기를 강요받았다. 그리고 지역 패권전쟁이 발생할 때마다, 이에 끌려들어 전쟁의 참화를 입었다. 한국은 중국 대륙에서 2000년간 벌어진 중원의 농경세력과 북방 초원의 유목세력 간 패권전쟁뿐만 아니라, 근대 이후 청일, 러일, 미소, 미중 등 대륙세력 대 해양세력 간 지정학적 경쟁에도 수시로 끌려들었다. 그런 점에서 한국은 주변 강대국이 서로 차지하려고 경쟁하는 전략적 요충지에 자리 잡은 '끼인 국가'이자, 지정학적 '중추국'이다.

높은 지정학적 가치를 가진 끼인 국가 또는 중추국은 대체로 3개의 운명을 맞게 된다. 첫째, 한 강대국과 동맹하여 정치군사적 보호를 받는 대신 자신의 정치적·외교적 자율성을 일부 포기한다. 이는 강대국 사이에 끼인 중소국의 보편적인 선택이며, 한미동맹, 미일동맹, 나토, 북중동맹 등 사례가 있다.

둘째, 강대국의 충돌 사이에서 외부 압박을 이기지 못하거나 내부 분열로 인해 '파쇄지대' 국가가 되어 분열·분할·점령·소멸되는 경우이다. 한국의 경우, 구한말, 식민지, 전후 한국이 이에 해당한다. 역사적으로 발칸반도, 중·동유럽, 중동, 중앙아, 서남아, 동남아 사례가 있다.

셋째, 주변 강대국으로부터 정치외교적 자주성을 지키면서도 소위 '러브콜'의 구애를 받는 '중추국' 또는 '교량국가'의 경우가 있다. 자강력, 국론통합, 스마트파워 등을 갖춘 지역 강국과 '강한 중소국'이 이에 해당된다. 튀르키예, 인도, 인도네시아, 싱가포르, 베트남, 아랍에미리트(UAE) 등 사례가 있다. 2022년 우크라이나 전쟁의 경우, 침략국인 러시아를 비난하는 유엔총회 결의에서 기권하며 전쟁 당사국 간 중립적 입장을 유지하는 소위 '펜스 시터(fence-sitter)'도 중추국에 해당된다. 인도, 튀르키예, 브라질이 대표적인 사례이다. '중추국'은 강대국 사이에서 생존하고 외교적 자율성을 지킨다는 점에서 바람직하지만, 강한 의지와 역량이 없다면 선택하기 어렵다.

그렇다면 오늘과 내일의 한국은 미중 패권경쟁 사이에서 어떤 상황

에 놓여있으며, 선택지는 무엇이고, 어떤 선택을 해야 할까? 국제정세
와 외교관계가 항상 유동적인 데다 한국의 외교 원칙과 국민 여론도
불명확해서 이에 대한 해답을 찾는 일은 쉽지 않다. 하지만 이는 한국
의 생존과 번영을 위한 긴급하고 중차대한 문제이다. 따라서 국제정세
에 대한 정확한 판단을 바탕으로 하여, 국가 정체성과 가치, 그리고 국
민합의에 기반한 대응 방향과 전략을 조속히 제시하지 않으면 안 된다.
해외 사례와 한국의 역사를 본다면, 주변 강대국에 대한 잘못된 판단과
선택은 경제 파탄뿐만 아니라, 심지어 전쟁 또는 국가의 소멸까지 초래
했다. 따라서 한국 외교는 강대국 세력경쟁과 중추국 외교에 대한 이론
과 사례, 그리고 과거 동북아 패권경쟁에 직면한 한국의 대응 등을 참
고하여 신중히 판단하지 않으면 안 된다.

국가 정체성과 대전략 기반의 미중 정책 필요성

　한국은 미중의 상충하는 요구에 어떻게 대응해야 하는가? 국내에서
미국을 포기하고, 중국을 선택해야 한다는 목소리는 듣기 어렵다. 한미
동맹에 올인하고 중국을 거부하거나, 또는 한미동맹을 우선하면서도
한중 전략적 협력관계를 병행하자는 2개 입장이 경합 중이다. 사실 한
국은 생존과 번영을 위해 한미동맹과 한중 전략적 협력동반자관계, 어
느 하나도 포기하기란 쉽지 않다.

　우선 한미동맹의 중요성은 말할 것도 없다. 한미동맹은 냉전 초기에
매우 열악한 상황에 있었던 신생 한국에게 안보와 경제를 보장함으로
써 오늘 한국이 세계적인 중견국으로 도약할 수 있게 만든 최고의 외
교안보 자산이자 성공 요인이었다. 오늘도 한미동맹은 한국에게 대체
불가능한 외교안보, 경제통상 자산이기 때문에 이를 결코 손상해서도
포기해서도 안 된다. 한미동맹이 없는 상태에서 한국이 홀로 남북관계,
한일관계, 한중관계를 어떻게 대처할 것인지를 상상하면 그 가치를 쉽

게 알 수 있을 것이다. 현실주의 국제정치이론과 전략론의 조언을 따르
더라도, 한미동맹은 한국에게 최선이자 유일한 '자연동맹'이다. '중국의
부상'에도 불구하고, 오늘 동아시아에서 '중국 천하질서'가 재현되지 못
하는 가장 큰 이유는 바로 역내에 최강 해양세력인 미국이 존재하기
때문이다. 동아시아에서 중국·러시아에 저항할 수 있는 미국이 없었더
라면, 이 지역의 중소국들은 이미 대륙의 세력권에 포섭되었을 것이다.

한편, 중국은 역내 초강대국이며, 한국의 인접국이고 북한의 배후국
이다. 중국은 세계 2대 경제 대국이며, 한국의 최대 교역상대국이다.
이런 특성으로 인해 중국은 한국에게 대체 불가능한 경제적 기회를 제
공하는 동시에 감당하기 어려운 외교안보적, 경제통상적 위험요인이기
도 하다.

국내에서는 미중에 대한 진영론적 '줄서기' 논쟁이 만연하다. 그런데
위의 이유로 인해 한국이 선명한 양자택일을 할 처지에 있지 않다. 만약
한 강대국이 한국에게 적대적이거나 생존의 위협을 가한다면, 한국은
다른 강대국에 의존하며 생존을 도모할 수밖에 없다. 그런데 한국의 지
정학적 중추국가, 전략적 요충지의 특성으로 인해 중국도 미국도 한국
을 상대방으로 떠미는 결과를 초래할 적대적인 정책을 추진하기 어렵
다. 이런 상황에서 한국이 나서서 선제적으로 강대국의 반발과 보복을
초래할 도발적 행동을 할 필요는 없다고 본다.

동북아 신지정학 시대를 맞아, 한국은 계속하여 선택의 순간을 마주
하게 될 것이다. 그런데 한국이 국익과 국가 가치에 부합하는 현명한
선택을 하려면 먼저 현 국제정세를 정확히 파악한 다음, 국가 정체성과
국민합의에 기초한 지속가능한 대전략과 외교 원칙을 정립해야 한다.
그런데 국내에서는 아직 국익, 국가 정체성, 국가 가치, 대전략 등에 대
한 국민적 합의가 불명확하다. 심지어 이런 개념에 대한 이해도 제각각
이다. 이런 상황에서는 우리 외교안보 정책도 길을 잃고 표류할 가능성

이 크다. 다음에서는 이런 문제의식에 따라 미중 패권경쟁 시대에 한국 외교를 안내할 대전략, 외교전략의 기본을 탐구한다.

제2장
지정학 시대의 귀환[1]

1. 강대국 정치와 지정학의 귀환에 대한 경고

현실주의 국제정치의 귀환

탈냉전기 첫 20여 년간 우리는 세계정치와 국제관계를 설명할 때, 세계화, 국제협력, 상호의존, 지역통합, 자유무역, 다자안보, 국제제도, 국제법, 초국가 안보, 글로벌 거버넌스 등 이상주의적, 자유주의적 국제정치 이론과 개념을 활용했다. 그런데 2010년대 들어 중국이 부상하면서, 유일 초강대국인 미국이 세계평화와 질서를 관리하며 '패권 안정'을 유지했던 단극체제가 끝났다. 미국 패권의 퇴조가 가시화되면서, 국제정치를 진단하고 처방하는 데 강대국 정치, 세력경쟁, 세력전이, 군비경쟁, 국제분쟁, 민족주의 등 현실주의적, 국가주의적 설명 틀이 급부상했다. 현 국제사회는 미국, 중국 등 2대 초강대국과 유럽, 러시아, 인도 등 3대 강대국(또는 국가집단) 등 각각 거부권을 행사하며 세력을

---

1) 외교협회, 『외교』, 제121호 (2017), pp.7~21을 수정·보완했다.

분점하고 있다. 현 국제체제는 느슨한 양극체제 또는 다극체제로 불린다. 이렇게 강대국의 세력균형이 변동함에 따라, 세계와 동북아는 각각 이에 상응하는 새로운 국제질서, 지역질서를 탐색 중이다.

2010년대 들어 전후 및 탈냉전기 국제질서의 지각이 변동하는 징후가 동시다발적으로 발생했다. 중국의 남중국해 군사화 및 해양군사력 증강, 미국의 아시아 재균형 정책과 군사력 증강 배치, 러시아의 크리미아반도 합병, NATO의 미사일 방어망 설치와 러시아의 반발, 영국의 EU 탈퇴 브렉시트(Brexit), 한국의 사드 고고도미사일방어체제 도입에 대한 중국의 보복, 일본의 평화헌법 개정과 재무장 추진 등이 있다. 세계적으로 곳곳에서 민족주의, 안보주의, 중상주의, 자국중심주의 성향을 가진 소위 '스트롱맨'들이 국가 지도자로 부상했다. 트럼프 미국 대통령, 시진핑 중국 주석, 푸틴 러시아 대통령, 아베 일본 수상, 모디 인도 수상, 에르도안 튀르키예 대통령 등 모두 일국주의적 관점에서 강한 군사력과 경제력을 가진 부국강병의 강대국 건설을 주창했다. 한동안 강대국 정치와 세력경쟁이 더욱 치열해질 전망이어서, 스토롱맨의 시대, 국가주의의 시대가 지속될 전망이다.

예를 들면, 도널드 트럼프 미국 대통령은 미중 무역분쟁을 전면적인 미중 전략경쟁, 패권경쟁으로 비화시킨 장본인이다. 트럼프 행정부의 초기 외교안보팀으로서 외교안보전략을 입안한 제임스 매티스(James Mattis) 국방장관과 H.R. 맥마스터(H.R. McMaster) 국가안보좌관은 현실주의적 국제정치관의 집행자였다. 이들은 맥킨더류의 현대 지정학, 클라우제비츠류의 전쟁관, 투키디데스류의 현실주의 국제정치관을 계승했다.

지정학의 귀환

현대 지정학은 1904년 핼포드 맥킨더(Halford J. Mackinder) 영국 옥스포드대 교수가 발표한 기념비적 논문 "역사의 지리적 추축(樞軸)(The

Geographical Pivot of History, 1904)"에서 시작되었다. 맥킨더 교수는 이 논문에서 당시 전 지구를 중심지대(Heartland) 또는 중추지역(Pivot Area), 내부 주변 반달지역(Inner or Marginal Crescent), 외부 도서 반달지역(Outer or Insular Crescent) 등 3개 지역으로 구성되는 한 개의 '닫힌 시스템'으로 보았다. 여기서 중심지대는 오늘 러시아와 중앙아시아, 내부 반달지역은 유라시아대륙의 주변부인 서·중유럽과 중국, 외부 반달지역은 바다 너머에 위치한 미국·영국·일본·호주를 포함했다.

그림 2-1 | 맥킨더의 추축 지역과 내부, 외부 반달지역

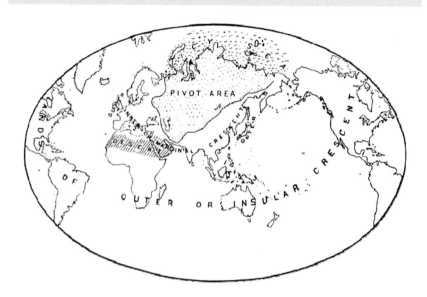

출처: Halford J. Mackinder, "The Geographical Pivot of History," *Geographical Journal*, Vol. 23, No. 4 (1904), p.435, <https://commons.wikimedia.org/w/index.php?c urid=1626595>.

맥킨더는 훗날 『민주적 가치와 현실(Democratic Ideals and Reality: A Study in the Politics of Reconstruction, 1942)』에서 러시아를 한편으로 하는 대륙세력과 미국과 영국을 포함하는 해양세력 간 대치와 충돌이 불가피하다고 주장했다. 그는 또한 중·동유럽의 지정학적 중요성을 강조하였는데, 이는 2차 대전과 냉전기뿐만 아니라 오늘까지 이 지역을 둘러싼 미국과 소련(러시아) 간 충돌을 설명하고 있다. 그는 이 책에서 "동유럽의 지배자는 중심지대를 통제하고, 중심지대의 지배자는 세계도서(유라시아대륙)를 통제하며, 세계도서의 지배자는 세계를 통제한다(Who rules East Europe commands the Heartland; who rules Heartland commands the World Island; who rules the World Island commands the world)"는 유명한 명제를 남겼다.[2]

맥킨더가 유라시아 대륙세력의 운명을 지정학적, 역사적으로 해석한 것과 대조적으로, 알프레드 마한(Alfred Thayer Mahan) 미국 해군제독은 해양세력의 지전략을 제시했다. 그는 『해양세력의 역사에 대한 영향: 1660−1783(The Influence of Sea Power upon History: 1660−1783, 1890)』에서 영국이 패권적 해양세력으로 부상하는 과정에 대한 역사적 분석을 통해 해양세력과 해양전략을 개념화했다. 이는 이후 미국의 해양세력화를 위한 이론적 기반이 되었다.

현대 지정학을 계승한 니콜라스 스파이크만(Nicholas J. Spykman) 예일대 교수는 1942년 발표한 『세계정치에서 미국의 전략: 미국과 세력균형(America's Strategy in World Politics: The United States and the Balance of Power)』에서 미소 냉전을 예견하고, 대소 봉쇄의 이론적 근거를 제시했다. 스파이크만의 '주변 지대(Rimland)' 이론에 따르면, 유라시아의 주변 지대는 서중유럽과 동아시아의 사례에서 보듯이 대륙세력과 해양세력의 중간에 위치하여 경제활동이 왕성하고 인구가 많은

---

[2] Halford John Mackinder, *Democratic Ideals and Reality: A Study in the Politics of Reconstruction* (New York: Henry Holt and Company, 1942).

전략적 요충지이다. 따라서 "주변 지대를 지배하는 자는 유라시아를 지배하고, 유라시아를 지배하는 자는 세계의 운명을 통제한다(Who controls the Rimland rules Eurasia, who rules Eurasia controls the destinies of the world)"는 표현에서 보듯이, 주변 지대에 대한 통제가 세계패권의 핵심이라고 주장했다. 그의 이론은 2차 대전 전후 처리 과정에서 해양세력인 미국이 대륙세력인 소련의 팽창을 저지하기 위해 독일과 일본을 포함하는 주변 지대의 안전을 보장하고 부흥시키는 논리로서 이용되었다. 냉전 초기 미국의 조지 케난(George Kennan)이 소련이 유라시아 '주변 지대'로 진출하는 것을 저지하기 위해 제안했던 '봉쇄전략'이 대표적 사례이다.

그림 2-2 | 스파이크만의 '주변 지대' 지도

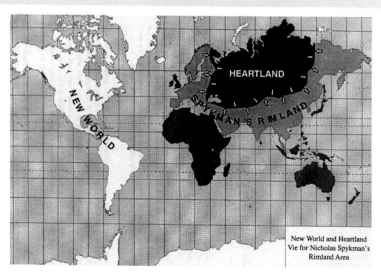

New World and Heartland
Vie for Nicholas Spykman's
Rimland Area

출처: William Mayborn의 논문에서 재인용, "The Pivot to Asia: The Persistent Logics of Geopolitics and the Rise of China," *Journal of Military and Strategic Studies*, Vol. 15, Iss. 4 (2014), p.85., Photo Source: "Geo-strategic Domination of the Rimland," Sikh Archives, <http://www.sikharchives.com/wpcontent/uploads/2010/01/rimland.jpg>(Accessed 22 August, 2014). Author cropped and altered original photo.

위와 같은 지정학의 분석과 처방은 현대 미국 전략가들이 국제정치를 보는 관점을 대변한다. 즈비그뉴 브레진스키(Zbigniew Brzezinski) 전 국가안보보좌관의 『거대한 체스판(1997)』은 유라시아 국제정치의 본질을 미·영·일의 해양세력과 러·중의 대륙세력이 경쟁하고 충돌하는 구도로 파악했다. 서양 현대 지정학과 현실주의 국제정치 전통을 계승한 브레진스키는 이 책에서 미국의 세계 패권을 위한 지전략으로 "지배적이고 적대적인 세력의 등장 반대"를 제시했다.

미국 전략가들은 전통적으로 유라시아 대륙에 대한 '자유로운 접근'과 '자유통상'을 미국의 대전략이자, 최고의 외교안보 국익으로 규정했었다. 이 국익을 보장하려면 유라시아 대륙의 특정 지역에 대한 배타적 통제권을 행사할 수 있는 '지역 패권국'의 등장을 저지해야만 한다. 사실 미국의 1, 2차 세계대전 및 냉전 참여도 결국 독일, 일본, 소련이 유라시아의 지역 패권국으로 부상하는 것을 저지하기 위한 것이었다. 오늘 치열한 미중 경쟁도 결국 중국이 동아시아와 서태평양에서 배타적인 '지역 패권국'으로 부상하는 것을 저지하려는 미국식 전통 지전략이 발현된 것이다. 유라시아대륙에서 지역 패권국의 등장을 저지하는 지전략은 오랜 미국 대전략의 전통으로 뿌리내렸기 때문에 미국 공화당과 민주당 간 정권교체와 무관하게 지속될 것이다. 트럼프 대통령과 정치적 성향이 극단적으로 달랐던 바이든 대통령이 트럼프의 대중 경쟁, 견제정책을 계승했을 뿐 아니라, 더욱 강화했다는 점은 이런 미국식 대전략의 전통을 보여준다.

브레진스키는 유라시아대륙을 세분화하여 지역별 대응 지전략을 제안하면서, 특히 동아시아의 전략적 불안정성과 한반도의 지정학적 민감성을 지적했다. 그는 동아시아지역을 "잠재적 정치적 화산"에 비유하면서, 급속한 경제성장과 국력의 변동, 거대 중국으로 인한 역내 세력균형의 부재, 강한 민족주의 성향, 지역 안보협력 기제의 부재, 군비경쟁, 영토분쟁, 분단 한반도 등을 불안정 요소로 꼽았다. 그는 중국의 중장기 전략목표가 세계 패권이 아니라 동아시아의 지역 패권을 추구하는 것이라고 규정했다. 이를 위한 방법으로 중국은 미국과 협력하여 지역 패권을 인정받고, 한국과 연대를 추구할 것으로 전망했다.

그는 미국의 동아시아 지전략으로서 중국과 일본이 지역 패권국으로 등장하는 것을 저지하기 위한 '지역 세력균형' 방안을 제안했다. 구체적으로, 미국이 역내 군사적 개입을 유지하며 한국과 연대하고, 중국의 지역 패권을 저지하는 동시에 일본의 독자적인 군사 강대국화도 저지할 것을 주문했다. 2010년 이후 벌어진 '중국의 부상' 지속, 중일 간 경제력 역전, 미중 전략경쟁 등의 관점에서 볼 때, 이런 처방은 오늘의 현실에 부합하지 않는다. 하지만 브레진스키가 주장했듯이, 중국이든 일본이든 지역 패권세력으로 부상하는 것을 허용치 않겠다는 미국의 지전략은 계속 유효하다.

또한 브레진스키는 '지정학적 중추(geopolitical pivot)' 개념을 지정학의 주요 개념으로 제시하고, 이를 "군사적·전략적·경제적 가치가 높은 지리적 위치로 인해 강대국들이 서로 영향력 내에 두려고 경쟁하여, 국제정치적 민감성이 큰 국가"로 정의했다. 그는 유라시아의 주요 중추국으로 우크라이나, 아제르바이잔, 튀르키예, 이란, 한반도 등 5개국을 제시했다. 그가 제시한 유라시아 지정학 지도에 따르면, 동아시아에서 대륙세력과 해양세력이 충돌하는 지정학적 단층선이 한반도를 가로질러 통과한다. 여기서 다시 한 번 한반도 지정학의 구조적인 취약성과 강대국 정치의 엄중성을 알 수 있다.

마지막으로, 지정학자인 로버트 카플란(Robert Kaplan)이 『지정학의 복수(Revenge of Geopolitics, 2012)』에서 '파쇄지대(shatter zone)' 개념을 부각한 데 주목한다. 이 개념은 맥킨더가 상기 1904년 논문에서 "전 지구가 하나의 닫힌 체제로 변모함에 따라 한 지역에서 발생한 사건의 충격이 전파되어 멀리 떨어진 약한 지대를 파쇄시킬 것"이라고 주장한 것에서 착안한 것이다.[3] 카플란은 파쇄지대 국가를 내부의 소수민족, 종교분쟁, 민족국가의 미완성 등으로 안정성이 낮은 국가, 해양과 대륙 세력 간 또는 강대국 간 세력권의 충돌이 발생하는 국가, 중추적 위상으로 인해 사건 발생 시 주변 지역에 대한 충격이 큰 국가로 규정했다. 그가 동아시아의 '파쇄지대'로 소수민족문제, 불균등발전 등으로 내부 불안정 요인이 높은 중국, 영유권과 해양 지배권이 중복되고 상충하는 남중국해, 분단과 분쟁과 체제 불안정이 높은 북한과 한반도 등을 제시했다. 특히 그가 한반도를 가장 대표적인 파쇄지역으로 지목한 데 주목할 필요가 있다.[4]

현대 지정학이 제공한 정세 판독법과 지전략은 20세기에 강대국들의 국가전략에 활발하게 이용되었다. 이 중 일부는 침략적 명분에도 이용되기도 했다. 예를 들면, 첫째, 1차 대전 이전에 독일은 마한의 지침에 따라 해군력을 증강하다 1차 대전에서 영국과 충돌했다. 일본 해군은 마한의 지침을 명분으로 해군력 증강에 나서 해양세력화 했고, 그 결과 러일전쟁에 승리했다. 2차 대전에서 동아시아와 서태평양을 독점하기 위해 미국에 도전했는데, 결국 패배하고 군사 강대국의 지위에서 탈락했다.

둘째, 현대 지정학은 생존 가능한 공간에 대한 개념을 제시했다. 20세기 전반에 이를 모방한 독일의 '생활권(生活圈, Lebensraum)' 개념, 그리고 일본의 '대동아공영권' 개념이 각각 팽창 전쟁의 명분으로 이용되었다.

---

3) Halford Mackinder, "Every explosion of social forces, instead of being dissipated in a surrounding circuit of unknown space and barbaric chaos, will be sharply re-echoed from the far side of the globe, and weak elements in the political and economic organism of the world will be shattered."

4) "How 'Geography' Informs The Fate of the World," (로버트 카플란의 National Bureau of Asian Research 인터뷰, 2012.9.13.).

셋째, 세계 지배의 전 단계로서 유라시아대륙 지배가 필연직이라는 주장에 따라, 동유럽, 동북아, 동남아 등 유라시아 주변지대에 대한 영향력 또는 통제권을 확보하기 위한 정복전쟁이 벌어졌다. 이런 지정학적 추세를 차단하기 위해, 조지 케난은 소련의 유라시아 '주변 지역' 진출을 전방위로 방지하기 위한 '봉쇄전략'을 제안했었다.

넷째, 스파이크만의 '주변 지대론'은 2차 대전 전후처리 과정에서 해양세력인 미국이 대륙세력인 소련의 팽창을 저지하기 위해 독일, 일본 등 주변지대 국가의 안전을 보장하고 부흥시키는 논리로 이용되었다.

다섯째, 마한 제독의 해양세력과 해군력 이론은 20세기에 줄곧 미국 국가안보전략과 해군전략의 핵심 교리로 채택되었다. 일본과 독일 해군도 1, 2차 대전 때 마한의 해양세력론을 수용하여 대양 해군을 건설했었다.

21세기 '중국의 부상' 이후, 새로이 지정학이 크게 주목받고 있다. 서방 국제정치학자와 지전략가들은 중국을 냉전기 소련을 대신하는 새로운 유라시아 대륙세력으로 지목하고, 중국의 동아시아 팽창과 지배를 경고했다. 이들은 중국이 최근 해군력을 증강시키는 것을 빌헬름 독일이 해군력 증강을 통해 영국과 프랑스의 해양 패권에 도전하는 것에 비유했다. 또한 최근 남중국해에서 중국의 도서 영유화와 군사화 활동을 1800년대 상반기에 미국이 먼로 독트린을 통해 서반구, 특히 카리브해에서 유럽세력을 배척하고 독점적인 영향권을 건설한 것에 비유하기도 했다. 이때 중국의 의도는 동중국해와 남중국해에 세력권 구축, 나아가 동아시아와 서태평양 전체에 대한 영향권을 추구하는 것으로 해석되었다. 특히 미국과 일본은 중국이 해군력 증강을 통해 단기적으로는 동중국해와 남중국해에 영향권을 구축하고, 중장기적으로는 동아시아와 서태평양 전체에 대한 지배권을 추구할 것을 우려한다. 미국과 일본이 주도하는 '인도-태평양전략'은 중국의 해양 팽창을 저지하려는 해양세력의 공통적인 지전략의 일환이다.

이런 미국의 중국 견제와 차단 조치는 다시 중국의 저항과 반격을 초래했다. 한국의 사드 배치에 대한 중국의 강한 반발, 한미동맹에 대한 이의 제기, 유엔안보리의 추가적인 대북 제재조치 반대 등은 동북아 지정학에 대한 중국의 지전략적 판단을 반영한 것이다. 동북아 국가들은 과거부터 이어진 역내의 역사적·정치적 갈등으로 인해 이런 지정학적 지식과 전략을 쉽게 수용하고 활용하는 경향이 있다. 이런 역내의 지정학적 갈등 현상은 동북아의 영구평화를 위한 대안적 체제를 찾을 때까지 지속될 전망이다.

역사의 귀환

1990년 독일이 통일되고 1991년 소련이 해체되며 45년 냉전이 종식되었다. 세인들은 마침내 억압과 전쟁의 인류 역사가 끝나고 세상은 자유주의 시장경제와 영구평화의 종착역에 도착했다는 낙관적 역사관을 믿었다. 이런 세계적 추세를 직관한 프란시스 후쿠야마는 『역사의 종언(The End of History, 1989)』을 선언했다. 그런데 모든 이론가가 '역사에 종언'에 동의한 것은 아니었다. 사무엘 헌팅턴(Samuel Huntington) 하버드대 교수는 『문명의 충돌(The Clash of Civilizations, 1993)』을 발표하여 탈냉전기에 국가 간 충돌은 끝났지만 문명집단 간 충돌이 발생한다고 예고했다. 이 예언은 2001년 미국 뉴욕에서 발생한 동시다발 테러, 계속되는 과격 이슬람교도의 테러와 득세로 현실화 되었다. 또한 존 미어샤이머 시카고대 교수는 "미래로 복귀(Back to the Future: Instability in Europe after the Cold War, 1990)"에서 탈냉전기에 만연한 자유경제 평화론과 민주주의 평화론을 '공격적 현실주의(Offensive Realism)' 이론으로 반박했다. 그는 구조적으로 안정된 양극체제가 종식된 이후에 나타날 다극체제는 구조적으로 불안정하여 강대국 전쟁이 오히려 증가할 것이라고 예고했다.

2010년대 들어 미중 경쟁이 부각되고 러시아의 부활이 전망되면서 새로이 강대국 세력정치와 패권전쟁에 대한 관심이 고조되었다. 이와 관련하여 강대국 전쟁의 발발 가능성을 경고한 존 미어샤이머 교수와 마가렛 맥밀란(Margaret MacMillan) 옥스피드대 역사학 교수의 관련 분석이 주목받았다. 미어샤이머 교수는 『강대국 정치의 비극(The Tragedy of Great Power Politics(2014 개정판)』에서 중국의 경제성장이 지속된다면 미중 간 안보경쟁이 필연적이며, 평화적 부상은 불가능하다고 단언했다. 그는 근현대의 무정부적 국제정치 질서에서는 강대국은 생존을 위해 서로 무한 세력경쟁을 벌이는 '공격적 현실주의' 국제정치관을 가질 수밖에 없다고 주장했다. 특히 미국이 유라시아 대륙에서 지역 패권국의 등장을 거부하려면 동아시아 지역의 패권을 추구하는 중국과 충돌하는 것은 불가피하다고 주장했다.

또한 그는 중국이 동아시아 지역 패권국이 되려고 할 때, 서반구의 패권국에서 시작하여 세계적인 패권국으로 부상한 미국식 지전략을 모방할 것으로 전망했다. 예상되는 중국의 대미 경쟁전략으로는 첫째, 아시아 주변국과 국력 차이를 극대화하여 역내 경쟁국을 배제한다. 둘째, 인근 해양인 동·남중국해에서 미국의 군사력을 거부하는 '중국판' 먼로 독트린을 추구한다. 셋째, 미국 홈그라운드인 서반구에서 반미를 조장하여 미국의 대외활동을 약화시킨다. 반면에 미국의 대중 봉쇄 지전략으로는 중국을 두려워하는 아시아 국가와 함께 대중 균형 연대(balancing coalition) 구축, 중국의 경제발전 방해, 친중 국가의 정부 전복으로 중국의 국제 영향력 약화, 중국 내부 혼란 조장 등을 제시했다. 2020년대 미중의 상호 경쟁전략은 이런 전통적인 강대국의 경쟁전략 각본에서 한 치도 벗어남이 없이 반복되고 있다.

미어샤이머 교수는 현 국제질서의 불안정성과 미중 간 강대국 전쟁 가능성을 전망하는 배경으로 다음 요소를 들었다. 첫째, 냉전 양극체제에 비해 탈−탈냉전의 다극체제는 전략적 계산이 복잡하여 구조적인 안정성이 떨어진다. 둘째, 냉전기는 유럽 전선에 모든 군사력이 집중되었고 또한 어떤 충돌도 핵전쟁으로 비화할 가능성이 높아 핵억제가 작동했다. 그런데 현재 아시아에서는 미중 간 전력이 집중된 전선이 형성되지 않아, 오히려 군사적 충돌의 가능성이 높다. 또한 재래식 충돌이 핵전쟁으로 확전될 가능성이 낮아, 상대적으로 재래식 전쟁의 가능성이 높다. 셋째, 중국의 전통적인 반외세 감정에 더해, 정통성이 취약한 중국 정부가 조장하는 민족주의가 결합한 하이퍼 민족주의(hyper−nationalism)가 역내 군사적 긴장을 고조시킨다. 마지막으로, 미어샤이머 교수는 동아시아에서 미중 간 육상 재래식 전쟁의 가능성이 있는 유일한 지역으로 한반도를 꼽았다. 그리고 남북 간 군사적 충돌을 계기로 미국과 중국이 연루될 가능성을 경고했다.

2014년에 1차 대전 발발 100주년을 맞이하면서, 당시 국제정세를 1914년 1차 대전 전야의 국제정세에 비유하는 경고가 쏟아졌다. 사실 이런 경고는 2020년대에 더욱 유효해 보인다. 1차 대전 연구로 저명한 마가렛 맥밀란 옥스퍼드대 역사학 교수는 "역사의 운율(Rhyme of History: Lessons of the Great War, 2013)" 논문에서 강대국의 '집단적 무책임'이 초래한 1차 대전의 교훈을 지적하면서, 강대국들이 세계평화를 위해 협력하지 않는다면 대전쟁의 역사가 반복될 것이라고 경고했다.[5]

일부 지정학자와 현실주의 이론가들은 해양세력과 대륙세력 간 충돌, 또는 강대국 간 충돌의 구조성과 필연성을 주장한다. 하지만 대다수 전문가들은 그런 충돌의 역사성과 구조성을 강조하면서도 그 필연성에는 반드시 동의하지 않는다. 오히려 그런 충돌의 역사성과 구조성

---

5) Margaret MacMillan, "The Rhyme of History: Lessons of the Great War," *The Brookings Essay*, December 14, 2013.

을 강조하는 배경에는 충돌을 예방하고 억제하고자 하는 동기와 신념
이 있다. 여기서는 중심 주제가 아니므로, 국제정치에서 구조의 필연과
인간의 선택에 대한 토론을 생략한다. 그렇지만 역사적으로 볼 때, 모
든 역사적 전환 국면에서 선택의 기회는 항상 있었다. 때로는 의도적인
선택에 의해서, 때로는 필요한 선택을 하지 않음으로써 인류는 전쟁의
질곡에 빠졌다. 그래도 인류사에서 전쟁보다는 평화 시기가 더 많았고,
특히 동북아에서는 더욱 그랬다. 특히 우리가 현실주의와 지정학의 경
고와 교훈에 귀를 기울인다면, 최소한 필요한 선택을 하지 않아 전쟁의
길로 표류하는 것은 막을 수 있을 것이다.

2. 동북아 지정학의 특징

　지구 시정학의 일부분인 동북아 지정학은 전자와 상호작용하며 진화
하여 왔다. 동시에 동북아 지정학은 수천 년에 걸친 역내 자연지리와
인문지리의 진화와 더불어 자신의 동력과 정체성을 갖고 진화했다. 그
렇다면 오늘 동북아 지정학은 어떤 특징을 갖고 있는가? 특히 오늘 동
북아 국제정치 양상에 영향을 미치거나 결정짓는 역내 지정학적 특징
은 무엇인가? 오늘 동북아는 역내 국가 간 심각한 갈등을 겪고 있다.
금세기 최대의 국제정치 현상이자 국제안보위협 요인인 미중 간 지정
학적 경쟁이 동북아 지역에서 치열하게 벌어지고 있다. 한국은 미중 패
권경쟁의 한복판에서 온몸으로 그 무게를 느끼고 있다.
　한국이 효과적인 대응전략을 세우기 위해서는 우선 동북아의 지정학
적 경쟁의 동학과 추세를 파악하고 전망하는 것이 필요하다. 그런데 미
중 전략경쟁의 향방과 결말을 판단하거나 예측하기 어렵다. 미중 경쟁
은 장기간에 걸쳐 진행되고 다양한 요인이 영향을 미치기 때문이다. 단
면적이고 수시로 변하는 미중관계의 현황과 정부 당국자의 정책선언만
보아서는 미중 경쟁의 추세와 결과를 전망하기도, 중장기적 대응전략

을 수립하기도 어렵다. 이때 동북아 역사와 지정학, 그리고 역내국가의 지정학적 정체성에 대한 지식과 설명은 미중 경쟁의 미래를 전망하고 대응전략을 수립하는 데 필요한 교훈과 지식을 제공해 줄 것이다.

아래에서는 오늘 동북아 국제정치의 여건을 조성하고, 나아가 특정 행동을 촉발하는 역내의 지정학적 특징을 찾고 토론하고자 한다. 첫째, 동북아시아는 중국 대륙의 동북 모퉁이에 위치하여 지리적·지형적으로 다른 지역과 분리되어 있어, 차별화된 문명을 발전시켜 왔다. 동북아라는 한정된 공간 속에서도 한중일 3국은 지리적·지형적으로 구분되었다. 그 결과, 한중일 3국은 2천년 이상 긴밀히 교류하면서도 차별화되는 독자적인 문화와 정치 공간을 발전시켰다. 이 지역에서는 또한 다른 어떤 현존하는 국가보다 오랜 '자연국가'의 역사를 가진 한중일 3개국이 공존해 왔다.

중국 대륙 내부에서는 중원 농경지대와 북방 초원지역의 세력들이 경쟁하고 충돌했다. 이 세력들은 중국 대륙의 광활한 공간에서 통일과 분열을 거듭하다가 결국 거대한 대륙제국으로 거듭났다. 일본은 대륙에서 떨어진 섬이라는 지리적 한계 속에서 천년 이상의 내부 경쟁과 전쟁을 통해 제국이자 군사강국으로 거듭났다. 드물게 내부 통일이나 과학기술적 혁신으로 급격한 국력 팽창이 있었던 경우 팽창 전쟁에 나섰지만, 결국 거대 대륙세력과 다른 해양세력의 저항에 부딪혀 제자리로 돌아갔다.

한편, 한국은 역사적으로 거대한 중국 중원세력 및 막강한 북방 유목세력으로부터 한반도 영토를 확보하고 지키는 데 급급했다. 하지만 세계적 제국인 중국의 주변에 있었던 많은 민족과 국가들이 국가성을 상실한 데 비한다면, 한국이 국가성을 유지하고 독자 문화까지 발전시킨 것은 대단한 업적이 아닐 수 없다. 이는 한국이 강력한 적을 상대하더라도 자신을 방어할 수 있는 수준의 강한 군사력과 정치경제적 회복성

을 가졌기 때문으로 보인다. 역사를 보면, 강대국과 세력경쟁이나 전쟁
에서 패한 중소국가들은 소멸될 운명에 처했다. 그런데 한국이 2000년
이상 역내 최강국이자 문명 중심국이었던 중국에게 점령되거나 동화되
지 않은 것은 한국이 독자적인 정체성을 가진 자연국가로서 강한 저항
력과 회복력을 가졌기 때문에 가능했을 것이다. 이런 점에서 전통 한국
을 동북아의 약소국이 아니라, 강한 중견국, 즉 '깅중국(强中國)'으로 보
아야 한다.

둘째, 동북아 지정학의 특징으로 역내 국가 간 평화공존의 관행과 문
화에 주목하고자 한다. 오늘 동북아 지역은 세계적인 갈등지역이며 전
쟁 위험지대로 통한다. 근래 동북아는 태평양전쟁, 남북분단, 한국전쟁,
북핵문제, 중국의 부상, 미중 경쟁 등 갈등과 충돌의 이미지로 가득하
다. 하지만 역사를 돌이켜 보면 동북아는 다른 어떤 지역보다 역내국가
간 충돌과 국제전쟁이 드물었다.

동북아가 서구 주도의 국제정치에 본격적으로 편입되어 중국의 분열
과 전쟁의 세기가 시작되었던 1800년대 중반 이전의 1000년을 보면,
몽골전쟁, 임진왜란, 병자호란 등 역내 국제전쟁은 손꼽을 정도에 그친
다. 예를 들면, 동북아에서는 명나라가 수립된 1368년부터 임진왜란이
발생한 1592년까지 약 220여 년 동안, 병자호란이 발생한 1636년부터
아편전쟁이 발생한 1839년까지 약 200여 년 동안에 국제전쟁이 없었
다. 유럽의 경우, 나폴레옹전쟁이 종료된 1815년부터 1차 대전이 발발
한 1914년까지를 유럽전쟁사에서 보기 드문 '100년 평화'라 부른다. 하
지만 이 시기 동안에도 유럽 전역을 아우르는 대전은 없었지만, 프로이
센─오스트리아 전쟁(1866), 독일의 통일전쟁(1866), 프로이센─프랑스
전쟁(1870) 등 대형 전쟁이 있었다.

또한 동북아 3국이 전쟁과 점령으로 국가를 상실한 시기는 매우 짧
다. 동아시아 중앙에 위치한 중국의 입장에서 보면, 변경 지역 중 중국,

한국, 일본을 포함하는 동북아가 가장 안정된 지역이었다. 그렇다면 동북아의 어떤 지정학적 특징 때문에 오랜 기간 역내 평화공존이 가능했나?

우선 첫째, 중국의 압도적 세력과 위상 때문이었다. 동북아 국가들은 지역 유일 초강대국인 중국과 패권을 쟁패하기보다는 최대한 평화공존하며 독자적인 왕조와 국가성을 유지하기를 바랐다. 하지만 이런 희망만으로 평화공존을 얻어낼 수는 없다. 최소한 중국의 흡수와 합병 기도를 거부할 수 있는 군사력과 저항성을 갖추고 이에 유리한 지리적 여건도 있어야 했다. 중국과 한국은 지리적 근접성에도 불구하고 지리적·지형적으로 생활공간이 분리되어 있었고 그 중간에 유목 세력이 거주하여, 한중 간 왕래와 소통을 제약하거나 완충하기도 했다. 만약 중국이 한국의 공략에만 집중했었다면, 한국이 점령되고 흡수 당할 수도 있었을 것이다. 그런데 중국의 지리는 그런 상황을 허용치 않았다. 동아시아 대륙에서 동서남북으로 뚫린 공간의 중심에 위치하여 끊임없이 변경 세력, 특히 북방·서방의 유목 세력에게 시달렸기 때문에 한국에 군사력을 장기간 집중하기 어려웠다. 중국 내부에서도 수시로 반란이 발생하여, 재정력과 군사력을 대외적으로 집중하는 데 큰 제약이 있었다.

한국은 역내 중견국으로서 중국의 군사적 공격을 격퇴하고, 정치문화적 공세를 거부할 정도의 독자적인 세력을 갖고 있었다. 결국 중국과 한국은 충돌과 전쟁의 시행착오 끝에 조공체제의 틀 속에서 서로 타협했다. 한국은 중국에게 사대의 의례를 약속하는 대신 국가의 온전성과 통치의 자율성을 보장받았다. 중국은 한국의 정복을 포기하는 대신 자신의 변경 중 유일하게 안정과 평화를 확보하여, 서방·북방 방어와 팽창에 군사력을 집중할 수 있었다.

한중 간 사대관계가 정립되자, 한중관계는 평화시대가 이어졌다. 하지만 한국과 중국세력 간 전쟁은 계속되었다. 이 전쟁은 주로 농경세력인 중원중국과 유목세력인 북방중국 간, 또는 중원세력과 반농반목의 만주세력 간 지정학적 세력경쟁의 와중에 한국이 끌려들어 발생했다. 만주의 반농반목 세력은 중국에 대한 패권을 두고 중원 세력과 경쟁했다. 특히 중원 지역에 대한 총공세에 앞서 자신의 배후 또는 측면에 있는 한국을 견제하기 위해 선제적으로 공격했다. 한편, 중원 세력은 북방 또는 만주의 배후에 있는 한국과 손잡고 협공하기를 원했다.

한국은 전통적 강대국이자 조공관계에 있었던 중원 중국과 신흥 군사강국인 북방(또는 만주)의 유목세력 사이에서 줄서기를 강요받았다. 이때 한국에서는 명분외교와 실용외교(또는 중립외교)의 논쟁이 발생했다. 하지만 대체로 한국은 외교적 대응에 실패했고, 전쟁에 끌려들었다. 한국은 최대한 중국세력 간 패권경쟁에 말려들기를 원치 않았고, 북방세력도 중원과 결전을 앞두고 한국과 전쟁을 부담스러워했다. 따라서 북방세력은 한국과 소모적인 장기전과 완전한 점령을 추구하기보다는 대개 단기전으로 제한적인 전쟁 목표를 달성하고는 군대를 물렸다.

동북아 문명권에 속한 일본은 대륙과 적극적으로 소통하고 왕래하면서도 바다로 분리된 지정학적 환경으로 인해 외부 안보위협이 최소화된 상황에서 독자적인 국가발전을 이루었다. 동북아의 주요 세력인 중국과 일본이 바다로 직접 이동하면 최단 거리가 1000km에 이른다. 산업화 이전에 전쟁을 위한 수십만 명의 군대와 장비를 이동시키기에 불가능한 거리이다. 한국을 통과할 경우, 쓰시마 섬을 통하면 최단 거리가 50km로 줄지만 우선 한국과 전쟁을 치러야 했다. 따라서 근세까지 육상 중일전쟁이 사실상 불가능했다. 실제 근대 이전 역사를 보면, 임진왜란 때 단 한 차례 동북아 지역대전이 발생했는데 그것도 전투는 한반도 공간에서 벌어졌다.

임진왜란 때 일본군은 약체로 보았던 조선(한국)의 끈질긴 저항에 부닥쳤다. 한국 관군이 무너지자 승병과 의병까지 나서서 일본의 진군을 저지했다. 동북아 지정학의 특성상 한국은 항상 북방의 군사위협에 대비한 전쟁 체제를 유지했었기 때문에 일본의 침공은 한국에게 예상치 못했던 사건이었다. 일본의 국가적 침공은 1000년 동안 없었고, 더욱이 임진왜란 이전에 200년의 평화시대가 있었기 때문에 당시 한국의 군사력은 역사상 최저점에 있었을 것으로 추정된다. 평화시대의 장기화는 국내적 분열과 국력 약화의 배경도 되었다. 하지만 이런 시대적 현상에서 불구하고, 한국은 오랜 역사를 가진 '자연국가'이자 전통적인 강중국으로서 강한 저항력을 발휘했다. 당시 중국은 요동과 한반도의 지형을 고려할 때, 한반도에서 일본군을 저지하는 것이 유리하다고 판단하여 임진왜란에 참전했다. 중국도 대륙국가로서 사방의 열린 공간에서 오는 안보위협에 봉착했기 때문에 세계 최강 제국이었던 몽골을 제외하고는 한국을 통과하여 일본을 침공하려고 시도조차 하지 않았다.

결국 전통 동북아는 동일한 지정학적 공간에 국력 차이가 현격한 3개국이 있었지만, 제각기 독자적인 국가성을 유지한 채 평화공존의 관행을 쌓았다. 이런 평화공존은 한중일이 각각 지리적으로 구분되는 생존공간을 확보했고 자기 방어에 필요한 군사력과 저항력을 유지했기 때문에 가능했다. 명분적인 조공체제와 약육강식의 세력정치가 타협했던 평화공존의 구질서는 1800년대 중반 이후 성격이 변했다. 서양세력이 동북아에 본격적으로 진출하고 근대화된 일본이 새로운 지역강국으로 등장했기 때문이었다. 평화공존의 동북아 지정학은 무한 세력경쟁과 약육강식의 신 동북아 지정학으로 대체되었다. 20세기 중반 들어다시 한중일 3국의 병립체제가 복구되었다. 하지만 과거와 같은 3국체제는 아니었다. 미소 냉전의 분열선이 동북아를 가로지르면서 역내국 남·북·중·일과 역외국 미·소 등 6국의 불안정한 병존 시대가 열렸다. 오늘 동북아에서는 미소 냉전이 미중 패권경쟁으로 바뀌었지만 여전히 불안정한 남·북·미·중·일·러 6국 체제가 이어지고 있다.

셋째, 동북아는 대륙세력과 해양세력이 서로 충돌하는 지정학적 단

층선이 그 가운데를 통과하는 지역이다. 동북아에서 대륙세력과 해양
세력이 충돌하는 지정학적 이미지는 냉전 초기 니콜라스 스파이크만과
조지 케난에서 시작하여 탈냉전기 즈비그뉴 브레진스키에 이르기까지
영미계 지정학자가 일관되게 제시했다. 21세기 '중국의 부상' 시대를
맞이하여 동북이에서 '지정학의 귀환'이 발생하자, 이 이미지가 다시 부
각되고 광범위하게 통용되었다.

　동북아에서 대륙세력과 해양세력이 대치하게 된 것은 비교적 근세의
일이다. 1400년대 서유럽에서 대항해와 신대륙 발견의 시대가 시작되
었으나 동북아까지 아직 서양의 해양세력권이 확장하지 못했고, 역내
에서 자체의 해양세력도 발달하지 못했다. 임진왜란의 경우, 일본이 해
양세력으로서 대륙세력인 중국과 충돌했기보다는 역내 대륙세력 간의
충돌로 보아야 한다. 일본은 서양의 고대 아테네, 중세 이후 해양국가
와는 국가성격이 달랐다. 일본은 1800년대 후반 들어 명치유신을 통해
근대화에 성공하고 해군력을 강화하면서 해양세력으로 변모했다. 이후
일본은 중국 및 러시아와 해상전투에서 승리했다. 대표적인 태평양 해
양세력인 미국은 2차 세계대전에서 일본을 패망시키고, 서태평양의 해
상권을 장악했다. 이후 미국은 일본과 해양세력 연대를 구축하고, 동아
시아와 서태평양에서 중러의 대륙세력과 대치했다.

　오늘 동아시아와 서태평양 지역에는 미중의 정치·외교·군사적 영
향권이 겹쳐 있다. 냉전기에 미국과 미일동맹은 동아시아와 서태평양
에서 기득권 해양세력으로 자리잡았다. 그런데 2010년대 들어 '중국의
부상'이 본격화되면서, 중국의 군사적 세력권과 정치외교적 영향권이
중국 본토를 넘어 유라시아와 서태평양 일대로 점차 확장했다. 역내주
둔 미군과 미국 동맹국들은 이미 중국이 구상하는 해상 방어선인 소위
제1, 2 도련선 안으로 들어가, 역내 미중 충돌 가능성이 증가하고 있다.

그림 2-3 │ 유라시아 대륙에서 대륙세력과 해양세력의 분열선과 대치 구도

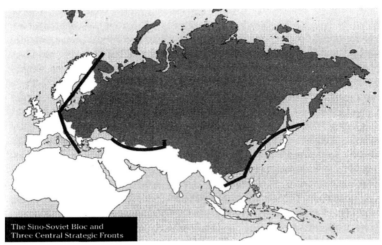

출처: Zbigniew Brzezinski, *The Grand Chessboard: American Primacy and Its Geostrategic Imperatives* (New York: Basic Books, 2017).

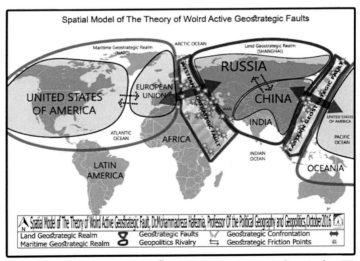

출처: Mohammad Reza Hafeznia, "Active Geostrategic Faults in the World," *Geopolitics Quarterly*, Vol. 12, No. 4 (2017).

마지막으로 현대 동북아 지정학은 민족주의, 군사안보, 안보경쟁이 과잉 발달되었고, 지역주의, 공동안보, 안보협력이 과소 발달된 특징이 있다. 동북아는 전 세계에서 유일하게 지역주의가 미발달되고, 지역안보협력기구가 없는 지역이다. 동북아에서도 탈냉전기에 지역안보협력을 위한 다자안보대화를 추진했지만 성과를 거두지 못했다. 탈냉전 초기에는 한국과 일본이 지역안보협력과 지역안보대화의 주요 주창자였다. 하지만 미중 경쟁이 시작된 이후 한국과 중국은 지역안보협력을 지지하고 있으나, 일본은 미일동맹에 집중할 뿐 지역안보협력에 부정적인 태도를 보였다.

한국 내에서도 한국의 다중적인 지정학적 정체성을 반영하듯 지역안보협력에 대한 입장이 나뉜다. 일부는 한국 안보에서 한미동맹의 한계를 지적하고 이를 지역안보협력으로 보완할 것을 요구한다. 그런데 이들은 탈냉전기 30년 내내 지역안보협력의 필요성을 강조할 뿐, 왜 실제 성과를 거두지 못했는지 어떻게 난관을 극복할지 대해서는 어떤 방안도 제시하지 못했다. 반면 다른 한 그룹은 현실주의적 안보경쟁과 군사안보를 중시하는 관점에서 한미동맹의 강화에 집중할 것을 주장한다. 이들은 동북아의 다자안보협력이 현실적으로 불가능하며, 나아가 불필요하다는 입장이다. 특히 유럽의 다자안보협력을 가능케 했던 토양이 동북아에는 없기 때문에 앞으로도 동북아 지역안보협력이 불가능하다고 전망한다. 그런 유럽의 토양으로 로마제국의 유산으로 인한 유럽적 정체성의 공유, 두 번의 세계대전으로 인한 공멸의 위기감 공유, 소련에 대한 공통의 안보위협 인식 등을 들 수 있다. 동북아에는 그런 토양이 부재할 뿐 아니라 갈등과 분열의 요인이 우세하다고 본다.

타 지역에서 다자안보협력 설립 배경을 보면, 보통 2개의 조건을 충족하고 있다. 첫째, 공통의 외부적 안보위협이 있어야 한다. 그리고 그 외부 안보위협은 내부 이웃국가 간 해묵은 갈등보다 더 커야 한다. 그렇지 않다면 이웃국가와 갈등관계를 접어둔 채 군사안보 역량을 외부로 돌리기 어렵고 국내정치도 그것을 허용하지 않을 것이다. 대부분 제3세계와 남반구의 지역안보협력은 강대국 세력경쟁, 외부 제국주의 세력의 침략, 핵강대국의 핵전쟁 위협 등을 어떤 역내 안보위협보다 큰 안보위협으로 보았기 때문에 가능했다. 주로 남반구에 산재한 6개의 비핵무기지대도 일종의 지역안보협력기구인데, 핵전쟁과 강대국정치를 거부하고 지역을 보호한다는 공통의 위협인식과 안보이익 때문에 가능했다.

둘째, 역내 갈등이 공멸을 초래할 정도로 위협적이어야 한다. 예를 들면, 1, 2차 세계대전 이후 전 지구적 차원에서 국제연맹과 국제연합을 설립하고, '집단안보(collective security)' 개념을 도입했다. 이는 또 다른 세계대전으로부터 전 지구 차원의 공멸을 방지하기 위한 지구적 지역안보협력기구이다. 유럽에 설치된 유럽안보협력회의(CSCE)/유럽안보협력기구(OSCE)도 역내 공멸을 방지하기 위한 안보협력체이다. 이는 냉전기 미소 핵전쟁으로 인한 공멸의 위험을 회피한다는 공통의 목표를 위해 냉전 진영에 대한 소속을 막론하고 모든 동·중·북·서 유럽 국들이 모여 지역안보협력을 추구한 것이다.

동북아국은 제각기 안전보장을 위해 자강, 핵무장, 동맹의 방법만 선택했을 뿐이고, 아직 지역안보협력기구에 대해서 관심이 없다. 역내의 집단안보, 공동안보, 포괄안보 개념도 미발달되었다. 외부 위협에 대한 공통 인식 또는 내부 공멸의 위협에 대한 공통 인식 등 2개의 위협요인 중 한 개만 있어도 지역안보협력이 가능하지만 동북아는 아직 그렇지 못한 상태에 있다.

대부분 유럽국들은 동북아와 마찬가지로 초강대국 세력경쟁의 영향권 내에 놓여있다. 다수 남반구 국가들이 강대국정치를 거부하는 '비동맹'을 선택한 반면, 다수 북반구 국가들은 강대국과 양자·다자동맹을 통해 안전보장을 확보하려고 한다. 특히 유럽국들은 원거리 강대국(미국)과 집단방위 동맹을 체결하고도, EU, OSCE와 같은 지역협력 체제를 구축하여 안전보장을 보완했다. 한편, 강대국 세력경쟁 사이에서 스웨덴·오스트리아·스위스 등 소수 국가는 비동맹 중립을 선택했다. 동북아의 중소국인 한국, 북한, 일본 등 3국은 동맹 또는 자강에만 의존한다는 점에서 유럽국들의 다원적이고 중첩적인 안전보장 전략과 차이가 난다.

3. 미중 패권경쟁의 개막과 세계화 시대의 종언

'중국의 부상'과 미중 패권경쟁의 본격화

탈냉전의 초기 20여 년은 미국이 유일 초강대국으로서 자유주의와 법치를 기조로 하는 자유주의적 패권 질서를 유지했다. 당시 미국이 주도하는 국제정치를 이해하는 키워드는 국제협력, 자유무역, 상호의존, 지역통합, 다자안보, 국제레짐, 공동안보 등 이상주의 또는 신자유주의 국제정치 이론과 개념이 주류였다. 그런데 막상 미국 주도의 이상주의적 국제질서를 보장한 것은 미국의 막강한 군사력이었다.

미국은 유라시아 대륙과 전 해양에 걸쳐 압도적인 군사력의 우위를 과시했다. 특히 동아시아와 서태평양에서 해공군력의 절대 우위 (supremacy)를 유지했다. 미국은 동아시아와 서태평양을 자신의 해공군력이 재량껏 접근하고 통제하는 세력권으로 간주했다. 중국은 매우 긴 해안선을 갖고 있었지만 대륙세력으로 만족했다. 이때 양국의 충돌 가능성은 최소화되었고, 동아시아의 평화와 안정이 유지되었다.

2000년대 들어 중국 경제력이 계속 성장하고, 군사력, 특히 미사일 역량과 해군력이 급성장하면서 동아시아 해상 지정학과 세력균형이 변경되었다. 동중국해와 남중국해에 중국의 해군력이 침투하고 확장되자, 미국의 해상 세력권과 중복되면서 점차 미국 주도의 평화지대가 미중 간 갈등지대로 변했다. 바야흐로 세계정치는 탈냉전 초기의 일극체제를 거쳐, 미국, 중국, 러시아, 유럽, 인도 등 다수 강대국이 각각 지역별로 미국의 독점적 지배권에 거부권(Veto)을 행사하는 과도기적 혼돈기에 접어들었다.

2010년대 들어 미국 패권의 국제질서가 해체되는 징후가 동시다발적으로 발생했다. 중국이 남중국해를 군사화하고, 해군력을 대규모로 증강하면서 미국의 해상패권과 충돌하기 시작했다. 미국은 오바마 행정부(2009~2017) 동안에 아시아 재균형 정책을 추진하고, 군사력을 증강 배치했지만 해상 패권을 회복하기에는 역부족이었다. 미국이 동아시아와 태평양에 집중하는 틈을 이용하여, 푸틴 대통령 치하에서 재부상한 러시아가 크림반도를 합병했다(2014). 미국과 유럽이 강력히 반발했지만, 러시아는 합병을 기정사실화했다. 미국에 반대하는 러·중의 군사 안보적 연대는 노골화되었다. 러시아는 NATO의 미사일방어망 설치를 반대했고, 중국은 주한미군의 사드 미사일방어체계 도입에 반발하며 한국 기업을 제재했다.

동북아 신지정학의 연쇄반응을 촉발한 근원에는 중국의 경제력 급성장으로 인한 역내 세력균형의 변동이 있었다. 중국 국내총생산(GDP)은 고도성장을 지속하여 1996년 처음으로 미국 국내총생산의 10%, 2012년 50%, 2018년 65%, 마침내 2020년에는 70%까지 도달했다. 중국의 구매력 지수(PPP) 국내총생산은 2014년에 세계 경제의 16.5%를 차지하여, 15.8%를 차지한 미국을 넘어 세계 1위가 되었고, 그 격차가 계속 벌어지고 있다. 대다수 전문가는 중국의 국내총생산이 2030년까지 미국을 추월하여 명실상부 세계 1위 경제대국이 될 것으로 전망하고 있다. 그런데 미중 간 경제력 전이 여부를 전망하는데, 코로나19 팬데믹과 미국의 강력한 대중 견제정책이 새로운 변수로 등장했다. 하지만 이런 신생 변수에도 불구하고, 미중이 2대 초강대국으로 패권경쟁을 지속할 것이라는 점은 변함이 없다.

중일 간 급속한 세력전이도 동북아 지정학의 변동을 초래한 주요 요 인이다. 중국의 국내총생산은 1996년까지만 해도 일본 국내총생산의 20%에 불과했으나, 2010년에 일본을 추월하여 세계 2위 경제대국이 되었다. 중국의 국내총생산은 계속 늘어나, 2018년에는 일본의 2.7배로 팽창했고, 그 격차는 계속 벌어지고 있다.

코로나19 팬데믹 발생 이전에 호주 로위연구소(Lowy Institute)가 발표 한 『2019년 아시아파워인덱스』에 따르면, 0~100 스케일의 종합 국력 (Overall Power) 지수에서 미국 84.5, 중국 75.9, 일본 42.5, 인도 41, 러 시아 35.4, 한국 32.7점을 각각 차지했다. 이 국력지수는 개별국의 종 합 국력 중에서도 "동아시아와 서태평양 내에서 행사되는 국력"을 측 정했다. 동 자료에 띠르면, 미중의 복합 국력이 다른 아시아국을 큰 차 이로 따돌리고 있어, 미중의 역내 독주와 상호 경쟁이 지속될 전망이 다. 동 보고서는 미국 종합 국력의 증가 추세가 정체된 반면 중국의 종 합 국력은 상승세를 지속하여, 양국의 국력이 수년 내 역전될 것으로 전망했다.

그런데 2020년 이후 코로나 팬데믹으로 인해 중국의 경제 침체가 예 상되고, 미국의 중국 견제가 본격화되면서 일부 전문가들은 미중 간 경 제력 격차가 오히려 벌어질 가능성을 제기했다. 사실 대다수 전문가들 은 미국이 중국에 비해 군사력과 경제력의 절대적 우위를 50년 이상 유지할 것으로 전망한다. 필자도 이런 전망에 동의한다. 하지만 미국은 정치군사적으로 유럽을 중시하는 데다 전 세계적으로 개입해야만 하 고, 중국은 군사력을 동아시아와 서태평양에만 집중한다. 따라서 미국 이 총량으로 세계 최강의 군사력과 경제력을 보유하더라도, 동아시아 와 서태평양 전역에서 거리의 불리(不利)를 극복하고 그런 우위를 계속 유지할 것이라고 장담하기 어렵다.

중국의 지속적인 성장은 미국에게 큰 전략적 고민을 안기고 있다. 미국의 동아시아 지역안보 전략은 다음 세 가지로 정리할 수 있다. 첫째, 미국의 전통적인 군사력 우위를 유지하며, 역내에서 정치·군사·경제적 기득권을 유지하는 것이다. 역내국에 대한 자유로운 접근과 항행의 자유도 이런 기득권에 해당된다. 이는 모든 미국 정치인과 전략가들이 선호하는 지전략이다. 둘째, 탈냉전기 대중 포용정책의 연장선상에서 중국과 관여를 지속하며, 중국이 국제규범을 준수하고 책임 있는 강대국으로 발전하기를 기대하는 것이다. 이는 중도지향의 현실주의 전문가들이 선호하는 정책이다. 셋째, 동아시아에서 중국과 직접적인 세력경쟁을 회피하고, 대신 다른 지역 강대국을 지원하여 역내 세력균형을 추구하고, 자신은 원거리에서 군사적 자유를 확보하는 것이다. 소위 '역외 균형(offshore balancing) 전략'이다. 이는 전통적인 고립외교론과 미어샤이머류의 공격적 현실주의가 선호한다. 트럼프 행정부가 첫 번째 전략을 선택했다면, 바이든 행정부는 첫 번째와 두 번째 입장의 절충적인 입장을 취하고 있다. 트럼프가 중국과 군사적 충돌과 경제적 탈동조화를 불사했지만, 바이든은 아무리 경쟁하더라도 군사적 충돌은 반드시 피하고 통상도 지속한다는 견해이다.

사실 미중은 모두 핵보유국이기 때문에 상호 대량살상을 초래하는 핵전쟁으로 비화할 전면 전쟁을 힘껏 피하려고 할 것이다. 이때 미중 경쟁은 결국 3개의 양상을 띠게 된다. 첫째, 서로 세력경쟁의 우위를 차지하기 위해 군비경쟁, 경제력 전쟁, 과학기술 경쟁 등 몸집 불리기를 추진한다. 둘째, 제한적 분쟁이나 대리전쟁을 치른다. 셋째, 몸집 불리기의 일환으로 동맹을 확장하고, 상대의 동맹을 약화한다. 결국 미중은 직접 충돌의 대전(大戰)으로 인한 인명과 물질 손실을 감당할 수 없으므로 동맹 강화, 대리전 등과 같은 제한경쟁을 할 수밖에 없다.

미중 전략경쟁이 가열되면서, 국제사회의 진영화와 신냉전의 가능성

이 국제사회에서 중대 화두로 등장했다. 탈냉전기 들어 다자주의 국제
협력과 세계화로 인한 글로벌 기치사슬의 제도와 관행이 뿌리내렸기
때문에 국제사회가 친미와 친중 진영으로 완전히 갈라지는 전면적인
냉전체제가 등장할 가능성은 매우 낮다. 한편, 미중 세력경쟁이 계속
심화하는 추세와 역사적인 패권경쟁의 사례를 감안할 때, 미중 경쟁으
로 인한 편 가르기가 진전되고 국가들이 줄서기를 요구받을 가능성은
세속 증가할 전망이다. 하지만 미중 간 전면적인 단절과 영합적 경쟁은
아니며, 다만 군사안보, 동아시아 세력권, 첨단 과학기술, 체제와 이념
등 일부 핵심 영역에 한정하여 전략경쟁이 치열해질 전망이다. 그 외
대다수 비전략적 분야에서 교류협력은 과거와 비슷한 수준에서 병행될
전망이다.

세력경쟁을 위한 전략론의 관점을 활용한다면 미중 전략경쟁의 양상
과 추세를 파악하는 데 도움이 된다. 전략론에 따르면 아래와 같은 4개
분야에서 세력우위 전략을 실행한다. 첫째, 자강책으로서 자신의 부국
강병을 추구한다. 이를 위해 쉼 없이 경제발전, 과학기술발전, 군비증
강을 추구하며, 미중은 각각 미래 핵심 전력인 5G, AI, 무인 항공기,
로봇, 반도체 등에서 기술우위와 독점을 확보하기 위해 경쟁한다. 물론
기술우위를 확보하기 위해 동맹우호국과 협력은 필수적이다.

둘째, 동맹우호국과 연대하여 세력을 증대함으로써, 상대방에 대해
세력 우위를 확보한다. 이를 위해 동맹을 체결하고, 동맹우호국과 군사
협력 및 경제협력을 강화한다. 미국이 추진하는 한미일 안보협력, 쿼드,
반도체동맹, 경제번영네트워크(Economic Prosperity Network), 인도-태
평양 경제 프레임워크(Indo-Pacific Economic Framework for Prosperity,
IPEF) 등이 이에 해당된다. 이 중에서 경제번영네트워크 구상은 코로나
19 사태 때 중국 중심의 공급망으로 인해 인명 손실이 컸다는 반성에
서 출발하여 신뢰할 있는 동맹우호국과 안정된 공급망을 구축한다는

아이디어에서 출발했다. 미국은 미중 패권경쟁에 대비하여 경제번영네트워크를 배타적인 경제 블럭으로 발전시키는 방안을 모색했다. 마찬가지로 미중 군사경쟁이 더욱 치열해지면, 미국이 미사일방어체제와 중거리미사일을 동맹우호국에 전진 배치할 가능성도 있다. 미국이 동맹우호국에게 요구하고 있는 5G, 반도체 등 첨단 기술 분야의 대중 수출통제와 기술통제도 전형적인 세력경쟁 전략에 해당된다.

셋째, 상대방의 부국강병책을 공략한다. 미국이 신장 위구르·티베트 문제, 인권문제, 대만문제, 홍콩문제, 코로나손해배상소송 등을 제기하며, 중국의 분열을 조장하고, 국제적 위상을 훼손하는 방법이 있다. 미국이 중국인 유학생의 공대 입학을 제한하고 대중 첨단기술 수출을 금지하여 중국의 첨단 과학기술과 군사력의 발전을 지연시키는 방안도 이에 해당된다. 특히 대만의 분리와 홍콩의 자치를 통해 중국을 약화시키는 것은 전형적이며 효과적인 세력경쟁 전략이므로, 미국은 이를 계속 활용할 것으로 보인다.

넷째, 상대의 동맹권 또는 세력권을 공략한다. 예를 들면, 미국이 친중 세력인 러시아, 북한, 캄보디아 등에 각종 관계 개선과 경제지원 등의 유인책을 통해 중국의 세력권을 약화하는 방법이 있다. 중국도 마찬가지로 미국의 전통적인 세력권인 유럽과 중남미 국가에 각종 유인책을 제공하여, 자신의 편으로 끌어들이거나 중립화시켜 상대 세력을 약화하는 전략을 추구한다.

트럼프 행정부의 미중 전략경쟁 본격화

2017년 12월 18일 발표된 트럼프 행정부의 국가안보 전략보고서는 형식적으로 볼 때 트럼프 대통령이 직접 이를 발표하고, 또한 신정부가 출범한 연도에 발간한 최초 사례라는 점에서 주목받았다. 종래 국가안보 전략보고서 발간 작업은 국가안보실 실무 차원의 관심사였다. 그런데 동 전략보고서는 트럼프 대통령이 보고서 작성 과정에서 줄곧 브리핑받았고, 특히 전략보고서 최종본을 직접 발표하겠다고 나설 만큼 대통령의 관심과 관여가 있었다는 후문도 뉴스거리였다.

그런데 동 전략보고서의 더욱 중요한 의미는 그 내용에 있다. 동 보고서는 클린턴 행정부에서 오바마 행정부까지 추진했던 탈냉전적, 협력적, 글로벌 거버넌스적 성책기조에서 완전히 탈피하고, 세력경쟁과 일국주의적 정책기조를 전면 도입했다. 그리고 대중국 관여정책을 종료시키고, 전략경쟁 시대의 개막을 선언했다. 동 보고서의 현실주의적 정세 인식과 미중 경쟁 정책은 후임 바이든 민주당 행정부에 그대로 계승되었다. 이런 점에서 동 보고서는 탈냉전기 미국 외교에서 획기적인 전환점이 되는 전략문서라고 하겠다.

동 보고서는 '미국 우선주의(America First)'를 통해 정치·경제·군사적으로 '강한 미국'이 되는 것을 트럼프 국가안보전략의 최우선 원칙으로 제시하였다. 나아가 동 보고서는 '강한 미국'이 되는 것은 미국 국익에 부합할 뿐 아니라 미국이 세계적 리더십을 발휘하는 기초가 되기 때문에 동맹국과 파트너국에도 이익이 된다고 주장했다. 동 보고서는 트럼프 외교안보전략을 관통하는 정책기조로서 '원칙적 현실주의(principled realism)'를 제시하였다. 여기서 '원칙적'이란 평화와 번영을 확산하는 미국적 원칙을 중시하는 것이며, '현실주의'란 외교안보에서 '힘(power)'의 중심적 역할을 인정하고 강건한 주권국가가 세계평화를 위한 최선의 방책이며, 미국의 국익에도 부합한다고 부연 설명하고 있다. 이런 외교 기조는 탈냉전기 미국 대외정책 기조였던 자유주의적 국제주의 및 다자주의적 제도주의와 크게 대조된다.

이 보고서는 국제정치의 항구적인 본질로 세력경쟁, 지정학경쟁을 적시하고, 특히 현 국제사회는 자유 세력과 비자유 세력 간 경쟁이 진행된다고 보았다. 이런 국제정치관은 국가 간 세력경쟁의 전통적인 현실주의 시각에 기초하면서도, 이 경쟁을 자유 대(對) 반자유 세력 간 경쟁으로 규정하여 미국적인 가치관도 반영하고 있다. 동 보고서는 이런 미국적인 가치관과 현실주의 국제정치관에 따라, 중국이 인도-태평양지역에서 미국의 영향력을 배척하고, 국가 주도 경제모델을 전파하며, 자국에 유리한 역내 질서의 재편을 추구한다고 비판했다. 또한, 러시아 역시 역내에서 강대국 지위의 회복과 접경지역에 영향권을 구축하려고 한다고 비판했다. 동 보고서는 미국의 이전 정부가 경쟁국을 포섭하고 변화시키기 위한 관여 정책이 철저히 실패했다고 규정하고, 이들과 경쟁하기 위해 군사적 대비 태세 증대와 핵무기 현대화가 필요하다고 주장했다.

그뿐만 아니라, 동 보고서는 인도-태평양지역에서는 자유와 억압이라는 각각 상반된 가치를 지향하는 국제질서 간 지정학적 세력경쟁이 벌어지고 있다고 주장했다. 중국은 인프라 투자와 교역전략을 통해 자신의 지정학적 야심을 추구하고 있으며, 이를 거부하기 위해 미국은 지역 동맹국 및 파트너국과 더불어 "자유롭고 개방된(free and open) 인도-태평양"을 추구한다. 미국은 인도-태평양지역에서 적을 억제하고 격퇴하기 위해 미군을 전진 배치하고 동맹국과 군사협력을 강화한다. 또한 일본과 한국과 미사일방어에 협력하고, 지역방어체제를 추구한다.

동 보고서에서는 중국을 수정주의국가, 경쟁국으로 묘사하면서, 중국을 제외한 거의 모든 인도-태평양국가와 군사안보 협력을 강화할 것을 제기하였다. 중국과 경쟁을 염두에 두고, 특히 인도와 안보협력의 확대 필요성을 강조하고 있다. 궁극적으로 중국을 제외한 모든 인도－태평양지역 국가들과 안보협력의 중요성을 부각하고 있으며, 이것이 중국을 겨냥한 것이라는 것을 감추지 않았다. 인도-태평양에서 미국·일본·호주·인도의 쿼드(4자) 안보협력을 증대할 것을 제시했는데, 이 역시 중국을 겨냥했다.

트럼프 행정부의 국가안보전략에서 아래와 같은 특징과 미중 관계에 대한 함의를 찾을 수 있다. 첫째, 해당 국가안보전략 보고서에서 트럼프 대통령의 정치 구호인 위대한 미국 재건, 미국 우선주의, 힘을 통한 평화 등이 트럼프 행정부가 실천할 국가안보전략으로 구현되었다. 이 보고서는 세계정세에 대해 탈냉전기 세계평화와 공동번영을 위한 '협력의 시대'가 끝나고 강대국 정치와 각자도생이 난무하는 '경쟁의 시대'로 진입하였다고 평가했다. 이런 안보 환경의 변화에 따라서 미국도 종래의 세계적 리더십 역할과 관여정책을 폐기하고, 강대국 세력경쟁에서 이기기 위해 자강과 경쟁의 원칙을 따를 것을 선언했다. 트럼프 국가안보 전략보고서는 특히 중국과 러시아를 미국에 도전하는 수정주의 국가 또는 전략적 경쟁국으로 지칭하고 전면적인 세력경쟁을 예고했는데, 그중에서도 신생 초강대국으로 부상하는 중국과의 경쟁을 강조했다.

둘째, 트럼프 국가안보전략은 국제관계를 강대국 세력경쟁과 지정학 경쟁으로 보는 현실주의 국제정치관을 전적으로 채택하였다. 이와 더불어 자유와 시장경제와 같은 미국적 가치에 따라 피아(彼我)를 구분하는 국제정치관도 도입하여, 이를 트럼프 행정부의 고유한 '원칙적 현실주의'로 명명하였다. 그런데 세력균형을 추구하는 전통적인 현실주의 국제정치관은 전쟁 방지와 평화유지를 위해 동맹의 유연성을 필수적으로 본다.

그런데 트럼프 국가안보전략은 세력경쟁을 추구하면서도 피아 구분에 가치 개념을 도입하였는데, 그 결과 매우 경직된 세력경쟁이 예상된다. 한편 현재 미중 간 경제적 상호의존과 교류를 감안할 때 냉전기 소련 봉쇄와는 다른 새로운 양상의 경쟁이 전개될 전망이다. 그런데도, 가치를 매개로 하는 세력경쟁은 냉전기의 진영 간 경쟁과 별반 다르지 않으며, 결국 제로섬 경쟁을 지향하는 모양새를 띨 것이다. 미중 간 세력경쟁이 인도-태평양 전역에 걸쳐 진행될 것이며, 특히 미중 세력경쟁의 단층선이 한반도를 지남에 따라 한반도가 강대국 세력경쟁의 소용돌이 속에 빠질 것을 예고했다.

셋째, 종래 미 국가안보전략에서 한반도와 아태지역이 항상 주요 관심 지역이었지만 유럽과 중동을 제치고 이렇게 최우선 관심 지역으로 지목된 적은 일찍이 없었다. 그 배경에는 중국이 미국 중심의 국제질서와 기득권에 도전하는 전략적 경쟁국으로 등장했고, 또한 북핵문제가 미국에게 직접적인 군사안보 위협으로 등장했다는 정세 판단이 있었다.

이 보고서는 처음으로 '인도-태평양지역' 개념을 제시하였는데 그 배경에는 최대 경쟁국인 중국에 대한 대응 전략이 있다. 즉, 인도-태평양에 걸쳐 있는 중국의 해상 일대일로 구상(BRI)을 견제하고, 또한 중국의 지역 경쟁국으로 부상한 인도를 미국이 주도하는 반중 국제연대에 포함하려는 전략이다. 따라서 동 보고서는 미국이 한반도와 아시아 전역에 걸쳐 중국을 견제하고 북한을 압박하기 위해 유례없이 강도 높은 외교와 군사활동을 전개할 것을 예고했다.

넷째, 미국이 세계전략으로 '지역 세력균형'을 강조한 점에 주목한다. 미국은 이미 세계적인 패권국이 아니므로 무한정 물량을 동원해서 세계평화를 유지할 여력이 없지만, 여전히 자신이 주도하는 세계질서와 기득권을 지키며 어느 지역이든 자유로운 접근을 보장받으려고 한다. 이때 자신의 투입과 희생을 최소화하면서도 지역 평화와 자유로운 접근을 보장받는 전략이 바로 '지역 세력균형'이다. 이는 미어샤이머 교수가 주장하는 '역외 균형자론(offshore balancer)' 또는 동서고금의 보편적인 외교전략인 '이이제이(以夷制夷)'와 유사하다. 미국이 동맹 네트워크와 동맹국 역량의 강화를 주장한 것도 동맹을 통해 경쟁국을 견제하려는 의도를 보인 것이다. 미국이 동맹국과 더불어 다층적 미사일방어체제를 통한 지역방위역량을 모색한다는 구상도 이런 지역 세력균형 전략의 일환이다.

이런 미국의 지역안보와 동맹전략은 인도-태평양지역에서 중국과 세력경쟁에 돌입한 일본과 인도의 환영을 받을 전망이다. 하지만 한국이나 아세안의 중소국들은 강대국 경쟁에서 매우 불편한 위치에 처하게 된다. 중국과 북한이 이미 트럼프 국가안보전략을 크게 비판하고 나섰다. 북한은 그렇다 치더라도, 중국의 반발은 한국에게 큰 전략적 딜레마를 안길 전망이다. 중국이 미국의 대중 견제와 봉쇄를 타파하기 위해 미국 주도의 대중 국제연대에서 약한 고리로 보이는 한국을 집중적으로 공략할 가능성이 크기 때문이다.

한국으로서는 북한문제와 통상에서 대중 의존도가 크기 때문에 이를 포기하면서까지 미국 주도의 반중 동맹네트워크에 전적으로 참가하기 어렵다. 또한 동 보고서는 중국과 경쟁을 염두에 두고, 미국·일본·인도·호주의 4자 안보협력, 쿼드(Quad)를 제시하였는데, 국내에서는 한국의 참여에 대한 논쟁이 벌어진 전망이다. 또한 한국으로서는 핵무장한 북한, 미국 중심 국제질서에 도전하는 중국, 자국 우선주의의 미국 등으로 인하여 새로운 안보환경을 맞고 있다. 한국은 미중 경쟁 속에서 한국의 안보이익과 경제이익을 확보하기 위한 안보전략을 찾기 위한 노력을 서둘러야 하는 상황에 놓였다.

4. 동북아 신지정학의 시나리오

동북아 미래 시나리오

한국은 2017년 사드 고고도미사일방어체계 도입으로 인해 중국의 경제보복을 받고 있었는데, 2019년에는 미국으로부터 선택을 압박받는 사건이 발생했다. 미중의 '러브콜'에 대한 꿈이 완전히 깨어지는 순간이었다. 미국 정부가 중국 화웨이가 생산한 5세대(5G) 통신장비의 보안성을 이유로 통신장비의 구매 금지뿐만 아니라 반도체와 소프트웨어도 거래를 규제하는 고강도 제재를 부과하고, 한국을 포함한 동맹국에도 공동 대응을 요구했다. 그 이후 미중 전략경쟁은 한국의 외교안보정책에서 핵심 과제가 되었다.

미중 전략경쟁이라는 새로운 외교안보 환경에 대해 효과적인 대응전략을 수립하려면, 한국이 미래 환경까지 염두에 두어야 한다. 이를 위해 2030년 한국의 외교안보 환경을 상상해 보자. 대략 3개 시나리오가 가능하다.

첫째, 미중 경쟁이 끝나고 상호 서열을 인정하여 외교안보 환경이 개선되는 상황, 둘째, 지금과 같이 전략경쟁의 갈등이 지속되는 상황, 셋째, 위기의 심화로 군사적 충돌이 발생하고 전쟁으로 비화하는 최악의 상황이 있다. 이 세 가지 상황을 각각 미중의 전략적 적응, 전략적 경쟁, 전략적 충돌 등으로 부를 수 있다.

어떤 시나리오가 가장 가능성이 큰가? 지난 20여 년간 한반도와 동북아의 안보 환경이 계속 악화하였는데, 이런 추세가 갑자기 반전되고 개선될 가능성은 거의 없다. 2020년대 들어 미국과 중국은 서로 더욱 치열한 경쟁을 예견하며 군사적, 경제적, 외교적 전열을 정비하고 있다. 그렇다고 미중이 핵전쟁까지 무릅쓰고 상호 전면적인 군사적 충돌에 나설 가능성은 매우 낮다. 따라서 2030년 안보 상황은 둘째 시나리오와 셋째 시나리오의 중간쯤에 위치할 전망이다. 그렇다면 미중 전략

경쟁이 더욱 악화된 동북아 정세는 어떤 모습일까?

첫째, 동북아에서 미국의 설대 세력우위 시대가 끝나고, 미중 패권경쟁이 치열하게 전개된다. 미국은 상대적 국력이 쇠퇴하고 국내 정치도 변동하면서 관대한 세계패권국에서 상호주의를 요구하는 실용적인 초강대국으로 변모한다. 그리고 중국의 지역 패권국 등장과 세력 팽창을 저지하기 위해 군사·경제·기술·가치·우주·사이버 등 전 분야와 공산에서 전면적인 전략경쟁에 돌입한다. 미국은 동북아에서 중국과 러시아의 팽창을 저지하기 위해 한미일 안보협력을 더욱 강화하고, 중거리미사일과 미사일 방어체제를 대거 도입한다. 중국의 해양 핵심이익 권역과 미국의 인도－태평양전략이 동아시아와 서태평양 전역에서 대치하고 충돌한다. 미중 대치의 단층선이 한반도와 대만을 통과하면서 이 지역이 미중 충돌의 발화점이 될 가능성이 커진다.

부상한 중국은 미국에 버금가는 경제력과 홈그라운드라는 지리적 이점을 활용하여 동북아에서 미국의 우월한 기득권적 지위에 치열하게 도전한다. 중국은 구매력평가 기준(PPP)으로 2014년에 미국을 추월한 데 이어, 2030년에 국내총생산(GDP)도 미국에 근접한다. 중국은 경제력과 자신감을 기반으로 동북아에서 지역 패권을 추구하고, 전 지구적으로 미국과 경쟁한다.

둘째, 일본은 미중 경쟁과 북한의 핵무장에 대비하여 재무장과 보통국가화를 촉진하고, 영토·역사 문제에 더욱 강경해진다. 또한, 미일동맹을 강화하고 중국과 대치한다. 일본은 미중 경쟁, 중일 경쟁, 북핵 위협 대비 등에 집중하면서 보통 국가로 전환을 위해 과거사 문제에 더 이상 구속받지 않고, 한일관계의 악화도 감수하려고 한다. 과거사에 대한 채무 의식이 없는 일본 전후 세대들은 재무장과 우경화를 지지한다.

셋째, 북한은 핵무장력을 늘리고 더욱 공격적으로 된다. 농축재처리 시설을 가동하여 매년 핵무기 5개 분량의 고농축우라늄과 플루토늄을 생산하여, 2030년에는 핵무기를 100기 이상 보유하게 된다. 미사일 개발도 더욱 진전되어, 중장거리 핵미사일을 대거 보유하게 된다. 이때 북한은 실질적인 '핵무장국(nuclear-armed state)'으로서 주변 강대국의 군사적, 정치외교적 압박을 거부할 수 있는 핵억제력과 외교적 자율성을 확보하게 된다. 핵무장에도 불구하고, 경제식량 위기가 지속되면서 북한정세가 불안정해질 가능성이 크다. 핵무장하고 불안정하고 공격적인 북한은 더욱 감당하기 어려운 위협요인이다. 중국은 북한을 결코 적대국인 미국의 영향권에 두는 것을 허용할 수 없어 북한의 체제 안정을 지원하며 자신의 영향권에 두려고 하고, 북핵에 대해서도 과도한 제재압박을 삼가는 이중적 태도를 보인다.

상기 시나리오는 다소 비관적이다. 하지만 만약 현 추세가 지속되면 우리가 직면하게 될 현실이 될 가능성이 크다. 불과 10년 전만 하더라도 중국의 부상, 일본의 우경화와 재무장 가속화, 북한의 핵무장, 러시아의 부활, 미국의 세계적 후퇴, 우크라이나 전쟁을 예견치 못했다. 오늘 현실은 박근혜 정부(2013~17)가 처음으로 '아시아 패러독스'를 경고하였을 때보다도 외교안보 상황이 훨씬 좋지 않다. 대부분 국내외 전문가들도 향후 미중 간 전략경쟁이 더욱 치열해지고, 한반도와 동아시아 해양 지역이 그 격전지가 될 것으로 예상한다.

그동안 한국은 최대 안보위협인 북핵문제의 해결을 위해 미국 및 중국과 협조했는데, 양국이 미중 경쟁에 집착하면서 북핵문제 해결을 위한 외교적 집중도와 추진력이 현저히 떨어질 전망이다. 심지어 중국은 공공연히 북한을 보호하고, 한미동맹을 적대시한다. 중국이 한미동맹, 주한미군, 유엔군사령부를 거부하고, 해체를 요구하며 보복할 가능성도 커졌다. 이런 시나리오와 위협요인을 예상한다면, 한반도와 동북아가 거대한 미중 간 패권경쟁의 영향권 내에 들게 됨에 따라 우리 외교안보 정책도 전략목표와 외교 원칙도 재검토해야 하는 전환기에 접어들었다.

한반도 전쟁 시나리오

한국민들은 한국전쟁 이래 수시로 반복되는 한반도 전쟁위기 속에서 살아왔다. 미중 전략경쟁이 치열해지자, 전문가와 언론은 대만해협, 남중국해, 한반도에서 군사적 충돌 가능성을 수시로 지적한다. 그런데 한반도에서 예상되는 전쟁 양상과 원인에 대한 체계적인 분석과 설명을 찾기 어렵다. 특히 한반도의 미래 전쟁 양상과 원인에 대한 이론적 논쟁과 토론은 거의 없다. 과연 전쟁과 평화에 대한 국제정치 이론에 따르면, 동북아와 한반도에서 어떤 전쟁이 발발할 가능성이 있나?

필자가 2017년에 작성했던 한반도의 전쟁 원인과 가능성에 대한 분석과 전망이 아직 대체로 유효하여, 아래에서 이를 인용했다.[6] 한반도는 2017년에 군사적 긴장이 최고조에 도달했다가, 2018~19년 일시적으로 평화 분위기를 거쳐 2020년대에 다시 고도의 군사적 대치 국면으로 복귀했다. 이는 한반도가 한반도를 둘러싼 지정학적 충돌 구조에서 좀체 벗어나지 못하는 현실을 보여준다.

첫째, 중국의 급부상과 이로 인한 역내 미국 중심 질서에 대한 중국의 도전 가능성, 그리고 중국의 급부상이 초래한 미국의 공포가 역내 강대국 전쟁의 가능성을 열어 놓았다. 이때 도전국인 중국이 역내 기존 패권국인 미국에 대항하는 반미, 반패권 전쟁이 가능하다. 다른 한편, 미국이 역내 패권질서를 지키기 위해 중국의 부상을 저지하기 위한 예방전쟁에 나설 수도 있다. 이런 미중 간 안보경쟁은 남중국해와 한반도에서 각각 독점적 '영향권' 유지 경쟁으로 나타난다. 그런데 중국의 부상에도 불구하고 여전히 미국의 압도적인 우월적 지위로 인해, 상당 기간 중국의 도전이 실현되지 못할 것이라는 분석도 많다.

둘째, 강대국 간 직접 충돌보다는 상대 진영의 약소국을 상대로 전쟁

---

6) 전봉근, 『동북아 세력정치와 한국 안보』 정책연구시리즈 2017-14 (서울: 국립외교원 외교안보연구소, 2018), pp.31-34.

을 개전한다. 이 가설에 따르면, 미국이 북한을 공격하거나, 중국이 한
국을 공격한다. 현재로서는 가능성이 낮은 시나리오이지만, 미중 경쟁
이 격화될 경우 그 가능성을 무시할 수는 없다. 한반도에서 이런 직접
적인 전쟁행위는 역내의 동맹구조와 지정학적 이해관계로 인해 지역대
전으로 확전될 가능성이 크다. 따라서 직접적이고 전면적인 군사행동
보다는 전쟁의 효과를 노리며 각종 직간접적인 정치·군사·경제적 강
압 조치를 추진할 가능성이 크다. 사실 핵을 보유한 강대국 간 전면 전
쟁은 전쟁 당사국의 완전 파괴뿐만 아니라, 인류의 멸망을 초래할 수도
있어 강대국들이 서로 피하는 경향이 있다. 예를 들면, 한국전쟁 당시
중국은 북한을 지원하기 위해 참전했지만 정규군이 아니라 인민의용군
을 보냈고, 공식적인 선전포고도 하지 않았다. 2022년 우크라이나 전쟁
에서 미국은 우크라이나에 다양한 직간접적인 군사 지원을 제공하고
우크라이나의 대러 반격전에 결정적으로 기여했다. 하지만 러시아도
미국도 서로 상대방을 직접 교전국으로 인정하지 않았고, 직접 교전도
피했다.[7]

셋째, 남북 간의 세력전이로 인한 전쟁 가능성이 있다. 70년대 들어
남북 간 경제력이 급속히 역전되면서 한국의 국력 우위가 고착되었고,
탈냉전기 들어 국력 차는 더욱 벌어졌다. 북한은 탈냉전기의 개방적 세
계경제 체제에 적응하는 데 실패한 결과, 만성적인 경제위기와 식량위
기로 인한 체제위기까지 겪게 되었다. 세력전이 이론에 따르면, 70년대
북한은 한국의 급부상에 따른 공포 때문에 이를 저지하기 위한 예방전
쟁 또는 선제전쟁에 나서야 했다. 아마 냉전체제와 한미동맹의 억제가
이를 좌절시켰을 것이다. 이 이론에 따르면, 한국이 압도적인 국력의
우위를 확보하게 되면 북한 위협을 제거하고 한반도에서 패권을 잡기
위한 전쟁이 가능하다. 이때 열세의 북한은 대남 세력균형을 회복하고

---

7) 이 문단은 2017년 논문에 없는 것인데 새로이 첨가한 것임.

한미동맹의 '침공' 가능성에 대비하기 위해 핵무장에 의존하게 된다. 나아가 만약 핵무장한 북한이 스스로 국력의 우위에 있다고 생각한다면, 그 역량을 한국에 투사할 것이라는 예측도 가능하다.

북한의 핵무장과 전쟁 위협, 한국과 한미동맹의 대응 군사조치, 그리고 미중 간의 안보경쟁 등으로 인해 한반도에서 전쟁 가능성이 고조되는 것은 사실이지만, 당장 전쟁이 발생할 것으로 보는 전문가는 별로 없다. 한국의 우월한 재래식 무기와 경제력, 그리고 세계 최강의 핵보유국이며 군사 대국인 미국이 제공하는 대북 핵억제력이 작동할 것으로 보기 때문이다. 또한, 북한 김정은 정권이 아무리 무모하더라도 자신들의 파멸을 초래할 것이 확실시되는 전면전에 나서지는 않을 것이다. 한편, 일각에서는 체제 붕괴에 직면한 김정은 정권이 자살전쟁에 나설 가능성, 북미 평화협정 체결을 목표로 한반도의 불안정을 심화시키기 위한 군사행동, 분단 고착을 염두에 둔 제한전 등의 유혹이 있다는 분석도 있다.

미중 간 대립 구도의 심화에도 불구하고, 단기간 내 미중 간 전면적인 충돌로 비화할 것으로 보이지는 않는다. 냉전기 미소 관계와 달리 미중 관계는 높은 상호의존으로 인해 상당 기간 상호 견제와 경쟁 속에서 협력관계를 지속할 전망이다. 양국은 한반도에서 안보경쟁을 하면서도, 한반도 전쟁을 반대하는 데 이익을 공유한다. 한반도의 전쟁이 쉽게 미중 간 패권전쟁으로 확전될 가능성을 두려워하기 때문이다. 그렇지만 물밑에서 강대국 간 세력전이에 따른 강대국 세력투쟁이 지속되고 갈등 구조는 더욱 악화할 가능성이 크다.

2017년 하반기 들어 북한의 6차 소위 '수소폭탄' 실험과 중장거리 화성 12, 14, 15 대륙간탄도미사일 발사에 즈음하여, 북미가 상호 군사조치와 전쟁 위협을 주고받으면서 한반도 전쟁위기가 크게 고조되었다. 당시 국내외 전문가들이 한반도정세를 6.25 전쟁 이후 최대의 전쟁위

기라고 평가했다. 심지어 존 브레넌(John Brennan) 前 미국 CIA 국장은
한 인터뷰(2017.10)에서 북미 충돌 가능성을 20~25%로 판단하였다. 문
재인 대통령이 2017년 8.15 경축사에서 "한반도에서 또다시 전쟁은 안
되며, 한반도에서의 군사행동은 대한민국만이 결정할 수 있고, 누구도
대한민국의 동의 없이 군사행동을 결정할 수 없다"며 전쟁 반대를 강
조한 것도 이런 전쟁 가능성에 대한 반증이다.

과연 단기간 내 한반도에서 전쟁이 발발할 것인가? 결론부터 말하면,
전쟁 발발 가능성은 매우 낮다. 전쟁 발발을 계획전쟁과 우발전쟁으로
나눈다면, 현재 전면적인 계획전쟁의 가능성은 매우 낮다. 하지만 우발
전쟁은 현재와 같이 극도로 높은 군사적 긴장 상태에서 그 가능성을
무시할 수 없다. 남북 양측은 분단국의 속성과 6.25 전쟁의 기억으로
인해 한시라도 전쟁 대비를 소홀히 한 적은 없다. 한국의 전쟁 태세가
방어와 억지라는 것은 잘 알려져 있고, 전쟁 반대에 대해 국민적 합의
가 정착되어 있다.

반면에 북한은 적화통일을 국가 목표로 추진하고 있으며, 항상 공세
적 군사태세를 유지해 왔다. 그렇다면 과연 오늘 북한은 전쟁 수행능력
과 정책의지를 갖고 있는가? 대체로 전문가들은 북한의 전면전 개시 가
능성을 낮게 본다. 현재 북한의 군사력과 한미동맹의 군사력을 비교할
때, 북한이 적화통일의 전쟁 목적을 달성하지 못할 뿐 아니라, 오히려
한미동맹의 반격으로 북한체제와 정권의 생존까지 크게 위협받을 것이
기 때문이다.

미국도 한국과 일본의 동의 없이 대북 전면전을 수행하기 어려운데,
한일 정부와 국민은 이에 대한 명확한 반대 입장을 보이고 있어 전면
적인 예방공격에 돌입하기 어렵다. 더욱이 최근 미국의 아프가니스탄
철군에서 보듯이 미국이 중국과 경쟁에 집중하기 위해 다른 지역분쟁
에 대한 개입을 대폭 축소한다는 사실도 북한에 대한 전면적, 선제적

군사 개입 가능성을 매우 낮게 보는 이유이다.

한편 우발전의 가능성은 항상 열려있다. 현재와 같이 남북 간 군사적 긴장이 높은 상황에서 해상과 육상의 군사분계선 상에서 발생하는 소규모 군사적 충돌이라도 항상 확전의 위험성을 안고 있다. 한미동맹의 공해상 군사활동에 대해 북한이 총격이나 미사일을 발사할 가능성이 있고, 이때 양측 간 공방전이 발생할 가능성이 크다. 또한, 북한이 공언했듯이 괌 인근해역에 다수 미사일을 포위 발사할 경우, 미군이 이를 요격할 가능성이 크다. 심지어 북한이 괌을 공격한다는 충분한 판단이 선다면 북한의 미사일 발사기지를 선제공격할 가능성도 무시할 수 없다. 북한이 공언하는 태평양 수소탄 발사시험과 미 본토를 겨냥한 대륙간탄도미사일 시험발사에 대해서 미국은 요격과 발사기지 선제공격의 군사옵션을 갖고 있다. 특히 괌이나 미 본토를 향한 미사일 (시험)발사는 미국이 핵탄두 탑재 여부와 실제 공격 여부를 사전에 알 수 없으므로 매우 어려운 군사적 선택을 해야 할 것이며, 이때 누구도 원치 않는 전면전으로 확대될 가능성도 있다.

마지막으로 김정은이 봉쇄와 고립으로 체제위기와 정권위기가 극심할 때 내부 평정을 위해 제한전의 전쟁 옵션을 이용할 가능성은 적지만, 무시할 수 없다. 이때 북한이 기대할 시나리오는 전쟁이 발발하면 즉각 주변국이 휴전과 현상유지를 위해 개입하고, 전시상황을 이용하여 내부 평정에 성공한 김정은은 주변국의 권유를 수용하며 다시 분단체제로 되돌아가는 것이다.

요약하면, 한국, 북한, 중국, 미국을 포함하여 동북아국들이 사전에 계획된 예방 공격이나 전면전에 나설 가능성은 매우 낮다. 김정은이 한국과 한미동맹을 상대로 북한 국가와 정권의 파멸 가능성을 감수하면서까지 전면전에 나설 가능성도 작다. 미국도 한국의 반대를 무릅쓰고 대북 예방 공격을 감행할 가능성은 없다. 그렇지만 북한의 공격적이고 모험주의적인 군사적 관행, 그리고 평소 미국의 강한 안보의지를 볼 때 안이하게 손을 놓고 있어서도 안 된다. 계획된 전쟁 발발 가능성이 작다고 하더라도, 한반도와 동북아의 높은 군비 태세와 첨예한 대치 상황을 감안할 때, 의도치 않은 군사적 행동과 사소한 군사 충돌도 한반도와 동북아의 전쟁으로 확전될 가능성을 무시할 수 없기 때문이다.

제3장

동북아 패권전쟁 역사와
한반도의 운명1)

1. "등 터지는 새우"

동북아 패권전쟁과 한국의 운명

2010년대 들어 미중 전략경쟁이 본격적으로 시작된 이후 국내외에서 양국의 경쟁 현상을 분석하거나, 한국 또는 유사한 지정학적 환경에 있는 중소국들의 대응에 대한 글들이 다수 발표되었다. 그런데 이들은 주로 미중 경쟁의 정치경제적 현상과 대응책을 분석하는 데 집중했고, 전쟁과 평화를 다루는 지전략, 안보전략에 대한 분석은 드물었다. 따라서 이 장은 미중의 지정학적 패권경쟁에 대비한 한국의 대응책을 논의하기에 앞서 동북아 역사 속에서 한국이 역내 패권전쟁 속에서 어떻게 대응하고, 생존해 왔는지 토론한다.2)

---

1) 이 장은 필자의 글 『동북아 전쟁과 한국의 지전략』 정책연구시리즈 2022-09 (서울: 국립외교원 외교안보연구소, 2022)를 대폭 수정·보완한 것이다.
2) 여기서 동북아는 지리적으로 중국 대륙, 한반도, 일본열도를 포함한다. 다시 중국 대륙은 지정학적으로 중원 중국(황하 중상류 지역), 남중국(양자강 유역), 초원지대의 북방중국(몽골고원), 동북지역의 만주 등으로 세분화되며, 각 지방에는 정치적,

과거와 현재 한국은 주로 중국 또는 미국과 같이 한 개의 초강대국이 있는 단극체제 속에서 살아왔다. 냉전기는 미소 초강대국이 충돌하는 양극체제였지만, 한국은 미국 주도의 서방 자유진영에 전적으로 소속되었다. 따라서 당시 한국인이 보았던 외교안보 환경은 강대국 간에 어떤 전략적 선택의 고민이 없는 사실상 단극체제와 다름없었다. 탈냉전기는 한국의 유일한 동맹국이자 안보 후원국인 미국이 유일 패권국가로서 존재했던 명실상부한 단극체제였다.

2010년 들어 미중 전략경쟁이 본격화되자, 일부 전문가들은 한국이 처한 상황을 한국의 명운이 경각에 달렸던 20세기 말의 구한말(舊韓末) 시대에 비유했다. 이런 한국의 운명은 흔히 "고래 싸움에 등 터지는 새우"로 불린다. 실제 지난 2000년 동북아 역사에서 중국 중원세력, 북방의 초원세력, 만주 세력, 일본 세력 등의 흥망성쇠에 따라 역내 세력균형의 변화가 발생했는데, 그때마다 한국은 지역 패권전쟁에 끌려들었다. 한국은 19세기 말 근대 국제정치 체제에 편입된 이후 수시로 일본, 중국, 미국, 러시아(소련) 등 주변 강대국의 지정학적 경쟁에 말려들어 전쟁터가 되거나, 주권을 잃거나, 분단되는 고통을 겪었다.

한국은 전통적으로 동아시아의 절대 강자이자 문명대국인 중국을 지척에 두었기 때문에 그 영향권에서 벗어날 수 없었다. 천하의 중심을 자처한 중국은 한국을 "한 귀퉁이에 위치한 소국"으로 불렀다. 현대 한국인은 스스로 한국을 '소국' 또는 '약소국'으로 인식했다. 일본의 강제 합병, 남북 분단, 한국전쟁의 파괴 등으로 인해 그런 정체성이 굳어졌다. 그런데 그런 '약소국'이 통일신라부터 1500년간 몇 차례 왕조의 교체만 있었을 뿐, 대체로 국가적·문화적·영토적 온전성을 지켜왔다. 이런 한국의 역사는 아마 세계사에서도 드문 사례이다.

문화적으로 차별화되는 정치세력이 거주했었다. 중국은 거대국가로서 동북아의 지리적 범위를 넘어, 동남아(베트남), 중앙아시아, 티베트, 신장 지방까지 영토를 보유했던 대륙 국가이다.

과연 한국은 '약소국'인가? 동북아 국제정치 질서에서 한국은 어떤 의미가 있었나? 실제 동북아 역사 속에서 한국의 존재감과 활동은 약소국과 거리가 멀다. 동아시아의 전통적인 최강자인 중원 중국은 외곽세력인 거란, 서하, 티베트, 여진, 몽골 등을 수시로 정복하고 점령하고 소멸시켰다. 평소 분산되었다가 결집할 때 막강한 군사력을 자랑하는 초원과 만주의 북방세력도 중원 중국과 한국을 수시로 침공했다. 하지만 한국은 외세의 침공을 대부분 격퇴시켰다. 때로는 패전하거나 점령당했지만, 한국은 정체성을 잃지 않았고 단기간 내 독립을 회복했다. 수천 년간 한반도에서 자연국가를 형성하고 단일 민족과 문화를 유지했던 한국인은 강한 저항력과 회복력을 과시했다.

오늘 한국은 지난 100년간 경험하지 못했던 새로운 국제정치 환경에 직면했다. 미중 전략경쟁이 점예화되면서, 동아시아와 서태평양에서 군사적 충돌이 발생할 가능성도 커졌다. 미중 간 직접적인 패권전쟁은 아니더라도, 우크라이나 전쟁과 같이 대만해협과 한반도에서 미중의 대리전쟁이 발생할 가능성이 있다. 탈냉전기 내내 한반도와 대만해협은 세계적으로 군사적 충돌 가능성이 가장 높은 지역으로 평가되었는데, 미중 경쟁과 우크라이나 전쟁으로 그 가능성은 더욱 커졌다. 오늘 국제정치는 미중 양강 구도를 가진 다극체제인데, 미중 간 세력균형의 변동이 발생 중이다. 이런 국제정치는 냉전기 양극체제와 탈냉전기 미국 패권의 단극체제에 비해 유동적이고 불안정하며, 예측성이 크게 떨어진다.

미중 전략경쟁이 심화되면서, 한국의 지정학적 '끼인 국가' 속성이 다시 주목받았다. 한국은 자신의 머리 위에서 전개되는 새로운 국제정세를 어떻게 인식하고, 지속적인 안보와 번영을 보장하기 위해 어떻게 대응해야 하나? 우리 선조들은 동북아 세력경쟁과 지역전쟁에 당면하여 왕조와 영토를 보존하기 위해 어떤 고민을 했으며, 그들의 경험에서 어떤 교훈을 얻을까? 지난 2000년 동안 동북아 국제정치에서 강대국

정치에 참여하는 국가는 계속 바뀌었다. 하지만 동북아에서 패권경쟁의 지정학적 경쟁 구도는 과거나 지금이나 별 차이가 없다.

임진왜란 이전까지 한국이 끌려들었던 동북아 지역전쟁은 주로 중원 제국의 영토팽창을 위한 정복전쟁 또는 중원과 북방/만주 세력 간 패권전쟁 때문에 발생했다. 특히 후자 전쟁의 경우, 한국은 중원과 북방 세력 사이에 끼여, 전략적 선택을 고민해야만 했다. 통상 중원 세력은 문명적으로 앞섰고, 약탈적이지 않아 한국으로서는 우선적인 편승과 연대의 대상이었다. 한국과 중원 중국은 서로 유사한 위도(緯度)와 유사한 지형에서 살고 있어, 서로 생산하는 물자도 유사하고 농업 중심의 자립경제를 영위했다. 따라서 상대의 물자를 얻기 위한 물자교류 또는 약탈 전쟁의 필요성도 낮았다.

한편 북방의 유목세력은 문명이 이질적이고 약탈적이어서 한국은 최대한 접촉과 충돌을 피하려고 했다. 사막 또는 초원지대에 거주했던 유목세력은 항상 식량과 생활 물자가 부족하여, 농경지대의 식량과 물자를 탐냈다. 이때 유목 세력은 교역 또는 약탈을 통해 식량과 물자 부족을 충당했다. 중원 중국과 한국은 약탈적인 북방 세력에 대한 안보위협 인식을 공유하여, '자연동맹' 관계에 있었다. 하지만 북방 세력의 군사력이 막강한데다 기동력도 높아 한중 군사협력은 별 효용이 없었다. 실제 북방 세력에 대한 한중의 공동 군사작전이 성공한 사례도 없다. 과거 한국이 중국 대륙의 복수 강대국을 상대해야 했던 전략적 딜레마의 상황은 오늘의 그것과 외견상 다르지만, 구조적으로는 유사하다.

한국은 임진왜란 때 북쪽의 육상이 아니라 남쪽의 해상에서 접근하는 적대세력을 상대해야 했다. 이로써 한국은 처음으로 전통적인 북방 전선에 더해 남방 전선도 포함하는 양면 전선을 동시에 대처해야 하는 상황에 부닥쳤다. 임진왜란과 병자호란에 즈음하여 만주의 신흥세력 청이 부상하면서, 중국에서 중원 농경세력과 북방 유목세력 간 전통적인 남북 경쟁 시대가 끝났다. 이후 동북아에서는 중국의 대륙세력과 일본의 해양세력이 경쟁하는 새로운 지정학적 경쟁 시대가 열렸다.

그 결과, 동북아 세력 간 지정학적 단층선이 종래 중국 요동과 한반도 북방에서 한반도 전역으로 바뀌었다. 이때 한국의 '지정학적 중간국' 속성은 더욱 선명해졌다. 동북아의 지정학적 단층선이 남하하면서 한국은 대륙세력과 해양세력 간 전쟁에 더욱 깊이 끌려 들어갔다. 양대 세력 간 중간지대인 한반도가 주 전쟁터가 되면서, 전쟁 피해도 한반도 전역에 걸쳐 더욱 광범위하고, 치명적으로 발생했다.

현대인은 전쟁의 불법화와 핵 억제로 인해 더 이상 대규모 전쟁이 불가능한 시대에 살고 있다고 생각한다. 하지만 미중 전략경쟁과 강대국 세력경쟁 시대가 열리면서, 전쟁의 망령이 되살아났다. 우크라이나 전쟁(2022)은 유라시아 대륙에서 언제든지 전쟁이 발생할 수 있다는 점을 예고했다. 전쟁은 국가뿐만 아니라, 이에 소속된 모든 개개인의 존망과 명운을 가르는 '진실의 순간'이다. 일찍이 손자병법은 "전쟁이란 나라의 중대한 일이다. 죽음과 삶의 문제이며, 존립과 패망의 길이니 살피지 않을 수 없다"며 전쟁 대비를 국가의 최고 책무로 보았다. 따라서 아래에서는 동북아 전쟁에 말려든 우리 선조의 전략적 고민과 선택을 되돌아보고, 오늘 강대국 세력경쟁 사이에 낀 한국의 지전략을 위한 시사점과 교훈을 찾고자 한다.

한국의 지전략에 대한 논쟁: 국제정치 이론과 실제

2010년대 중반부터 미중 전략경쟁 속에서 한국의 지속가능한 평화와 번영을 보장할 수 있는 지전략은 무엇인가에 대한 논쟁이 국내에서 치열하다. 아래에서는 이와 관련 국내의 주요 논쟁 동향을 소개하고 토론한다.

첫째, 미중 경쟁에 대한 한국의 옵션으로 국내 전문가그룹은 주로 '균형(balancing)' 또는 '편승(bandwagoning)' 전략의 선택에 대해서 논쟁한다. 통상적으로 '균형'은 최대 안보위협국에 대항하기 위해 다른 강대국과 동맹하는 것이고, '편승'은 최대 안보위협국과 연대함으로써 안보위협을 해소하는 것이다. 서방 국제정치이론은 보통 균형을 편승에 비해 선호한다. 편승을 선택할 경우, 결국 최강국의 요구에 따라 편승국의 독립과 자율성이 훼손될 가능성이 크기 때문이다.

이와 유사한 개념으로 고대 중국에는 합종(合從), 연횡(連橫) 전략이 있었다. 중국 전국시대(403~221BCE)에 중원에서는 7개 강국, 소위 7웅이 패권을 경쟁하며 할거했다. 이때 최강국인 진(秦)에 대해 나머지 6국이 생존책으로서 합종과 연횡 전략을 논쟁했다. 여기서 '합종'은 지도상 남북 세로로 늘어선 6국이 종(縱)으로 연대하여 진에 대항하는 것이다. '연횡'은 6국이 제각기 횡(橫)으로 지도상 서쪽의 진과 동맹하는 것이다. 결국 6국이 연횡을 선택했고, 그 결과 모두 진에 각개격파 당하고 흡수되고 말았다. 그 결과, 중국 최초의 통일국가 진이 탄생했다. 이 고대 중국의 역사는 '연횡'의 위험성을 경고했다.

그런데 균형과 편승 옵션은 서양에서 '강대국' 중심의 현실주의 국제정치이론에서 도출된 것이다. 그런데 과연 중소국의 입장에서도 이것이 최선의 안전보장 방안인지, 그 외에 대안적 또는 보완적 안전보장 방안은 없는지 의문이 있다. 실제 중소국, 끼인 국가들은 국가 생존을 보장하고 외교적 자율성을 극대화하기 위해 어떤 지전략을 추진했는지에 대해서도 추가 조사가 필요하다.

강대국 중심의 현대 현실주의 국제정치이론은 고대 그리스의 도시국가 체제, 중세 이탈리아의 도시국가 체제, 1800년대 유럽 협조체제(The Concert of Europe) 등을 배경으로 개발되었다. 이 체제에는 다수의 유사한 국력을 가진 국가(또는 도시국가)들이 서로 갈등하고 협력하는 특징이 있다. 동 체제에서 패권국의 등장을 저지하기 위한 외교전략으로써 최강국에 대항하여 여타 차강, 차차강 국가들이 동맹을 체결하여 세력균형을 유지하는 균형(balancing) 전략이 가장 보편적인 대응 전략으로 활용되었다. 국가들은 서로 경제력·군사력의 성장 속도가 달라서, 수시로 국가 간 세력균형이 변한다. 이때 각종 정치적·경제적·군사적 혁신에 성공하여 국력의 급성장에 성공한 국가가 군사력의 우위를 이용하여 주변국을 정복하고 세력을 더욱 키우게 된다. 이런 상황이 지속되면, 결국 역내 모든 국가가 독립과 자율성을 잃고 단일 국가의 점령과 통치하에 들어가는 제국 체제가 완성된다.

 최강국 이외 모든 국가의 최대 외교안보 관심사는 천하통일의 제국이 발생하는 것을 저지하고, 자국의 독립과 외교의 자율성을 보장하는 데 집중되었다. 그 방법은 무엇인가? 동서고금을 통해 최선의 안전보장 방안은 스스로 부국강병하는 '자강'이다. 그런데 자강의 방법은 그 성공 여부가 매우 불확실하다. 누구나 원한다고 경제력 부흥, 군사력 증강, 인구 팽창의 성과를 낼 수는 없다. 따라서 단기간 내 국력을 팽창시키고, 전쟁을 방지하는 최선의 방안은 유사한 안보 위협에 노출된 국가와 연대하여 최강국에 대항하여 세력균형을 회복하는 '균형적 동맹' 전략이다. 최강국에 맞서는 균형 전략이 수반하는 전쟁과 패전 위험성을 감안하여 이를 포기하고, 최강국에 줄을 서서 전쟁을 모면하거나 전리품을 챙기는 '편승' 전략을 선택하는 국가도 있다.

 그런데 이런 세력균형 전략을 중소국에도 일괄적으로 적용할 수 있는지 의문이다. 위에서 토론했듯이 세력균형 전략은 원래 약소국의 외교전략으로 개발되지 않았다. 약소국은 강대국의 한 편에 가담하더라도 국력이 상대적으로 미약하여 의미 있는 세력균형의 변동을 만들어낼 수 없기 때문이다. 현대 현실주의 국제정치이론의 출발점이 되었던 투키디데스의 『펠로폰네소스 전쟁사』를 보면 이런 강대국 중심성이 명료하게 드러난다. 동 역사서의 '멜로스 대화' 편에서 투키디데스는 "강대국은 할 수 있는 일을 할 뿐이고, 약소국은 당할 것을 당할 뿐이다"라고 설파했다. 이런 강대국 중심 사고가 오늘까지 내려와, 현대 국제정치이론은 약소국의 외교전략에 대한 의미 있는 지침을 제시하지 못하는 실정이다.

동서고금의 국제정치 현실은 이런 강대국 중심 국제정치 이론과 차이가 있다. 실제 사례를 보면, 중소국, 중추국, 끼인 국가들은 대부분 균형 또는 편승의 단순한 선택을 거부하고, 복합적인 외교전략을 추진한다. 중소국, 끼인 국가들은 각자의 국력·역사·지리·전략문화·정체성 등을 반영하여, 동맹뿐만 아니라 등거리외교, 지역안보협력, 이중편승, 중립, 집단안보, 집단방위, 공동안보, 초월, 고립 등 다양하고 창의적인 외교전략을 복합적으로 구사한다. 그리고 역사적으로 볼 때, 강대국 중심 국제정치이론의 전망과 달리, 수많은 중소국들이 국력의 객관적인 열세에도 불구하고, 강한 저항력과 회복력을 발휘하며 끈질기게 생존하고 번영하며 자신의 정체성도 유지해 왔다.

국내에서는 미국 최강론에 근거한 '한미동맹 제일주의' 주장이 있다. 이는 국내 주류 외교안보 전문가그룹의 다수 의견이다. 이 주장은 본격적인 미중 전략경쟁 시대를 맞아 '전략적 모호성' 전략을 비판하고, 한국의 안보·경제·정치·가치 이익을 지키기 위해 한미동맹 강화를 통한 반중 균형(또는 대미 편승)에 집중할 것을 주문한다. 한미동맹을 선택해야 하는 이유로 한미동맹의 성공 이력, 대북정책을 위한 협력 필요성, 자유민주주의와 시장경제 체제와 가치 공유, 미국의 최강국 지위 등이 거론된다. 현실주의적 관점에서 보면, 이 중에서도 미국의 최강국 지위가 한국이 중국이 아니라 미국을 선택해야 하는 핵심 근거가 된다. 만약 중국의 국력이 미국보다 월등하다면, 국내에서 미국 선택론을 설득하기 쉽지 않을 것이다.

그런데 미국이 절대적 종합국력에서 우위에 있다고 하더라도, 한국이 중국을 무시할 수 없는 이유가 있다. 바로 한중 간 지리적 거리, 한국의 대중 경제의존도, 동북아의 지정학적 동학, 미중 간 지정학적 정체성과 전략적 초점의 차이 등 때문이다. 미국은 절대적인 종합국력의 우위를 갖고 있지만, 동북아의 지리적 공간에 한정한다면 대중 종합국력 및 군사력의 절대적 우위를 계속하여 유지하는 것이 어려워질 전망이다. 특히 중국과 달리, 미국의 유럽 중시 정책, 세계적 군사력 분산(유럽, 중동, 아프리카, 중앙아, 동남아, 인도양 등), 원거리로 인한 동북아에 대한 군사력 투입의 한계 등이 제약요인이다.

필자는 동아시아에서 이미 사실상 미중의 양극체제가 존재한다고 본다. 호주 로위연구소는 매년 아시아태평양지역 26개 국가의 역내 종합국력을 평가한 '아시아국력지수(Asia Power Index)'를 발표하는데, 2020년도 미국은 100점 만점에서 81.6점, 중국은 76.1점을 기록했다. 그 외 인도, 일본 등 지역 강대국들의 종합국력은 미중에 크게 뒤떨어졌다. 거리와 투사된 국력 간 반비례적인 관계를 고려하면, 미국 본토와 멀고 중국의 앞마당인 동아시아에는 이미 2개 초강대국이 존재하는 '양극체제'가 존재한다는 것을 보여준다.

더욱이 아시아국력지수에 따르면, 미중 간 국력차가 계속하여 감소하는 추세이다. 최근 코로나19 팬데믹 사태로 인해 아시아국력지수의 추세에 대한 불확실성이 커졌지만, 2030년까지 미중 간 아시아국력지수의 역전이 예상된다. 한국이 지난 70년간 한미동맹에 안주했던 배경에는 미국이 자유진영의 리더십 국가이자 세계 최강국으로서 한국을 어떤 안보위협에 대해서도 보호할 것이라는 신뢰가 있었다. 그런데 만약 미국이 그런 세계 최강국의 지위에서 내려오거나, 중국이 아시아 권역에서 미국과 동급 경쟁국 또는 최강국의 지위에 오른다면, 한국은 미중 경쟁에 어떻게 대응해야 할까? 한국으로서는 과연 인접한 초강대국 중국을 계속 무시할 것인지 심각한 고민에 빠지게 될 것이다.

본고가 '한미동맹 제일주의'에 의문을 제기한다고 하여, 한미동맹의 사활적 필요성에 대해 의문을 제기하는 것은 아니다. 필자는 지난 한국의 국가전략에서 최고의 성공 요인이 바로 한미동맹이라고 본다. 한미동맹은 냉전 초기에 매우 열악한 상황에 처했던 신생 독립국 대한민국에게 안보와 경제를 보장함으로써 오늘 한국이 세계적인 중견국으로 도약할 수 있게 만든 최고의 군사·외교·경제적 자산이다. 21세기에도 한미동맹은 한국에게 대체 불가능한 경제·외교·안보 자산이기 때문에 이를 결코 포기해서도 훼손해서도 안 된다.

경제적 이유뿐만 아니라, 동북아 지정학이 그런 옵션을 허용하지 않는다. 한미동맹이 없는 상태에서 한국이 홀로 남북관계, 한일관계, 한중관계, 한러관계를 어떻게 대처할 것인지를 상상해보면 동맹의 전략적 가치를 쉽게 알 수 있다. 현실주의 국제정치이론과 전략론의 조언을 따르더라도, 한미동맹은 한국에게 최선의 자연동맹이다. 그런데 한미동맹을 중시한 나머지, 한국의 국익과 한미동맹을 동일시하거나, 한미동맹을 비판하는 것을 금기시하는 경향은 경계해야 한다.

한편, 중국은 이미 세계 2대 초강대국으로서 한국이 무시하거나 적대시하기에는 너무 가깝고, 강대하다. 또한 대중 경제적 의존이 너무 큰데, 이를 단기간 내 줄이기란 거의 불가능하다. 중국은 세계 2대 경제대국이며, 한국의 최대 교역상대국이다. 더욱이 중국은 지리적으로 역내의 유일한 유엔안보리 상임이사국이자, NPT 상의 핵보유국인 초강대국이다. 또한 북한의 배후국이고 동맹국이다. 이런 특성으로 인해 중국은 한국에게 대체 불가능한 경제적 기회를 제공하는 동시에 감당하기 어려운 경제통상적·외교안보적 위해를 가할 수도 있다.

다음, 국내에서 미중 관계에 대해서 애매모호한 이중적 접근보다 선명한 한미동맹 중시정책을 추진할 것을 주장하는 근거로서 '동맹 방기'

의 위험성이 종종 제기된다. 이 주장은 동맹 정책의 선명성만이 향후 미중 패권경쟁 환경에서 한국의 안전을 보장하는 유일한 방안이라고 설파한다. 그런데 역사적으로 '동맹 방기'는 대체로 동맹에서 열등한 피후원국(한국)의 선택이 아니라, 우월한 후원동맹국(미국)의 자의적이고, 전략적인 선택의 결과이다.

역사를 돌이켜 보면, 한국이 미국의 지원과 협의를 요구했지만, 미국은 대체로 자신의 외교적, 전략적 이익에 따라 일방적으로 개입과 지원 여부를 선택했다. 구한말 한국의 독립 지원 요청에 대한 미국의 거부, 미국의 동아시아 방위선에서 한국을 제외한 애치슨 선언, 닉슨 독트린에 따른 한국 방위공약 약화와 일방적인 미중관계 개선 선언, 카터 행정부의 일방적인 주한미군 철수 결정, 클린턴 행정부의 일방적인 북미대화 결정 및 북핵협상, 트럼프 대통령의 대북 전쟁 발언 및 동맹 반대 발언 등이 그런 사례이다. 이런 '동맹 방기' 사례는 한국이 미국에게 불충하거나 한미동맹에 대해 모호한 태도를 보였기 때문에 발생한 것이 아니다. 이와 정반대로 한국은 동맹국 미국에게 간절히 보호와 지원을 요청했지만, 미국이 강대국 정치적, 국내 정치적 고려에 따라 일방적으로 결정한 것이었다.

따라서 '동맹 방기'를 피하려면 후원동맹국에 대한 의존을 높이는 것이 아니라, 자신의 전략적 가치를 높여야 한다. 일방적인 의존적 동맹이 아니라, 자율적이고 상호적인 동맹이 될 때 오히려 '동맹 방기'의 위험에서 벗어날 수 있다. 다른 중소 지정학적 중간국의 역사적 사례에서 보듯이 이들은 항상 동맹 방기의 위험 속에서 살 수밖에 없다. 그렇지만 성공적인 중간국들은 자신의 안전보장을 위해 동맹체제를 유지하면서도, 이를 보완하기 위한 공동안보, 지역안보협력, 적대국과 대화채널 구축, 등거리외교 등 온갖 '헤징전략'을 복합적으로 구사하고 있다는 점을 상기해야 한다.

마지막으로, 한국 외교안보전략의 이상적인 모델이자 준거 틀로 일본과 호주가 자주 거론되는 데 대해 과연 그런지에 대한 검증이 필요하다. 특히 한국이 동맹정책, 대중정책, 인도-태평양전략을 수립할 때, 일본, 호주가 모방해야 할 참조 모델로 거론된다. 그런데 이들은 국력, 분단문제, 북핵문제, 안보위협 원천과 거리, 경제적 자립성, 정체성, 역사적 경험 등에서 한국과 다르다. 특히 동맹 형성과 안보정책의 핵심 기준이 되는 안보위협 대상과 인식에도 작지 않은 차이가 있다. 따라서 이들을 한국의 외교전략 수립에 참고하지만, 준거 틀로 삼는 것은 신중해야 한다.

예를 들면, 한일 간 안보 인식의 차이를 보면, 첫째, 한국과 달리, 일본은 전통적으로 대륙세력인 중국발 안보위협에 대해 매우 높은 경계심을 보였다. 한국은 북방 유목세력을 항상 경계하고 적대시했지만, 중원 중국에 대해서 통일신라 이후 적대시해 본 적이 없다. 전통 한국은 대체로 한국과 현격한 국력 차이가 있는 중원 중국을 지역 초강대국으로 인정하고 편승하는 사대정책을 일관되게 추진했었다.

일본의 지정학적 환경은 한국과 크게 달랐다. 한중 사이와 달리 중일 사이에 바다와 한반도라는 과거 군사기술로는 좀체 극복하기 어려운 자연적·정치적 장애물이 있었다. 따라서 일본은 중국의 직접적인 안보위협에서 벗어나 있었고, 중국의 천하체제와 조공질서를 부정하면서 자율성이 높은 정치외교체제를 유지할 수 있었다. 이런 동북아의 지리와 지정학을 배경으로 일본은 중국과 대치되는 천황제를 발전시켰고, 뿌리 깊은 중일 경쟁의식도 갖게 되었다.

동북아의 고유한 지리적·정치적 장애요인으로 인해 중국의 일본에 대한 영향력도 한계가 있었다. 사실 중국은 2000년 이상 동아시아 최강국으로 군림했지만, 바다라는 지리적 장애물로 인해 지척에 있는 일본 공략에 성공한 적이 없다. 심지어 유라시아 대륙 전체를 정복하고 점령했던 몽골제국도 수차례 일본 정복을 추진했지만 결국 일본열도에 상륙하는 데 실패했다. 동북아의 지리적 환경과 역사적 경험을 배경으로 일본은 중국의 정치군사적 위협에서 벗어나 독자적인 대중전략을 추진할 수 있었다. 더욱이 근대 일본은 탈아(脫亞) 의식을 발전시키며, 점차 해양세력으로 발전했다. 이에 따라 중일 간 경쟁체제도 더욱 고착되었다.

일본은 2차 세계대전 종전 이후 패전국으로서 독자적인 군사력과 군사정책을 거부당한 채 미국의 안보체제에 전적으로 편입되었다. 그 결과, 미국의 대공산권 봉쇄정책에 편승할 수밖에 없었다. 냉전기 일본의 반대륙 정책은 전통 일본의 대중 경쟁정책과 부합했기 때문에 미일동맹은 더욱 구조화되고 긴밀해졌다. 평화헌법으로 인한 군사력 보유의 제약, 그리고 2차 대전과 피폭 경험으로 인한 일본 국민의 뿌리 깊은 반전·평화 정서도 일본 정부가 미국에게 안보를 의존할 수밖에 없도록 만들었다. 현대 일본은 거대 내수 시장과 통상 다변화로 대중 경제 의존도가 낮아, 상대적으로 중국의 압박에서 자유로운 대중정책이 가능한 측면도 있다.

일본은 한국과 지리적으로 가장 가까운 이웃 나라이지만, 이렇게 이질적인 역사적 경험과 지리적·지정학적 여건으로 한국과 차별적인 동북아 전략을 발전시켜 왔다. 뿌리 깊은 대중 경쟁의식에 따라, 한국과 달리 탈냉전기에도 중국 시장에 올인하지 않고 경제 다변화를 추진했었다. 중일 경쟁에 대한 일본 국민의 이해와 합의도 높은 편이다. 일본은 미국에 앞서 '중국의 부상'을 경계하고 쿼드 구상도 먼저 제안했다. 이는 일본의 전통적이고 상시적인 대중 경계와 경쟁의식 때문에 가능했다. 이때 심지어 일본이 미국을 중일 경쟁에 끌어들였다고 볼 수도 있다.

2. 고대 동북아 전쟁과 한국의 지전략

이 장은 과거 한국이 참여한 전쟁 중에서도 국가의 명운이 걸렸던 주요 지역전쟁, 국제전쟁을 중심으로 선조들의 지전략적 고민과 선택을 토론함으로써 현대 한국의 동북아 전략을 위한 교훈과 시사점을 찾고자 한다. 우선 고대 한국의 경우, 고조선, 삼국시대에 걸쳐 중국과 전쟁이 빈번했다. 당시 한중 간에는 아직 영토 경계가 획정되지 않았고 국경 개념도 불명확했던 탓에 주로 영토 확장을 위한 전쟁, 그리고 전략적 요충지를 확보하기 위한 전쟁이 수시로 발생했다.

중국에서는 진(221~207BCE)이 처음으로 중원을 통일했다. 흔히 진이 '중국'을 통일했다고 하지만, 당시까지만 해도 중국의 범위는 황하유역 일대인 중원(中原)을 벗어나지 못했다. 단명한 진을 이은 한(202BCE~220)은 중원 통일을 기반으로 전방위로 영토 팽창을 추진했다. 한이 패망한 이후 중원 중국은 다시 분열(220~581)되어 삼국시대, 5호16국 시대, 남북조 시대 등을 거쳤다. 수(581~618)와 당(618~907)이 중원을 재통일하고 전방위적 영토팽창에 나섰다. 하지만 과대 팽창과 내부 통치 문제에 봉착하고, 주변국의 저항이 커지면서 팽창전략이 한계에 봉착했다. 이 시기에 중국은 동북아의 패권국 지위에 올랐고, '천하질서'로 불리는 동아시아 단극체제를 열었다.

이 시기 요동 지역과 한반도 북부에서 벌어진 국제전쟁의 발단은 주로 중국이 제공했다. 한중 간 첫 번째 전쟁의 역사적 기록은 중국의 전국시대(戰國時代: 403~221BCE)로 거슬러 올라간다. 중국 대륙에서는 주나라의 봉건제도가 해체된 후 분열기를 거쳐 7웅이라 불리는 제후국가가 할거하며 치열하게 세력경쟁을 벌이는 전국시대가 열렸다. 기원전 300년대에 북경 지역에 기반을 둔 연(燕)은 동으로는 요동과 한반도 북쪽에 기반을 둔 고조선, 남으로는 산동반도에 기반을 둔 제(齊)와 충돌했다. 당시 고조선은 연과 전쟁에서 요동을 잃고 근거지를 평양 지역으로 옮겼고, 청천강을 경계로 연과 대치했다.3)

　중국 중원을 제패한 진과 한이 영토 팽창과 변방 안정화를 위한 정복전쟁에 나서면서, 다시 한국과 충돌했다.4) 진은 처음으로 당시 천하 영역으로 알려진 중원을 통일했지만 단명했다. 연이어 등장한 한 (206BCE~220)은 초기에 중앙집권의 안정화를 위한 내부 통치에 집중했다. 이즈음 한은 고조선에서 국경선을 후퇴하여 청천강에서 패수(압록강)에 이르는 지역을 양국 간 완충지대로 삼았다.

　한이 초창기에 중앙집권의 강화를 위해 지방의 제후를 제거했는데, 이때 북동면에 있던 연왕이 흉노에 투항(195BCE)하는 사건이 발생했다. 당시 연왕의 부하였던 위만은 1000여 명 신민을 데리고 고조선에 망명했다. 고조선으로부터 서북변방을 방어하는 임무를 부여받았던 위만은 반란을 일으켜 고조선 준왕을 내몰고 위만조선(194BCE)을 건립했다. 위만조선은 한의 외신(外臣)이 되어 군사적, 경제적 지원을 제공받았고, 이를 기반으로 한반도 북방의 대표적인 세력으로 부상했다. 결국 위만조선은 당시 동북아 최대 정복자인 한 무제의 침공을 받고 패망(108BCE)했다. 한은 대동강 평양 지역을 근거지로 한 고조선을 멸망시킨 후, 요동지역과 한반도 북부에 한사군(108BCE~314)을 설치하고 직접 통치했다.

　당시 한의 최대 안보위협 세력은 북방 초원지대에 근거지를 둔 거대하고 막강한 흉노제국이었다. 흉노는 진에 밀렸지만 진의 분열 이후 내전기를 이용하여 세력을 급속히 팽창했다. 흉노제국의 묵돌 선우는 한 고조 유방을 패퇴(200BCE)시킨 후 형제맹약을 맺고 화친관계를 회복했

---

3) 동북아역사재단 한국외교사편찬위원회, 『한국의 대외관계와 외교사-고대편』 (서울: 동북아역사재단, 2019), p.19.
4) 본고에서 한반도에 위치한 국가를 지칭하기 위해 '한반도국' 또는 '한국' 명칭을 사용했다. 여기서 '한국'은 현재의 대한민국뿐만 아니라, 고대부터 한반도에 자리 잡았던 일체 한민족의 국가를 집합적으로 지칭한다.

다. 형제맹약이라고 하지만, 한은 매번 공주를 흉노 선우에게 출가시키고 공물을 바쳐야 했다는 점에서 흉노가 사실상의 종주국이고 한이 조공국이 되는 위계적인 관계였다.

전한의 7대 황제 무제(140~86BCE)는 선대의 부국강병책에 힘입어 마침내 영토팽창과 변방세력의 정복에 나섰다. 한 무제가 정복전쟁에 성공하면서, 중국의 천하 영역은 종래의 중원을 넘어 사방으로 크게 확장되었다. 이로써 중국의 경계가 중원을 넘어 서역, 고조선, 북방 초원지대, 베트남(남비엣)으로 확장되었다.

당시 중국과 주변국들의 세력경쟁과 전쟁은 전통 동아시아의 지정학과 관련국 지전략의 원형을 보여준다. 중국 대륙은 지정학적으로 농경문명의 중심인 중원과 초원 문명의 중심인 북방으로 나뉜다. 북방은 다시 몽골고원과 초원의 유목지대와 만주의 반농반목지대로 나눌 수 있다. 따라서 고대 동북아 전쟁의 전형은 북방 중국의 유목세력과 중원(또는 한반도) 농경세력 간 투쟁이다. 한 무제는 종래 북방세력에 대한 중원의 수세적인 입장에 벗어나 흉노와 패권전쟁에 나섰다. 한 무제의 대흉노 지전략은 다음과 같다. 첫째, 농경세력인 중원 중국은 전통적으로 보병과 전차 중심의 군사력을 운영했지만, 특별히 유목세력과 싸우고 추격하기 위해 기병을 양성했다. 중국이 아무리 흉노를 공략해도, 말을 타고 초원의 서쪽과 북쪽 지평선 너머로 도망하는 이들을 격파할 수 없기 때문이었다.[5]

둘째, 황량한 초원에 거주하기 때문에 항상 식량과 물자 부족에 시달리는 흉노세력을 약화시키기 위해 농경지대로부터 식량과 물자 공급을 차단했다. 사실 초원세력은 전통적으로 농경지대와 거래 또는 약탈로서만 경제를 영위할 수 있었다. 한 무제의 이런 정책은 오늘날 경제봉쇄 또는 수출통제 정책에 해당된다.

---

5) 위의 책, p.20.

셋째, 중원의 주변부에 위치한 변방 세력이 상호 소통하며 반중 연대를 구축하는 것을 차단했다. 특히, 몽골 고원, 티베트 고원, 한반도, 만주 지대의 변방 세력이 흉노와 연대하는 것을 경계했다. 한이 서쪽으로는 감숙성 회랑지대로 진출하여 하서사군을 설치하고, 동으로는 고조선을 패퇴시키고 한사군을 설치한 것도 흉노를 포위하고, 변방세력 간 연대를 저지하기 위한 것이었다. 이에 대해 중국 역사서 한서(漢書)는 "하서사군의 설치는 흉노의 오른쪽 어깨를 자른 것이며, 조선을 멸하고 군현을 설치한 것은 흉노의 왼팔을 절단한 것"이라고 설명했다.6) 이는 변방세력에 대한 중원의 전형적인 이이제이(以夷制夷), 분할통치 전략이었다. 한은 한때 변방의 안정을 위해 위만조선을 변방국으로 인정하고 후원했었다. 하지만 위만조선이 한반도 일대의 지역강국으로 세력이 팽창하자, 점차 경계하기 시작했다. 결국 한은 흉노가 위만조선과 연대를 모색하자, 고조선을 공격하여 패퇴시키고 한사군을 설치하여 한의 영토에 편입시켰다.

한편, 한의 이이제이 공략에 저항하기 위해 흉노와 변방국들은 소통과 연대를 모색했지만 성공적이지 못했다. 평양 일대와 운남성 일대에서 발견된 흉노의 유물은 흉노와 변방국이 교류하고 연대를 모색한 흔적으로 해석되었다.7)

중국 대륙에서 한이 멸망(220)하고 수가 재통일(581)하기까지 360년간 내부 제후국(왕국) 간 생존을 위한 치열한 세력경쟁과 패권전쟁이 전개되었다. 위촉오 삼국시대, 진, 5호16국, 남북조 시대를 거치면서, 중국의 북쪽과 동쪽 국경이 완전히 무너졌다. 북방 초원의 선비족은 무너진 변경을 통과하여 대거 중원으로 진입하여 신흥 중원세력으로 정착했다. 당시 선비족의 중원 진출은 만주평원과 요동을 통과한 것이 아니라, 서진과 남진으로 바로 시안, 장안의 중원으로 진출했다. 한과 수

---

6) 위의 책, p.20.
7) 위의 책, p.21.

당 간 분열기에 동아시아에서는 각 세력의 각자도생과 무한경쟁 속에서 한족과 호족의 문화가 혼합되고, 불교가 전파되어 새로운 융합적이고 관용적이며, 범지역적이고 세계적인 중국 문명이 탄생했다. 북조는 선비족 탁발씨가 북위를 건국하면서, 호한 융합(胡漢 融合)의 전통이 여러 왕조를 거쳐 수당으로 이어졌다. 초원세력과 농경세력의 융합으로 탄생한 수당은 개방적인 제국으로 널리 알려졌다. 수당 제국의 융합성과 개방성은 한족 중심의 명제국이 폐쇄적인 제국을 운영한 것과 대조된다.

한편, 중원세력은 북방세력에게 밀려 남하하여, 동진, 유송, 남제, 양, 진을 차례로 건국하며, 중국 남조 시대를 열었다. 당시 양자강 이남은 중원의 변경으로서 저개발 지역이었으나, 남조 시대를 거치면서 농경과 경제가 발전했다. 남중국의 풍부한 식량과 물산으로 인해 중국 경제가 획기적으로 팽창하는 계기가 되었다. 특히 수나라 때 중국 남북조가 운하로 연결됨으로써, 남의 경제력과 중원의 정치군사력이 통합되었다. 남북조 시대를 거치면서 거대하고 강력한 중국이 탄생하는 지정학적, 지경학적 조건이 마련되었다.

당시 중국의 분열은 일시적으로 동아시아 다극체제를 낳았다. 동아시아에는 중국 북조(북위 등), 중국 남조(송), 북방 초원세력(유연, 돌궐), 한국 북조(고구려), 한국 남조(백제, 신라), 남서세력(티베트), 왜 등이 서로 경쟁하며 공존했고, 누구도 지역패권을 장악하지 못했다. 중국의 분열과 내부 전쟁기를 이용하여, 한사군 지역에서 흥기한 고구려(37BCE~668)는 한반도에서 한의 잔존 세력인 낙랑군(313)과 대방군(314)을 몰아내고, 한강 이북과 남만주 지역을 장악했다. 한때 고구려는 한반도의 최강자이자 동북아의 강대국으로 군림했다.

당시 동북아 다극체제는 세력균형을 유지하기 위한 외교의 시대를 열었다. 역사적으로 볼 때, 약한 한반도 세력은 중국 세력 간 패권전쟁에 끌려드는 동네북 신세였다. 하지만 강력한 고구려는 중국 내 세력균형을 유지하는 균형자가 되었다. 중국 대륙에서는 중원의 북위가 군사적으로 가장 강했지만, 북방의 유연과 남조 세력이 위아래에서 견제하면서 세력균형이 유지되었다. 한때 고구려는 중국 내 세력경쟁에 개입하여, 북위에 밀리는 북연을 군사적으로 지원했다. 남조의 송이 북위를 견제하기 위해 초원의 유연과 접촉을 시도했을 때, 고구려가 중재한 직도 있다. 당시 백제가 고구려를 견제하기 위해 북위에 서한을 보내어, "고구려가 남으로는 송과 소통하고 북으로는 유연과 맹략하여 서로 순치(脣齒) 관계를 맺고 북위에 저항"한다고 일렀다.[8] 이 기록에서 고구려가 동북아에서 세력균형을 유지하는 균형자 역할을 수행한 것을 엿볼 수 있다.

중국에서는 360년간 분열기를 거친 후, 수(581~618)와 당(618~907)의 통일기가 326년간 지속되었다. 수는 중국을 정치군사적으로 통일했을 뿐 아니라, 남북 중국을 연결하는 운하를 개통하고 중앙집권을 강화하여 국력을 획기적으로 증대시켰다. 수와 사실상 같은 태생과 성격을 가진 왕조인 당은 강한 군사력으로 정복전쟁에 나서고 호한 융합의 개방성을 진작하여, 동아시아 최대 강성대국이 되었다. 수당이 동아시아 패권국가로 부상하고 단극체제가 형성되면서 대부분 주변 국가들은 그 영향권에 포섭되거나 멸망했다.

수와 당은 흉노에 이어 초원의 강대국으로 등장한 돌궐을 집중적으로 공략했다. 한이 흉노와 대치한 것처럼, 수당은 돌궐과 대치했다. 여기서 왜 중원 세력은 항상 초원 세력을 주적으로 경계하고, 공략했을까? 흉노, 돌궐에 이어, 거란, 여진(금, 청), 몽골 등 북방세력이 중원을 침공하고, 조공관계와 공물을 강요하거나 점령하는 역사가 반복된 것을 보면 이런 중원의 경계는 매우 타당했다. 무엇보다 북방의 유목 세

---

8) 위의 책, p.30.

력은 비록 숫자는 적다고 하더라도, 남쪽의 농경 세력에 비해 군사적으로 월등하게 강력했다. 특히 유목민들은 평소 넓은 초원에서 분산되어 부족 단위로 사냥과 목축으로 살아가다가, 강력한 지도자가 등장하면 단시간 내 전투력이 강하고 기동력이 큰 강력한 군사 조직으로 집결하는 특성이 있었다. 또한 초원 세력은 높은 기동력을 기반으로 광대한 유라시아 초원을 무대로 활동했고, 또한 서쪽과 북쪽으로 뒷문이 열려 있어 무한 도주가 가능했다. 따라서 중원 세력이 유목 세력을 전쟁에서 패퇴시키더라도, 이들을 완전히 정복하거나 점령하는 것은 불가능했다. 결국, 수당은 돌궐을 통제하기 위해서 군사적 공략에 더해, 동서 돌궐의 분열 유도로 이이제이하고, 공물과 혼인으로 회유하는 등 복합적인 정치군사 전략을 구사해야만 했다.

수당 제국은 동북지역에서 영토 확장을 위한 정복 전쟁을 벌였다. 우선 적 세력을 약화하기 위해 거란을 고구려와 분리했다. 수당은 거란에 대해서는 다른 초원 세력과 마찬가지로 공격, 뇌물, 외교의 복합적인 기미전략을 추진했다. 그런데 고구려에 대해서는 정복과 점령을 추진했다. 수당 모두 국력을 소진할 정도의 엄청난 병력과 물자를 동원했지만, 결국 고구려에 대한 정복전쟁은 실패했다. 이후 당은 신라와 동맹을 체결하고 양면 공격전을 추진하고서야 고구려를 정복할 수 있었다. 한이 고조선을 멸망시키고 한사군을 설치한 것처럼 당도 집요하게 고구려를 공략하여 멸망(668)시키고 점령했다. 그렇다면 당은 왜 집요하게 고구려를 공략했고, 신라와는 동맹했을까?

당은 북방의 몽골과 만주 세력을 제거하기 위해, 적의 적과 연대하는 지전략 원칙에 따라 신라와 손잡았다. 과거 한이 최대 안보위협인 흉노를 포위하고 고립시키기 위해 고조선을 멸망시켰듯이, 당도 돌궐과 전면전에 나서기 전에 사전 정지작업의 하나로 고구려를 공략한 것으로 보인다. 이는 북방 초원에서 돌궐을 공략할 때, 우선 동돌궐과 서돌궐을 분열시킨 다음 각개격파한 것과 유사한 전략이다. 이때 당이 지역 강국이자 고구려를 제거하기 위해, 고구려의 배후에 있는 국가와 동맹을 맺는 게 합리적인 선택이었다.

신라도 한반도 최강 세력인 고구려의 남진 위협에서 해방되기 위해, 고구려의 배후에 있는 동아시아 최강 세력인 당을 이용하기로 했다. 당시 신라는 고구려와 동일 민족의 개념이 없었고 오히려 한상 유역을 둘러싸고 치열하게 투쟁하는 제로섬 경쟁 관계에 있었다. 따라서 당과 동맹에도 불구하고, 한반도의 내부 전쟁에 외세를 끌어들인다는 생각은 없었을 것이다. 다만 중국에 편승하게 되면, 고구려 멸망 이후 중국의 칼끝이 신라에 겨눌 위험성이 있다. 강대국에 대한 편승 전략을 추진할 때 나타나는 보편적인 위험성이다. 하지만 신라에게 접경한 고구려의 위험이 더 컸고 임박했기 때문에 선택의 여지가 없었던 것으로 보인다. 결국 신라는 만주 지역과 평양 이북의 고구려 영토에 대한 욕심을 포기함으로써, 당과 평화 공존할 수 있었다.

한반도 남부 세력인 백제와 신라는 세력이 비슷한 데다 접경하고 한반도 남반부의 한 지정학적 공간에 있어, 극심한 경쟁 관계에 있었다. 이때 일방이 승리하려면 획기적인 경제혁신이나 군사혁명이 있거나, 또한 강한 군사동맹이 있어야 했다. 결국 신라는 동아시아 최강국인 당과 군사동맹을 체결하는 데 성공하고, 백제는 왜와 연대했다. 왜는 친일 한반도 세력인 백제가 나당 연합군에 밀려 위험에 빠지자, 백촌강 전투(663)에 군대를 대거 파견했지만 패하고 말았다. 이후 일본은 한반도에서 완전히 물러나 군사적으로는 한국과 중국에 대해 방어적인 지전략을 고수했다. 백촌강 전투 이후 한일 간에는 900년 이상 상호 경계하고, 멸시하며, 교류하는 경쟁적 평화공존 관계가 지속되었다. 한일 간 '긴 평화'는 1592년 일본의 전면적인 조선 침공(임진왜란)으로 깨어졌다.

 고구려는 한사군의 영역 내에서 건국되어 성장했고, 한나라의 쇠락과 분열을 틈타서 지역강국으로 팽창했다. 하지만 수당의 중국 통일 이후 결국 수당의 압박에 무너지고 말았다. 고구려는 한반도, 중원, 만주, 북방 세력의 세력권이 겹치는 전략적 중추지역(pivot area)에 위치하여 끊임없이 전쟁에 시달렸다. 결국 고구려는 중원, 북방, 한반도 세력으로부터 삼면에서 공격받는 '끼인 국가'가 되어 멸망했다. 중원 중국은 특히 요동 지역과 남서 만주 일대를 전략적 요충지로서 중원의 안전에 필수적인 '근외 지역(near abroad)'으로 보았다. 이런 지정학적 인식을 볼 때 통일중국과 고구려의 공존은 매우 어려웠다.

 고구려도 자신의 지정학적 취약성을 타파하기 위해 중국의 변방국과 연대를 모색했다. 607년 수양제가 돌궐을 순시했을때, 돌궐 계민카간의 막사에서 여기서 고구려 사신을 만났다고 한다. 수당과 충돌하던 돌궐도 수당에 대한 균형을 위해 고구려와 연대를 모색했다. 이런 연대의 결과, 당과 신라가 한 편으로, 돌궐, 고구려, 백제, 왜가 다른 편으로 뭉치는 동북아 진영화가 진행되었다. 신라의 통일전쟁 과정은 동북아 국가들이 참가한 지역전쟁의 연속이었다. 마침내 663년 백촌강 전투가 벌어졌는데, 이는 나당 연합군과 백제·왜 연합군이 충돌한 동북아 지역대전이었다. 신라의 통일전쟁은 마침내 신라가 나당전쟁(676)에서 승리하여 당을 대동강 이북선으로 축출함으로써 종료되었다.

 이 시기 동안 중국과 한반도 세력 간 세력균형의 변동에 따라 역내 지정학적 단층선도 오르락내리락했다. 고조선 패망 후 한이 한사군을 설치함으로써 중국 세력이 한반도 북부까지 침투하고 점령했다. 하지만 삼국시대가 열리고 고구려가 부상하면서, 한중의 충돌선은 요동으로 북상했다. 이때부터 요동 지역은 1300년대 말 조선이 요동을 전적으로 포기할 때까지 중원 중국, 몽골고원과 초원, 만주 평원, 한반도 등 4개 세력이 서로 차지하기 위해 다투는 전략적 요충지이자, 지정학적 중간지대였다. 사실 한의 한사군도 요동을 지키기 위한 전진기지로서 부여, 고구려, 만주 세력을 견제하는 기능을 수행했다.

고구려 멸망 이후 한국은 만주 지역에 대한 연고권을 잃고 평양선으로 영토가 축소되었다. 한때 당나라가 백제지역까지 점령하려고 했지만, 신라가 나당전쟁에서 승리함으로써 중국 세력은 한반도 남, 중부에서 축출되었다. 이후 중원 중국은 한반도에 대한 정복과 점령을 포기하고, 한국을 별개의 세력권으로 인정했다. 고구려와 신라가 보였던 강한 저항의 결과였다. 이후에도 중원 중국과 한국 간 영토 분쟁은 빈발했지만, 더 이상 대규모 영토전쟁은 없었다. 하지만 북방 초원과 만주 세력의 흥망성쇠는 이후에도 반복되었고, 이때마다 이들은 중원 세력과 중국을 장악하기 위한 패권전쟁을 벌였다. 이런 패권전쟁이 발생할 때마다 한국은 전쟁에 말려들어 전화를 입었다.

3. 중세 동아시아 다극 체제와 고려의 지전략

동아시아 패권국으로 등극했던 당나라(618~907)가 쇠망하고, 일시적으로 중국 남북조에서는 오대십국(五代十國) 시대(907~979)로 불리는 극심한 분열기가 있었다. 송(960~1279)이 다시 중국 남북조를 통일했지만, 농경 문명에 기반하고 문치를 중시했던 한족 왕조의 성격으로 인해 호한 융합의 수당과 같은 패권국이 되지는 못했다. 결국 송은 북방 세력인 요, 금의 압박에 남중국으로 밀려나 남송(1127~1279) 시대를 열었다. 당이 패망하고 원이 남송을 정복(1271)하고 중국 대륙을 재통일하기까지 분열기는 동아시아의 다극체제로 통한다.

동아시아 다극체제의 주요 세력으로는 초원지대의 몽골(원), 만주지역의 요와 금, 중원과 남중국의 송(남송), 고려, 발해, 서하, 티베트, 일본 등이 있었다. 동아시아 다극체제 내에서 한반도 통일국가인 고려(918~1392)는 지역 강국으로서 역내 세력경쟁에 가담했다. 그 결과 고려는 끊임없이 지역전쟁에 시달렸다.

몽골이 유라시아 대륙을 장악한 대제국으로 부상하고 중국에 1271년 원나라를 건립하면서 동북아 단극체제가 다시 열렸다. 원에서 시작한 동북아 단극체제는 한족의 명을 거치면서 다소 위축되었다가, 후속 만주세력의 왕조 청이 청일전쟁(1894)에 패배할 때까지 약 600여 년 지속되었다. 중국의 역내 패권과 단극체제는 원명과 명청 교체기에 일시적인 단절이 있었고, 또 임진왜란과 같이 주변국의 도전이 있었지만 대체로 안정적으로 유지되었다. 수, 당, 원, 명, 청의 통일제국을 거치면서, 점차 중원 중국, 남중국, 초원지대, 만주 등 중국 대륙의 4대 세력이 경제적, 정치적으로 점차 통합되어 거대 중국이 만들어졌기 때문이다. 특히 원이 남송을 멸망시키고 중국 대륙을 완전히 통일한 이후 중국의 지리적 공간 인식이 전통적인 중원을 넘어 중국 대륙 전체를 포함하게 되었다. 명조에는 오이라트, 타타르 등 몽골 세력이 일시적으로 독립했지만, 만주 세력이 창건한 청은 중국 대륙 전역을 재통일했다.

이 시기에 고려와 조선은 요, 금, 원, 일본, 청 등 동북아 강대국과 수시로 지역전쟁을 치렀다. 당시 지역전쟁의 특징은 동북아에서 신흥 강대국이 부상할 때 기성 패권국에 도전하면서 지역전쟁이 발생한다는 점이다. 세력전이에 따른 전형적인 패권전쟁이 반복되었다. 그런데 한국에게 중요한 것은 지역 패권전쟁이 발생할 때마다 지정학적 중간국이자, 전략적 요충지의 특성으로 인해 자신의 의사에 반해 반복적으로 패권전쟁에 끌려들었다는 점이다.[9] 한국은 임진왜란 때 명과 일본 간 전쟁의 길목에 있었고, 병자호란 때에는 명과 청 간 전쟁의 배후지대에

---

9) 게리 레드야드는 동아시아 전쟁은 중국과 만주 세력이 충돌할 때, 한국이 관여되는 중국 - 만주 - 한국의 삼각관계로 인해 발생한다고 주장했다. Gari Ledyard, "Yin and Yang in China-Manchuria-Korea Triangle," in *China Among Equals: The Middle Kingdom and Its Neighbors, 10th-14th Centuries*, ed. Morris Rossabi (California: UC Press, 1983).

있었기 때문에 필연적으로 지역전쟁에 말려들었다. 신흥 강대국이 패권국에 도전하려면 역내 중소국의 세력을 규합하여 세력을 증강하거나, 또는 패권국의 동맹국을 공략하여 적 진영의 세력 약화를 도모하는 지전략이 필요하다. 역내 지정학적 중간국인 한국이 바로 그런 공략의 대상이었다.

이 시기 동북아 국제정치의 특징으로 중국 북방 세력의 반복적인 부상이 있었다. 북방 세력은 한에 대항한 흉노제국에서 시작하여, 수당 시기의 유연과 돌궐, 송(남송) 시기의 요, 금, 원 등이 있었고, 마지막으로 명을 멸망시킨 청이 있다. 고대 북방 세력은 흉노, 돌궐, 유연 등과 같이 초원을 벗어나지 못한 채, 중원과 대치하거나 관계를 맺었다. 선비족의 경우, 남하하여 중원 세력과 융합하여 수당의 집권세력이 되었다. 요와 금도 강력한 제국을 건설하고 중원의 북부지역을 점령했지만, 초원지대를 벗어나지 못했다. 하지만 원과 청은 각각 몽골고원과 만주평원의 세력이었지만, 중국을 완전히 정복하여 점령하고 통치했다. 중국에서는 원 이후 중국 대륙 전체를 통괄하는 통일국가의 관행이 생겨났다. 티베트, 신장, 동만주, 몽골 등은 전통적인 중원 중국의 영역과 통치에서 벗어나 있었다. 그런데 원과 청의 강력한 군사력으로 이들을 정복하면서, 중국의 통치영역도 확대되었다.

초원세력의 하나인 거란의 아율아보기(耶律阿保機)는 인근 거란 세력을 통일시킨 후 요를 건국(907)하고 황제의 자리에 올랐다. 초원지대를 장악한 요는 약탈과 영역 확장을 위해 남하하면서 중원에서는 송, 만주지역에서는 발해와 가장 먼저 충돌했다. 동남 전선에서는 우월한 군사력으로 발해를 멸망(926)시킨 후 압록강-평양 중간지대를 두고 고려와 충돌했다. 고려를 수차례 공략한 끝에 마침내 993년 조공관계를 강요하고 신속(臣屬)시켰다. 보통 강대국들이 패권전쟁을 벌일 때, 곧바로 전면전에 돌입하기보다는 주변의 중소국을 정복하여 세력을 늘리고,

상대방의 세력을 약화시키는 우회적인 간접전략(indirect strategy)을 선호한다. 거란의 발해 정복과 고려 침공도 송과 전면전에 앞선 세력 불리기와 배후세력 제거 전략으로 보인다. 이런 간접적, 우회적 전쟁전략은 동서양에서 보편적인 전략론의 교훈에 부합한다. 예를 들면, 동양에서는 『손자병법』이 전쟁에서 상대방의 전략을 타파함으로써 싸우지 않고 이기는 '부전승'을 최고의 전쟁전략으로 꼽았다. 영국 전략연구가인 리델 하트(B. H. Liddell Hart)는 1964년 발표한 『전략론(Strategy)』에서 서양 전쟁사를 분석한 결과, 적과 정면충돌이 아닌 '간접 접근(indirect approach)'이 최고의 전쟁전략이라고 주장했다.

거란은 일찍이 중원세력 간 내전에 개입하여 후진의 건국을 지원한 대가로 936년 연운 16주를 획득했다. 연운 16주는 북경과 하북 지역을 포함하고 만리장성 안에 있어서, 중원을 압박하는 데 긴요한 전략적 요충지였다. 마침내 요는 1004년 송을 침공하고, 전면의 맹(澶淵之盟)으로 불리는 강화조약을 체결했다. 이로써 양국은 형식적으로 동등한 형제의 관계를 맺었지만, 송은 요에게 매년 세폐(歲幣)라는 명목으로 비단 20만 필, 은 10만 냥, 여성 등을 공물로 보내야 했다.

수당의 분열로 열린 동북아 다극체제에서 고려는 정치외교적 자주와 자율의 기회를 얻었다. 동시에 고려는 중국 대륙의 세력경쟁과 지역전쟁에 수시로 끌려들었다. 당시 동북아의 지정학적 특성과 이로 인한 동북아 세력경쟁, 지역전쟁의 양상, 그리고 동북아국의 지전략 동향은 다음과 같다.

첫째, 중국 대륙에서 중원 농경세력과 북방 초원세력 간의 지정학적 대치가 지속되었다. 중원의 농경세력인 송(남송)과 북방 초원의 유목세력인 거란(요), 여진(금), 몽골(원) 사이의 충돌과 대치가 반복되었다. 당시 중원과 북방세력의 대치로 인해 동북아 전역에서는 세력균형이 가능했으며, 이는 남송이 원에 망하기까지 370년간 이어졌다. 이런 대치

구조는 한과 흉노, 수당과 돌궐의 대치와 유사하다.

둘째, 중원과 북방세력 간 세력경쟁과 패권전쟁에 한반도 세력인 고려도 참여하여, 동북아에서 삼각 경쟁이 벌어졌다. 한반도 세력은 한, 수당과 같이 중원세력이 동북 방향으로 영토팽창 또는 정복전쟁을 벌일 때는 이들과 직접 충돌했다. 이때 한반도 세력은 막강한 중원세력에 저항하기 위해 중국 변방의 흉노, 돌궐과 연대를 모색했다.

하지만 중세 들어 초원 세력이 역내의 최강국으로 등장하면서, 한국과 중원은 공통의 안보위협 요인인 북방 세력에 저항하기 위해 서로 전략적 연대를 모색해야만 했다. 고대에는 한국과 중원 간 국경을 접하여 직접 충돌이 빈발했지만, 북방세력이 남하하고 팽창하면서, 한국과 중원이 지리적으로 분리되었기 때문에 한중이 직접 충돌할 계기가 사라졌다. 그리고 중원과 고려는 남하하는 북방세력에 대해 균형하기 위해 동맹을 모색했다. 이때 중원과 고려의 전략적 제휴는 자연동맹에 해당된다. 양측은 서로 충돌할 이유가 없는데다, 북방 세력에 대한 위협인식을 공유했기 때문이었다. 더욱이 중원이 볼 때, 고려는 북방 세력의 배후에 있어 전략적 연대와 공조가 절실했다. 고려의 입장에서도 마찬가지였다. 하지만 이런 지전략적 공조의 이점에도 불구하고, 양측이 실제 동맹을 체결하거나 군사적 공조를 실행하지는 않았다. 왜냐하면 고려가 볼 때 막강한 북방의 기마병은 눈앞에 있었고, 중원의 군사력은 멀리 떨어져 있었기 때문이었다. 또한 북방의 군사력이 중원보다 막강하고 기동력도 높아, 중국과 동맹을 실행하기에는 위험성이 너무 높았다. 송도 마찬가지로 고려에게 북방세력의 배후에서 공격할 것을 요구하면서도, 정작 자신은 북방세력에 대한 군사적 행동에 적극적으로 나서지 않았다. 당시 고려의 상황은 20세기에 핀란드가 친서방 성향을 보이면서도 군사 강국인 러시아와 인접했기 때문에 러시아에 편승할 수 밖에 없었던 소위 '핀란드화(Finlandization)' 현상을 연상시킨다.

셋째, 동북아에서 전통적으로 요동반도, 요하 유역, 중국 동북부와 만주의 서남지역, 한반도 북방의 압록강 유역 등은 중원, 북방, 한반도의 3개 세력이 서로 상대방에 대한 전략적 우위를 차지하거나 외곽 방어를 강화하기 위해 각축하는 전략적 요충지였다. 고구려가 멸망한 이후 이곳을 근거지로 하는 세력이 사라지자, 이 지역은 세력공백 상태가 되어 이를 차지하기 위한 주변 세력의 쟁탈이 더욱 극심해졌다. 이 지역을 둘러싼 동북아 세력 간 경쟁은 조선 초까지 반복되었다.

고려왕조(918~1392)가 생존했던 474년은 동북아 국제정치 역사에서도 왕조의 변경과 지역전쟁이 매우 잦았던 혼돈과 전쟁의 시기였다. 이 시기만큼 동북아에서 수많은 왕조가 명멸하고 지역전쟁이 잦았던 시기도 없었다. 중국에서는 남북 중국이 수시로 충돌했고, 그럴 때마다 한국도 지역전쟁에 말려들었다. 세계 최대의 제국을 건설한 몽골제국 시기를 제외한다면 전쟁이 상시화된 시기였다고 해도 과언이 아니다. 아이러니하게도 이 시기 동안에 가장 오래 생존하고 영토를 보존했던 국가는 중국의 강대국이 아니라, 지역 중견국이었던 고려였다. 그 이유는 중국 대륙과 지정학적으로 분리된 한반도의 공간, 이 공간에 천 년 이상 거주했던 왕조와 주민들의 자율과 영토 보존 욕구, 그리고 이로 인한 높은 정치적 저항성 때문으로 설명할 수 있을 것이다.

한족이 세운 명은 원을 초원으로 축출하고 건국(1368)한 후 20년이 지난 1387년에야 비로소 요동을 차지했다. 명은 요동 진출에 만족하지 않고, 고려에게 원이 점령했던 천리장성을 잇는 의주－함흥선 이북의 영토를 내어놓을 것을 요구했다. 고려 말기에 대중 정책을 놓고 내분이 발생했다. 친원 기득권 세력에 대해 신흥 강대국인 명을 지지하는 사대부 세력이 도전했다. 원이 중원에서 밀려났지만, 아직 북원이 북방에서 건재했기 때문에 고려 내부에서 친원파와 친명파 간 경쟁도 지속되었다. 마침내 명이 요동을 차지하고 조선과 접경하며 복속을 요구하자, 고려의 친원파는 친명파의 반대를 무릅쓰고 명을 상대로 한 요동 회복을 위한 정벌을 추진했다.

명이 원을 축출하고 중원을 차지하자, 고려 내부에서도 세력 판도가 점차 바뀌었다. 결국 이성계 무장세력과 연대한 친명 사대부 세력은 친원 세력을 축출하는 쿠데타에 성공했다. 이들은 새로운 왕조를 세우고 친명 노선을 표방했다. 따라서 신생 조선은 명과 충돌을 피하고자 요동에 대한 권리를 완전하게 포기했다. 그렇다고 조선이 명의 모든 요구에 순순히 따른 것은 아니었다. 조선은 의주-함흥선 이북을 요구하는 명의 요구를 뿌리쳤을 뿐 아니라, 국경선은 압록강-두만강선으로 북상시키는 데 성공했다. 조선은 친명정책을 영토 확장을 관철하는 데 효과적으로 이용했다.

명이 요동을 차지하고, 조선이 한반도 전역을 차지함으로써 종래 한반도 전쟁의 주요 원인이 되었던 요동과 한반도 북부 영토문제가 정리되었다. 이로써 전략적 요충지인 요동을 둘러싼 영토분쟁에서 한국은 빠졌고, 중원과 만주 세력이 당사자로 남게 되었다.

북방 세력인 원(1271~1368)과 청(1644~1912)은 중원, 남중국, 북방 중국을 완전히 통일하는 데 성공했다. 원은 세계적인 초강대국으로서 남중국의 저항을 극복하고 처음으로 중국대륙 전체를 통일했다. 원과 명이 남북 중국을 통일한 데 힘입어, 후속 청제국도 손쉽게 남북 중국을 통일할 수 있었다. 한편, 다른 초원세력에 비해 청의 이점이 있었다. 청은 만주평원의 반목반농(半牧半農) 세력이었기 때문에 유목민의 강력한 군사력뿐만 아니라 정주 농경세력으로서 통치역량도 보유했었다. 청은 이런 이점을 최대한 활용하여 중국 역사상 최대 영역을 확보한 중국제국이 되었다.

동북아에서 중국의 직접 통치에서 벗어난 지역은 한국(고려, 조선)과 일본뿐이었다. 일본의 독립은 한반도와 바다로 인해 중국 대륙에서 지리적으로 분리되었기 때문에 가능했다. 하지만 한국의 독립은 고대부터 중원 및 북방 세력과 충돌하면서 값비싼 인적·물적 희생과 비용을 치른 저항의 결과였다. 그런 저항이 가능했던 배경에는 무엇보다 한국의 왕조와 신민들이 다 같이 자국의 자율성과 정체성을 지키려는 강한 의지가 있었기 때문으로 보인다. 또한 한국은 막강한 중국 및 초원 세력을 상대로 저항하며, 장기전을 치를 수 있는 인적·물적역량을 가진 군사적·경제적 중견국이었기 때문에 가능했을 것이다.

동북아 세력들은 각자의 역사적 경험, 지정학적 정체성, 국력의 특성에 따라 차별적인 지전략을 구사했다. 중원 세력은 농경 세력으로서 주변국 누구와도 비교할 수 없는 막강한 경제력을 가졌지만, 거대한 군사력의 유지에는 한계가 있었다. 더욱이 동서남북으로 주변 세력에 둘러싸여 방위가 취약했고, 넓은 영토로 인해 자신의 군사력을 사방으로 이동하고 투사하는 데도 한계가 있었다. 한국을 포함한 중국의 변방국들은 전략적으로 서로 유사한 처지에 있어, 명시적 또는 암묵적으로 연대하며 중국의 위협에 대응하고 저항했었다.

수당은 당대 최강의 통일 중국제국이지만 여전히 그 세력권은 중원을 크게 벗어나지 못했다. 북방 초원, 만주, 한반도 등 중원의 동북 경계에서 돌궐, 거란, 발해, 신라 등이 버티고 있었다. 서쪽과 남서쪽에도 토욕혼, 토번 등 세력이 있었다. 통일 중국은 이들과 대치하거나, 또는 조공 관계를 유지하는 선에서 만족해야만 했다. 이들 변방은 중원에서 수천 킬로미터씩 떨어져 중원이 정복 전쟁을 추진할 때 과도한 비용과 시간이 소요되었기 때문이다. 더욱이 유목 세력의 경우, 후방이 열려 있어 설사 중원의 군사력이 우세하더라도 정복 전쟁과 추격전에서 성공하기 어려웠다. 또한 유목 세력은 독자적인 문명을 영위하며 자신만의 고유한 정체성을 정립하고 중원 제국에 상응하는 황제국을 자칭하며, 강한 저항성을 갖고 있었다.

당이 한때 백제지역을 점령했지만 이마저 신라의 항전에 밀려났다. 당은 고구려를 멸망(668)시키고, 그 땅을 차지하기 위해 평양에 안동도호부를 설치했다(669). 하지만 결국 고구려의 자리에 들어선 발해에 대해서는 전쟁보다 조공 관계를 전제로 한 공존의 지전략을 선택했다. 북방에서 요와 금이 흥기하여 중국의 남북 전쟁, 한중 전쟁이 재개되기 이전까지 동북아에서는 200년 이상 당의 패권 질서에 기반한 딩－발해－통일신라 삼국의 평화공존이 이어졌다.

전통적으로 중원 중국의 한반도에 대한 지전략은 비교적 절제되었다. 중원의 한반도 전쟁 목표는 요동과 동북방 경계의 안정을 확보하는 데 있었고, 한반도 전체를 점령하려는 의지는 강하지 않았다. 예를 들면, 한은 고구려를 멸망시켰지만, 한사군을 설치하는 데 그쳤고 한강 이남으로 진출하지는 않았다. 딩은 고구려와 백제를 멸망시켰지만, 신라에 대한 정복전쟁은 포기했다. 명은 임진왜란에 참전하여 일본군을 패퇴시켰지만, 조선을 점령하려는 의도는 없었다. 위에서 토론했듯이, 중국은 동서남북의 변경에서 이민족 국가에 둘러싸여 항상 다면전쟁의 위험에 빠져있다. 따라서 통일중국이 탄생하고 국력이 넘칠 때 일시적으로 사방으로 정복전쟁에 나서지만, 이를 지속할 역량은 부족했다. 따라서 중국의 기본적인 지전략은 자신의 영토와 왕조 보존을 목표로 하고, 주변 이민족 국가에 대해서 반중 연대를 저지하기 위한 이이제이와 분할통치에 집중했다. 필요에 따라 전쟁과 외교를 효과적으로 사용했다. 이때 조공체제는 역내 최대 경제대국이자 문명 중심국인 중국이 자신의 강점을 활용하는 핵심 외교 수단이었다.

한반도 국가는 중국과 인접한 데다 국력도 중국에 비해 열악하여, 통일중국이 등장할 때 이에 편승하는 것 이외에는 별 대안이 없었다. 한반도 남중부 국가는 중국과 같은 정착지향의 농경 세력이어서 유목 세력과 같은 강력한 군사력이 없었고, 배후는 바다로 막혀있어 도피처도 없었다. 따라서 한국의 대중 편승 전략은 불가피한 선택으로 보인다. 심지어 바다 너머 왜의 침략이 발생하면서, 한국은 양면전에 빠질 위험성이 컸다. 따라서 중국과 관계에 더욱 신중할 수밖에 없었다.

한국은 정치군사적 이유로 중원 중국에 대해 충실한 조공국을 자처했다. 하지만 중세까지만 하더라도 한국의 대중 조공관계는 필요에 따른 전략적인 선택이고, 편의적인 관계였다. 중국도 한국의 대중 조공 태도를 높이 평가하고, 조공국의 모범으로 삼았다. 그러면서도 중국은 한국을 포함한 변방국이 반중 연대를 구축할 가능성을 우려하여, 항상 이들에 대한 의심과 감시를 한시도 늦추지 않았다. 수양제는 돌궐과 고구려의 연대를 의심했고, 송은 고려를 의심했다. 명은 신생 조선이 요동을 노린다고 의심했고, 임진왜란 때에는 조선이 일본의 명 침공을 향도한다고 의심했다고 한다. 한반도에 대한 중국의 의심과 우려는 오늘까지 이어진다. 임진왜란과 한국전쟁에서 보았듯이 중국은 한반도가 해양세력의 대륙 침공에 이용되는 것을 크게 우려한다. 지금도 중국이 한반도에 대한 영향력을 강화하기 위해 남북한을 분리하고 상호 경쟁시키는 이이제이와 분할통치의 지전략을 지속하는 것으로 볼 수 있다. 한국의 사드 도입에 대한 중국의 과도한 반응도 이런 중국의 지전략적 사고를 반영한 것으로 해석된다.

4. 근세와 현대의 동북아 전쟁과 한국의 지전략

근세 들어 동북아 지정학에 큰 변동이 발생했다. 한반도에서는 고려를 대신하여 조선 왕조(1392~1897)가 탄생하여 통치영역을 압록강과 두만강까지 확장했다. 일본열도에서는 16세기 말 도요토미 히데요시가 전국시대를 끝내고 일본을 통일시키고 동북아 세력경쟁에 뛰어들었다. 중국에서는 만주 세력이 재부상하여 명을 물리치고 동북아 최강국이 되었다. 그런 지정학적 변동은 필연적으로 지역전쟁을 수반했다. 1592

년 일본이 조선을 침공했고 여기에 명이 참전하면서, 동북아 지역대전이 발발했다. 조선의 요청으로 참전한 명은 조명 연합군을 지휘하고 강화협상을 주도하기도 했다. 조선은 한반도 역사에서 일찍이 보기 드물게 영토 전역이 전쟁의 참화에 휩싸였고, 국가 존망의 위기에 빠졌다.

동아시아 대륙과 바다로 격리된 일본은 중국의 직접적인 세력권 밖에서 독자적인 정치체제를 발전시켜 왔다. 일본은 대륙과 적극적으로 교류를 추진하면서도, 독자적인 지정학적 공간을 확보했다. 따라서 일본은 중국의 천하체제에서 벗어나 독자적인 천황제와 독자적인 세계관을 발전시킬 수 있었다.

일본의 전면적인 조선 침공, 또는 대륙의 일본열도 침공은 매우 드물게 발생했다. 고대의 기술로서는 바다 건너 대규모 군대를 이동하기 어려웠기 때문이었다. 고대 일본이 백제를 돕기 위해 대규모 군대를 파견하여, 신라와 당의 연합군과 백촌강 전투(663)를 벌였고, 패전한 적이 있다. 이는 최초의 동북아 지역전쟁으로 기록된다. 이로부터 600년이 지난 후 대륙 세력이 일본을 침공했지만, 실제 전쟁으로 이어지지는 않았다. 원은 1274년, 1281년 두 차례나 고려군까지 동원하여 대대적으로 일본을 침공했다. 하지만 일본군의 강한 저항과 태풍으로 인해 상륙에 실패했다. 고대와 근세에 걸쳐 일본 왜구가 동아시아와 한반도 해안에서 광범위하게 활동하고 약탈하며 한국 및 중국 군대와 충돌했지만, 이를 전쟁으로 보기는 어렵다.

근세에 한중일 지역대전은 임진왜란 단 한 차례에 그쳤다. 하지만 일본의 등장과 임진왜란의 충격이 너무 컸기 때문에 동북아 지정학은 그 이전과 영원히 달라졌다. 아래에서는 근세 이후 새로이 전개된 동북아 지정학의 특징을 분석하고, 이에 대응하기 위한 동북아국의 지전략을 제시하고 토론하고자 한다.

원나라 말 사회경제적 혼란기를 틈타 한족 세력은 원을 초원지대로 축출하고 1368년 명을 건국했다. 남경에 수도를 둔 명은 중원의 중심 국가가 되었다. 명은 중원과 남중국을 점령했지만, 원에 비해 통치영역이 크게 줄었다. 요하(遼河) 이동의 여진, 북방 초원의 타타르, 오이라트, 서쪽의 티베트 등이 종래 원의 치하에 있었지만, 명의 세력권에서는 벗어났다. 원은 동아시아 전체를 직간접적으로 통치하는 제국 체제를 구축했었다. 동북아에서 원의 세력권 밖에 있는 국가는 일본이 유일했다.

북경의 연왕(燕王)이 1399년 '정난의 변'을 일으켜 3대 명 황제인 영락제(1402~1424 재위)로 즉위하면서, 남방과 북방으로 영토 팽창과 변경의 안정을 위한 전쟁에 나섰다. 영락제는 연왕 시절에 몽골, 여진, 서역인 등을 포함한 강력한 군사력을 보유했었는데, 이를 이용하여 국내를 평정하고 여세를 몰아 해외 팽창에 나섰다. 그는 환관 정화를 중국해와 인도양의 원정에 파견하기도 했다.

영락제는 북방 경영을 강화하기 위해 수도를 남경에서 북경으로 천도했다(1421). 명의 북경 천도는 중국의 정치군사 중심이 종래 황하 중상류의 중원에서 동북 방면으로 이동한 것을 의미하며, 이로써 동북아 국제정치의 지형이 변했다. 당시 북경은 "사방의 오랑캐를 견제하고 천하를 제어하는 만세의 제도(帝都)로 평가받는 요충지"로 평가되었다.[10] 정약용도 요동론에서 "명이 북경에 도읍한 것은 요동과 심양 일대를 장악하는 계기가 되었고, 그 때문에 조선이 요동을 차지하려고 시도해도 성공할 수 없었다"고 주장했다.[11] 북경 천도 후, 명은 북경을 지키기 위해 요동이 필요했고, 또 요동을 지키기 위해 조선을 외부 세력으로부터 보호해야 했다. 임진왜란 때 명이 원군 파병을 결정하면서 조선을 "요동의 입술"에 비유한 것도 이런 지정학적 판단 때문이었다. 명에게 요동은 몽골, 여진, 조선을 공략할때, 또는 이들의 공격으로부터 북

---

10) *Ibid.*, p.26.
11) *Ibid.*, p.26.

경을 방어할 때 핵심적인 전진기지이자 군사 요충지였다. 더욱이 명이 북경으로 천도함으로써 한반도는 더욱 중국과 일본 사이에 끼인 중추 지대가 되었다. 이런 지정학적 의미에 대해, 한명기 교수는 "영락제의 북경 천도는 조선에 대한 영향력을 높이는 결정적인 계기가 되었을 뿐 아니라 조선과 명을 해양세력에 맞서는 공동 운명체로 묶는 계기"가 된 것으로 평가했다.

명 영락제의 전방위적 정복 전쟁에 조선은 한때 크게 긴장했다. 조선은 명을 경계하면서도 왕조와 국가의 안위를 위해 명에 편승하는 외교 전략을 채택했다. 이를 위해 조선 태종은 명에 대한 '지성사대(至誠事大)' 정책을 천명했다. 사실 한족 국가인 명과 조선의 관계는 자연동맹에 가까웠다. 명과 조선은 몽골, 여진족 등 북방세력에 대한 안보위협 인식을 공유했다. 또한 조선을 창건한 사대부는 명을 문명 선진국으로 보아, 높은 친화성을 보였다. 명도 조선을 주변국 중에서 가장 중국 문명에 가깝고 순응적인 국가로 보았다. 조선 초기에 적극적인 친명 사대 정책을 추진한 결과, 조명 관계가 안정화되었다. 이런 기회를 이용하여 조선은 명의 반대와 여진의 저항을 극복하고, 동북 국경선을 두만강까지 확장할 수 있었다. 이로써 오늘까지 내려오는 한중 국경선이 획정되었다.

명은 북방과 동북 전선에서 몽골, 여진(후금, 청), 일본, 조선 등 4개 세력을 상대하지 않으면 안 되었다. 명에게 최악의 시나리오는 4개 변방 세력이 연대하여 또는 제각기 동시에 명을 공격하는 상황이다. 따라서 이이제이와 분할통치를 통해 4개 세력의 동맹 또는 공조를 저지하는 것이 최선의 동북아 전략이었다. 최선의 시나리오는 변방 세력이 서로 다투어 세력이 상쇄되거나, 약화하는 것이다. 이때 명이 개입하여, 변방 세력 간 세력균형을 유지토록 하거나, 또는 약화된 변방 세력을 각개 격파할 수도 있다. 이런 전략 속에서 정주(定住) 세력이며 군사력이 상대적으로 약한 조선이 명에게는 최선의 연대 대상이었다.

명은 조선과 달리 티베트, 몽골, 여진에 대해서는 중국 대륙의 같은 지정학적 공간에 있는 내부 세력으로 간주했다. 따라서 명은 이들을 경계와 정복의 대상으로 보았다. 실제 중국 역사를 통틀어 중원과 변방지대 세력들은 만리장성과 같은 인공적 장애물에도 불구하고, 영역 구분이 불분명하여 수시로 충돌하고 서로 정복했다. 특히 초원 세력은 중원을 부족한 식량과 물자 조달을 위한 동일한 지경학적 공간으로 간주하고, 약탈과 물물교환의 대상으로 보았다.

명을 포함한 중원 세력은 한반도와 일본을 별개의 국가 영역이자 세력권으로 간주했다. 따라서 명은 이들을 변방국 관리 차원에서 경계했지만, 조공과 사대를 요구할 뿐 정복하려고 하지는 않았다. 한국과 일본도 중국의 고유한 영역을 대상으로 영토팽창을 위한 정복 전쟁에 나선 적은 매우 드물었다. 일본은 고대로부터 한반도 남부에 자신의 전진기지를 두고자 하는 강한 욕구를 가졌지만, 실제 정복전쟁에 나선 적은 2000년 한일 교류 역사에서 극히 드물게 발생했다.

1500년대 말 동북아 국제정치 무대에서 바다 건너 신흥 일본세력의 갑작스러운 등장은 이후 동북아 세력균형을 구조적으로 변동시키는 주요 동인이 되었다. 당시 유럽의 동양 진출과 조총 전수는 우연히 도요토미의 일본 통일로 연결되었고, 결국 도요토미의 동북아 정복 전쟁으로 이어졌다. 그런데 도요토미의 섣부른 대륙 정복전쟁이 실패하자, 다시 일본은 250년간 고립시대로 되돌아갔다.

임진왜란에서 조선은 불시에 피침 당하고 엄청난 전쟁의 참화까지 입게 되면서 일본에게 뿌리 깊은 악감정을 갖게 되었다. 당시 조선인들은 일본을 '만세불공지수(萬世不共之讐),' 즉 영원히 같이할 수 없는 원수로 불렀다. 이런 일본에 대한 악감정은 근대에 일본의 강제병합으로 인해 계속 재생산되며 오늘까지 한국인의 일본관과 한일관계에 부정적인 영향을 미치고 있다.

임진왜란은 왜 발생했으며, 이 전쟁은 동북아 지정학에 어떤 영향을 미쳤나? 일본은 왜 백촌강 전쟁 이후 900년 이상 이어진 대륙과 한반도에 대한 불침공과 동북아 세력경쟁에 대한 불개입 관행을 깨고 돌연 한반도 침공을 결정했을까? 조선은 단기간에 연이어 발생한 임진왜란과 병자호란의 양대 전쟁을 통해, 명일 간, 명청 간 강대국 패권전쟁에 말려들었다. 일본은 중국 정벌을 목표로 했지만, 조선은 일본이 명으로 가는 길목에 있었기 때문에 조일 전쟁이 불가피했다. 그리고 명은 일본군이 한반도와 요동을 통과하여 북경으로 진군하는 것을 저지하기 위해 임진왜란에 참전할 수밖에 없었다.

임진왜란의 원인에 대해서는 이미 한국과 일본의 역사학자들이 다양한 분석을 제시했다. 이들의 전쟁 원인에 대한 분석은 주로 도요토미 히데요시의 개인적 성향, 또는 국내정치적 이유에 집중되었다. 개인적 성향에 집중하는 경우, 도요토미 개인의 아시아제국 건설 대망론, 또는 과대망상증, 명성에 대한 공명심, 전사로서 전쟁에 대한 욕망, 정적의 제거 등이 제시되었다. 일본 국내 정치에서 원인을 찾을 경우, 서부 일본 다이묘의 도전 세력 약화, 봉건제의 전국적 재구축, 일본통일 이후 내부 과잉 전투력의 배출과 소진, 상업자본의 영토 확장 요구, 다이묘를 위한 영토 확보, 통상(감합무역) 재개 강요, 통일국가체제 강화 등이 이유로 제시되었다.

임진왜란의 원인에 대한 가장 보편적이고 단순한 설명은 일본 전국시대를 끝내고 통일시킨 도요토미 히데요시의 개인적 야망 또는 일탈로 돌리는 것이었다. 실제 임진왜란은 도요토미의 개인적인 구상에서 시작되었고, 그의 죽음과 더불어 끝났다. 전쟁 개시에서 최고지도자 개인의 의지와 결정이 매우 중요하지만, 전쟁의 원인을 전적으로 개인적인 행동으로 보기는 어렵다.

15, 16세기 동북아에서는 몇 개의 의미 있는 체제 변혁적 요인이 동시에 발생했다. 첫째, 명 중심의 동북아 신 국제질서는 중국과 동아시아 전역에서 평화 시대를 열었다. 명의 평화 시대는 농업의 생산 증대와 더불어 상업과 제조업을 발전시키는 배경이 되었다. 과거 한족 왕조는 자급자족의 농업경제에 기반한 정치체제를 이상으로 삼았다. 하지만 원 시대를 거치면서 상업이 활성화되었다가, 명 시대에 생산력이 크게 증대하면서 상공업의 시대가 열렸다. 명의 양명학(陽明學)도 이런 사회경제적 변화를 반영하여, 과거 지향적이고 정체적인 주자학에 벗어나 사회적 가치를 다원화하는 데 기여했다.

둘째, 동아시아에서 비공식적인 경제교류가 활성화되었다. 명은 해금(海禁)정책을 통해 사적인 해상교역을 금지하고 공식적인 조공교역만 허용하는 역내의 전통적인 안보·통상정책을 시행했다. 그런데 조공교역만으로는 당시 한중일의 국내경제가 요구하는 물자에 대한 욕구를 충족시킬 수 없었다. 한중일에서는 각각 상인계층이 등장했고, 이들은 조공교역을 최대한 활용했다. 하지만 조공교역의 제약으로 인해, 국경마다 밀무역이 성행했고 왜구도 밀무역에 대거 참여했다. 명은 북방에서는 유목세력, 남방에서는 왜구의 약탈과 교역 압박에 크게 시달렸다. 조선도 일본 상인의 통상확대 요구와 왜구의 광범위한 약탈에 크게 시달렸다. 당시 이런 통상 요구와 해적의 약탈 현상은 한중일 삼국의 물자교류에 대한 욕구를 반영한 것이다.

셋째, 유럽에서 시작된 항해혁명은 16세기 들어 동북아에도 영향을 미쳤다. 서유럽국가들이 동아시아에 진출하고 교역항로를 개척하면서, 세계 경제와 동북아 경제가 연결되었고, 동북아국의 지역경제도 연결되는 효과를 낳았다. 남미로부터 은이 대량 도입되어 동북아에서 은 화폐에 기반한 경제활동의 팽창을 도왔다. 이즈음 포르투갈이 일본에 전수한 조총은 엄청난 나비효과를 낳았다. 조총기술과 조총부대를 활용하는 데 성공한 도요토미 세력은 마침내 일본의 전국시대를 끝내고 통일을 달성했고, 그 여파로 임진왜란까지 일으켰다.

조선은 임진왜란의 참화에서 채 회복되기도 전에 흥기하는 만주 세력의 침공을 받았다. 후금(청)은 몽골, 조선을 격파한 후 명을 정복(1644)했다. 청은 최강의 적인 명과 전면전을 벌이기 전에 상대적으로 약한 몽골과 조선부터 공격하고 복속시키는 전통적인 군사전략을 충실히 따랐다. 한명기 교수에 따르면, "청은 조선과 몽골을 제압함으로써 후고의 여지를 없애고 명에 대한 공격에 본격적으로 전념"할 수 있게 되었다고 한다.12)

한국은 전통적으로 중원 중국에 대해서 우월한 국력과 문명을 인정했기 때문에 상국으로 사대하는데 저항감이 낮았다. 하지만 고려와 조선은 원, 청이 문명적으로 열등하다고 보았기 때문에 이들이 우월한 군사력만으로 복종을 요구하자 강하게 저항했다. 하지만 북방 유목 세력의 막강한 군사력을 감당하지 못했고, 결국 이들이 강압하는 조공관계를 수용해야만 했다. 당시 조선 내에서는 쇠하는 패권국 명에 대한 재조지은(再造之恩)의 명분외교와 신흥 군사대국인 후금에 대한 실용주의적 중립외교가 충돌했다. 조선은 1619년 명의 요구에 따라 후금에 대한 공격에 동참했지만, 광해군의 중립외교 지침에 따라 결국 전투보다 항복을 선택했다. 이후 인조가 국내정치적 이유로 반청 정책을 추진한 결과, 굴욕적으로 항복해야 했고 엄청난 인적·물적 전쟁 피해를 보았다.13)

일반적으로 후금(청)이 조선을 침공한 이유는 조선의 숭명배금(崇明排金) 정책으로 알려져 있다. 인조반정 세력은 반정의 국내정치적 명분으로 광해군의 명에 대한 배은망덕을 내세웠지만, 실제 배금정책을 추

---

12) *Ibid.*, p.24.
13) 반정으로 집권한 인조와 반정세력은 명의 책봉을 얻기 위해, 조선 영토 내로 피난한 명나라 장수 모문룡의 도움을 얻고자 그의 둔전 설치 요구를 수용했었는데, 이는 후금이 조선을 침공하는 주요 명분이 되었다.

진한 것은 아니었다. 한명기 교수는 인조 정부는 배금의 기치를 내세웠지만, 실제 후금을 적대시하지는 않았다고 평가했다.[14] 조선은 명과 후금 간 경쟁 사이에 말려드는 것을 피하고자 했다. 한명기 교수는 인조반정 다음 해에 이괄의 난(1624)이 발생하여, 조선은 내정에 집중할 수밖에 없는 상황이었다고 주장했다.

이 시기 중국 대륙에서 동북아 지정학에 중대한 영향을 미치는 현상이 발생했다. 첫째, 전통적으로 중국 대륙은 지정학적, 문명적으로 중원과 북방으로 분리되고 대치했는데, 원나라 이후 단일 세력화되었다는 점이다. 이로써 중국의 영토는 더욱 확장되었고, 경제력과 군사력은 더욱 강해졌다.

둘째, 전통적으로 중국은 1500년 이상 통일기와 분열기를 반복했는데, 원나라 이후 분열기가 거의 사라지고 통일기가 계속되었다. 이런 지정학적 변동의 결과, 동북아의 단극체제가 더욱 굳어졌다. 이때 한국에서는 통일중국에 조공하고 사대하는 편승 전략이 외교전략으로 정착했다. 하지만 조선의 중화주의와 사대부 통치문화에 따라, 야만 세력인 여진족이 창건한 청에 대한 사대 정책은 순탄하지 못했다.

셋째, 중국 역사상 처음으로 중원, 초원, 만주, 티베트, 신장이 통일되어 오늘 중국 영토의 기반과 근거를 제공했다. 청나라가 수립된 이후, 중국에서 주요 세력이었던 북방 세력이 소멸되는 역사적 아이러니가 발생했다. 먼저 만주 세력이 초원 세력을 분쇄하고, 순치시켰다. 그리고 북방 초원의 '열린 변경'이 러시아의 시베리아 진출과 남하로 인해 '닫힌 변경'이 되었다. 초원 세력은 러시아의 동진과 남진, 그리고 청의 북진 사이에 갇혀 점차 힘을 완전히 잃었다. 총포와 산업 시대의 도래도 기마 세력의 군사적 위력을 격감시켰다. 근대 들어 동북아에서 해양세력을 대표하는 일본, 서구 열강, 신북방 세력을 대표하는 러시아

---

14) 한명기, 『병자호란』 (서울: 푸른역사, 2013).

가 등장하면서, 동북아 세력균형은 또 급변했다.

19세기 후반에 일본이 역내 신흥 강대국으로 급부상하자, 동북아에서 처음으로 저무는 대륙세력 중국과 신흥 해양세력인 일본이 경쟁하는 양극체제가 열렸다. 조선은 지리적으로 중국과 일본 사이에 위치했고, 더욱이 해양과 대륙을 연결하는 전략적 요충지였기 때문에 중일 간 지정학적 경쟁의 한 복판에 끼였다. 임진왜란 때 조선을 연상시키는 지정학적 상황이 재연되었다. 일본은 동북아국 중에서 유일하게 근대화에 성공하여 임진왜란 때보다 더욱 강해졌고, 한국과 중국은 근대화에 뒤져 더욱 약해졌다. 동북아에서 조선 왕조의 생존과 자율을 보장했던 동아시아 천하 질서와 조공체제가 이를 이끌었던 중국의 약화와 더불어 소멸했다. 조공체제는 점차 서양의 근대 국제체제로 대체되었고, 자조(自助)와 세력균형만이 생존을 보장하는 세력정치의 시대가 도래했다.

조선은 근대화에 실패하고 내부 분열로 그나마 미약한 국력마저 무력화되어 결국 주변 강대국에 자신의 운명을 맡기는 처지가 되었다. 일본은 제국주의 정책을 추진하며 청일전쟁(1894)에서 중국을 패퇴시키고 역내 최강자로 부상했고, 결국 한국을 합병했다. 2차 세계대전 이후 미국과 소련, 양 초강대국이 주도하는 냉전적 양극체제가 유라시아 전역으로 확장했다. 냉전기 동북아는 대륙의 공산진영과 해양의 자유진영으로 양분되었고, 미·소의 지정학적 대치선이 한반도를 통과하면서 한반도가 양분되었다. 한반도에서 남북 간 치열한 세력경쟁은 결국 한국전쟁으로 발화했다. 한국전쟁은 남북 간 내전인 동시에 동서 진영 간 국제전쟁이었다.

소련이 해체되자 공산진영이 무너지면서 탈냉전기가 찾아왔고, 동북아와 한반도에서 진영 간 대립이 크게 완화되었다. 2010년대 들어 중국의 부상 이후 미중 전략경쟁이 격화되면서, 동북아는 다시 진영화 되기 시작했다. 오늘 동북아에서는 세계 차원의 미중 경쟁, 지역 차원의 중일 경쟁, 한반도 로컬 차원의 남북 경쟁이 중복적으로 발생했다. 그 근원에는 19세기 말에 시작된 대륙세력과 해양세력 간 대립이 있다. 앞으로 동북아에는 2개의 미래 시나리오가 열려있다. 미중이 계속 대치하면서 경쟁하는 양극체제가 정착하는 신냉전 시나리오, 또는 미중이 동북아 패권을 위해 지역대전에 돌입하는 지역대전 시나리오이다. 이에 대한 동북아 전쟁사의 교훈은 무엇인가?

역사 속에서 중원 중국은 자신의 안전을 위해 변방과 외부 국가를 철저히 불신하고, 매우 현실주의적인 지역전략을 구사했다. 그럼에도 불구하고, 임진왜란의 지원에서 보았듯이, 한국의 이익과 자신의 이익이 일치하는 만큼 한국을 지원했다. 따라서 한국도 정치이익과 명분이 아니라, 현실주의적 안보 국익에 기반한 외교전략을 추진해야 한다. 원명 교체기에는 신흥제국이자, 영토적 야욕이 덜한 중원에 줄서는 것이 당연했다. 하지만 명청 교체기에는 중립 또는 최강자에 대한 편승이 필요했지만, 조선은 외교전략의 타성과 명분론에 빠져 한 치 앞의 현실도 꿰뚫어 보지 못했다. 오늘 미중 경쟁 시기에 한국도 역내 패권 질서의 변동 가능성에 대한 준비가 필요하다. 중국을 팽창주의적, 수정주의적, 반자유주의적 국가라고 비난하는 것은 패권경쟁 중인 미국의 역할이다. 이런 미중 경쟁에 중국과 인접한 '끼인 국가'인 한국이 직접 동참해야 하는지 의문이다. 역사의 교훈을 얻자면, 미중 관계에 대한 대응을 잘못하면 청에 당한 꼴이 발생할 수도 있다. 또한 조선 내부에서 친명 대 친청 갈등을 계속하는 분열적 대응은 결국 최악의 결과를 초래하는 원인의 하나가 되었다는 점도 유념해야 한다.

오늘 동북아와 한반도에서는 과거 북방과 중원이 서로 제로섬적 패권경쟁을 했듯이 미중이 제로섬적 패권경쟁을 벌이고 있다. 양측이 이런 전략게임을 벌일 때 결국 그 가운데 놓인 한국은 우선적 공략의 대상이 된다. 중국의 양대 세력이 충돌할 때 한국은 수시로 양자택일을 강요받고, 전쟁에 끌려들었다. 사실 한국은 이들로부터 이차적 공략 대상이었다. 동북아의 패권을 둘러싼 결정적인 전투는 중원과 북방(만주) 세력 간에 벌어졌다. 하지만 한국은 매번 전쟁에 끌려들었다. 한국은 이들로부터 정복과 직접 통치를 피했지만, 참담한 전쟁의 피해마저 피할 수는 없었다.

이렇게 전통 동북아 지정학에서는 중국 세력 간의 경쟁에 한반도가 엮이는 특징이 있었다. 하지만 임진왜란 이후 조선은 중국과 일본의 양 강대국을 앞뒷면에서 동시에 상대해야 하는 상황이 되었다. 근대 이후 그런 지정학적 특징은 두드러졌다. 이는 오늘 일본을 대신하여 해양세력인 미국이 대륙 세력인 중국과 경쟁하는 미중 경쟁의 전조가 되었다. 조선의 지식인들은 새로운 한반도 지정학에 대해 정면과 배후에 적을 맞이하는 '복배수적(腹背受敵)' 또는 사면에서 적을 상대해야 하는 '사면수적(四面受敵)'으로 인식했다고 한다.15)

국내에는 통일중국, 강력한 중국은 한국의 국익에 해롭다는 인식이 있다. 실제 한국은 중국의 통일기, 분열기에 중원 또는 북방 세력으로부터 수시로 침공당했다. 한국은 "동북아의 동네북" 신세였다. 하지만 이런 통일중국, 강력한 중국이 한국에게 해롭다는 인식은 논쟁의 여지가 있다. 돌이켜보면 한국의 운명을 결정하는 것은 결국 한국 자신의 국력과 전략역량이었다. 따라서 한국이 강대국의 침공과 강압을 극복하려면, 강대국에 대한 의존과 편승이 관습화, 이념화되어서는 안 된다. 그리고 중소국, 끼인 국가인 한국은 항상 주변을 경계하고 자강해야 하며, 누구보다 머리를 높이 들고 앞뒤를 재지 않으면 안 된다. 그렇지 않으면 생존을 보장하기 어렵다는 점을 동북아 전쟁사가 보여주었다. 이는 한국뿐만 아니라, 주변에 강대국을 두고 있는 모든 유라시아 대륙의 중소국, 끼인 국가를 위한 보편적인 주문(注文)이다.

---

15) 동북아역사재단 한국역사편찬위원회 편,『한국의 대외관계와 외교사-조선 편』(서울: 동북아역사재단, 2018), p.17.

5. 동북아 지정학과 한국의 옵션

미중 전략경쟁이 첨예화되면서, 동아시아와 서태평양에서 군사적 충돌이 발생할 가능성도 커졌다. 미중 간 직접적인 패권전쟁이 아니더라도, 우크라이나 전쟁과 같이 대만해협과 한반도에서 미중의 대리전쟁이 발생할 가능성도 열려있다. 오늘 국제정치 현실은 냉전기 또는 탈냉전기의 국제정치 질서와 확연히 다르다. 현 국제체제는 냉전적 양극체제와 탈냉전기 미국 패권의 단극체제에 비해 유동적이고 불안정하며, 예측성이 크게 떨어진다. 국제체제의 과도기적, 전환적 성격은 그런 불확실성과 불안정성을 더욱 높였다. 오랜만에 강대국 세력경쟁의 한복판에 다시 놓인 한국은 돌연 전략적 고민에 빠졌다. 한국은 이런 새로운 국제정치 현실을 어떻게 인식하고, 안보와 번영을 보장하기 위해 어떻게 대응해야 할까? 과거 우리 선조들은 동북아 세력경쟁과 지역전쟁에 당면하여 왕조와 영토를 보존하기 위해 어떤 고민을 했을까?

지난 2천 년 동북아 국제정치에서 강대국 정치와 패권전쟁에 참여하는 국가는 초원, 만주, 중원, 일본, 구미 세력의 흥망성쇠와 진퇴에 따라 계속 변했다. 하지만 동북아에서 패권적 지위를 차지하기 위한 패권국과 도전국의 지정학적 경쟁 구조는 과거나 지금이나 별 차이가 없다. 특히 한국은 지정학적 중간지대이자 전략적 요충지의 성격으로 인해 동북아 세력경쟁과 패권전쟁에 수시로 끌려드는 것은 과거나 지금이나 마찬가지다.

임진왜란 이전까지 한국이 끌려들었던 동북아 지역전쟁은 주로 중원 제국의 영토팽창을 위한 정복전쟁 또는 중원과 초원 세력 간 패권전쟁 때문에 발생했다. 특히 후자 전쟁의 경우, 한국은 중원과 초원 세력 사이에서 전략적 선택을 고민해야만 했다. 중원 세력은 문명이 앞섰고, 약탈적이지 않아 한국으로서는 편승과 연대의 대상이었다. 그런데 유목세력은 문명 수준이 낮고 약탈적이어서 한국은 최대한 회피하려고 했다. 중원 중국과 한국은 지리적으로 분리되었고 약탈적인 북방세력에 대해 안보위협인식을 공유하여, 자연동맹 관계에 있었다. 하지만 북방세력의 군사력이 막강한 데다 기동력도 높아 한중 군사협력은 별 소용이 없었고, 실제 북방세력에 대한 한중의 공동작전이 성공한 사례도 없었다. 과거 한국이 빠졌던 전략적 딜레마의 상황은 오늘 미중 패권경쟁 사이에 끼인 한국 그것과 구조적으로는 별반 다르지 않다.

한국은 임진왜란에서 처음으로 대륙이 아니라 해양에서 접근하는 적대세력을 상대해야만 했다. 이때 한국은 남과 북의 2개 전선에 대응하고, 육상과 해상 전투를 동시에 준비해야 하는 곤경에 처했다. 동북아 차원에서는 임진왜란과 병자호란을 계기로 동북아에서 중원 농경세력과 북방 유목세력 간 전통직인 경쟁 시대가 끝나고, 대륙세력과 해양세력이 경쟁하는 새로운 지정학적 경쟁 구도가 열렸다. 그 결과, 동북아 세력 간 지정학적 단층선이 종래 한반도 북방의 요동 지역에서 한반도의 안방으로 남하했다. 한국의 '지정학적 중간국' 속성은 바뀌지 않았고 오히려 더욱 선명해졌다. 이때 양대 세력 간 중간지대인 한반도가 주전쟁터가 되었고, 전쟁 피해도 한반도 전역에 걸쳐 더욱 광범위하게 발생했다.

오늘 한국은 미중 패권경쟁 시대를 맞아, 역내 강대국 정치에 어떻게 대응해야 할지 고민이 크다. 그중에서도 한일관계의 설정이 새로이 크게 주목받고 있다. 일본에 대한 역사적·감정적 구원이 여전하지만, 미중 경쟁에 효과적으로 대응하기 위해 일본과 안보협력이 요구되기 때문이다. 이때 500년 전 발생한 임진왜란의 기억이 주요 장애요인으로 남아있다. 조선은 임진왜란 이후 일본을 '불구대천지수(不俱戴天之讐)'로 규정했지만, 결국 양면전(兩面戰)을 피하기 위해 조일관계를 개선할 수밖에 없었다. 당시 조선의 지전략적 고민에 대한 분석은 오늘 한국이

미중 경쟁과 한일관계를 동시에 관리하는 데 필요한 시사점과 교훈을
줄 수 있다.

과거 한국은 중소국가이자, 끼인 국가로서 강대국 정치와 무한 세력
경쟁 속에서 살아남기 위해 고군분투해야 했다. 동북아의 지정학 탓에
한국은 동북아 패권경쟁이 발생할 때마다 전쟁에 끌려들었다. 오늘 한
국은 남북 분단과 미중 경쟁의 구조적인 안보위협에 빠져있다. 한국으
로서는 감당하기 어려운 지정학적 부채이다.

동북아 지정학의 다른 측면도 있다. 불리한 세력 규모와 지정학적 위
치에도 불구하고, 한국은 독자적인 지정학과 지경학적 생존 공간을 확
보하고 한국적 정체성도 지켜왔다. 한국은 일찍이 자연국가를 건설하
고 공동체적 문화를 발전시킨 덕분에 강한 저항성과 회복력도 갖게 되
었다. 이는 한국이 주변 강대국의 침공을 격퇴하고, 외부 세력의 점령
시도에도 불구하고 끈질기게 독립성과 자율성을 지키는 힘의 원천이
되었다. 그 결과, 한국은 지난 1500년 역사에서 다른 국가에 비해 비교
적 짧은 기간만 외부 세력의 침공과 점령에 시달렸고, 대부분 시간을
독립 국가로서 주변국과 평화공존했었다. 동북아 지정학의 구조와 동
학의 연속성을 감안할 때, 과거 동북아 전쟁에 직면했던 선조들의 지전
략적 고민과 성공과 실패 사례는 오늘 한국의 지전략을 수립하는 데
의미 있는 참조사례가 될 것이다.

제4장

중추국의 외교 옵션과
사례 비교[1]

1. 중추국 연구 필요성

미중 패권경쟁 시대에 대비한 한국의 동북아 전략은 무엇인가? 미중 세력경쟁의 직접적인 영향권 내에 있는 한국은 냉전기부터 지켜온 한미동맹 중심의 일원적 강대국 외교전략을 재점검해야 하는 상황에 있다. 2010년대 들어 미국의 세계 패권이 상대적으로 후퇴되고, 중국, EU, 인도, 러시아 등이 주요 강대국으로 부상하면서 지구 차원의 강대국 세력정치가 부활했다. 특히 동아시아 초강대국으로 부상한 중국은 동아시아와 서태평양에서 전후 미국이 구축했던 정치·군사 질서와 기득권을 거부하며 현상 변경을 요구하고 있다.

이에 대해, 트럼프 행정부는 2018년 발표한 '국가안보전략 보고서'에서 중국을 "전략적 경쟁국," "수정주의 국가"로 규정하고 전면적인 세력경쟁을 선언했다.[2] 또한 트럼프 대통령은 '미국 제일주의' 기치를 내

---

1) 이 장은 필자의 『중소 중추국 외교전략과 한국 외교』, 정책연구시리즈 2018-04 (서울: 국립외교원 외교안보연구소, 2018)를 대폭 수정·보완하고, 재구성한 것이다.

세우며, 미국의 세계경찰 역할을 거부하고, 동맹체제에 대해 근본적인 의문을 제기했다. 이후 등장한 바이든 행정부는 동맹 중시 정책으로 복귀했지만, 미중 전략경쟁 기조는 그대로 계승했다. 바이든 행정부는 동맹을 중시하는 동시에 중국 견제의 비용과 미국경제 재건의 비용까지 동맹국이 분담할 것을 요구했다.

바이든 행정부가 발표한 2022년 '국가안보 전략보고서'는 중국을 국제질서를 재편할 수 있는 경제·외교·군사·기술적 역량과 의도를 가진 "유일한 경쟁자"로 규정하고, 향후 10년이 미중 경쟁의 "결정적인 10년"이 될 것으로 전망했다.[3] 탈냉전기 미국의 대중 정책은 클린턴 행정부의 대중 '관여와 확장(engagement and enlargement)' 정책을 거쳐, 오바마 행정부의 '아시아 리밸런싱'으로 진화했다. 이때까지만 해도 중국의 부상에 대비하면서도, 대중 관여가 대중 정책 기조였다. 하지만 트럼프 행정부 들어 대중 정책은 '전면적 전략경쟁'으로 급변했고, 바야흐로 미중 패권경쟁 시대가 열렸다.

미중 경쟁의 불똥은 지리적, 지정학적, 지경학적으로 그 중간에 끼인 한국으로 튀었다. 2010년 후반 이후 사드 사태, 화웨이 사태, 반도체 수출통제 사태 등에서 보듯이 미중은 각각 한국에게 선택을 강요하기 시작했고, 그 범위와 강도는 계속 증대한다. 탈냉전의 세계화 추세 속에서 어떤 나라보다 '안미경중'의 혜택을 크게 누렸던 한국은 미중의 양자택일 요구에 어떻게 대응해야 하나? 이에 대한 답변을 찾기 위해, 본 장은 강대국 사이에 끼인 '중추국(pivot state)' 개념과 중추국 외교 사례에 대한 조사와 분석을 통해 한국의 미중 정책과 강대국 외교를

---

2) 전봉근, "트럼프 국가안보전략과 한국 안보에 대한 함의," IFANS FOCUS, 2017; The White House, National Security Strategy of the United States of America, December, 2017.

3) The White House, National Security Strategy, October, 2022, <https://www. whitehouse.gov/wp−content/uploads/2022/10/Biden−Harris−Administrations −National−Security−Strategy−10.2022.pdf>.

위한 교훈을 찾고자 한다.

중추국 연구의 기대효과는 다음과 같다. 우선 한국형 '강대국 전략' 모델을 개발하여, 한국의 강대국 외교를 위한 정책 옵션과 지침을 찾고자 한다. 이때 우리의 전통적인 외교정책의 경직성과 고착성에서 탈피하고 유연성과 전략성을 확장하는 효과를 기대한다. 미중 경쟁에 대한 다양한 외교 옵션을 개발하여, 한국 외교의 선택지를 넓히고 국익 외교와 전략 외교를 가능케 할 것으로 기대한다.

2. '중추국' 개념

'중추국(pivot state)'은 중소국 중에서 강대국이 탐내는 군사적·경제적·이념적 전략자산을 가진 국가, 다수 강대국의 영향권(sphere of influence)이 겹치는 지역에 있는 국가, 대외관계의 변동이 지역안보와 세계안보에 중대한 영향을 미치는 국가, 강대국 이익이 상호 충돌하는 국가를 지칭한다. 또한 중추국은 군사적 균형에 영향을 미치는 국가, 수송통신선의 변동, 에너지 공급의 변동 등의 효과를 초래하는 국가이다. 중추국은 지정학적, 지경학적, 군사적 요충지 국가들이다. 예를 들면, 핀란드, 폴란드, 중앙아시아, 동남아시아, 발틱 3국, 우크라이나, 한국 등이 이런 중추국의 특성을 띠고 있다. 사실 유라시아 대륙의 주변부에 위치한 대다수 중소국이 '중추국'이라고 해도 과언이 아니다.

중추국은 강대국 사이에 끼인 공통의 지정학적 여건에도 불구하고, 역량에 따라 다양한 양상을 띤다. 내부 결속력이 강하고 전략 역량이 우월한 '강한 중소국' 유형은 중립지대, 정치경제적 가교 역할을 수행하고, 이이제이 외교를 전략적으로 수행하는 데 능수능란하다. 그런데 내부 역량이 약하거나 분열되고 전략 역량이 취약한 '약소국' 유형은 소위 '파쇄지역(shatter zone)'이 된다.

'중추(pivot)' 또는 '중추적(pivotal)'이라는 용어는 근래 국제정치에서

빈번히 사용되고 있지만, 다양한 의미로 해석되어 혼란스럽다. 표준국
어대사전은 '중추(中樞)'를 "사물의 중심이 되는 부분"이라고 설명했다.
'중추적(中樞的)'은 "가장 중요한 부분이나 자리가 되는" 것으로 설명했
다. 우리말에서 '중추'는 중심 또는 중요하다는 2개의 의미가 있다. 한
편, 옥스퍼드 영어사전에 따르면, '피벗(pivot)'은 회전하는 것의 중심축,
또는 가장 중심적이고 중요한 것 등 2개의 의미가 있다. "회전하는 중
심축"의 의미를 갖는 '피벗'의 한국말은 엄격히 말해 '추축(樞軸)'이 적
확해 보인다. 이때 '피벗국(pivot state)'은 '추축국'으로 표현해야 한다.
그런데 2차 대전 당시 침략을 주도한 독일, 일본, 이태리 삼국을 'Axis
Power,' 우리말로는 '추축국'으로 불렀다. 따라서 본고에서는 '피벗국'
을 '추축이 되는 국가'로 정의하면서도, 일반적인 관행에 따라 '중추국'
으로 불렀다.

　학문적으로 '중추국(지대)' 개념을 처음 사용한 사례는 현대 지정학의
창시자인 헬포드 맥킨더(Halford Mackinder)가 발표한 기념비적 논문
"역사의 지리적 중추(The Geographical Pivot of History, 1904)"에서 찾
을 수 있다. 그는 유라시아 대륙의 중심부(heartland, 중앙아시아 지역)를
'중추지대'로 규정하고, 이 전략적 요충지역을 지배하는 국가가 유라시
아 대륙을 지배하고, 나아가 세계를 지배할 것이라고 주장했다. 당시
러시아는 과거 유럽과 극동을 갈라놓았던 중앙아시아를 통과하는 시베
리아 철도 개통으로 신속하게 자원과 병력을 동서로 이동할 수 있게
되었다. 맥킨더는 러시아가 중앙아시아를 관통하는 철도로 동서 러시
아를 연결시키게 되면 국력이 획기적으로 증가하여 세계적인 강대국이
될 것으로 전망했다.

　대전략 연구로 유명한 폴 케네디(Paul Kennedy) 예일대 교수는 1996년
『포린 어페어즈(Foreign Affairs)』 잡지에 발표한 "중추국과 미국 전략
(Pivotal States and U.S. Strategy)"에서 탈냉전기 미국의 개도국 외교가

집중해야 할 대상으로 '중추국'을 제안했다. 그는 '중추국'을 인구, 지정학 위치, 지역 영향력, 경제 잠재력 등이 큰 지역 강국이라고 규정하고, 인도, 파키스탄, 인도네시아, 이집트, 튀르키예, 멕시코, 브라질, 알제리, 남아공 등을 사례로 들었다. 지전략가로 유명한 즈비그뉴 브레진스키(Zbigniew Brzezinski) 전 미국 국가안보보좌관은 『거대한 체스판(The Grand Chessboard, 1997)』에서 강대국 세력경쟁 사이에서 특별한 지정학적 위치로 인해 전략적 가치가 높은 국가를 '전략적 중추(strategic pivot)'로 불렀다. 그는 유라시아 대륙의 대표적인 '전략적 중추'로 우크라이나, 한국, 아제르바이잔, 튀르키예, 이란 등 5개국을 지목했다.

이안 브레머(Ian Bremmer) 유라시아그룹 대표는 월스트리트저널에 기고한 "미래는 유연한 국가에 속한다(The Future Belongs to the Flexible, 2012.4.27.)"에서 현재와 같이 초강대국이 없는 "무극(G-Zero) 체제"에서 중소국이 경쟁력을 가지려면, 한 강대국에 대한 과도한 안보적·경제적 의존에서 벗어나 다수 강대국과 교류 협력해야 한다고 주장했다. 그는 그런 역량을 가진 국가를 '중추국'으로 정의했다. 브레머는 중추국의 사례로 튀르키예, 브라질, 베트남, 싱가포르, 카자흐스탄, 캐나다 등을 들었는데, 이들은 경제와 외교의 다원화에 성공한 국가였다. 한편, 실패한 중추국 사례로 우크라이나, 폴란드, 조지아를 제시했다.

헤이그전략연구센터(Hague Centre for Strategic Studies)는 "중추국은 왜 중추적인가?(Why Are Pivot States So Pivotal?: the Role of Pivot States in Regional and Global Security, 2014)" 보고서에서 '중추국'의 특징으로 강대국이 원하는 군사적·경제적·이념적 전략자산을 보유한 국가, 강대국의 영향권이 중복되는 위치의 국가, 외교전략의 전환 시 지역정치와 세계정치에 중요한 충격이 발생하는 국가 등을 제시했다. 대다수 '끼인 국가'가 이런 특징을 갖는데, 이 보고서는 특히 이란, 튀르키예,

사우디아라비아, 인도 등을 대표적인 중추국으로 제시했다.

문재인 정부는 트럼프 대통령이 미중 전략경쟁을 추진하면서도 한미동맹의 가치를 무시하자, 한국의 '중추국' 위상에 주목했다. 문재인 대통령의 2019년 8.15 경축사는 아래와 같이 한국의 지정학적 위치에 따른 문제점을 지적하고, 이런 '끼인 국가'의 곤경을 극복하기 위한 방안으로 '교량국가(橋梁國家)' 비전을 제안했다.

"(한국은) 대륙과 해양을 아우르며 평화와 번영을 선도하는 교량국가가 되고자 합니다. 지정학적으로 4대 강국에 둘러싸인 나라는 세계에서 우리밖에 없습니다. 우리가 초라하고 힘이 없으면, 한반도는 대륙에서도, 해양에서도 변방이었고, 때로는 강대국들의 각축장이 되었습니다. 그것이 우리가 겪었던 지난 역사였습니다. 그러나 우리가 힘을 가지면 대륙과 해양을 잇는 나라, 동북아 평화와 번영의 질서를 선도하는 나라가 될 수 있습니다. 우리는 지정학적 위치를 우리의 강점으로 바꿔야 합니다. 신북방정책은 대륙을 향해 달려가는 우리의 포부입니다. 중국과 러시아뿐 아니라 중앙아시아와 유럽으로 협력의 기반을 넓히고 동북아시아 철도공동체로 다자협력, 다자안보의 초석을 놓을 것입니다. 신남방정책은 해양을 향해 달려가는 우리의 포부입니다. 아세안 및 인도와의 관계를 주변 주요국들 수준으로 격상시키고 공동번영의 협력관계로 발전시켜 나갈 것입니다."

스콧 스나이더(Scott Snyder) 미국 외교협회 한미정책 국장이 발표한 "한국 피벗(The Korean Pivot: Seoul's Strategic Choices and Rising Rivalries in Northeast Asia, Council on Foreign Relations, 2017)" 보고서도 이런 한국의 중추국 위상에 주목했다. 이 보고서는 해양과 대륙 세력이 충돌하는 동북아의 중앙에 위치한 한국을 동북아의 '전략적 피벗'으로 규정하고, 한국이 미중 충돌을 방지하고 자신의 생존을 보장하기 위해 '헤징 전략'을 추진할 것을 제안했다.

중추국을 능동적인가, 피동적인가에 따라 2개 유형으로 분류할 수 있다. '능동적 중추국'은 외교적 주도권을 갖고 지역 세력균형의 변화를 초래하는 사례이다. 아랍에미리트, 인도네시아, 카자흐스탄, 싱가포르, 튀르키예 등 해외 사례와 신라, 고려, 조선 등 한반도 사례가 있다. 한편, '피동적 중추국'은 주변 강대국의 영향에 따라 국가 운명이 좌우되는 파쇄지역 국가이다. 19세기 말의 조선과 20세기 중반의 한반도, 우크라이나, 아프가니스탄 등이 이에 해당된다. 한반도의 역사를 고찰할 때도, 다양한 중추국 사례를 찾을 수 있다. 중국 남북조 경쟁(명－청, 요－금－송 등), 대륙과 해양세력 간 경쟁(임진왜란, 19세기 청일 전쟁, 러일 전쟁, 20세기 미소 냉전, 21세기 미중 경쟁 등) 시기의 한반도 국가는 중추국의 특성을 갖고서, 피벗 외교의 성공과 실패를 오갔다.

한편, 위의 '중추국' 정의와 차별화되는 또 다른 의미도 있다. '윤석열 정부 110대 국정과제' 보고서(2022.5.)는 6대 국정 목표의 하나이자 외교안보 분야의 국가 비전으로 "국제사회의 자유·평화·번영에 기여하는 글로벌 중추국가(Global Pivotal State, GPS)"를 제시했다. 동 보고서는 또한 99번 국정과제에서 "국격에 걸맞은 글로벌 중추국가 역할 강화"를 제시하고, 각종 다자외교와 국제협력으로 "국력에 걸맞은 기여를 통해 국제사회 내 위상 제고 및 중추적 역할 확립"의 기대효과를 추구한다고 설명했다. 여기서 '중추국' 개념은 지정학과 현실주의 국제정치에서 토론하는 '중추국' 개념과 차이가 있다.

윤석열 정부가 주창한 '글로벌 중추국가'는 2개의 다른 의미를 포함한다. 첫째, 외교·안보전략 전반에 대한 국가 비전으로서 광의(廣義)의 '글로벌 중추국가'가 있다. 둘째, 범위를 축소하여, 빈곤·기후변화·사이버안보·군축비확산·핵테러 등 초국가 비전통안보 이슈에 대한 다자외교·유엔외교를 위한 '글로벌 중추국가'가 있다.

윤석열 정부의 '중추국' 사용례와 유사한 것으로 빅터 차(Victor Cha)

교수가 공저한 "한국 피벗(The Korean Pivot: The Study of South Korea a Global Power, Center for Strategic and International Studies, 2017)" 보고서가 있다. 이 보고서는 한국이 자신의 외교적 자산(네트워킹, 허브국가, 선진국과 개도국 간 가교 등)을 잘 활용하면 '중견국(Middle Power)'의 위상을 넘어 '세계국가'로서 초국가적·지구적 문제 해결에 더 크게 기여할 것이라고 주장했다. 여기서 '피벗'은 중견국 위상을 넘어 세계국가로 '전환'하는 것을 의미했다. 동 보고서는 한국이 '세계국가'로 '피벗'하기 위한 전제 조건으로 한국의 세계적 기여와 관여에 대한 개념 틀을 정립하고, 이에 기반한 대전략을 수립할 것을 제안했다.

윤석열 정부가 사용한 '피벗' 개념은 '중심'과 '전환(선회)'의 두 가지 의미를 갖는다. 이때 '세계적 중추국가는 '세계의 중심국(pivot of the world)'과 '세계를 향한 중추국(pivot to the world)' 등 2개 의미를 포함한 것으로 해석된다. 다시 말해, '세계의 중심국'은 한국이 세계적 중견국, 네트워크 허브 국가, 자유진영의 대표국가로서 국제사회에서 중심적 위상을 갖고 세계평화와 안정에 중심적 역할을 수행하는 나라이다. 그리고 '세계를 향한(세계로 선회하는) 중추국'이란 북한문제에 매몰되지 않고 기후변화·보건협력·빈곤타파 등 지역 및 글로벌 이슈에 적극적으로 참여하고 기여하는 국가를 부각한다.

'선회'의 의미는 오바마 행정부가 2011년 11월 발표한 '아시아 회귀(Pivot to Asia) 전략' 표현에서 찾을 수 있다. 여기서 '피벗'이란 당시 가시화되기 시작한 '중국의 부상'을 견제하기 위해 유럽·중동·중앙아(아프가니스탄)에 집중되었던 외교·군사역량을 아태지역으로 재배치 또는 '재균형(re-balancing)'하는 것이었다.

요약하면, '중추국'의 의미는 전략적 가치 때문에 강대국들이 서로 영향권 내에 두려고 경쟁하는 '끼인 국가,' 강대국이 아니지만 국제사회의 중심적 위치에 있는 국가, 전략적 중심을 한쪽에서 다른 쪽을 선회

(전환)하는 국가 등 3개가 있다. 국제정치학적으로 가장 보편적인 중추국의 의미는 "강대국 사이에 끼인, 전략적 가치가 높은 국가"이다. 한편, 오바마 행정부가 사용한 '아시아로 피벗'에서 '피벗'의 의미는 외교정책의 중점을 (미국을 중심축으로) 유럽에서 아시아로 '선회(피버팅, pivoting)'한다는 것이다. 윤석열 정부의 '글로벌 중추국'은 '지정학적 중추국'이 아니라, 한국 외교의 초점을 한반도에서 세계로 '선회(또는 전환)'한다는 의미이고, '중심적 국가'라는 이중의 의미도 갖는 것으로 해석된다.

'중추국'과 유사한 개념이 다수 있는데 아래와 같이 정리할 수 있다. 중소국(small and medium state), 중추국(pivot state), 중견국(middle power) 등 보편적으로 사용되는 개념 이외에도 신범식 교수가 주장하는 '중간국(middle ground state)'도 있다.[4] 신 교수에 따르면, 중간국은 기존의 국력 규모 기준에 따른 '중견국' 또는 중소국 개념으로는 설명이 되지 않는 국가들의 외교정책이나 패턴을 분석하고 그 설명력을 높이기 위해 '지정학적 요인'을 고려한 개념이다. '중간국'은 여기서 토론한 중추국 개념과 유사한데, 상대성을 부각한다는 점에서 차별화된다. 예를 들면, 러시아는 유럽 전선에서는 미러 경쟁의 일방이 된다. 하지만 미중 전략경쟁이 압도적인 동아시아지역에서 러시아는 일부 '중간국'의 특성을 갖는다. 마찬가지로 강대국인 일본도 미중 전략경쟁 사이에서는 중간국이 될 수 있다. 이들은 강대국으로서 다른 강대국과 세력경쟁 게임을 하지만, 압도적인 미중 간 전략경쟁 하에서는 때로는 중간국의 위치에서 중간국의 외교 행태를 보인다. 이 논리에 따르면, 동아시아에서 미중 경쟁이 치열해지면, 현재로서는 상상하기 어려운 남북일러 4개 중간국의 연대도 불가능하지 않다.

본고에서 '(지정학적) 중추,' '끼인 국가,' '중간국'을 같은 의미로 사

---

4) 신범식 엮음, 『유라시아의 지정학적 중간국 외교』(서울: 사회평론아카데미, 2022).

용했다. 다만 '끼인 국가'는 강대국 간 지정학적 사이에 놓인 중소국의 지정학적 위상과 그런 현상을 부각할 때 주로 사용했고, '중추국'은 '끼인 국가'의 능동성을 부각할 때 사용했다. 예를 들면, 한국은 지리적·역사적으로 동북아에서 강대국의 지정학적 경쟁에 끼여 안보가 매우 취약한 '끼인 국가' 또는 '중간국'이다. 한국은 역사적으로 중국 대륙 내 패권경쟁, 청일, 러일, 미소 등 대륙세력과 해양세력 간 지정학적 경쟁에 말려들었고, 전쟁, 분할, 점령의 고통을 당했다. 남북 분단도 강대국 간 지정학적 경쟁과 타협의 결과이다. 21세기에 미중 전략경쟁이 악화되면서, 한국의 안위가 다시 도전받고 있다. 과거 역사가 미래를 판단하는 잣대가 된다면, 미중 패권경쟁 사이에 '끼인 국가' 한국은 지정학적 '파쇄국가'와 '교량국가'의 갈림길에 서 있다.

3. 중소국, 중추국의 외교전략 옵션 비교5)

중소국 또는 중추국의 외교전략 옵션으로 균형(balancing), 편승(bandwagon), 중립, 비동맹, 등거리, 집단안보, 집단방위, 공동안보, 헤징, 관여 등이 거론되는데, 아래에서 각 옵션의 차이점과 해당 옵션을 유효한 조건을 토론하고자 한다. 여기서 중소국은 자조(自助, self-help)만으로 국가안전을 보장할 수 없는 나라를 말한다. 어느 시대이건 소수의 강대국을 제외한 대다수 국가가 중소국 그룹에 속한다. 중소국들은 대부분 주변 강대국의 안보위협을 받고 있어 중추국 또는 '끼인 국가'가 된다. 특히 유라시아 대륙은 남반구와 달리 전통적으로 강대국 정치, 세력정치가 치열한데, 소수 강대국을 제외한 대다수 국가가 중소국인 동시에 중추국 또는 '끼인 국가'이다. 여기서 중소국, 중추국, 끼인

---

5) 중소국 또는 중추국이 취할 수 있는 외교전략 옵션에 대한 상세한 토론은 전봉근, 『21세기 한국 국제안보 연구: 개념과 실제』 정책연구시리즈 2015-3 (서울: 국립외교원 외교안보연구소, 2015) 참조.

국가를 혼용하여 사용하는데, 중소국은 국가 규모, 끼인 국가와 중추국은 지정학적 위상과 강대국과 관계를 더 중시한 개념이다.

　당면한 안보위협에 대하여 중소국 또는 중추국이 갖는 전략적 선택지들을 분석한 선행연구로는 조동준 서울대 교수의 중소국 연구가 있다.[6] 조동준 교수에 따르면, 중소국이 강대국의 안보위협 요구를 수용할 경우, 활용할 수 있는 전략으로는 편승, 특화, 유화 등이 있다. 여기서 편승은 강대국에 편들기, 특화는 강대국이 필요로 하는 특별한 기능을 제공, 유화는 강대국의 특정 요구를 수용하는 경우이다. 중소국이 강대국의 요구를 거부하고 안보위협에 대응할 경우에 관여, 균형, 초월 등 옵션이 있다. 여기서 관여는 강대국과 교류와 상호작용을 통해 안보위협의 현실화를 저지하는 전략인데, 자유주의적 시각을 반영한다는 점에서 유화 옵션과 차이가 있다. 균형은 차강국과 연대하여 최강국의 안보위협에 대응한다. 초월은 국제기구와 국제규범을 활용하고, 외부세력과 협력을 통해 안보위협국의 위협에 대처하는 경우이다. 그런데 실제 중소국들이 강대국 전략을 추진 때, 한 옵션에만 전적으로 매달리기보다는 다양한 옵션들을 혼용하는 경우가 많다.

　중소국, 중추국이 특정 외교전략 옵션을 선택하는 기준에 대해, 국제정치 이론들은 차별화된 설명을 제공한다. 현실주의자들은 국력 차이에 집중하고, 자유주의자들은 국내정치적 특성과 가치 공유 여부에 집중한다. 지정학자들은 지정학적 위상(국력 차이, 지리적 위치, 거리 등)과 정체성(역사적 경험, 문화 등)에 국가들이 차별화되는 옵션을 선택한다고 주장한다. 여기서는 중추국의 외교전략 옵션에 영향을 미치는 요소 중에서도 거리, 접경 여부, 국력 차이, 지형 등 객관적 요소, 그리고 역사, 위협인식 등 주관적 요소에 주목한다.

　강대국과 인접성에 따른 중추국의 유형 및 지전략을 아래 표에서 제

---

6) 조동준, "안보위협에 대처하는 중소국의 선택," 『세계정치 11』, 제30집 1호 (2009), pp.7~28.

시한다. 이를 통해 볼 때, 일반적으로 중추국의 전략 옵션으로는 편승, 균형, 중립, 비동맹, 헤징, 등거리, 관여 등이 있다. 한국의 경우, 한미동맹, 한중 전략적 협력동반자관계, 다변화 외교, 지역협력, 다자대화 등을 실제 구사하고 있다.

아래에서 중소 중추국의 전통적이고, 보편적인 외교전략 옵션을 정리했다.

표 4-1 | 강대국과 지리적 인접성에 따른 중추국의 옵션

유형	사례	외교전략 옵션
복수 강대국과 인접(접경)	몽골·북한·중앙아(중국/소련), 몰도바(우크라이나/루마니아), 폴란드(러시아/독일), 스위스(독일/프랑스)	중립, 헤징
한 강대국 인접, 타 강대국 원거리	서·중유럽, 한국, 북한, 일본	균형, 편승
양 강대국과 원거리	중동, 동남아, 남반구	비동맹, 등거리, 중립

첫째, 자력으로 안보를 지킬 수 없는 중소국이 가장 손쉽게 안보 역량을 강화하는 방법은 주변 강대국과 군사동맹을 체결하는 것이다. 흔히 이를 '외적 균형(external balancing)'이라 부른다. '동맹'은 전쟁의 역사와 같이 가장 오래되고 보편적인 국제안보 개념 중 하나다. 동맹은 보통 강대국의 게임이지만, 중소국도 안보와 생존을 위해 동맹 전략을 효과적으로 활용했다.

동양의 고전은 외교전략의 대원칙으로 이이제이(以夷制夷)와 원교근공(遠交近攻)을 제시한다. 여기서 '원교근공'은 주력 군사력이 멀리 있어 자신을 직접 위해할 가능성이 작고, 적의 적이거나 또는 적의 배후에

위치하여 '자연 동맹국'에 해당하는 원거리 강대국과 동맹할 것을 요구
한다. 특히 중소국에게는 합종연횡(合從連橫)이 동맹 전략의 좋은 지침
이 된다. 이는 중소국이 강대국에 의존하여 보호받는 '연횡'의 위험성을
지적하고, 대안으로 유사한 상황에 처한 중소국가들이 '합종'하여 강대
국에 대항함으로써 안전을 지킬 것을 조언한다. 여기서 '연횡'은 '편승'
에 해당하고, '합종'은 '균형'에 해당한다. 서양의 현실주의 국제정치이
론은 중소국에게 안전보장을 위해 '편승'보다 '균형'을 권고한다. 동양
고전도 중소국에게 '연횡'보다 '합종'을 권고하는데, 여기서 동서양의
전략적 사고가 일치함을 알 수 있다.

　국제안보 개념과 차별화하여, 일체의 세력균형과 동맹에서 벗어나서
안보를 지키고자 하는 '중립(neutrality)' 안보 개념이 있다. 사실 중립도
세력균형이나 동맹만큼 오랜 역사를 갖는다. 17세기 유럽식 국제체제
와 빈발한 국제전쟁 속에서 탄생한 중립 개념은 점차 국제법적 지위를
갖게 되었고, 20세기 들어 각종 국제협정을 통해 중립국의 권리와 의
무도 명문화되었다. 이에 따라 중립국이 전시 전쟁 당사국에 대해 중립
(일체 전쟁 당사국에 영토 및 편의 제공 거부)을 지키는 대가로, 전쟁 당사
국은 중립국을 침공하지 않고 영토 보전을 보장한다.

　중립국의 대표적 성공적인 사례인 스위스 역사를 보면, 중립은 결코
평화주의, 규범주의, 강대국의 선의에 따라 보장되는 것이 아니다. 반
대로 중립은 철저히 국익의 필요성에 따라 제기되었고 군사력으로 보
장된다는 점에 주목해야 한다. 1, 2차 세계대전 당시, 스위스는 내부의
정치적 통합을 강화하고 전 국토를 요새화하는 전쟁 준비를 했기 때문
에 나치 독일의 전쟁을 거부할 수 있었다. 독일도 스위스의 국제법적
중립국 지위 때문에 침공하지 않은 것이 아니라, 스위스 침공의 물적·
시간적 비용을 감안하여 침공을 포기했었다. 또 다른 유럽의 대표적인
중립국가인 오스트리아, 스웨덴, 핀란드는 각각 다른 연원으로 중립국

이 되었다.

셋째, '비동맹(nonalignment)'은 비동맹운동(Non-aligned Movement, NAM) 국가, 남반구 국가의 핵심 국제안보 개념이며 정책이다. 1955년 인도네시아 반둥에서 열린 아시아-아프리카 회의가 비동맹 그룹을 결성하는 촉매제가 되었다. 여기서 채택된 반둥 10대 원칙은 비동맹 국가의 정체성을 확인하고 결속시키는 외교안보 원리가 되었다. 특히 비동맹 외교노선은 군사 진영과 강대국 정치 거부, 군사적 긴장 완화, 평화 촉진, 인종차별 반대 투쟁, 핵군축 요구, 정의로운 국제질서 창출 등을 지향하였다. 초기 비동맹국들은 반핵, 반강대국, 반제국주의, 반식민주의 등을 통해 강력한 내부 결속력을 유지했지만, 강대국의 진영화 정치를 반대하는 취지에 따라 블록화 하지는 않았다. 냉전의 산물인 비동맹은 탈냉전기에도 강대국 정치를 반대하는 중소국, 중추국 연대로 유지되고 있다. 현재 비동맹국 그룹은 회의체로서 운영되는 느슨한 조직으로서 현재 약 120여 개 국가가 참가하고 있으며, 비동맹 장관회의와 정상회의를 통해 결속을 다지고 비동맹정책을 조정한다.

넷째, 중소 중추국 외교 개념으로 '공동안보(common security)'가 한때 주목받았다. 이는 냉전기 미소 핵경쟁과 핵전쟁이라는 공멸의 안보 위협에 직면한 유럽국들이 제시했던 새로운 안보 개념이다. 공동안보 개념은 일명 '팔머 보고서'로 불리는 "공동안보: 생존을 위한 청사진(Common Security: A Blueprint for Survival, 1982)"에 체계적으로 기술되어 있다. 팔머 보고서는 당시 미소 간 핵경쟁과 핵전쟁 가능성은 국가의 안전뿐만 아니라 생존 자체를 위협한다고 보고, 핵군축, 핵경쟁 완화, 관계 개선 등을 제시하고, 이런 갈등 해소와 협력의 기본 원리로서 '공동안보' 개념을 주창했다. 당초 공동안보 개념은 냉전 당사국들의 기본적인 안보전략 개념이었던 핵억지(nuclear deterrence)와 집단방위(collective defense)를 거부하는 것이었다. 공동안보론에 따르면, 일국의 안보는 상대방에 대한 자국의 억지력 강화로 달성되는 것이 아니라, 상대방과 공동으로 핵군축과 긴장완화를 통해서만 달성된다.

4. 중추국 외교 사례

한국의 역사적 사례

한반도는 역사적으로 복수의 강대국들이 서로 세력권을 확보하기 위해 충돌하는 전략적 요충지였다. 한반도에서 역사적으로 수차례 강대국에 의한 분할 시도가 있었는데, 이는 한국이 지정학적 중추국이라는 사실을 방증한다.

예를 들면, 우선 7세기 당 태종이 신라에게 나당동맹의 대가로 대동강 이북 점령을 제안했디. 16세기 임진왜란 당시 명·일 간 일본군 장수 고니시 유키나가의 대동강 및 한강 경계 분할(이남은 일본 귀속) 제안, 도요토미 히데요시의 한반도 남부 4도 분할 제안이 있었다. 당시 조선과 명 조정의 반대로 각종 분할안은 무산되었다. 청일전쟁 시에는 영국이 서울을 통과하는 남북 분할 방안을 제안했다. 1896년에는 일본이 러시아에 39도선 및 38도 분할 제안을 했다. 당시 러시아가 거부하여 분할 구상은 무산되었다. 다시 20세기 초 러시아가 일본에게 39도선 이북 중립지대 안을 제안했는데 이번에는 일본이 거부했다.

이렇게 우리 역사에서 수차례 주변 강대국에 의한 분할 제안과 구상들이 있었지만, 다행스럽게도 모두 실현되지 못했다. 대체로 세력경쟁에서 수세적인 강대국이 한반도 분할안을 제안했고, 우세한 강대국들은 독점하겠다는 욕심에서 분할안을 거부하는 경향이 있었다. 만약 한반도 내에서 강대국 양측의 세력경쟁이 고착되거나, 전쟁 승리에 너무 많은 희생이 있을 것이라고 생각했다면 분할안이 채택될 수도 있었을 것이다. 하지만 세력경쟁 양상은 유동적이었고, 일방이 독점하려는 하는 욕심이 컸기 때문에 분단의 절충안이 거부되었다. 한국이 운이 좋았다고도 볼 수도 있다. 1945년 미소가 한국을 점령하기 위해 임시방편적으로 38도선을 경계로 한반도를 분할하기로 합의했는데, 냉전체제와 한국전쟁으로 인해 오늘까지 분단체제가 고착되었다. 소련의 해체로 미소 대결구조는 없어졌지만 21세기 들어 미중 간 지정학적 경쟁이 심화되면서 한반도 분단구조가 다시 고착되는 추세이다.

명청 교체기 조선의 강대국 외교는 당시 중추국의 고민을 잘 보여준다. 조선은 이미 명청 간 세력전이를 예측할 수 있었던 시점에서도 명 중심 천하질서관을 고수하고 명에 대한 사대외교를 고집하여 안보 위기를 자초했다. 심지어 명의 고위 관리인 황손무와 심세괴가 조선 관리들에게 숭명(崇明)의 명분 때문에 청나라에게 강경해서는 안 된다고 조언할 정도였다고 한다. 이들은 동북아의 지정학적 형세 때문에 조선과 청나라 간 충돌로 조선이 붕괴하게 되면 배후가 정리된 청이 명을 더욱 강하게 압박할 것으로 우려했었다. 하지만 조선 조정은 고착된 대명 중화관에서 탈피하지 못하고 경직된 반청 정책을 견지한 결과, 결국 조선 왕이 청 황제에게 직접 항복하고 절하는 전무후무한 소위 '삼전도의 굴욕(1637)'을 자초했다.

당시 조선이 청에 대해 갖고 있었던 '플랜 B'도 이미 시효가 지난 것인데도 조선의 경직된 정세관으로 인해 객관적으로 '지피지기(知彼知己)'할 기회를 놓쳤다. 정묘호란 당시 조선은 '강화도 피신' 전략을 효과적으로 활용한 적이 있었기 때문에 이후에도 이를 계속 활용하는 전략을 고수했다. 이는 초기 후금의 해군력이 부족하였기 때문에 가능했었다. 그런데 산둥성 반란 이후 명의 수군이 대규모로 후금으로 귀순하였기 때문에 후금은 강화도를 공격할 수 있는 해군력을 갖췄었다. 조선은 이런 적군의 군사 역량 변화에 둔감했다.

조선이 명과 관계에 집착한 배경에는 조선 왕들의 정통성에 대한 정권안보적, 국내정치적 고려도 컸다. 조선왕들은 장자나 적자 출신이 아닐 때 정통성 문제를 명의 책봉(冊封)을 통하여 해결했다. 특히 광해군은 차남이자 서자로서 정통성 확보를 위해 명의 책봉이 절실했기 때문에 책봉을 촉진하기 위해 명에게 다량의 은을 제공하며 책봉을 재촉했다. 이런 국내 정치구조와 내정의 취약성은 결국 외교 공간을 좁히는 결과를 초래했다. 그나마 중립 외교를 표방하던 광해군이 인조반정으로 퇴출되자, 인조는 반정의 명분을 세우고 정권안보를 강화하기 위해 더욱 친명 정책으로 경도되었다.

명에서 청으로 세력전이가 발생했다고 객관적으로 판단되는 시점에서도 조선은 정권안보의 정치적 이유로 인하여 친명정책을 고수했다. 1619년 명과 조선 연합군과 후금군 간 대규모 사르후 전쟁은 사실상 명에서 청으로 동북아 세력전이가 발생한 역사적 대사건이었다. 명은 조선군을 포함하여 9만~10만을 동원했으나, 사르후 전쟁에서 후금에 참패했다. 이 전쟁으로 인해 명의 세력은 크게 감소했고, 반대로 후금은 만주 지역의 패권을 확보했다. 당시 조선의 광해군은 강홍립 장군에게 전세가 불리하면 후금에 투항할 것을 지시했다. 광해군은 명청 간 세력전이 상황을 정확하게 파악하고 한 국가에 경도되지 않으려는 전략적 헤징 외교를 추진했다. 광해군이 밀려난 후 후임 인조는 전임과 차별화를 추진하고, 왕 교체에 대한 명의 승인을 받기 위해 숭명정책으로 선회했다. 이후 조선은 청의 침공을 당했고, 굴욕적으로 군신 관계를 맺었다.

만약 조선이 동북아 지정학적 변동을 객관적으로 보고 전략적인 외교를 수행했더라면, 청의 침공을 예방하거나 조기에 전쟁을 끝낼 수도 있었을 것이다. 국내 정치적 동기 때문에 피할 수 있었던 전화를 겪었다는 역사는 후세에 이념 외교와 정략 외교를 경계하라는 교훈을 남겼다.

일부 전문가들은 한국의 '중추국' 정체성 중에서도 대륙과 해양의 중간에 위치한 반도적 성격에 주목했다. 배기찬 전 청와대 동북아비서관

그림 4-1 ｜ 한국을 둘러싼 동북아 4대 세력권의 세력경쟁 양상

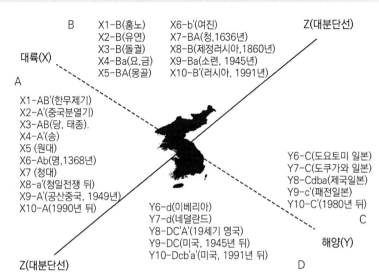

출처: 배기찬,『코리아, 다시 생존의 기로에 서다(2005)』p.41.

은 한국이 해양국가와 대륙국가의 양면성이 있다고 보아 '해륙국가'의 정체성을 부여했다. 배기찬 전 비서관은 한국의 2000년 대외 관계사를 조망하면서, 중국 북조, 중국 중원(남조), 일본, 서양해양세력 등 4개 세력이 지정학적으로 경쟁하면서 한반도에서 전쟁을 촉발하고 분단의 원심력으로 작용했다고 분석했다.[7] 같은 맥락에서, 이완범 한국학중앙연구원 교수는 7세기 신라의 통일전쟁 중에 발생한 나당 연합군과 백제·왜 연합군의 국제전쟁을 "대륙세력의 팽창에 대한 해양세력의 견제"로 해석했다.[8]

---

7) 배기찬,『코리아, 다시 생존의 기로에 서다』(서울: 위즈덤하우스, 2005), p.41.
8) 이완범,『한반도 분할의 역사: 임진왜란에서 6·25전쟁까지』(성남: 한국학중앙연구원출판부, 2013), p.6.

5. 중·동유럽국 사례[9]

20세기 초반 중유럽, 동유럽 국가들은 다양한 중추국 외교전략을 구사했지만 대부분 실패했다. 당시 강대국 편승 전략을 활용하였던 폴란드, 슬로바키아, 루마니아, 헝가리 등 중동유럽 국가들은 궁극적으로 세력경쟁의 희생양이 되었다. 헝가리와 루마니아는 위성국으로 전락했다. 이 사례를 보면, 국제정세 변동과 자국의 위상과 역량을 판단하지 못하면 일반적인 외교전략 처방이 실패할 가능성이 높다는 교훈을 준다.

탈냉전기 중동유럽국들은 과거 외교전략의 실패를 거울삼아 크게 NATO와 EU에 대한 의존 강화, 중유럽 내부적 지역협력 강화 등을 핵심으로 하는 자구 외교를 추진했다. 이들은 단독으로 러시아의 안보 위협에 대응하는 것이 불가능하다고 판단하여, NATO를 군사안보 면에서, EU를 정치경제 면에서 중요한 행위자로 간주하고 이들과 협력을 적극 모색했다. 비세그라드 그룹(Visegrad Group)의 지역협력 강화 노력은 이런 안보 취약성과 영토분쟁을 보완하고자 하는 노력의 일환이다. 국내정치적으로도 이들은 외교안보전략 기획을 7년 또는 10년의 중장기로 추진하여, 정권교체에도 불구하고 정책의 일관성을 유지하기로 합의했다. 이런 중유럽의 사례는 한국에서 외교안보정책이 남남갈등으로 분열되고, 정권교체마다 큰 폭으로 변동하는 경우와 크게 대조된다.

탈냉전 초기에 구소련 국가들은 과거 모스크바가 외교국방을 독점하던 시대에서 벗어나 독자 국방력 구축을 위해 노력했지만, 경제력 취약, 역량 부족, 정치 분열 등으로 인해 좌절되었다. 이들은 결국 러시아 또는 NATO와 방위협력 관계를 구축해야만 했다.[10] 구소련국은 러시

---

9) 김신규, "중동부유럽 국가 사례," (국립외교원 중소국 외교전략 세미나 발제문, 2018.2.27.); 김신규, "안보의 진공을 타개하기 위한 약소국의 선택,"『동유럽발칸연구』, 제32권 (2012), pp.255~279 참조.
10) 고재남, "옛 소련 국가들의 대 강대국 외교전략," (국립외교원 중소국 외교전략 세미나

아와 친소관계에 따라 아래와 같이 분류한다. 우선 친러 국가로 카자흐스탄, 벨라루스, 아르메니아, 키르기스스탄, 타지키스탄 등이 있다. 탈러 또는 반러 국가로 조지아, 아제르바이잔, 몰도바, 우크라이나, 발트3국 등이 있고, 중립국으로는 투르크메니스탄이 있다.

우크라이나는 국가 규모로 볼 때 중견국 규모이며 (인구 4,500만으로 유럽 6위, 면적은 유럽 1위), 지정학적으로 EU·NATO와 러시아 사이에 위치하여 군사적 요충지대에 있다. 경제·에너지 측면에 있어서도 러시아의 대 유럽 수출 가스관의 통로가 되는 전략적 중요성을 갖는다. 따라서 러시아는 소연방 붕괴 후에도 각종 독립국가연합(CIS) 통합체에 우크라이나의 참여를 지속적으로 권유하고, 친러 정부가 수립되도록 계속 개입했었다. 특히 러시아는 크림반도와 흑해가 NATO의 작전 지역이 될 것을 우려하여 우크라이나의 NATO 가입을 저지시키기 위해 노력했다. 반면, 미국과 EU는 우크라이나가 민주주의와 시장경제로 성공적인 체제전환을 통하여 향후 구소련 국가들의 정치경제 발전모델이 되기를 바랐다. 그 결과, 우크라이나는 서방권과 러시아 간 경쟁지역이 되었다. 우크라이나는 전형적인 지정학적 끼인 국가, 중추국이다.

우크라이나는 자국의 경제발전과 안보를 위하여 전략적으로 혹은 정권교체에 따라 친서방과 친러 정책을 오갔다. 하지만 러시아의 크림반도 합병, 돈바스 분쟁 등 영토 분열의 결과를 보면, 우크라이나의 중추국 외교전략은 실패했다. 특히 서방의 지원으로 탄생한 유셴코 정부 (2005~10)가 탈러 정책을 적극 추진하면서 러시아와 관계가 크게 악화되었다. 한편, 야누코비치 정부(2010~14)는 서방과 러시아 간 균형정책을 추진하였으나, 친러파와 친서방파 간 분쟁이 심화되면서 결국 영토 분열이 발생했다. 이런 외교정책 실패 원인은 대외적으로 강대국 세력 경쟁 구도의 파악 실패, 내부적으로 국내정치의 통합 실패에 있다.

발제문, 2018.2.27.) 참조.

아래에서 필자가 집필한 우크라이나 전쟁에 대한 신문 칼럼을 소개한다. 이 칼럼은 러시아가 2022년 2월 24일 새벽에 우크라이나를 침공하기 불과 이틀 전에 작성되었다. 당시 미국 정부가 러시아의 임박한 침공 가능성을 경고했었지만, 러시아가 실제 전쟁을 시작할 것으로 보는 국가나 전문가들은 별로 없었다. 결국, 우크라이나 전쟁은 지구상의 모든 중소 '끼인 국가'가 반복적으로 겪는 역사적 비극을 생생하게 보여준다. 특히 러시아가 자신의 '전략적 종심'을 확보하려는 전략적 이익 때문에 우크라이나를 침공했고, 우크라이나가 사실상 강대국의 대리전쟁터가 되어 전쟁 피해가 극심하고, 우크라이나 문제의 해결방안으로 '한반도식 분단'이 논의되는 현실이 그런 '비극'의 증거이다.

다행스럽게 우크라이나는 러시아와 전쟁을 통해 우크라이나 정체성을 명료히하고 내부 국력을 결집하며 강한 저항성을 발휘하고 있다. 종래 우크라이나는 국가 규모는 중견국이지만 정치외교적으로 분열된 '약한 중견국'으로 통했다. 하지만 전쟁 과정을 통해 무엇보다 우크라이나 정체성을 굳건히 하고, 젤렌스키 대통령의 리더십에 힘입어 국론과 국력을 결집할 수 있었다. 그 결과, 우크라이나는 약한 중견국, 끼인 국가의 정체성을 벗고 급격하게 강한 중견국, 자율적 중추국으로 탈바꿈하고 있다.

> ### 전봉근, "강대국에 낀 국가의 비애, 국론 분열부터 막아야"
> ### (중앙일보 칼럼, 2022.2.22.)
>
> 동유럽 전선에서 우크라이나 전쟁 위기를 해결하기 위한 외교가 한창이다. 미국의 조 바이든, 프랑스의 에마뉘엘 마크롱, 독일의 올라프 숄츠 등 강대국 지도자들이 러시아의 블라디미르 푸틴과 우크라이나의 영토와 운명을 놓고 협상 중이다. 그런데 유라시아 대륙의 반대편에서 우크라이나 사태를 지켜보는 마음은 착잡하다.

첫째, 강대국의 안보 이익을 위해 중소국이 희생당하는 역사가 또 반복되고 있고, 둘째, 우크라이나의 운명을 결정하는 자리에 우크라이나가 없기 때문이다. 동북아에서도 유사한 역사가 반복됐고, 한국이 그런 자리에 있었다. 최근 동북아에서 미중 전략경쟁이 격화되면서, 군사안보·경제통상·과학기술 경쟁의 한복판에 위치한 한국은 또 지정학적 경쟁의 시험에 들었다. 사실 오늘 한국이 처한 동북아 지정학은 동유럽 못지않게 열악하다. 한국을 둘러싼 정세는 종종 사면초가(四面楚歌)보다 더한 '오면초가,' 또는 남북·동북아·세계의 3개 국제정치 폭풍우가 동시에 몰아치는 '퍼펙트 스톰'으로 불린다. 한국은 초강대국인 미국과 중국 사이에서 양자택일을 강요받고, 그 압박은 계속 커지고 있다. 동북아에서 한반도를 가로지르는 지정학적 대치선이 점차 선명해지며, 신냉전의 그림자마저 어른거린다.

전통적으로 국제정치는 강대국이 규칙을 정하고, 중소국은 그 처분을 따르는 약육강식의 세계이다. 그리스의 역사가 투키디데스는 2500년 전 저술한 『펠로폰네소스 전쟁사』의 '멜로스 대화' 편에서 이런 국제정치의 속성을 설파했다. 당시 스파르타의 식민 동맹국이었던 멜로스가 적대 강대국인 아테네로부터 침공당하자, 중립을 제안하며 존립시켜 줄 것을 간청했다. 이때 투키디데스는 아테네인의 입을 빌려 약소국의 운명에 대한 유명한 말을 남겼다. "강대국은 할 수 있는 일을 할 뿐이고, 약소국은 당할 것을 당할 뿐이다." 멜로스가 다시 소국에 대한 대국의 정의(正義)를 거론하자, 아테네는 "정의는 힘이 있는 국가만이 주장할 자격"이 있다며 일축했다.

결국 아테네는 적의 동맹국을 제거하는 안보적 이유뿐 아니라, 강대국으로서 위신과 다른 소국에 본보기를 보인다는 이유로 멜로스를 멸절시켰다. 당시 멜로스는 상전 강대국인 스파르타가 지원해 줄 것을 원했지만, 스파르타는 아테네와 전쟁을 피하고자 멜로스를 외면했다. 여기서 멜로스는 동서고금을 통틀어 강대국 사이에 놓인 수많은 '끼인 국가'의 비극을 대변하고, 아테네와 스파르타는 불변하는 강대국 행태를 대변한다. 물론 현대에 멜로스와 같이 주권국가가 침략전쟁으로 소멸하는 경우는 더 이상 없다. 하지만 우크라이나 사태에서 보듯이 강대국의 억지 앞에서 국제법과 정의의 호소는 여전히 무력하다.

오늘 유라시아 대륙의 중소 '끼인 국가'들은 우크라이나 사태에서 기시감을 느끼며, 동병상련할 것이다. 근대 들어 대륙세력과 해양세력이 충돌하는 유라시아 주변부의 북동유럽, 발틱지역, 동·중유럽, 캅카스지역, 중앙아시아, 동남아, 동북아의 중소국들은 지정학적 지진대에 살고 있다고 해도 과언이 아니다. 즈비그뉴 브레진스키 전 미국 국가안보보좌관은 『그랜드 체스보드』 (1997)에서 '끼인 국가' 중에서도 전략적·경제적 가치가 커서 치열한 지정학적 경쟁이 벌어지는 국가를 '지정학적 중추국'으로 규정하면서, 우크라이나와 한국을 유라시아의 5대 중추국에 포함했다.

우크라이나의 지정학적 여건은 특히 열악하다. 우크라이나는 러시아와 지형적 장애물 없이 평원으로 연결된다. 따라서 러시아는 우크라이나를 적대진영의 손에 들어가면 안 되는 전략적 중추지대로 보았다. 1991년 12월 소련이 해체되고, 우크라이나가 간절히 원했던 독립 주권국가가 됐지만, 앞날은 순탄치 못했다. 정치개혁이 지체되고 외교정책도 친러와 친서방을 오가며 혼란에 빠진 결과, 유럽연합(EU)과 나토(NATO) 가입도 지체됐다.

제국의 부활을 꿈꾸는 푸틴 대통령은 우크라이나의 혼란을 이용하여 여기에 안보의 '전략적 종심(strategic depth)'을 재구축하려고 나섰다. 최선책은 우크라이나를 재점령하는 것이지만, 러시아의 축소된 국력을 볼 때 불가능하다. 최악은 우크라이나가 서방의 군사동맹인 나토에 가입하는 것인데, 이는 군사적 개입을 통해서라도 저지해야 하는 금지선이었다. 러시아의 이런 전략은 과거 임진왜란, 구한말, 한국전쟁 시 중국이 한반도에서 군사적으로 개입했던 명분을 연상시킨다.

그렇다면 중소국이며, 우크라이나와 마찬가지로 지정학적 '끼인 국가'인 한국은 이 사태에서 어떤 교훈과 반면교사를 얻을 것인가. 첫째, '끼인 국가'

는 자신의 지정학적·역사적 정체성, 국가 역량, 지정학적 환경에 부합하는 대전략을 수립해야 한다. 우크라이나·한국처럼 강대국에 접경한 중소국들은 조그만 실수도 허용되지 않는 위험지대에 살고 있다. 유라시아에서 한순간 잘못된 정세 판단과 외교정책으로 강대국의 침략·점령·분할을 당한 중소국 사례가 차고 넘친다.

그렇다고 이들에게 옵션이 없는 것은 아니다. 중소국들은 자신의 형편과 환경에 맞추어 편승·균형·중립·등거리·집단안보·비동맹·초월·지역협력 등 온갖 외교전략을 구사하며 생존했다. 우크라이나의 경우, 나토 가입 또는 '핀란드화'가 주로 거론되는데, 자신의 정체성과 지정학적 환경에 부합하는 생존 전략을 찾아야 한다. 한국도 국제 환경의 변동에 따라 중추국·통상국·분단국 정체성과 중견국 역량에 부합하고 미중 전략경쟁 시대에 유효한 신외교 전략을 찾아야 한다.

둘째, 자강(自强)의 중요성이다. 여기서 자강이란 가용한 국력을 결집하여, 강한 외교·군사적 저항력을 확보하는 것이다. 강대국에 비해 국력이 턱없이 열등한 중소국에 자강이 무슨 소용이 있느냐고 반문할지 모른다. 하지만 전쟁사를 돌이켜보면 강대국의 명분 없는 침략전쟁은 소국의 명분 있는 국민적 저항에 부닥쳐 번번이 무산됐다. 1939년 겨울전쟁에서 인구 400만 명의 핀란드가 홀로 초강대국 소련의 45만 병력을 격퇴했는데, 4,200만 명의 우크라이나가 자강력을 갖춘다면 러시아의 명분 없는 침공을 이겨내지 못할 이유가 없다. 마찬가지로 한국도 동북아의 '퍼펙트 스톰'을 극복하려면 국력을 결집하고 군사·경제·과학기술적 자강력을 갖춰야 한다.

셋째, 국론 합의에 기반을 둔 외교정책의 일관성이 긴요하다. 중소국에서 국론이 결집하면 자신의 영토 내에서 수비의 용이함까지 더해져 체급 이상의 힘을 발휘할 수 있다. 반면에 국론이 분열되면 열등한 국력마저 분산되어, 구한말과 같이 강대국의 개입에 속수무책으로 당하게 된다.

우크라이나는 우크라이나와 러시아 민족성, 친러와 친유럽 성향의 혼재,

민주주의의 저발달로 국론이 분열됐었다. 정권교체 때마다 친러와 친서방을 오락가락하며 서방 그룹에 참여할 기회도 놓쳤다. 우크라이나 내부가 취약하니 미국과 유럽국도 군사력 지원을 주저한다. 따라서 우크라이나의 최긴급 과제는 국론을 통합시키는 것이다. 한국에서도 외교정책에서 만연한 남남 갈등 현상은 우리 외교에 큰 장애 요인이다. 이를 극복하지 못한다면 어떤 대외전략도 혼선에 빠지거나, 추진 동력을 잃게 될 것이다.

마지막으로, 한국은 우크라이나의 안녕과 번영에 각별한 관심을 갖고, 관여하고 지원해야 한다. 양국은 유라시아 '끼인 국가'로서 지정학적 운명을 공유하고, 강대국 정치와 침략전쟁을 반대하는 외교 원칙도 공유한다. 사실 유라시아는 동일 지정학적 공간이므로 우크라이나 사태는 동북아에도 곧바로 충격을 미친다. 우크라이나의 독립과 영토 보존은 모든 중소국들의 공통된 가치이자 이익이다. 온존하고 강건한 한국과 우크라이나는 유라시아에서 강대국 경쟁을 완화하고 평화와 안정을 지키는 안보의 방파제 역할을 할 것이다. 한국은 민주화와 산업화에 성공한 국가로서 우크라이나에 민주화와 산업화 경험을 전수하는 것도 비슷한 처지의 국가로서 한국의 지정학적 임무를 다하는 방법이 될 것이다.

핀란드 사례[11]

핀란드는 19, 20세기에 인접한 독일과 러시아의 두 강대국 사이에서 중립 정책을 추구하며, 자국의 생존을 도모했다. 핀란드는 소련과 '겨울전쟁(1939)'을 겪었으나, 2차 대전 이후 독일을 견제하기 위해 소련과 우호협력조약을 체결했다. 핀란드의 이 같은 결정은 소련과 연속적인

---

11) 김진호, "핀란드의 편승적 중립정책,"『세계정치 11』제30집 1호 (2009); 김진호, "핀란드의 대 강대국 외교전략과 배경," (국립외교원 중소국 외교전략 세미나 발제문, 2018.2.27.) 참조.

전쟁을 통해 전체 인구 10%가 사망하는 등 국가적 피해가 컸던 상황에 기인하였다. 이런 핀란드의 외교안보 투쟁사는 유럽의 전통적인 강대국 정치 속에서 국가의 존립을 위한 투쟁하는 중소국, 끼인국가의 공통된 고민을 대표한다.

20세기 중반 외교안보적 동질감을 느끼는 서유럽과 멀리 떨어져 최악의 지정학적 위치에 있었던 핀란드는 독일로부터 거대하고 실체적인 안보위협을 받았기 때문에 또 다른 안보위협인 소련의 요구를 수용할 수밖에 없었다. 그리고 소련의 신뢰 획득을 위해 패전의 의무를 충실히 이행하였으며, 소련과 신뢰를 이어감으로써 자국의 안보를 강화하고자 했다. 핀란드의 소위 '적응정치'에 기반한 외교정책은 엄중한 국제정치의 현실을 인정하고, 세력정치의 현실에 외교정책을 적응시켜야 한다는 교훈에서 기인한 것이다. 핀란드는 '핀란드화(Finlandization)' 정책을 통해, 소련과 우호원조조약을 맺었지만, 소련의 정치군사적 개입을 배제하고 서방형의 국내 정치체제를 유지하는 실질적인 성과를 거두었다. 한편, 핀란드는 냉전의 극심한 세력경쟁 환경 하에서도 세계평화와 지역평화를 지향하는 '초월전략'을 추구하여 국제사회의 인정을 받았다. 다른 북유럽 국가와 같이 핀란드는 국제기구에 적극 참여하고 글로벌 거버넌스 강화에 외교력을 집중했다.

아세안국 사례[12]

21세기 들어 미중 간 세력경쟁이 가장 치열하고 전쟁 발화점이 될 가능성이 높은 지역으로 동남아, 특히 남중국해를 꼽는 데 전문가 사이에 별 이견이 없다. 중국은 팽창하는 세력을 투사할 지역으로 동남아를 전략적으로 선택했다. 중국이 아세안에 경제지원과 문화외교를 강화했

---

12) 배긍찬, "아세안 국가들의 대 강대국 외교전략," (국립외교원 중소국 외교전략 세미나 발제문, 2018.2.27.) 참조.

고, 일부 아세안 국가들은 친중 정책을 선택했다. 미국은 오바마 정부가 '아시아로 전환(pivot to Asia)'을 선언한 이후 동아시아, 특히 아세안 중시 정책을 추진 중이다. 트럼프와 바이든 행정부의 인도-태평양전략도 이런 전통을 잇고 있다.

말레이시아는 마하티르 대통령 이후 반서방 노선을 취했고, 남중국해 당사국이지만 이에 로키를 유지하고 중국과 경제협력관계를 중시했다. 소국인 캄보디아와 라오스는 친중 외교노선을 취하고 있으며, ASEAN 회의에서도 중국 입장을 대변했다. 필리핀은 미국의 전통적인 동맹국이지만 두테르테 대통령이 등장한 이후 친중 노선으로 경사되었다가, 2022년 6월 마르코스 대통령이 취임한 이후 친미 노선으로 선회하여 미국과 군사안보협력을 추진했다. 베트남은 남중국해 문제가 악화되면서 미국과 동맹은 아니지만 군사적 협력을 확대하고 있다. 싱가포르는 중국의 역내 영향력 확대에 대한 반감이 강하고, 미국의 역내 관여를 공개적으로 요청했다. 인도네시아는 역내 주요국으로서 비동맹 정책 기조를 중시하면서도, 중국을 전통적으로 역내 안보위협으로 간주하고 미국의 역내 개입에 긍정적이다.

종래 동남아 국가들은 지역협력체인 ASEAN을 구성하여 협상력을 키우고, 약소국 위치에서 탈피하려고 노력했다. 그런데 중국의 역내 개입이 증대하면서, 내부 결속이 급격히 흔들리고 있다. 아세안은 중소국 외교의 전형적인 옵션인 균형과 편승을 거부하고, 전통적으로 '헤징(hedging)'을 추구하고자 했다. 특히 지역협력, 중립, 외교 다변화를 혼용하는 헤징 전략을 구사했다. 그런데 역내에서 미중 패권경쟁이 가속화되고 미중이 동남아에 선택을 요구하는 상황에서 과연 헤징 전략을 효과적으로 지속할 수 있을지 의문이다. 남중국해 문제가 타협이 어려운 영토문제를 포함하고 있어, 아세안의 결속에 장애요인이 되었다.

역내 주요국인 인도네시아는 '아세안 중심성' 전략을 고수하고 있다.

아세안의 분열을 촉진하는 다수 변수가 있지만, 미·일·호·인의 쿼드 (Quad)에 대한 인도네시아의 의견은 전통적인 아세안 외교전략을 보여 주어 주목받았다. 쿼드는 기본적으로 중국의 부상을 군사·외교적으로 견제할 필요가 있다는 데에 공감하는 안보협력체인데, 인도네시아는 여기에 아세안 국가가 모두 참여해서 목소리를 낼 것을 주장했다. 이 전략은 미국의 힘을 빌려 중국을 견제하면서도, 미국이 중국을 일방적으로 봉쇄하는 것을 저지하려는 전략으로서 역내의 강대국 패권을 거부하고자 하는 아세안의 전통을 잇고 있다.

북한 사례

김정은 조선노동당 위원장 겸 국무위원장이 2018년 3월 25~28일 북경을 방문하여, 시진핑 중국공산당 총서기 겸 국가주석과 북중 정상회담을 가졌다. 당시 김정은의 "전격적인 제안"에 따른 "비공식 방문"이었지만, 중국 측은 의장대 사열, 정상회담, 환영만찬, 공연관람, 환송오찬 등 '국빈방문'의 예우로 환영했다. 문재인 정부는 북중 정상회담을 긍정적으로 평가하였다. 당시 청와대 대변인 논평(2018.3.29)에서 북중 정상회담을 환영하고, 동 정상회담에서 김정은 국무위원장이 시진핑 주석에게 "한반도 비핵화와 남북 및 북미 정상회담 개최에 대한 의지를 확실히 밝힌 것"에 큰 의미를 부여했다. 또한 "(북중 정상회담을 통해) 중국이 한반도 평화 논의에 참여하게 된 것은 한반도 정세 안정에 도움이 될 것"으로 본다고 평가했다.

당시 김정은의 방중과 북중 정상회담은 김정일 사망(2011.12) 이후 권력을 계승한 김정은의 첫 해외방문이자, 첫 정상회담이었다. 김정일의 마지막 방중이 2011년 5월이었으므로, 약 7년 만에 북중 정상회담이 열렸다. 김정일이 뇌졸중에서 회복된 이후 2010~11년간 2년에 걸쳐 3회를 방문하면서, 소위 '북중 긴밀화 시대'를 열었다. 그러나 김정은의 친중파 장성택 처형(2013), 모란봉악단 귀국 사건(2015), 핵·미사일 다발 시험발사(2016~17)과 중국의 대북제재 동참 등으로 인해 김정은 시대의 북중 관계가 크게 악화되었다. 2017년 12월 쑹타오 중국공산당 대외연락부장이 시진핑 주석의 특사로 방북했으나 김정은 위원장을 면담하지 못하는 초유의 사태도 발생했다. 그런데 2018년 김정은 위원상의 방중과 시진핑 주석의 극진한 대접으로 양국 관계가 급반전했다. 동 방중 행사로 김정은 취임 이후 단절되었던 북중 간 정상외교, 당 외교, 정부 외교 채널이 복구되었다.

사실 김정은의 전격적인 방중과 북중 정상회담은 누구도 예상치 못했던 '외교적 기습'이었다. 2018년 초 급물살을 탄 한반도 정국에는 한국과 북한과 미국만 보였고, 심지어 "차이나 패싱"이라는 용어마저 유행하던 차에 김정은의 방중은 예상을 벗어난 행동이었다. 그렇다면 한동안 악화일로에 있던 북중 관계에서 왜 반전이 발생했나? 아래와 같은 북한의 동기와 요인에 주목한다.

첫째, 김정은의 방중은 세력정치와 전략론의 격언에 따른 전형적인 '진영 강화'와 '배후 다지기'에 해당한다. 기본적으로 제로섬 경쟁 관계에 있는 남한 및 미국과 정상회담을 앞두고, 우호세력이자 배후세력인 중국과 연대를 강화하는 것은 외교 또는 전쟁에서 유리한 위치를 차지하기 위한 '전략론 101'이었다. 이는 2010년 남북정상회담을 앞두고 김정일이 방중한 것, 그리고 이번 남북정상회담을 앞두고 우리 정부의 고위인사들이 방미하여 미 정부와 긴밀히 공조체제를 구축하는 것과 같다. 당시 김정은은 핵미사일 실험에 대한 중국의 비판과 제재를 받으면서 반발하기도 했지만, 적대세력과 담판을 앞두고 배후세력이자 전통적인 우호세력과 중국과 다시 화해하고 연대할 수밖에 없었다. 이런 북한의 선택은 일시적인 감정의 문제가 아니라, 중추국으로서 항구적인 국익과 지정학적 요구에 따른 불가피한 선택으로 평가한다.

둘째, 중소국이자 강대국 사이에 끼인 '중추국'인 북한은 전통적으로 '이이제이(以夷制夷)' 또는 등거리외교 행태를 보였는데, 이번에도 북미 정상회담을 앞두고 전통적인 '이이제이' 외교를 재가동했다. '중추국'으로서 북한의 지정학적 위치와 강한 자주성을 감안할 때 이런 '이이제이' 전략은 국가생존의 핵심 DNA에 해당된다. 과거 '이이제이'가 중소 경쟁을 이용하여 이득을 취한 것이라면, 이번에는 미중 경쟁을 이용하려는 점이 다를 뿐 그 전략의 본질은 다르지 않다. 이에 따르면 북한은 중국은 단순히 '배후세력'으로 이용하는 데 그치지 않고, 적극적으로 중국을 이용하여 미국의 압력을 회피하거나 분산시키고, 심지어 미국과 대리전에 나서도록 하는 외교전략을 구사하려고 했다. 중국도 자신의 국가안보 이익을 위해 접경국인 북한을 자신의 영향권 내에 묶어두기 위해 상당한 보상을 치를 용의가 있다. 북한이 자신의 중추국 지위를 활용하여 미국과 군사동맹을 체결하고 미군 주둔을 허용하는 것은 중국에게 상상하기조차 싫은 악몽의 시나리오이기 때문이다.

셋째, 김정은은 시진핑 주석과 정상회담을 통해 '차이나 패싱'에 대한 우려를 친히 불식시켜 줌으로써, 북중 간 전통적 우호관계를 회복하고, 북한의 국가안보와 김정은의 정권안보를 강화시키는 효과를 노렸다. 김정은 위원장은 방중 동안에 "격변하고 있는 조선반도의 새로운 정세 속에서 위대한 조중친선의 오랜 역사적 전통과 혁명적 의리를 지키며," "나의 첫 외국방문의 발걸음이 중화인민공화국의 수도가 된 것은 너무도 마땅한 것이며 이는 조중친선을 대를 이어 목숨처럼 귀중히 여기고 이어 나가야 할 나의 숭고한 의무로 되며" 등 발언으로 북중관계의 특수성과 양국관계에서 중국의 우월성을 인정했다. 시진핑 주석은 "돌아온 탕아"를 환영하듯 김정은 위원장을 극진히 환대했다. 세계적 강대국의 지도자인 시진핑 주석이 김정은 위원장을 상대하고 환대함으로써, 결국 중국이 북한의 국가안보와 정권안보를 지지하고 보장하는 효과를 낳는다.

2010년대 이후 한반도를 둘러싼 외교전은 동북아판 '거대게임(Great Game)'이라고 해도 과언이 아니다. 전 세계에서 가장 군사적 밀집도가 높고, 미중 간 안보국익이 충돌하는 한반도에서 남북한과 세계적 강대국들이 각각 자신의 국익을 극대화하기 위해 치열한 외교전을 벌이고 있다. 과연 북중관계 회복은 한국이 추구하는 한반도 비핵평화체제에 어떤 영향을 미칠까? 북중 정상회담은 한반도 문제에서 불확실성을 일부 완화하는 데 도움이 될 수 있다. 2017년에 한반도 정국을 남북미 삼국이 주도한 결과, '차이나 패싱'이라는 말이 나올 정도로 중국이 소외되었다. 그런데 중국의 국제적 위상과 한반도 이익을 감안할 때 중국의 참여는 불가피하다. 중국 참여 시 행위자와 변수의 증가로 인한 문제점도 있지만, 중국 배제가 초래할 부작용도 만만치 않다. 존 미어샤이머 시카고대 교수가 한 국내 강연에서 중장기적으로 한반도에서 미중 경쟁의 첨예화, 북한의 핵보유 장기화, 남북 분단의 고착화, 북한의 중국 영향권 내 포섭 등을 경고했다는 점에 주목한다.

제5장

동북아
지역 안보협력의 모색과 한계

1. 동북아 지역 안보협력 요구 배경

동북아시아는 지구상 지역주의가 미발달되고 지역 안보협력체가 부재한 유일한 지역이다. 탈냉전기 들어 동북아에서도 각종 지역 안보협력 구상 제안, 북핵 협상을 위한 6자회담 개최, 한중일 삼국 정상회담 개최, 한중일 삼국협력사무국 설치, 동북아 평화협력포럼 개최 등 일부 지역 안보협력의 성과가 없었던 것은 아니다. 하지만 이런 노력에도 불구하고, 역내 안보협력의 수준은 다른 지역에 비해 크게 미치지 못하고, 역내 평화 정착과 협력 증대라는 보편적인 지역정책의 목표에 크게 미달했다. 동북아에서 한국은 탈냉전기 내내 역내 지역협력과 안보대화를 요구한 유일한 나라이다. 중국과 일본도 때때로 역내 안보협력을 제안하지만, 일관된 입장은 아니었다. 한국이 지역협력을 추구하는 배경에는 분단국이자 지정학적 '끼인 국가'로서 남북 분단을 안정적으로 관리하고, 강대국 세력경쟁이 발생할 때마다 전쟁에 끌려들었던 역사의 반복을 방지하고자 하는 의도가 있었다. 아래에서는 동북아 안보협

력이 필요한 이유와 한국이 이를 추구하는 동기를 분석하고, 동북아에
서 왜 지역안보협력이 실패했는지 토론하고자 한다.

동북아의 만성적인 갈등 현상

동북아는 매우 소모적이고 만성적인 역내 갈등에 시달리고 있다. 중
소국들이 평화와 발전의 잠재력을 최고로 발휘하려면 무엇보다 지역
안보협력이 필요하다는 당위론에도 불구하고, 동북아의 사정은 그렇지
못하다. 동북아에서는 한국전이 끝나고 지금까지 열전과 적극적 평화
도 없이, 협력과 갈등과 대치가 병존하고 있다.

오늘 동북아에서 외교안보의 주된 담론은 자조, 동맹, 핵억제, 세력
균형, 군비경쟁, 군사적 대치 등 전통적 안보 개념이 자지했다. 이는 종
종 '힘을 통한 평화,' '안보 제일주의'와 같은 정치적 표어로 표현된다.
그 결과, 동북아에서는 세력경쟁과 군비경쟁이 '노말' 상태이다. 그런데
이런 안보갈등 구조는 언제라도 충돌과 전쟁으로 비화할 위험성을 내
포하고 있다. 따라서 이 지역은 세력균형과 개별국의 절제에 의존하며
아슬아슬하게 평화를 유지하는 현 상태에서 벗어나, 지속가능하고 안
정적인 평화체제가 필요하다

오늘 동북아에서 지역적 갈등을 유발하는 요인의 하나로 샌프란시스
코 체제가 전후처리를 불완전하게 봉합했다는 역사적 유산이 있다. 그
결과, 역내국들은 일상적인 외교로 해결하기 어려운 영토분쟁, 역사분
쟁, 분단, 과거사 등과 같은 발화성이 높은 정치안보적 갈등에서 헤어
나지 못했다. 2차대전 종전 처리의 봉합으로 인해, 거의 모든 동북아
국가는 불완전한 주권의 비정상 국가이다. 따라서 영토 통일, 영토분쟁
종결, 과거사 정리, 보통국가화 등을 통해 보다 완전하고 정상적인 주
권국가가 되려는 국가적 구심력이 작동 중이다. 그런데 현실적으로 전

쟁 또는 정치적 대타협과 같은 특별한 조치가 아니고서는 현상 변경이 거의 불가능하다. 따라서 동북아에서 앞으로도 구조적인 갈등 요인을 내포한 비정상적인 상태가 지속될 가능성이 크다.

미국이 주도하는 역내 동맹체제의 정착도 역내국들이 지역 안보협력의 필요성을 인식하지 못하는 배경이 되었다. 미국은 동북아에서 냉전에 대한 대응체제로 한국, 일본과 동맹을 체결하여 '바큇살(hub and spoke)' 안보체제를 정착시켰다. 이렇게 미국 주도 동맹체제가 정착하면서, 미국 동맹국들은 자국과 지역의 각종 전통, 비전통, 초국가 안보 문제를 해결하기 위한 별도의 안보협력을 필요로 하지 않게 되었다.

동북아 국가들은 역내 안보문제를 해결하기 위해 안보협력이 아니라 세력균형과 억제 전략을 선택했다. 동북아에서 만연한 국가주의, 세력 경쟁, 군사안보 중시 노선은 역내 외교안보 현상을 모두 '안보화'하는 경향이 있다. 동북아는 상호 지리적 인접성과 경제적 보완성으로 인해 지역협력의 동기가 작지 않다. 하지만 동북아에서는 국가가 개입하여 지역협력을 촉진하기는커녕, 심지어 기능적, 비전통 안보 분야의 협력까지 훼손하는 일이 비일비재하다. 동북아 지역 안보대화가 가동되면, 역내에 만연한 상호 불신과 안보딜레마로 인한 안보 비용을 크게 줄일 수 있지만 아직 요원한 과제로 남아있다.

일본의 경우, 1990년대 한때 세계 2위 경제대국으로서 미국의 '일본 배싱(bashing)'을 거부하며, '아시아주의'를 추구했었다. 당시 일본은 안보리 상임이사국 진출을 적극 모색하고, 아시아주의 기치에 따라 중일협력, 아시아통화기금, 북일 수교도 추진했었다. 하지만 미국의 견제로 지역 강국과 지역협력의 꿈이 좌절되었다. 그와 별도로, 동북아 역내국들도 당시 일본이 주창했던 아시아주의를 신뢰하지도 지지하지도 않았다. 역내에 만연한 전통적인 상호 불신의 관점에서, 일본이 진정으로 공동안보와 지역주의를 추구하기보다는 자신의 국익을 추구한다고 보았기 때문이었다.

2000년대 들어 '중국의 부상'이 지속되자, 일본은 아시아주의를 포기하고 미일동맹으로 다시 전면 복귀했다. 일본 자민당 정부는 2010년대 중반에 미일동맹을 더욱 강화하며 안보법제 개정을 통한 '보통국가'로 전환을 급진전시켰다. 그 배경에는 '중국의 부상'과 북한 핵위협 증가였다. 이때 일본은 과거사 문제를 더욱 무시했고, 동북아 지역 안보협력에 관한 관심은 더욱 떨어졌다. 동북아 안보협력이 가능하려면 무엇보다 한일 협력이 필요한데, 양국은 강한 국가주의적, 민족주의적 성향으로 인해 서로 손해인 것을 알면서도 좀체 갈등 관계에서 벗어나지 못하고 있다.

미중 전략경쟁으로 인한 진영화와 신냉전 추세

동북아의 고대, 근대, 현대 역사를 돌이켜 보면, 역내에서 강대국이 새로이 부상하고 세력전이가 발생할 때마다 지역대전이 발발했다. 그때마다 강대국 세력경쟁의 중간에 끼인 한국은 피침, 점령, 분단의 피해를 입었다. 사실 중소 중간국들의 이런 고통은 동서고금을 막론하고 보편적 현상이었다.

21세기에 '중국의 부상'을 변곡점으로 하여 역내 안보 상황은 계속 악화되고 군사적 긴장도 증가했다. 오늘 국제사회와 동북아에서 최대 외교안보 과제인 미중 전략경쟁의 단층선이 동북아 한가운데를 통과하고 있다. 동북아는 전통적으로 대륙세력과 해양세력이 충돌하는 지역이다. 한반도가 19세기 말, 20세기 초에 청일전쟁과 러일전쟁의 전쟁터가 되고, 20세기에는 일본의 식민지가 되어 대륙 진출의 교두보로 이용되었고, 해방과 더불어 분단된 것이 그런 역사적 증거이다. 미중 경쟁이 발생하자, 동북아는 급속하게 양국의 정치군사적 세력권이 충돌하는 갈등지대로 변했다. 이런 뿌리 깊은 지정학적 특성 탓에 한반도, 대만해협, 동·남중국해가 오늘 세계에서 가장 군사적 충돌 가능성이 높은 지역으로 손꼽히는 것도 전혀 이상하지 않다.

　해양세력을 대표하는 미국은 유라시아 대륙에서 지역 패권세력의 등장을 거부하는 지전략을 일관되게 추진했었다. 이런 지전략적 전통에 따라 동아시아와 서태평양에서 중국의 지역 패권국 부상을 저지하기 위해 미일동맹, 한미동맹, 쿼드, 인도-태평양전략 등을 통해 중국을 견제한다. 이런 조치는 역내에서 군사적 긴장을 고조시키고, 진영화 현상을 촉발했다. 미국은 '국가안보 전략보고서(2017.12)'와 '중국에 대한 미국의 전략적 접근 보고서(2020.5)'에서 중국을 '전략적 경쟁국'으로 규정하고 전면적인 전략경쟁을 선포했다. 2021년 출범한 바이든 행정부는 미중 경쟁을 더욱 확장하고 강화했다. 바이든 행정부는 트럼프 행정부와 달리 동맹국들을 대중 경쟁 전선의 앞에 내세우고, 당근과 채찍을 내보이며 진영적 선택을 요구했다.

　한편, 중국은 미국의 봉쇄적인 지전략에 대항하여, 이를 타파하기 위한 대응 지전략을 추구했다. 미국의 사드 고고도미사일방어체계와 전략무기의 한국 반입 반대, 한미동맹 강화 반대, 북한에 대한 북핵 불용과 체제 안정화의 이중적 입장, 일대일로 구상(BRI) 확장, 남중국해의 군사화와 내해화, 서태평양 도련선 설정 등이 대응 지전략에 해당한다. 동시에 중국은 '중국의 부상'에 대한 주변국의 경계심을 낮추고, 미국의 대중 포위망을 타개하기 위해 주변국과 국제사회를 대상으로 경제적·인도적 지원을 증대하고, 인류운명공동체, 유교적 평화(Confucian peace) 등과 같은 평화적 담론을 전파하고 있다.

　미국과 중국이 전 공간과 영역에서 패권경쟁에 돌입함에 따라, 한국과 일본은 미국으로부터 반중 견제에 동참하라는 압박을, 중국으로부터는 경제보복의 위협을 받고 있다. 미중 경쟁은 미중 간 시장접근, 관세

정책, 국가보조금 정책 등을 둘러싼 경제·통상 전쟁, 대만·남동중국해·한반도에서의 군사안보경쟁, 5G(화웨이)·반도체(TSMC·삼성)·AI 등을 둘러싼 기술력과 표준 선점 경쟁, 신장·티베트·홍콩 등을 둘러싼 정치·체제·가치 경쟁, 아프리카·동남아·중남미 등에서 영향권 확장을 위한 외교 경쟁, UN·WHO·WTO 등에서 글로벌 거버넌스 주도권 경쟁 등으로 확장되었다. 미중 경쟁이 제로섬 성격의 패권경쟁으로 강화되면서, 중소 중간국들은 선택을 강요받고 선택을 거부할 때 정치·안보·경제적 불이익까지 위협받고 있다. 미국의 동맹국들은 미국과 연대를 강화하지만, 대부분 중추국은 미중 전략경쟁 사이에서 '헤징 전략'을 구사하며 선명한 선택을 거부하고, 최대한 실익을 챙기려는 경향이 있다.

코로나19 팬데믹으로 인한 각자도생 추세

2020년 초부터 시작된 코로나19 대유행의 결과로 동북아에서 민족주의·국가주의·각자도생 추세가 더욱 촉진되고, 역내국의 공동발전과 평화협력을 위한 지역협력은 더욱 관심을 잃었다. 다른 지역도 세계화의 폐해와 코로나19 팬데믹의 충격으로 지역협력이 적지 않은 타격을 입었다. 하지만 이들은 코로나19의 초기 충격에서 벗어나자, 코로나19 팬데믹과 경제위기를 극복하기 위해 점차 지역협력을 회복하고 확장했다. 하지만 동북아에서는 코로나19로 인한 국내 위기를 극복하기 위한 각자도생 성향이 더욱 심화되고, 지역협력의 동력은 더욱 떨어졌다. 다른 지역에서는 일국이 감당하기 어려운 대형 위기가 지역협력을 촉진하지만, 지역주의 경험과 인식이 일천하고 상호불신이 깊은 동북아에서는 오히려 갈등을 촉진했다.

코로나19와 같은 감염병의 특징은 그 전파 속도가 빠르고, 범위가 넓다는 데 있다. 보건 의식이 높아지고 의료기술이 발달했다고 하나, 20세기에 감염병의 발생 빈도와 피해는 오히려 늘었다. 세계화와 항공여행 시대로 인해 감염병은 단숨에 주변 지역과 세계로 퍼진다. 탈냉전기 들어 동북아가 급속하게 단일 경제권과 생활권으로 발전하면서, 감염병은 역내 전 지역으로 더 빨리 전파되고, 지역의 경제적 손실도 커졌다. 이런 상황에서 감염병에 대한 효과적인 대처는 한 나라만의 생존 문제가 아니며, 특히 주변국과 지역의 공생과 공멸에 대한 문제라고 해도 과언이 아니다. 따라서 코로나19 팬데믹은 동북아 지역협력 가능성을 시험하고, 한국 정부가 일관되게 추구한 동북아 지역협력을 진전시킬 수 있는 기회가 될 수도 있었다. 하지만 그런 상황은 발생하지 않았다. 오히려 코로나19 발생 원인, 여행 통제 등을 둘러싸고 양자관계가 더욱 나빠졌다.

2. 동북아와 다른 지역의 지역 안보협력 비교

동북아 지역협력 미발달의 배경: 다른 지역과 비교

왜 동북아는 세계에서 유일하게 지역협력기구와 안보대화체가 발달하지 못했을까? 다른 지역과 비교할 때, 동북아에서 지역 안보협력을 어렵게 만드는 요인으로 아래와 같은 구조적, 역사적 요인이 있다.

첫째, 다른 지역에서 지역 안보협력을 촉진하는 배경적 요인이 되었던 공통된 외부적 안보위협의 존재, 역사적 경험 공유(식민지 경험, 강대국 세력경쟁의 대상, 핵위협의 대상 등), 역내 경쟁과 전쟁으로 인한 공멸의 위험성 등을 동북아 지역에는 찾기 어렵다. 역내국 간 공통된 피해 의식과 위기 인식이 부재한 결과, 지역 안보협력의 동력도 발생하지 않았다.

특히 다른 지역을 보면, 외부의 안보위협 요인에 대한 공통의 위협 인식이 지역 안보협력을 촉진하는 최대의 동기가 되었다. 대표적인 사례로 구소련의 위협을 대항하기 위한 NATO가 있다. 서·중유럽 국가들은 역사적으로 서로 치열하게 경쟁했었지만, 갑자기 적대적인 초강대국 소련(러시아)이 등장하자 구원(舊怨)을 묻고서 서로 협력할 수밖에 없었다. 대륙세력과 해양세력 간 지정학적 대결 구도도 서·중유럽 사이에 공통의 위협인식과 안보협력을 촉진하는 배경이 되었다. 서유럽국들은 소련에 대항하기 위해 미국과 집단방위체제(NATO)를 체결했다. 동시에 동맹의 불확실성에 대비하기 위해 역내 정치경제적 협력체제의 구축으로 안전보장을 보완하려는 전략적 사고가 있었다. NATO에 더해, EU, CSCE/OSCE 등이 그런 보완적이고 중복적인 안전보장 장치이다.

동남아, 아프리카, 중남미, 남태평양 등 대다수 남반구와 비동맹권 국가들은 식민지 경험, 제국주의와 강대국 정치의 피해자, 핵실험의 피해, 핵전쟁으로 인한 공멸의 공포 등을 공유했다. 따라서 이 지역에는 아세안(ASEAN), 미주기구(OAS), 아프리카연합(AU), 중앙아시아연합(CAU) 등 지역협력기구, 그리고 중앙아, 동남아, 아프리카, 중남미, 남태평양 비핵지대가 발달했다.

유럽에서는 2차 대전으로 인한 공멸의 경험과 미소 경쟁과 핵전쟁에 대한 위기의식을 배경으로 EU, 유럽안보협력회의(CSCE)가 발전했다. 특히 미소 핵전쟁으로 인한 양 진영 공멸의 위기의식에서 CSCE와 유럽안보협력기구(OSCE)가 발전했다. CSCE 설립 배경에는 미소 데탕트의 영향으로 미소의 전략핵무기 감축이 있었고, 또한 이로 인한 미국 핵우산에 대한 유럽국의 안보 불안감과 불신이 있었다. CSCE 설립에 미국과 소련, 그리고 프랑스와 서독을 포함한 유럽국가 35개국이 참여했는데, 이런 주요 국가들의 참여가 CSCE 창립과 유지에 긍정적인 영향을 미쳤다. 특히 헬싱키 협정은 안보·경제·인권 3개의 바스켓을 포함하는데, 여기서 안보와 경제협력은 소련의 이익으로, 인권협력은 서방의 이익으로 간주되어 상호 이익의 교환이 가능했다.

동북아에서는 다른 지역과 달리 핵전쟁이 초래할 공멸 위험, 공통의 외부적 안보위협 요인, 지역 공통의 역사적 피해 경험 공유 등의 공통 분모가 약하다. 오히려 내부 경쟁적 요소가 우세하고, 역외국인 미국이 동북아 정치에 큰 영향력을 행사하여 지역 안보협력이 어렵다. 탈냉전기 한국의 지역 안보대화 요구, 1990년대 일본이 주창했고, 2010년대 중국이 주창했던 지역 안보협력 요구 등은 모두 일방적인 주장으로만 끝났다. 그 배경에는 역내의 지정학적 갈등이 만연한 데다, 이들이 진정으로 역내 공동안보를 추구한 것이 아니라 자신의 국익을 보호하거나 확장하는 수단과 방법으로서 지역 안보협력을 주장했다는 의구심이 있었다.

한편, 지역 내부의 안보 불안 요인도 지역 안보협력을 촉진하는 요인이 된다. ASEAN의 경우, 역내에서 베트남의 캄보디아 침공이 그 탄생 배경의 하나로 꼽힌다. ASEAN의 창설과 지속에는 미중과 같은 외부 패권국이 지역 정치에 개입하는 것을 막기 위한 공동대응의 필요성도 이바지했다. 이런 지역협력의 요인을 보면, 동북아에서 북한 핵문제와 체제 불안정 문제, 급변사태 시 대량 난민 발생 가능성 등도 지역 안보협력을 촉진하는 요인이 될 수 있다. 사실 6자회담 개최가 이런 배경에서 출발했지만 결국 북한의 참가 거부로 6자회담이 중단되었다.

둘째, 동북아의 제한된 지리적 공간에서 1500년 이상 존재했던 한·중·일 삼국의 강한 국가주의와 상호 경쟁의 역사가 지역안보협력에 장애가 되고 있다. 다른 지역에서 지역 안보협력 경험을 보면, 다수의 중소국가가 존재하고, 이들이 지역 안보협력의 동력을 제공했다. 그런데 동북아에는 전통적으로 한중일 3국이 오랜 기간 서로 경쟁하며 충돌했고, 또한 국력의 차이가 커서 수평적인 협력관계를 구축한 경험이 없다. 이런 동북아의 역사적, 지정학적 특성이 지역 안보협력에 호의적이지 못했다.

  동북아에서는 전통적으로 위계적 지역질서가 우세했다. 따라서 지역 공동체가 구성되면 국력 차이로 인한 위계질서가 생길 가능성을 두려워하는 것도 지역협력의 장애요인이다. 이는 그만큼 동북아 국가 간 상호 신뢰가 부족하다는 증거이기도 하다. 유럽의 경우, OSCE 구성 시 스위스, 벨기에, 스웨덴, 오스트리아 등 중립국, 중소국의 주도적 역할이 있었다. 하지만 동북아에서 한국(또는 몽골)만으로 그런 역할을 수행하기에 역부족이다.

  역내에서 중일 및 한일 간 전통적 경쟁 구도, 역내 위계적 국제질서의 기억, 일본의 침략과 점령에 대한 한국의 기억, 중국 패권의 부상에 대한 한국과 일본의 두려움, 상호 문화적 멸시 등도 상호 동등한 지위에서 지역 안보협력을 추구하는 데 대해 장애요인이 된다.

  역내국에서 국가 주도의 강력한 국가주의와 민족주의 전통은 지역 공통의 공동안보와 포괄안보를 외면하게 만들었다. 국가주의는 자생적인 개인·시민사회·지자체의 지역협력 운동마저 저해하는 결과를 초래했다. 역내국들은 유교문화권·한자문화권이라는 공통점이 있지만, 강한 국가주의와 민족주의 전통으로 인해 유럽과 달리 문화적 동질성이 지역협력에 도움이 되지 못했다.

  셋째, 다른 지역에서는 역내 경쟁과 갈등의 역사적 유산이 있었지만, 정치지도자들의 리더십과 지역협력 비전으로 갈등을 극복한 사례가 많다. 그런데 동북아에서 아직 지역주민의 공감대를 얻을 수 있는 강력한 비전과 리더십이 부재했다는 점도 지역협력 부재의 요인이 된다. 동북아국도 종종 지역협력과 통합의 기치를 내걸기도 했지만 모든 역내국과 국민이 공감할 수 있는 비전과 메시지는 없었다. 오히려 자신의 세력 확장과 역내 패권적 위상을 강화하는 차원에서 제기하여, 상호 불신과 분열을 재생산하는 결과를 초래했다.

  유럽통합의 경우, 역내의 뿌리 깊은 독불 간 갈등 구조를 극복하고 지역통합을 주창하고 설계했던 장 모네(Jean Monnet)와 로베르 쉬망 (Robert Schuman)과 같은 선지자적 정치인의 역할이 중요했다. 역사적 앙숙이었고 1, 2차 세계대전의 생생한 기억에도 불구하고, 프랑스 샤를 드 골(Charles De Gaulle) 대통령과 서독 콘라트 아데나워(Konrad Adenauer) 총리는 1963년 양국의 영구 화해를 위한 엘리제 조약(Élysée Treaty)을 체결했다. 이 조약과 정치적 대타협은 양국의 숙적관계를 해소함으로써 지역통합이 출범하고 정착할 수 있는 배경을 제공했다.

한편, 동북아 지역의 갈등 양상을 보면, 해결이 거의 불가능한 종교 분쟁·인종 분쟁이 아니라 정치적 세력 갈등이 주종을 이루고 있어, 정 치적 대타협을 통한 평화공존의 가능성에 대한 희망을 버리지 않게 한 다. 실제 동북아 역사를 돌이켜 보면, 한중일 삼국 평화공존의 시기가 분쟁과 충돌 시기에 비해 월등히 길었다.

넷째, 상기와 같은 역사적, 구조적 요인 이외에도 정치적, 행정적 차 원에서도 한국이 동북아 지역정책을 추진하는 데 각종 장애요인이 있 다. 향후 동북아 정책의 성과를 거두려면 이런 문제도 주목해야 한다. 우선 한국의 동북아 정책은 다른 주요 외교안보 및 대북정책과 마찬가 지로 대통령의 이니셔티브로 시작되는 경향이 있다. 이때 동북아 정책 은 다른 주요 외교안보정책과 마찬가지로 정부 교체에 따라 정책 방향 이 바뀌거나, 심지어 단절되기도 한다. 이렇게 동북아 정책이 정권의 임기와 함께 시작되고 소멸되는 '정권의 과제'로 간주되는 한 동북아 정책이 성과를 내기란 거의 불가능하다.

한국 외교안보가 대북정책과 주변 강대국에 집중한 결과, 동북아 정 책에 대한 정부의 책임 의식이 약하고, 전문가도 부족한 실정이다. 또 한 동북아 정책의 다국적·다원적·다차원적 성격을 감안할 때 책임 부 서가 필요하지만 이도 불명확하다. 남북 분단으로 인해 한국 정부는 항 상 대북정책과 한미동맹의 긴급 사안에 집중하게 되고, 동북아 정책은 정부뿐만 아니라 전문가그룹 사이에서도 주요 과제가 아니었다. 결국 동북아 정책에 대해 정권과 전문가들의 관심이 낮고 정부 교체에 따라 지속성도 보장되지 않아, 우리 정부가 주변국에게 동북아 정책에 대한 지지와 참여를 요청하는 데도 한계가 있다.

'공동안보'의 신안보 개념

쿠바 미사일 위기(1962) 때 인류는 처음으로 미소 핵강대국 간 핵전쟁 발발의 위험성과 이로 인한 인류 공멸의 위험성을 절감했다. 따라서 동서 진영의 평화공존을 주장하던 국가들은 핵전쟁으로 인한 인류 공멸의 위험에서 벗어나기 위한 방안을 찾아 나섰다. 그 해답 중 하나가 스웨덴 총리 올로프 팔메(Olof Palmc)기 주도했던 '군축과 안보문제 독립위원회(Independent Commission on Disarmament and Security Issues)'가 1982년 발표한 일명 '팔머 보고서'로 알려진 "공동안보: 생존을 위한 청사진(Common Security: A Blueprint for Survival)"에서 주창한 '공동안보' 개념이다. 이는 전통적인 안보 개념과는 차별화된다.

전통적 안보 개념에 따르면 자국의 안녕을 보장하기 위해 상대국의 안보를 희생해야 한다. 그리고 상대국과 세력경쟁을 불가피한 국제정치적 현상으로 받아들인다. 세력경쟁으로 인해 안보딜레마가 발생하고, 이는 군비경쟁을 촉발하고 결국 전쟁으로 귀결되었다. 인류는 유사 이래 세력경쟁과 군비경쟁을 통해 안보를 지켰다. 상대의 안보를 약화시키면 자신의 안보가 강화된다는 제로섬 안보 계산법이 지배했다. 핵무기 시대에는 상호확증파괴 원칙에 기반한 핵억제 전략에 의존하여 평화와 안보를 지키려고 했다.

팔머 보고서는 이런 전통적인 안보 개념을 거부했다. 특히 냉전기에 핵강대국들이 평화를 지키기 위한 최고의 안보전략으로 통용되었던 '상호확증파괴' 개념과 이에 기반한 핵억제 전략을 비판했다. 팔머 보고서는 핵무기 시대 들어 "국가들이 더 이상 적국의 안보를 희생함으로써 자신의 안보를 강화하는 것이 불가능해졌으며, 상호 협력적 조치로서만 안전보장이 가능하다"고 주장했다. 팔머 보고서는 미소 간 핵전쟁 가능성이 국가의 안전뿐만 아니라 인류의 생존 자체를 위협한다고 보고 핵군축과 군비경쟁 중단을 제안했다. 나아가 갈등 해소와 협력의 기본 원리로서 '공동안보' 개념을 제시하였다.

팔머 위원회는 공동안보 작동을 위한 6개 원칙을 제시하였다. 첫째, 모든 국가는 정당한 안보에 대한 권리를 갖는다. 적국도 예외는 아니다. 둘째, 군사력은 국가 간 분쟁 해소를 위한 정당한 수단이 아니다. 셋째, 국가정책의 표현에 있어 절제가 필요하다. 넷째, 공동안보를 위한 군비 감축과 질적 제한이 필요하다. 다섯째, 군사적 우위로서 안보를 얻을 수 없다. 여섯째, 군비 협상과 정치적 사안의 연계는 피해야 한다.[1]

따라서 공동안보 개념은 당시 핵강대국들의 기본적인 국가안보 개념이었던 핵 억지와 동맹체제를 거부했다. 공동안보는 일국의 안보가 상대방에 대한 억지력으로 달성되는 것이 아니라, 경쟁국이 같이 핵군축과 긴장완화를 추구할 때 비로소 달성될 수 있다고 강조했다.

팔머 보고서는 공동안보가 저절로 달성되는 것이 아니라고 보았다. 그런 차원에서 이 보고서는 인간성의 선함을 믿는 이상주의적 주장을 제기한 것은 아니다. 오히려 국가들의 세력경쟁과 군비경쟁 성향을 기정사실로 받아들이는 한편, 이를 극복하기 위한 공동의 노력이 필요하다고 강조했다. 결국 공멸과 공생의 선택 사이에서 국가와 개인의 이상주의적 선함 때문이 아니라, 공멸을 피하고 생존의 공동이익을 위한 합리적 판단에 따른 행동 변화가 가능하다고 보았다.

---

1) 신범식, 『유라시아의 지정학적 중간국 외교』, p.6.

유럽은 공동안보를 실행에 옮겼다. 유럽은 1975년 공동안보 개념에 기반한 헬싱키협정을 체결하고 CSCE를 발족시켰다. CSCE는 냉전기에 동서진영 간 안보대화체로서 큰 역사적 가치가 있다. CSCE는 탈냉전기 들어 1995년에 OSCE로 발전했다. 회의체에서 상설 사무국을 갖춘 기구로 발전했지만, 그 의미와 임무는 오히려 퇴색했다. 냉전체제의 붕괴로 동서진영 간 핵전쟁으로 공멸하느냐 마느냐는 모든 인류에게 영향을 미치는 절체절명의 문제의식이 사라지자 CSCE의 임무가 길을 잃고 혼란에 빠졌다. 이때 OSCE가 '포괄안보' 기구를 표방하며 정치·경제·환경·사회·인간안보와 같은 비전통 안보문제를 총괄적으로 다루었다. 그런데 절체절명의 공통된 관심사가 부재한 가운데 온갖 전통, 비전통 문제를 다루게 되자 오히려 OSCE의 존재 이유와 초점을 흐리게 하는 결과를 초래했다.

70년대에 CSCE가 결성된 것은 냉전에도 불구하고 동서 진영 간 이해관계가 일시적으로 일치했기 때문에 가능했다. 소련은 위성국가의 국경선을 유지하는 기회로, 서유럽국은 동서 진영 간 긴장완화, 동구국과의 경제협력과 인권 개선의 기회로 보았다. 스웨덴과 핀란드 같은 북유럽의 중립국들은 중립정책을 강화하는 기회로 보았다. 이때 CSCE는 냉전기에 핵전쟁 위험을 감소시키는 공동안보를 주요 목표로 추구하면서도 경제협력 확대와 인권 개선의 비전통 안보 문제를 포함하는 포괄안보의 협의 주체로서 기능했다.

한편, OSCE는 1996년 "21세기 유럽을 위한 공동·포괄안보 모델에 대한 리스본 선언"을 채택하고, 동 신안보 개념을 강력히 주창했다.[2] 리스본 선언은 '공동안보'를 최고 목표를 내세우고, 이를 위한 군사안보, 정치인권, 경제사회환경의 3개 분야를 같이 추구하는 포괄안보 개념을 재확인하였다.[3] 또한 다른 지역기구 및 국가와 공동으로 안보를

---

2) OSCE 리스본 선언, <http://www.osce.org/mc/39539?download=true>.
3) 리스본 정상선언 1조 및 리스본 안보 및 협력 모델 선언의 1조는 공동안보 개념을

추구하는 '협력안보' 개념도 제시하고 있다. 이 기구가 공동안보와 포괄 안보를 같이 추구함에 따라 종종 공동안보 개념에 포괄안보 개념을 포 함시키는 경향이 있는데 구분할 필요가 있다. CSCE는 두 안보 개념을 병행하면서도 그 내용과 대상을 구분했다. 공동안보는 핵전쟁방지의 최우선적 공동목표를 위해 핵군축, 군사적 긴장완화 등 정치군사적 조 치에 제한적으로 사용되었다. 포괄안보는 폭넓게 경제·인간·환경의 비군사 안보 요소를 포괄하는 복합안보 과제를 추구했다.

　상기와 같은 신안보 개념의 개발과 확산이 유럽의 지역 안보협력을 촉진하는 주요 요인이 되었다. 유럽의 오랜 전쟁 경험, 그리고 냉전과 핵전쟁의 망령이 이런 신안보 개념을 찾는 배경이 되었다. 한편, 동북 아에서는 유럽과 같은 역사적 경험, 신안보 개념을 찾는 정치적·지적 동기도 찾기 어렵다. 그렇다고 동북아는 지역협력을 위한 토양이 없다 고 단정할 수도 없다. 동북아 삼국의 오랜 평화공존과 교류 경험, 동북 아의 밀접한 지정학적 공간, 역내 높은 수준의 경제협력과 상호의존, 역 내 긴밀한 인적 교류, 인문 문화적 공통분모 등을 감안할 때, 동북아형 의 새로운 지역협력 모델을 찾는 노력이 불가능한 임무는 아닐 것이다.

3. 역대 정부의 동북아 지역 안보협력 경과와 평가

탈냉전 초기 동북아 안보협력 구상

　동북아 국가 중에서 한국이 유일하게 80년대 말부터 동북아 다자안 보협력에 대해 일관되게 관심을 보였다. 당시 한국 정부는 북한의 위협

───────────────

아래와 같이 재확인하고 있다. 정상선언 1조. We, the Heads of State or Government of the participating States of the OSCE have met in Lisbon to assess the situation in the OSCE region and to establish a co-operative foundation for our common security. 리스본 안보 및 협력 모델 선언의 1조 1. (⋯) Freedom, democracy and co-operation among our nations and peoples are now the foundation for our common security.

요인을 완화하고, 동북아 틀 속에서 북한의 개혁개방을 유도하려는 생각이 앞섰던 것으로 보인다. 적을 상정하는 군사동맹인 한미동맹만으로는 한반도와 동북아의 평화정착이 어렵다는 것을 인식하고, 한반도와 역내의 갈등 요소를 완화시키는 동시에 한국 안보를 보완하는 방안으로서 동북아 지역 안보협력 또는 다자안보대화를 계속 제기하였다. 21세기에 미중 경쟁이 시작되자, 이를 완화하기 방안으로서 지역 안보협력도 제기했다. 하지만 그 방법과 집중도는 정부마다 크게 달랐다.

탈냉전기 첫 대통령인 노태우 대통령은 1988년 10월 18일 유엔총회 연설에서 '동북아 6개국 평화협의회'를 처음 제안했다. 동북아의 냉전 구조 타파와 평화 증진을 동북아 협력의 목표와 명분으로 내세웠다. 노태우 대통령은 1992년 유엔총회 연설에서도 '동북아 평화협의회'를 재차 제안했다. 하지만 미국과 중국의 무반응과 북한의 반대로 아무 진전 없이 동 제안은 흐지부지되고 말았다.

노태우 대통령은 냉전 말기에 북방정책을 추진하고, 한소 수교와 한중 수교에 성공하여 탈냉전기 한국 외교의 틀을 남긴 지도자로 평가받는다. 한편 북한은 북미 수교와 북일 수교에 실패함으로써 당시 한반도 정책의 주요 화두였던 '4강 교차승인'은 미완의 숙제가 되었다.4) 탈냉전 초기에 4강 교차승인이 불발된 상태에서 소련이 해체되고 공산진영이 붕괴하자, 남북 간 엄청난 불균형이 발생했다. 결국 최악의 실존적 국가위기와 정권위기에 빠진 북한은 핵개발에 나섰다. 당시 노태우 정부가 의도하지는 않았겠지만, 북방정책의 대성공은 북한의 핵무장 추진이라는 '나비효과'를 초래했다는 해석도 가능하다. 당시 만약 노태우 정부가 '동북아 평화협의회'를 가동하고 '4강 교차승인'에 성공했더라면, 이후 한반도의 경로는 아마 달라졌을 것이다.

김영삼 정부도 동북아 다자안보대화를 주요 외교정책 과제로 선정했

---

4) 위성락, "한·소 수교 과정의 회고," 『외교』, 제136호 (2021).

다. 한승주 외무장관은 1994년 유럽안보협력회의(CSCE)를 참조한 '동북아 안보대화(Northeast Asia Security Dialogue)'를 제안했다. 그런데 1993년 3월 북한이 NPT 탈퇴를 선언하고 1차 북핵위기가 발생하자, 한미 정부의 모든 정치적 관심과 외교력은 북핵문제에 집중되었다. 따라서 김영삼 정부의 동북아 안보대화 구상도 말뿐인 외교 제안으로만 끝나고 말았다. 김대중 정부도 동북아 다자안보대화를 제기했다. 하지만 대통령의 관심이 남북대화와 역내의 양자문제에 집중되면서 동북아 정책구상은 주목을 받지 못했고, 성과도 없었다.

노무현 정부의 동북아 구상과 6자회담

노무현 정부(2003~08)는 대통령의 동북아 정책에 대한 높은 관심을 반영하여 '평화와 번영의 동북아시대 구현'을 국정 목표를 제시하고, '동북아 구상'을 추진하기 위해 대통령 자문기관으로 '동북아시대위원회'을 설치했다. 노무현 대통령은 2003년 8.15 경축사를 통해 동북아 구상의 취지를 다음과 같이 설명했다. "동북아에도 협력과 통합의 새로운 질서를 만들어 나가야 합니다. 그래서 다시는 강대국의 틈바구니에서 어느 쪽에 기댈 것인가를 놓고 편을 갈라서 싸우다가 치욕을 당하는 그런 역사를 다시는 반복하지 말아야 합니다. 이것이 나의 동북아시대 구상의 핵심입니다."

강대국 정치에 의존하거나 휘둘리지 않고 독자적 외교노선을 모색하겠다는 취지의 이 발언은 소위 "균형자론"으로서 정치적 논란을 초래했다. 당시만 하더라도 미중 전략경쟁이 대두되지 않았던 상황이어서, '균형론'은 미중 사이에서 균형을 유지하기보다는 한미동맹에 대한 일방적인 안보 의존에서 탈피하고 외교적 자율성을 회복하겠다는 의지로 읽혔다. 한미동맹에 대한 의존도를 낮추려면, 북한과 관계 개선으로 안보위협을 낮추거나, 또는 동북아 안보협력을 통해 역내의 안보 관리 방안을 찾아야 했다. 노무현 정부는 동북아 구상은 이런 전략을 추진한 것으로 해석된다. 노무현 정부는 '한반도 평화체제 구축'을 최우선 외교안보 국정과제로 선택했었는데, 동북아에 관한 관심도 한반도 평화체제 구축에 필요하다는 인식에서 출발한 것으로 보인다.

노무현 정부의 동북아 정책은 평화정착의 정치저 목표를 지향하면서도, 실행 전략은 '기능적 접근'에 그치는 경향을 보였다. 노무현 대통령은 2003년 취임사에서 "동북아 시대는 경제에서 출발합니다. 동북아에 '번영의 공동체'를 이룩하고 이를 통해 세계의 번영에 기여해야 합니다. 그리고 언젠가는 '평화의 공동체'로 발전해야 합니다"라고 선언했다. 이 구상은 경제 우선의 기능적인 접근법과 다름없다. 이후 미중 전략경쟁의 상황에서 안보적, 전략적 고려가 경제적 고려를 앞선다는 점을 감안할 때, 노무현 대통령의 발언은 탈냉전기의 이상주의적, 기능주의적 국제정치관을 반영했다고 볼 수 있다.

노무현 정부의 국가안보전략 보고서는 '동북아 다자안보' 구상을 추진하는 배경, 목적, 이행과제를 제시했는데, 그 요지는 아래와 같다.5) 이는 탈냉전기에 유행했던 국제협력, 다자안보, 국제레짐 등 이상주의적, 자유주의적 국제정치관을 충실히 반영하고 있다.

동북아의 군사적 긴장을 예방하고 역내 국가 간 신뢰 구축을 위해 다자안보협력의 강화가 필요하다. 또한 동북아의 경제적 잠재력을 극대화하고 지속적 경제발전을 이룩하기 위해서도 평화와 안정을 제도화하는 역내 다자안보 협력체 구축이 절실하다. 그렇지만 동북아 다자안보를 본격적으로 추진하는 데는 아직 많은 장애요인이 남아있다. 역내 국가 간 공통의 위협인식이 미확립되어 있을 뿐 아니라 대립과 갈등의 경험으로 인해 상호 신뢰 구축도 쉽지 않다. 다만 탈냉전 초에 역내국

5) 국가안전보장회의, 『평화번영과 국가안보: 참여정부의 안보정책 구상』, 2004.

들이 다자안보에 소극적이었지만, 2000년대 들어 다자주의적 접근에 대한 이해의 제고를 바탕으로 좀 더 긍정적인 태도를 보였다. 정부는 다자안보협력을 점진적으로 추진해 나가면서 한반도 안보 환경의 안정적 관리에 활용할 것이다. 다자안보대화의 정례화를 통해 신뢰를 확대하고 안보협력의 수준을 제고하기 위해 노력할 것이며, 의제에 있어서도 환경·보건, 초국가범죄 등 공통 관심 사항으로부터 시작하여 점진적으로 확대해 나갈 것이다. 이를 위해 동북아 다자안보 협력의 필요성에 대한 공감대를 확산하는 것이 중요하다. 정부는 아세안지역안보포럼(ARF), 동북아협력대화(NEACD) 등 기존의 다자안보대화를 활용함으로써 역내 다자안보 논의를 주도하고 민간 차원의 다자안보 논의가 활성화되도록 유도할 것이다. 또한 북한을 포함한 역내 다자안보협력체를 구축하기 위해 북한 핵문제의 진전 상황에 따라 6자회담을 동북아 안보대화의 틀로 발전시키는 방안을 검토하고 남북대화를 통해 북한이 다자안보협력에 참여토록 설득해 나간다. 마지막으로 정부는 다자안보를 뒷받침할 수 있는 군사적 신뢰구축 조치의 점진적 확대를 위해 노력할 것이다.

노무현 정부는 동북아 지역 안보협력을 위해 '약한 고리'인 한일관계의 개선에도 관심을 보였다. 노무현 정부는 "21세기 평화와 번영의 동북아 시대를 열어나가기 위해서 한일관계의 우호적 발전이 긴요하다. 한일 양국은 동북아에서 민주주의와 시장경제라는 보편적 가치를 공유하는 대표적 국가로서 새로운 아시아·태평양 시대의 주역이 될 수 있는 잠재력을 보유하고 있다"고 발표하여 양국 관계의 중요성을 강조했다.6) 이런 인식에 기초하여 "한일 과거사를 직시하면서도 동북아 시대를 향한 '미래지향적 동반자관계'를 정립해 나가는 것을 대일 외교의 핵심 목표로 설정"하였다. 동북아 지역 안보협력을 위해서 일본의 역

---

6) 위의 책, p.62.

할, 한일 협력이 필수적이라는 인식은 향후 한국 정부가 동북아 정책을 추진할 때 명심해야 할 부분이다.

노무현 정부 동안에 6자회담이 가동되고 일부 실질적인 동북아 안보 협력의 성과가 있었지만, 동북아 다자안보는 여전히 전문가들의 연구 과제에서 크게 벗어나지 못했다. 2003년 8월 북핵문제를 해결하기 위한 6자회담이 다자안보 협력기구로 진화할 가능성을 보였다. 6자회담 참여국은 9.19 공동성명(2005) 4조에서 "동북아시아의 영구적인 평화와 안정을 위해 공동으로 노력할 것을 약속"하고, "동북아시아에서 안보협력을 증진하기 위한 방법과 수단을 모색하기로 합의"했다. 여기서 6자 회담 목표의 하나로 동북아 다자안보협력이 추가되었다. 2.13 합의(2007)는 진일보하여 '동북아 평화안보 체제(Northeast Asia Peace and Security Mechanism) 실무그룹'을 실치키로 합의하고, "6자 장관회담에서 동북아 안보협력을 증진"한다는 행동조치를 제시하였다.

2007년 3월 16일 북경 소재 주중 러시아 대사관에서 열렸던 1차 '동북아 평화안보체제 실무회의'는 역내 최초이자, 최후의 정부 간 동북아 6개국 다자안보 협력대화로 기록되었다. 1차 실무회의에서 6자회담 대표들은 동북아 평화체제와 신뢰구축의 중요성에 공감하였다. 나아가 동북아 평화안보 협력 원칙을 모색하고, 쉬운 과제부터 협의하기로 공감하였다고 한다.

북핵문제를 해결하기 위한 6자회담이 왜 다자안보협력에 주목하고, 지역안보협력 실무그룹을 발족시켰을까? 여기에는 대북 비핵화 압박만으로는 북핵문제를 해결하기 어렵다는 인식이 배경에 있었던 것 같다. 북한의 핵개발은 북한의 생존 전략과 직결되어 있어, 대북 제재압박으로 비핵화를 견인하는 데는 한계가 있었다. 북핵문제의 해결을 촉진하려면 보다 복합적인 조치가 필요하다. 이런 차원에서 한반도 평화체제에 더해 동북아 평화체제를 구축하는 전략이 제기된 것이다. 동북아 평화체제는 북한과 주변국 간 관계를 정상화시키고, 대북 안전보장을 제도화시키는 효과가 있을 것이다. 이때 북한이 안전보장을 위해 핵무기에 의존하지 않아도 된다. 당시 6자회담 때문에 동북아 안보협력에 기대가 급증했지만, 결국 북한이 6자회담 불참을 선언하면서 동북아 다자안보협력 실험도 종료되었다.

보수 정부를 표방한 이명박 정부(2008~2013)는 '성숙한 세계국가' 비전을 제시하고, 한미동맹 강화와 경제통상 정책에 집중하느라 동북아 안보협력에는 관심이 없었다.[7]

박근혜와 문재인 정부의 동북아 평화협력 구상

박근혜 정부(2013~2017)는 보수정당의 전통을 계승했지만, 이명박 정부와 달리 동북아 정책에는 특별히 높은 관심을 보였다. 박근혜 정부는 '신뢰외교'를 표방했는데, 신뢰외교를 실현하는 지역 구상으로 '동북아 평화협력구상('동평구')'을 제시했다. 박근혜 정부는 동북아의 갈등구조를 매우 비관적으로 보며 대응책이 필요하다고 강조하면서도 군사안보문제에 대한 직접적 대응을 피하고, 비군사적 분야의 협력에서 시작하는 기능주의적 접근을 선택했다. 박근혜 정부는 '동북아 협력 증진과 세계평화·발전 기여'를 국가안보의 주요 목표로 제시하고, 배경을 다음과 같이 설명했다.

"우리나라의 안보는 한반도의 지정학적 중요성으로 인해 동북아의 안정과 평화와 밀접하게 연관되어 있다. 이에 정부는 동북아의 협력을 증진하고 세계평화와 발전에 기여함으로써 국가안보를 증진하고자 한다. 우선 역내 국가들과 대화와 협력을 통해 신뢰를 구축하고, 동북아의 갈등 구조를 협력의 틀로 전환하고자 한다. 동북아에 축적된 상생과

---

7) 청와대, 『이명박 정부 외교안보의 비전과 전략: 성숙한 세계국가』, 2009, p.12.

협력의 에너지를 확산시켜 유라시아 국가들과 협력을 도모하고, 아시아와 유럽을 연계한 광범위한 지역에서 평화와 안정, 그리고 공동번영을 실현해 나갈 것이다."[8]

동평구는 지속가능한 평화와 협력의 동북아 신질서를 만들기 위해 "대화와 협력을 통해 연성 이슈부터 해결하고자 하는 다자대화 프로세스"이다. 동평구의 주요 사업목표로 동북아 국가 간 대화와 협력의 관행 축적을 통한 신뢰 구축으로 평화와 협력의 문화 정착, 역내 협력 메커니즘 구축을 통한 지속가능한 평화와 번영의 기반 확보, 북한의 국제사회 참여 유도와 북핵문제 해결에 긍정적 기여 등이 있다.[9] 동평구의 의제는 역내국가에 공동의 위협이 되는 '비전통 연성 안보 의제'에서 논의를 시작하며, 환경문제, 에너지 안보, 원자력안전, 재난구호, 사이버 이슈, 마약 등을 협력 시범사업으로 제기하였다. 협력이 진행됨에 따라 참여국의 공동 관심 의제를 수렴하고, 점차 공감대가 형성되면 정치·군사 이슈를 포함하는 전통안보 의제로 협력을 확대한다는 방침이었다. 이 구상은 청와대 외교안보수석실의 높은 관심에 힘입어 국제협력이 용이한 원자력안전·재난구호·사이버안보 등 분야에서 10개 협의체를 가동하고, 정례적으로 동북아 평화협력포럼을 개최했다. 이는 '포괄안보' 개념을 도입한 동북아 안보협력 사업으로 볼 수 있다. 동북아 지역협력에 대한 만연한 비관론에도 불구하고, 박근혜 정부가 동북아 평화협력포럼을 꾸준히 개최하면서 역내에서 동북아 지역협력에 대한 이해와 지지가 확산되었다. 한국 정부가 꾸준히 역내 다자회의를 주도한 것은 다자대화의 관행을 축적한다는 점에서 그 의미가 적지 않았다.

---

8) 국가안보실, 『(희망의 새시대) 국가안보전략』, 2014, p.16.
9) 동평구의 배경, 취지, 추진체계 등은 외교부, 『동북아 평화협력 구상: 아시아 패러독스를 넘어 평화협력의 동북아로』(서울: 외교부, 2014); 진창수, 『동북아 평화협력구상』(서울: 오름, 2014) 등 참조.

동평구는 지역안보대화로서 한계도 있었다. 동평구는 지역 내 이미 운영되고 있었던 각종 정부·비정부 간 협의체를 한 장소에 모았을 뿐, 새로운 협력 분야를 창출하지는 못했다. 더욱이 각종 비전통안보 분야 협력이 활발히 진행되었지만, 동평구가 당초 기대했듯이 전통안보 분야로 확산되는 스필오버 효과는 발생하지 않았다. 각종 기능 분야 중심으로 지역협력이 추진되면서, 외교안보 전문가들의 관심에서 멀어졌다. 2010년대 중반 들어 미중 경쟁과 중일 경쟁이 본격화되면서, 미국과 일본은 중국과 협력대화에 매우 소극적이었다. 결국 동평구는 당초 정부가 기대했던 동북아 지역안보대화에는 미치지 못한 채 연례적인 전문가 포럼을 운영하는 데 그쳤다.

동평구가 모방하려고 했던 지역안보협력의 모델로 유럽의 헬싱키 프로세스와 동남아의 아세안지역안보포럼(ARF)이 있다. 하지만 이들은 자기만의 독특한 역사적·정치적 특성이 있었고, 지역적·시대적 수요에 부합했었다. 예를 들면, 동서 진영 국가들을 모두 포함하는 헬싱키 프로세스가 가능했던 배경에는 참여국 간에 높은 수준의 정치적 합의가 있었다. ARF가 가능했던 배경에는 동남아에서 관행화된 내정불간섭 원칙, 그리고 외부의 공통된 안보위협인식이 있었다. 이런 요인들이 동북아에는 부재했다.

한편, 중국은 2013년 6월 27일 채택된 '한중 미래비전 공동성명'에서 동북아 협력을 지지했다. 동 공동성명에 따르면, 박근혜 대통령과 시진핑 주석은 "전략적 협력 동반자 관계를 양자 및 지역 차원뿐만 아니라 국제사회의 평화와 번영을 위한 협력 차원으로까지 더욱 진전시켜 나갈 필요성이 있다는 데 인식"을 같이하고, "동북아의 평화·안정, 지역협력 및 글로벌 이슈의 해결에도 함께 기여"하기로 합의했다. 양 정상은 "역내 국가 간 대립과 불신이 심화되는 불안정한 상황이 지속되고 있는데 대해 우려"를 공유하고, "역내 신뢰와 협력의 구축이라는 공통의 목표를 달성하기 위해 노력하기로 합의"하고, 또한 시 주석은 동북아 평화협력 구상을 평가하고 지지하였다. 하지만 후에 사드 문제가 발생하고 한중관계가 악화하자, 양 정상의 합의도 흐지부지되고 말았다.

문재인 정부(2017~2022)는 동평구의 전통을 계승하면서도 이를 수정 · 보완한 '동북아 평화협력 플랫폼'사업을 발족시켰다. 사실 한국 정부는 동평구 사업을 추진하면서 항상 주변국의 소극적인 태도로 인해 정부 인사의 참여를 확보하는 데 어려움을 겪었다. 2010년대 들어 중국의 부상과 더불어 미중, 중일, 한일 등 대부분 양자관계가 악화하면서 역내 국가들은 다자대화에 대해 무관심하거나, 거부감을 보였기 때문이었다. 하지만 한국은 역내 갈등이 악화되자 지역협력과 지역 대화의 필요성을 더욱 절감하게 되었다. 한국의 통상국가, 중추국가, 분단국가 성격 때문이었다.

'동북아 평화협력 플랫폼'은 문재인 정부가 추구하는 더욱 폭넓은 지역협력 국정과제인 '동북아 플러스 책임 공동체'의 하부 실천과제 중 하나이다. '동북아 플러스 책임 공동체' 과제는 동북아 다자협력 추진을 위한 '동북아 평화협력 플랫폼,' 아세안인도와 연결하는 '신남방정책,' 유라시아 지역과 연결하는 '신북방정책' 등 3개 과제로 구성되었다. '동북아 평화협력 플랫폼(이하 "동평플")'은 동북아의 지정학적 긴장과 경쟁 구도를 대화와 협력의 질서로 바꾸는 것을 목표로 한다. 동평플은 비전통안보 문제와 더불어 전통안보 문제도 동시에 다루려고 한다고 점에서 동평구와 차별화된다. 특히 미중 전략 경쟁과 동북아 신 지정학 시대를 맞아 역내 안보 환경이 열악해지는 상황에서 이를 개선하기 노력하는 것은 필요하고도 당연하다. 하지만 이런 필요성에도 불구하고 전통안보 분야에서 다자협력의 성과를 거둘 수 있을지는 의문시된다. 그 성과 여부는 정부의 외교 전략 역량에 달려있다고 본다.

문재인 정부는 동평플의 대표적인 사업으로 동평구의 전통을 이어받은 '동북아평화협력포럼'을 매년 개최했다. 예를 들면, 2019년에는 11월 초 외교부가 후원하고 세종연구소와 제주평화연구원이 공동 주최하는 1.5트랙의 '2019 동북아평화협력포럼'이 서울에서 열렸다. 외교부는 동 행사에 참석한 정부 및 국제기구 인사들과 별도로 '정부 간 협의회'를 주최했다. 미·중·일·러·몽 등 역내국, 호주·뉴질랜드·EU·ASEAN·OSCE 등 역내국과 국제기구 대표, 그리고 민간 인사들이 참석하여 동아시아철도공동체, 동북아 월경성 대기오염, 동북아 역내 재난 예방 및 대응 실현 방안, 한중일 3국 릴레이 올림픽 개최 계기 교류 협력 방안 등을 논의했다.

문재인 정부 들어 동북아 포럼의 운영방식을 개선하려고 시도했지만 별 성과를 거두지 못했다. 역내 국가들이 기능적인 역내 협력에는 적극 참여했지만 한국 외교부가 주도하는 정치적 성격을 띤 다자협력에는 여전히 소극적이었다. 그리고 매년 용역사업 형태로 개별 연구소가 포럼을 주최하는 것도 문제였다. 외교부와 포럼 주최 연구소 모두 포럼을 행사로만 취급하는 경향이 있기 때문이다. 이때 동북아 협력에 대한 지식과 전문가 네트워크가 축적되지 않고 단절되었다.

한중일 협력은 일부 성과도 있었다. 한중일 삼국은 2008년부터 '한중일 정상회의'를 동북아 지역의 최고위급 정상회의체로 가동하기 시작했다. 한중일 외무장관회의도 연례적으로 개최되었다. 하지만 삼국 정상회담과 고위급회담이 역내 양자 갈등, 미중 경쟁으로 갈수록 개최하기 어렵게 되었다. 이런 정치적 갈등 상황은 한중일 및 동북아 지역협력에 심각한 장애요인이 되었다.

2010년 한중일 정상회의에서 합의한 결과, 2011년에 '한중일 삼국 협력 사무국'이 서울에서 문을 열었다. 이 협력사무국의 활동은 아직 미미하지만, 동북아의 유일한 정부 간 다자협력기구로서 위상을 유지하고 있다. 한중일 정상회의는 2015년 11월 '동북아 평화협력을 위한 공동선언문'을 채택하고, "항구적인 지역의 평화, 안정과 공동번영을 구축하기 위해서는 경제적 상호의존과 정치안보 상의 갈등이 병존하고 있는 현상을 극복해야 한다는 데 인식을 같이"하였다. 또한 삼국 정상들은 "3국 협력의 심화가 3국간의 안정적인 양자 관계 및 동북아 지역의 평화·안정·번영에도 기여한다는 점을 확인"하고 정치·경제·사회의 5개 분야에서 3국 협력을 더욱 심화시킨다는 방침과 구체적인 사업계획에 합의하였다. 비확산, 핵 안보, 사이버 행위, 테러리즘, 폭력적 극단주의 등 비전통안보 분야에서 협력을 합의했지만, 이후에 실질적인 진전은 없었다.

사실 동북아 지역협력은 계속하여 모든 한국 정부의 주요 외교 과제였다. 또한 동북아에서 한국의 중추국과 중견국 위상을 볼 때, 한국만이 지역협력의 주도적 역할이 가능하다. 더욱이 한국이 이린 지역협력의 혜택을 가장 많이 보는 나라가 될 것이다. 하지만 2020년대 들어 미중 전략경쟁이 크게 악화되면서, 동북아 지역협력의 담론은 거의 자취를 감추었다. 탈냉전기 들어 한국 정부는 역내 강대국 세력경쟁을 회피하거나 완화하는 방안의 하나로 지역안보협력을 모색했었다. 하지만 미중 전략경쟁이 치열해지고 진영화 추세가 강화되자, 모든 국가가 편 가르기에 동참하는 분위기 속에서 지역협력을 주창하는 목소리는 더 이상 힘을 잃었다.

제2부

한국 외교를 위한
전략적 사고

제6장

한국 외교에서
전략의 빈곤과 전략의 활용

1. '전략적 사고'의 요구

누구나 일을 할 때 주변이나 상사로부터 "전략적으로 사고하라,""전략이 무엇인가?,""전략보고서를 작성하라"라는 주문을 수시로 받는다. 2010년대 들어 탈냉전의 세계평화와 세계화 시대가 후퇴하고, 한반도와 동북아의 외교안보 환경이 크게 악화되고 불확실해지자 외교안보 분야에서 이런 주문이 더욱 빈번해졌다. 사실 업무 분야와 무관하게 이런 전략에 대한 요구는 어디서나 제기된다.

필자도 지난 30년 가까이 외교안보통일 분야의 정책 수립과 연구에 종사하면서 이런 요구를 자주 들었다. 그런데 돌이켜 보면 한국 외교에서 '전략'이 무엇인지, '전략보고서'를 어떻게 만드는지, '전략적 사고'란 무엇이며, 어떻게 해야 하는지 한 번도 체계적으로 들은 적도 배운 적도 없었다. 필자는 고위 정책업무에 수차례 종사한 경험이 있지만 이런 정도이니 대다수 외교안보통일 업무 종사자들도 다르지 않을 것이다.

우리는 위기에 빠져 생존이 위협받거나, 상대와 서로 질 수 없는 치

열한 경쟁을 벌이거나, 다양한 장애요인에도 불구하고 목표를 꼭 달성
해야 하거나, 주변 환경이 매우 불확실하여 어떻게 앞길을 헤쳐 나갈지
불투명할 때 '전략' 또는 '전략적 사고'를 찾는다. 여기에는 기업, 개인,
정부, 군대, 단체가 다르지 않다. 북한과 대화, 경협, 교류, 이산가족상
봉이 전면 중단되고, 북한 핵무기와 미사일이 우리 생명과 재산을 위협
하고 강압할 때, 한국 정부는 국가안보를 지키고 한반도의 평화와 안정
을 회복할 수 있는 대북전략, 군사전략이 필요하다. 미중 패권경쟁이
치열해지고 한국이 외교적·경제적 선택을 강요받을 때, 한국의 평화번
영을 보장하는 '외교전략'이 필요하다. 이렇게 전략이란 상대방과 치열
한 경쟁 상태에 있을 때 더욱 필요하다.

특히 자신보다 우월한 상대방과 경쟁하고 승리하려면 좋은 '전략'이
필수적이다. 우월한 세력을 갖고 경쟁에서 이긴다면 당연한 일이며, 전
략이 없어도 가능하다. 하지만 열등한 세력으로 우월한 세력을 이기려
면 특별히 운이 좋거나, 좋은 전략이 있어야 한다. 이순신 장군과 히딩
크 감독이 좋은 예이다. 이순신 장군은 객관적 전력의 열세에도 불구하
고 일본 수군과 해전에서 23전 전승을 거두었다. 거스 히딩크 한국 축
구대표팀 감독은 월드컵 본선에서 1승도 올리지 못한 약체 한국 축구
팀을 2002년 한일 월드컵 대회에서 단번에 세계 4강의 대열에 올렸다.
열등한 세력으로 한 번, 또는 두 번의 승리는 운의 탓으로 돌릴 수도
있다. 그러나 세력의 열세에도 불구하고 수차례 연승을 기록하였다면,
그 공은 우월한 '전략' 탓으로 돌릴 수밖에 없다. 과연 우리의 외교전
략, 대북전략 입안자들은 주변국과 북한을 상대로 이순신 장군, 히딩크
감독처럼 전략적으로 사고하고, 전략을 실행했을까?

한반도와 주변에서는 각종 군사·외교·경제·보건위기가 동시다발적
으로 발생하여 한국의 평화·안보·번영 국익을 크게 위협하고 있다.
구체적으로, 북한의 핵무장 완성과 핵위협 증가, 중국의 신흥 초강대국

부상과 지역 질서의 변경 추구, 미중 패권경쟁 격화와 한국에게 양자택일의 압박, 미국의 반중, 한미일 안보협력 요구, 일본의 보통국가화와 재무장, 한일 간 역사적 갈등, 우크라이나 전쟁으로 신냉전 가속화, 코로나19 팬데믹, 에너지위기, 반세계화와 공급망의 단절 등이 있다. 이런 외교안보 환경은 다수 폭풍우가 겹치어 세력이 배가되는 '퍼펙트 스톰'으로 종종 묘사된다. 특히 북한 핵무장과 미중 전략경쟁이 계속 악화되어 한국민의 안녕과 번영에 직접적이고 치명적인 위협요인이 되고 있어, 한국의 국익 보호를 위한 효과적인 대응전략이 시급한 실정이다. 하지만 이런 전략적 사고의 요구가 증가했음에도 불구하고, 아직 외교안보 그룹에서 '전략적 사고'와 '전략 외교'가 무엇인지, 어떻게 하는지에 관한 토론도 합의도 없는 실정이다.

실은 전략기획, 전략적 사고가 정부 인사에게 아주 생소한 것은 아니다. 2000년대 중반부터 정부 업무가 그런 방식으로 운영되고 있기 때문이다. 2000년 초반 세계적으로 정부의 업무성과를 높이기 위한 목적으로 경영학에서 사용하던 업무 성과관리 방법을 도입하는 붐이 일었다. 한국도 2004년에 당시 노무현 대통령의 지시로 정부 업무의 성과를 높이기 위해 '성과관리' 방법을 도입했다. 당시 도입된 '성과관리'란 기업들이 경영성과 제고를 위해 사용하던 '전략기획'에 다름 아니었다. 2006년 제정된 '정부업무평가기본법'에 따라, 모든 행정기관은 5년마다 '성과관리 전략계획'을, 매년 '성과관리 시행계획'을 수립하고 평가도 받아야 한다. 이런 '성과관리 전략계획'과 '성과관리 시행계획'도 기업들의 중장기 및 단기 전략 수립을 모방한 것이었다.

2006년 행정부는 고위공무원 업무역량을 강화할 목적으로 '역량평가' 제도를 도입했다. 외교부와 일반 행정직 고위공무원이 갖추어야 할 핵심 업무역량에 '전략적 사고'가 포함되었다. 정부를 '전략적 사고'를 "장기적인 비전과 목표를 설정하고, 이를 실행하기 위한 대안의 우선순위를 명확히 하여 추진 방향을 제시하는 역량"으로 정의했다. '전략적 사고'를 위한 방법론으로 비전과 전략목표 설정, 환경과 자신의 객관적 평가, 목표 달성을 위한 대안의 개발과 우선순위 결정, 효과적인 실행 계획 수립 등이 제시되었다.

2013년 12월 국립외교원의 첫 외교관 후보자 입교식에서 윤병세 장관은 다음과 같은 '전략적 사고'의 중요성을 강조했다. "장관으로서, 여러분의 선배 외교관으로서 오늘 첫발을 내딛는 여러분에게 몇 가지를 당부드리고자 합니다. 첫째, 문제의식을 가지고 세상을 바라보고 전략적으로 사고하는 역량을 키우기를 바랍니다. 중층화되고 다변화된 외교 환경에서 '전략적 사고'는 외교관이 반드시 갖추어야 할 필수적인 자질입니다. 신문 기사 하나를 볼 때도 특정 사건이 시간적으로 과거, 현재를 지나 미래에는 어떤 영향을 미칠지, 공간적으로 한반도, 동북아, 세계적 차원에서 어떤 영향을 미칠지를 고민해야 합니다. 숲과 나무를 동시에 볼 줄 알아야 올바른 전략적 판단이 가능합니다. 망원경적 시각과 현미경적 시각을 함께 갖추어 주기 바랍니다."

따라서 이 장은 21세기 들어 외교안보 환경이 계속 악화되는 상황에서 국익을 보호하려면 한국 외교의 전략 역량이 획기적으로 강화되어야 한다는 문제의식에서 출발하여 다음 문제를 답변하고 토론하고자 한다. 외교 전문가들은 '전략'을 어떻게 인식하고 있나? 외교부의 전략 관련 조직은 무엇이며, 어떻게 발전했나? '(외교)전략'이란 무엇이며, 대전략, 국가안보전략, (외교)정책과 어떻게 다른가? 한국 외교를 위한 '전략적 사고' 방법론은 무엇인가? 이에 앞서, 아래에서는 필자가 외교안보 분야에서 한국 외교의 발전을 위해 전략 역량과 빅 씽킹(big thinking)의 필요성을 강조한 칼럼을 전재했다.

전략적 사고 필요성(1): "이순신과 히딩크의 공통점"[1]

이순신 장군과 거스 히딩크 축구감독은 시대와 장소와 분야를 달리하지만, 우리에게 승리 신화를 만든 인물로 통한다. 이순신 장군은 수적 열세와 지원 부족에서 불구하고 일본 수군과 해전에서 23전 전승을 거뒀다. 히딩크 감독은 월드컵 본선에서 1승도 올리지 못한 약체팀을 2002년 한일 월드컵에서 졸지에 세계 4강 대열로 올렸다. 그런데 이 두 사람을 단지 승리한 장군과 감독으로만 보는 것은 겉핥기식 평가에 지나지 않는다. 이 두 사람의 진짜 공통점은 희대의 '전략가'라는 데 있다. 그들은 탁월한 전략적 사고와 전략적 실행으로 후세 누구도 감히 모방하기 어려운 신화를 만든 것이다.

홍명보 감독이 이끄는 우리 축구 국가대표팀은 2014년 브라질 월드컵 본선에서 1무 2패로 16강 진출에 실패했다. 성적 부진에 대한 책임을 물어 국가대표팀 감독에서 물러나야 한다는 여론이 있었지만 일단 감독직을 유지하기로 했다고 한다. 큰 경기가 끝나면 축구팀과 감독에 대해 평가하는 것은 당연하다. 그런데 평가 기준에 문제가 있다. 냉정하게 현실을 보자. 올 초 국제축구연맹(FIFA)이 발표한 한국축구의 세계랭킹은 53위였다. 이런 우리 축구팀이 지역 예선을 통과하여 세계 32강이 맞붙는 월드컵 본선에 진출한 것만 해도 평가받아야 하지 않을까. 50위의 축구팀을 32강으로 만드는 것이 유능한 감독의 몫이라면, 이를 16강이나 4강으로 만드는 것은 전략가의 몫이 될 것이다.

이번 월드컵을 계기로 다시 한번 히딩크 감독의 리더십과 전략가 역량을 뒤돌아보지 않을 수 없다. 당시 '히딩크 신드롬'이 있었다. '히딩크 매직'이라는 말도 있었다. 그런데 정작 히딩크 감독 자신은 이 말을 좋아하지 않았다. 실제 히딩크 감독의 경기 성적은 운도 매직도 아니었

---

1) 전봉근, "이순신과 히딩크의 공통점," 『한국일보』, 2014.7.9.

다. 그는 통찰력과 경험과 과학지식을 통해 경기력이 뛰어난 팀을 만드
는 노하우를 알고 있었다. 이 정도는 보통 축구 감독도 알고 있을 것이
다. 여기에 더해 히딩크는 탁월한 전략가였다, 이 점이 바로 그를 다른
훌륭한 축구 감독과 다르게 만들었다.

당시 한 경제연구소는 히딩크 감독의 리더십을 분석해 5개 성공 요
인을 뽑았다. 해당 분야 최고 전문가로서의 식견, 인연을 배제하고 능
력과 역할 중심의 인재 선발, 기본에 충실, 비전 제시와 공감대 확보,
원칙과 소통을 통한 신뢰 구축 등이다. 실제 히딩크의 각종 인터뷰를
보면 그는 좀체 다른 축구감독과 달리 축구 언어를 쓰지 않는다. 그는
언제나 비전, 소통, 문제인식, 변화관리, 혁신, 신뢰, 임파워먼트
(empowerment), 조직 정열(organizational alignment) 등 전략가와 경영
자의 언어를 구사한다. 매일 죽고 사는 피말리는 경쟁에 시달리는 경제
인들이 히딩크를 배우겠다고 나선 것도 바로 이런 전략가의 면모 때문
이 아닐까.

우리 역사를 돌이켜 보면 단연 이순신 장군이 돋보인다. 이순신 장군
은 해전사뿐만 아니라 모든 전쟁사를 통틀어 보기 드문 23전 23승 무
패 기록이 있다. 어떻게 이런 전과가 가능했을까. 바로 이순신 장군이
전략가이기 때문에 가능했다고 본다. 실제 그의 언행을 보면 무인(武人)
에 앞서 뼛속까지 전략가였다. 전투는 반드시 유리한 장소와 시간을 골
랐다. 사전 준비가 충분치 않으면 전투를 피했다. 상대를 철저히 연구
하고 결코 얕잡아 보지 않았다. 매번 더욱 강해진 상대, 나를 잘 아는
상대를 염두에 두고 새로운 혁신적 전략을 세웠다. 상대 약점을 찾아
공격하고, 자신의 강점을 최대한 활용했다. 엄정한 기율과 솔선수범으
로 목표 의식이 투철한 조직을 만들었다.

지금 우리는 과거 어느 때보다 많은 전략가가 필요하다. 안팎으로 변
화가 빠르고, 경쟁이 가속화하고, 불확실성이 높기 때문이다. 따라서

각 분야의 지도자는 현상유지의 관리자가 아니라 미래를 창출하는 전략가가 되어야 한다. 그런데 현대사회는 개개인이 모두 자율적으로 움직이는 사회다. 따라서 국민 개개인이 모두 전략가가 되어야 한다. 이순신과 히딩크의 비전도 개별 구성원의 전략적 사고와 실행이 동반되지 않았다면 한낱 몽상으로 끝나고 말았을 것이다.

전략적 사고 필요성(2): "평화·통일 위한 빅 씽킹(Big Thinking)"2)

동북아와 한반도가 권력정치의 격전장으로 변하고 있다. 미중 간 패권경쟁, 북한의 핵무장과 군사도발, 일본의 우경화와 재무장, 중국의 공세외교와 군사대국화, 영토와 영해 분쟁 등이 동북아의 대표적인 위험요인들이다. 최근 우크라이나 사태의 불똥이 동북아로 번지지 않을까 하는 우려도 있다. 우크라이나의 국경 변경이 동북아의 영토·영해 분쟁에 나쁜 선례가 되고 있기 때문이다. 만약 우크라이나 사태로 인해 미·러 갈등이 심화하고 러시아가 동북아에서 중국과 북한과 반미 연대에 나선다면 그 전선은 한반도가 될 것이다.

동북아에는 역내 국가 간 교류협력이 증가하지만 정치·안보적 갈등도 증가하는 '아시아 패러독스' 현상이 있다. 심지어 '아시아 패러독스'보다 나쁜 시나리오도 가능하다. 정치적 갈등이 계속 악화하면 결국 교류협력도 위축되는 악순환이 예상되기 때문이다. 더욱 비관적인 것은 동북아와 한반도 안보 상황이 좀체 개선될 가능성이 없고, 새로운 냉전의 조짐마저 보이는 점이다.

박근혜 정부가 동북아 평화협력 구상과 한반도 신뢰 프로세스를 제기한 배경에는 바로 이런 우려가 있었다. 암울한 현실과 전망 속에서 동북아 평화와 한반도 통일의 가치가 돋보인다. 사실 90년대 탈냉전기

---

2) 전봉근, "평화통일 위한 빅 씽킹(Big Thinking)," 『한국일보』, 2014.4.16.

들어 동북아에서도 아시아태평양시대, 동북아 다자안보협력, 한반도 평화체제 등과 같은 비전이 제시되어 희망적 메시지를 알렸다. 그러나 냉전체제 극복을 위한 전략과 지도력이 미미한데다, 냉전 잔재의 장애물로 인해 탈냉전 시대에 동승하는 데 실패하였다. 그렇다면 어떻게 현재 안보 위기와 대화 정체 국면을 타파하고 새로이 평화와 통일을 이룰 것인가. 누구나 쉽게 하는 주문이지만 어디서부터 실타래를 풀어야 할지 난감하다. 동북아 안보문제들은 이미 수십 년간 해결하지 못한 난제이며, 지금은 더욱 얽히고설켜 누구도 평화를 위한 선제조치를 취하기 어렵다.

현실을 뛰어넘는 '빅 씽킹(Big Thinking)'과 혁신적 전략이 필요한 시점이다. 우리나라는 80년 말 세계적인 탈냉전의 과도기에 혁신적인 '북방외교'를 통해 남북관계와 외교관계의 틀을 바꾸는 데 성공한 적이 있다. 박근혜 정부의 동북아 평화협력 구상과 한반도 신뢰 프로세스도 이런 신사고를 반영한다. 그렇다면 이 구상들의 전략성과 실현성을 강화하기 위해 과연 어떤 노력이 필요한가.

첫째, 역사가들은 모든 구성원을 감동시키는 강력한 비전에서 목표 달성을 위한 동력이 나온다고 입을 모은다. 킹 목사의 '나의 꿈,' 케네디 대통령의 '인간의 달 착륙,' 오바마 대통령의 '핵무기 없는 세상' 비전들은 사람과 국가들을 움직이는 데 성공하였다. 따라서 국가와 국민에게 공감과 영감과 욕구를 자극하며, 미래지향적이면서 손에 닿을 수 있는 비전을 제시해야 한다.

둘째, 현상을 뛰어넘는 '빅 씽킹' 전략이 필요하다. 80년대 말 '북방외교'를 성공시킨 것도 냉전의 시대적 제약을 뛰어넘는 '빅 씽킹' 때문에 가능했다. 현 상황의 악화 방지를 위해 노력하는 한편, 환경의 제약을 뛰어넘어 협력 가능하고 달성 가능한 새로운 목표와 협력과제를 만들어야 한다.

셋째, 동북아에 평화와 관용의 문화를 확산시켜야 한다. 군비경쟁과 억지는 현상 유지에 성공하지만, 지속가능한 평화협력 체제를 만들지는 못한다. 유럽통합을 가능케 한 평화와 관용의 문화는 수백 년 이상의 전쟁과 고통의 결과라고 하지만, 우리는 마냥 기다릴 수는 없다. 평화를 혼자 만들 수는 없으므로, 동북아 차원에서 평화와 관용의 문화를 확산시키기 위한 공동노력이 있어야 한다.

동북아와 한반도는 시지프스 신화가 상징하는 타성과 역사의 질곡에서 벗어나기 위해 몸부림치고 있다. 반복되는 안보위험에서 탈피하고 새로운 동북아와 한반도 시대를 만들기 위해서는 혁신적인 '빅 씽킹'이 필요하다. 이를 위해 정부 차원에서는 역내 고위 전략대화를 통해 동북아 평화협력 구상과 한반도 신뢰 프로세스의 비전과 전략을 강화하기 위해 노력해야 한다. 역내의 정책공동체도 상상력을 발휘하여 평화와 협력을 위한 미래비전과 전략을 만드는 작업에 동참할 의무와 책임을 진다.

2. 한국 외교에서 전략의 현주소

"전략의 빈곤"

한국 외교안보는 바야흐로 '전략의 전성시대'를 맞았다. 정치권, 정부, 정책공동체, 미디어를 막론하고 많은 인사들이 오늘 한국 외교는 전략적 외교, 대전략, 전략적 사고가 필요하다고 주장한다. 매우 타당한 요구이다. 그런데 누구도 전략적 외교를 어떻게 하는지, 대전략이 무엇이며 전략과 어떻게 다른지, 정책과 전략은 어떤 관계에 있는지, '전략적 사고'를 어떻게 하는지에 대해서는 묻지도 않고, 논쟁하지도 않았다. 보통 어떤 이슈나 개념에 대해 논란이 없다면, 대체로 모두가 잘 알고 있는 상식이거나 완전하게 공감하기 때문이다. 하지만 외교 전략의 경우, 그렇지 않은 것 같다. 필자의 관찰에 따르면, 외교 부문에서는 전략에 대한 상식도, 합의도 없어 보인다. 소위 '전략의 빈곤' 현상이다.

'전략의 빈곤' 현상은 외교안보 부처에서뿐만 아니라, 전문가들의 정책 공동체에서도 보편적으로 나타난다.

정부와 전문가그룹들은 보통 '외교정책'과 '외교전략'을 개념적 구분 없이 혼용하여 사용한다. 따라서 양자의 상호관계에 대해서도 각자 편의적으로 해석하고 사용하는 경향이 있다. 필자가 관찰한 국내의 정책과 전략에 대한 통상적인 인식과 사용은 아래와 같다.

첫째, 국내 외교안보 분야 정부인사와 전문가들은 'ㅇㅇ정책'과 같은 용어를 많이 사용한다. 반면에 'ㅇㅇ전략'과 같은 용어는 드물게 사용된다. 외교정책, 국방정책, 대미정책, 대북정책, 통일정책, 대중정책, 통상정책, 햇볕정책, 동맹정책, 중견국 외교정책, 신남방정책 등에서 보듯이 한국의 외교안보는 온통 '정책'으로만 만들어졌다. 외교부, 통일부 홈페이지를 보면, 각각 '외교정책'과 '통일정책' 메뉴가 있지만, '외교전략'과 '통일전략' 용어는 찾기 어렵다.

우리가 타국의 외교정책을 말할 때, 북한의 대남전략·대미전략, 미국의 국가안보전략, 한반도 전략, 인도-태평양전략, 핵전략, 아베의 외교전략 등과 같이 주로 'ㅇㅇ전략'이라고 부르고 있다. 실제 외국 정부도 'ㅇㅇ정책'보다는 'ㅇㅇ전략'이라는 명칭을 더 빈번하게 사용한다. 특히 미국은 국가안보전략, 인도-태평양전략, 국방전략, 반테러 전략, 한반도 전략 등과 같이 '정책'보다는 '전략'이란 용어를 주로 사용한다.

한국의 국가안보실이 발간하는 '국가안보전략 보고서'에서만 "ㅇㅇ전략" 명칭이 붙을 뿐, 그 외 모든 보고서는 대체로 "ㅇㅇ정책 (또는 '정책방향')" 명칭을 갖고 있다. '국가안보전략 보고서' 명칭도 미국을 포함하여 이런 종류의 보고서가 모두 'ㅇㅇ 전략보고서'라는 명칭을 갖기 때문에 한국도 이런 관행을 따른 것으로 보인다. 사실 한국의 국가안보전략보고서도 제목만 '전략'일 뿐, 내용은 대체로 'ㅇㅇ정책'으로 구성된다. 윤석열 정부가 2022년 "자유, 평화, 번영의 인도-태평양전략"을 발표했는데, 외교부가 "○○전략"이라는 명칭을 사용한 것은 예외적이다. 이것도 실상은 동류의 미국 보고서가 이런 명칭을 갖기 때문이다. 하지만 한국의 보고서가 미국의 '인태전략'과 같이 '전략보고서'의 양식과 체계를 따랐는지는 의문이다.

둘째, 국내에서는 대체로 정책과 전략을 잘 구분하지 않지만, 굳이 구분하자면 전략을 정책의 상위 개념으로 보는 경향이 있다. 대체로 '외교전략'을 '외교정책'의 상위 개념이고 더욱 포괄적인 개념으로 보는데, 따라서 '외교전략'의 수립과 관리는 대통령실(국가안보실)의 책임으로 본다. 한편, '외교정책'의 수립과 관리는 외교부의 책임으로 간주하는 경향이 있다. 필자는 이와 정반대로 생각하는데, 구체적 내용은 뒤에서 토론한다.

셋째, 외교부는 외교 역량의 하나로 '전략적 사고'를 요구하고 있다. 그런데 '전략적 사고'의 정의와 교육프로그램의 내용에 대한 의견이 분분하여, 이 외교 역량의 교육과정이 아직 정착하지 못했다. 실제 업무 과정에서 "전략적으로 하라"는 요구가 많다. 하지만 '전략적 사고'가 무엇인지 어떻게 하는지에 대한 이해와 합의 수준이 낮아서, 기껏 "잘 하라," "신중하게 앞뒤 사정을 보면서 하라" 정도의 의미만 있다. 그 결과, '전략 방법론'에 따른 다양한 분석기법이 사용되지 못하고 있다. 외교 전문가들 사이에서는 '전략적 사고'를 '전략적 격언'으로 간주하는 경향도 있다.

정부나 기업이 이해하고 활용하는 '전략적 사고'란 모든 경쟁적 상황에서 최고의 성과를 내거나, 경쟁적 우위(competitive advantage)를 지키기 위해 공통적으로 적용하는 다양한 전략의 기법을 말한다. 그런데 외교 서클에서는 종종 '전략적 사고'를 억제, 봉쇄, 동맹, 이이제이, 성동격서, 선택과 집중, 간접전쟁, 부전승 등과 같은 국제정치 이론 또는 격언으로 이해한다.

마지막으로, 해외에는 외교책사, 외교 전략가, 외교전략 연구자 등이 있고, 이들이 외교전략을 실행하거나 연구하고 있다. 그런데 국내에서는 그런 호칭을 듣거나, 자칭하는 인사들이 없다. 따라서 외교안보 전략가 또는 전략연구의 레퍼런스 모델도 없는 실정이다.

그렇다면 한국의 외교안보에서 왜 이런 '전략의 빈곤' 현상이 발생할까? 첫째, 그동안 전략 외교, 전략적 사고에 대한 문제제기와 요구가 거의 없었기 때문이다. 사실 전략적 사고의 요구는 비교적 최근 현상이다. 따라서 외교관과 전문가들도 전략적 사고, 전략 기법 등을 학습하거나 활용할 기회가 없었다. 실제로 아직도 정책과 전략의 개념을 구분 없이 혼용하고 있으며, 전략보고서에 대해서도 정해진 체계 없이 제각기 임의로 작성하는 것이 관행화되었다.

둘째, 일반적으로 '전략'에 꿍꿍이, 계략, 술수 등 부정적 이미지를 부여한다. 예를 들면, 우리는 대북정책과 전략을 막론하고, '비핵화정책,' '햇볕정책,' '통일정책'으로 부른다. 하지만 북한에 대해서는 대남 정책과 전략을 막론하고 '대남전략,' '적화전략' 등으로 지칭하고 있다. 다만 미국의 경우, 미국식 사용례를 따라 'ㅇㅇ전략'이라고 불렀다. 미국이 사용하는 '한반도 전략' 용어는 우리가 선의로 받아들이지만, 중국 또는 북한이 사용하는 '한반도 전략,' '대남(한국) 전략' 등에 대해서는 부정적인 목표를 추구하거나 술책을 강구하는 의미를 부여하는 경향이 있다.

셋째, 적지 않은 외교안보 인사들은 외교안보 전략을 강대국의 전유물로 본다. 특히 외교관들이 그렇게 본다. 이들에 따르면, 수시로 변하는 강대국의 요구와 강대국 국제질서에 '적응'하는 것이 최고 미덕인 중소국에게는 문서화된 외교안보 전략이 불필요하다는 입장이다. 전략을 문서화 하면, 자신의 전략을 상대방에게 노출시키게 되고, 또 유연한 대응을 방해한다고 주장한다. 그런데 동서고금의 중소국 또는 '끼인 국가'를 보면, 이들은 생존과 독립과 자주에 매우 민감하다. 따라서 이런 목표를 달성하기 위한, 전략 외교와 자율 외교에 대한 요구도 강하다. 이들에게 전략적 사고와 전략 외교는 체질화 되어 있다. 이는 전략적 사고에 대한 이해와 인식이 낮은 한국과 대조된다.

넷째, 한국이 속한 동북아에서는 전통적으로 중국이 유일 초강대국으로 존재했기 때문에 중국에 대해 위계적인 조공관계 유지가 유일한 외교전략 옵션이었다. 그런 오랜 관행의 결과로, 한국에서는 주변국과 세력경쟁과 생존게임을 해야 하는 전략 개념이 미발달된 것으로 해석할 수도 있다. 동북아에서 수백 년에 한 번씩 드물게 중원 중국의 분열, 북방 유목세력의 부흥, 일본의 내부 통일과 국력 팽창, 해양세력 미국의 등장 등으로 인해 강대국 세력경쟁과 세력전이가 발생했다. 그럴때마다 강대국 패권경쟁의 길목에 있는 '끼인 국가' 한국은 전쟁을 피하지 못하고, 전화를 입었다.

하지만 과거 한국 집권층은 관행화되고 이념화된 중원 중국과 사대관계를 고집할 뿐 역내 세력변동에 둔감하고, 한국의 자강 노력을 등한시했다. 이는 눈앞의 안보위협뿐만 아니라 미래의 안보위협을 예견하고 준비해야 하고, 세력이 월등한 강대국과 충돌을 피하기 위해 다양한 헤징전략을 구사해야 하는 '전략 외교의 부재'와 '전략적 사고의 빈곤' 때문으로 볼 수 있다.

다섯째, 한국의 전통적인 중앙집권적 국내정치 질서도 전략 개념이 미발달된 배경이 되었다. 한국은 신라통일 이후 지난 1500년 간 단일 왕조 국가를 유지했기 때문에 지방 세력 간 세력경쟁과 전략게임을 할 필요가 거의 없었다. 한국과 달리, 중국과 일본의 경우 고대 이래로 수시로 다수 국가와 영주들이 서로 이합집산의 세력경쟁을 벌였기 때문에 전략적 사고를 발전시키는 배경이 되었다. 이는 고대 그리스에서 도시국가 간 세력경쟁, 중세 이태리의 도시국가 간 세력경쟁, 중세와 근세 유럽국가 간 세력경쟁 등으로 인해 이들이 외교 전략 개념을 발전시킨 것과 유사하다.

전략기획 조직의 미발달

한국 정부는 90년대 초 탈냉전기를 맞이 갑작스러운 외교 지평의 확대에 대응하고, 탈냉전기 한국 외교의 방향성을 모색하기 위해 외교부에 '외교정책실'을 설치했다. 당시 외교정책실의 참조 모델은 미 국무부 내 국무장관 직속의 '정책기획실'로 추정된다. 미국 정책기획실은 1947년에 설립되어 국무부 내 싱크탱크로서 '전략적 사고' 기능을 담당하고 있다. 하지만 막상 신설된 한국 외교부의 외교정책실은 전략기획 기능에 집중하기보다는 국세연합과, 군축원자력과, 인권사회과, 정책총괄과, 안보정책과, 특수정책과(대북정책과) 등으로 구성되었다. 따라서 표면상 '외교정책'을 제시했을 뿐 실제 외교정책·전략기획 조직으로 보기 어렵다.

외교부는 2007년 7월 '외교정책실'을 '다자외교실'로 개편했다. 그리고 '다자외교실' 내에 '정책기획국'을 두었다. 기존 '외교정책실'의 주 업무가 국제기구와 다자외교였기 때문에 '다자외교실'로 개편은 조직의 명칭을 현실화한 것이다. 이런 명칭 개정은 외교부가 전략기획과 정책입안 업무보다 현업·현장 업무를 선호하는 조직 문화를 반영한 것으로 보인다. 당시 외교부는 조직 개편의 취지를 다음과 같이 설명했다. "80년대부터 유지해 오던 외교통상부 본부 조직의 기본 틀을 대폭 변경한다. 우선 유엔사무총장 배출 등의 외교적 성과를 바탕으로 인권·개발원조·PKO 등 글로벌 이슈에 주도적으로 참여하고, 국가 위상에 걸맞은 국제적 기여와 역할을 수행할 기반을 강화하기 위하여 '외교정책실'을 '다자외교실'로 개편한다." ("국가 외교역량 강화를 위한 외교통상부 조직 개편" 외교부 보도자료, 2007.7.3.) 글로벌 외교를 위한 외교역량 강화라는 명분에도 불구하고, 외교부의 정책과 전략 기능은 더욱 위축되었다. 결국 현업 업무의 확장을 위해 전략기획 조직이 축소되었다.

외교부는 2011년 3월 다시 다자외교실 내 정책기획국을 폐지하고, 정책기획국 업무 중에서도 정책·전략 기능을 담당할 '정책기획관실'을 장관실에 소속시켰다. 초대 정책기획관으로 당시 이상현 세종연구소 안보실장을 영입했다. 신설된 정책기획관실은 장관실 소속으로 좀 더 폭넓은 정책업무를 할 수도 있었다. 하지만 제한된 인력에다 각종 외교 행사까지 맡게 되어, 본연의 정책·전략업무를 수행하기에 크게 역부족이었다. 내부적으로도 그런 정책·전략 개발에 대한 요구도 거의 없었던 것으로 보인다. 정책기획관실은 외교부 내 싱크탱크로서 중장기 정책·전략기획 업무를 수행하기보다는 연두 업무보고 정리, 외교백서 작성, 장관 연설문 작성, 그리고 동북아 평화협력 구상 행사 개최 등 실무에 투입되었다. 이런 상황을 감안할 때, 외교부 내에서 전략기획에 대한 필요성조차 인식하지 못한 것으로 추정된다.

2010년대 중반부터 미중 전략경쟁이 심화되고 한국이 양측으로부터 양자택일의 압박까지 받게 되자, 외교부는 대응책을 마련하기 위한 전략기획의 필요성을 인식하게 되었다. 외교부는 2019년 화웨이 사건이 발생하자 총리실의 지시에 따라 미중 경쟁과 외교안보 환경의 급변에 효과적으로 대응하기 위해 한시적으로 외교전략조정회의와 2개 분과위원회(외교안보, 경제과학기술)를 운영했다. 이를 지원하기 위해 외교부는 외교전략기획관실에 '전략조정지원반'을 설치하고 처음으로 외교전략을 기획하는 업무를 부여했는데, 동 지원반도 한시적으로 운영하는 데 그쳤다.

외교부는 2019년 5월 기존의 '정책기획관실'을 '외교전략기획관실'로 개편하고, 외교전략 기획업무를 보다 명시적으로 부여했다. 정책기획관실은 원래 장관실에 소속되었는데, 외교전략기획관실은 1차관실로 배속되었다. 외교전략기획관의 업무로 외교정책의 수립 및 조정, 중장기 외교전략의 수립 및 총괄, 국제정세에 관한 정보의 수집·분석 및 관계기관과 협력, 외교부 정책자문위원회의 운영, 외국과의 정책기획협의회 운영 등이 있다.

외교전략기획관실은 다시 정책기획담당관과 전략조정담당관으로 구성되어 있고, 전략조정담당관 아래에 정세분석팀이 배정되어 있다. 그런데 정책·전략기획의 주무과인 '정책기획담당관실'도 막상 정책기획 업무보다는 연설문 작성, 백서 작성, 정책자문회의 운영 등 사업에 더 많은 시간을 투입했다. 미 국무부 정책기획국이 장관을 직접 보좌하는 데 비해, 우리 외교전략기획관실은 직제상 제1차관을 보좌했다. 그리고 외교부의 현장 업무 중시, 칸막이 업무문화, 상하 소통 중심, 보안주의 문화 등으로 인해 신생 외교전략기획관실도 본연의 전략기획 임무를 수행하기 어려울 것으로 추정된다.

참고로, 한국 외교부의 '외교전략기획관실'에 상응하는 미 국무부 '정책기획실'의 임무와 역할은 다음과 같다. 국무부 내 싱크탱크 기능 수행, 각종 지역과 기능 정책이슈에 대한 분석조사, 중장기적 정책기획과 수립의 주도, 장관 지시에 따른 특별 연구, 중장기 정책에 대한 부처 간 조정, 장관 연설과 각종 발언문 작성으로 통합된 메시지 발신, 싱크탱크·NGO와 대화 및 여론 수렴, 주요국과 중장기 정책대화 개최, 내부에서 비판과 대안 제시로 창의성 촉진 등이 있다.

한국 외교부에서는 외교정책실이 정책기획국으로, 다시 정책기획관실로, 최종적으로 외교전략기획관실로 조직 명칭이 변경되었다. 그런데 왜 조직과 명칭이 변경되었는지, 어떻게 임무가 바뀌었는지에 대한 내부의 공감대가 낮아, 명칭 변경의 효과도 의문시되었다.

노무현 정부 때 정부업무의 성과관리체제 도입에 발맞추어 외교부도 외교 업무의 '성과관리체제'를 도입하여 성과 지향적이고 체계적인 업무관리체제를 구축했다. 또한 외교부는 2005년 정부 차원의 업무역량 강화방안에 따라 '외교 역량'의 '전략적 사고'를 포함시켰다. 이렇게 '전략 외교'와 '전략적 사고'에 대한 수요와 요구가 증가하지만, 외교 전문가들 사이에서는 전략이 무엇인지, 전략적 사고를 어떻게 하는지에 대한 논의가 거의 없었다. 외교전략을 위한 외교부 조직 개편과 '전략적 사고' 외교 역량의 도입도 그 효과가 기대에 미치지 못했다.

3. '전략'의 정의와 체계

전략의 정의

전략(strategy)이란 무엇인가? 전략의 어원은 고대 그리스어 '스트라테고스(strategos)'로 알려져 있다. 여기서 전략은 '장군의 기술(art of the general)'을 의미하는 군사용어로서 장군이 상대 군대를 격퇴하기 위해 자신의 군대를 포진하고 운용하는 계획을 말한다. 이런 군사적 전통에 따라, 20세기 중반까지도 전략은 군수 부문에 한정되어 사용되었고, 통치자의 명령에 따라 장군이 군대를 운영하여 전쟁을 수행하고 승리하는 군사기술을 의미했다.

19세기 초 전쟁이론가인 클라우제비츠는 『전쟁론(On War)』에서 전략을 "전쟁 목적을 달성하기 위해 전투를 사용하는 기술(the art of the employment of battles as a means to gain the object of war)"로 정의하였다. 여기서 클라우제비츠는 전략이 전쟁의 불확실성 속에서 상황을 관리하는 기술(art)이라는 점을 강조했다. 또한 그는 전략이 상위의 정치 영역과 구분하면서도, 정치 영역에 속하는 '전쟁 목적'과의 관련성을 부각했다. 그의 정의는 동시대에 살았던 앙투안 앙리 조미니(Antoine-Henri Jomini)가 『전쟁의 기술(Art of War)』에서 '전략'을 과학적인 전쟁 기술로 간주하고, 이기기 위한 전쟁의 공리(公理)와 교훈을 제시한 것과 대조되었다.

19세기 중후반에 활동했고 현대 직업군인을 대표하는 프러시아의 헬무트 몰트케 장군은 전략을 "기대하는 목표의 달성에 장군의 처분 하에 놓인 수단을 실제 적응시키는 것(the practical adaption of the means placed at a general's disposal to the attainment of the object in view)"으로 정의했다. 그는 전략의 정의에서 자신의 처분하에 있는 군사적 수단을 적용하는 장군의 역할을 부각했다. 그는 전쟁 정책과 목표를 결정하는 정부(통치자)와 주어진 전쟁수단의 집행을 통해 그 전쟁 목표를 실제 달성하는 군부(장군)의 역할을 분명히 구분함으로써 사실상 정치의 군사 개입을 거부하고 군사 영역에서 장군의 배타적, 주도적 역할을 강조하고자 했다. 이와 유사하게 영국의 전략이론가인 리델 하트는 전략을 "전략 목표를 완수하기 위해 군사수단을 분배하고 적용하는 예술 (the art of distributing and applying military means to fulfill the ends of policy)"이며, "장군의 기술"로 정의했다.3)

이런 전통적인 전략의 정의에 따르면 2개의 특징이 있다. 첫째, 전략의 범주를 엄격히 군사 영역에 한정했다. 현대사회에서 전략은 정부, 기업, 개인의 활동에서도 보편적으로 사용되는 것과 대조된다. 둘째, 전략의 영역을 군사적 수단을 적용하고 운영하는 장군의 군사기술적 역할에 한정했다. 이때, 전략의 영역은 전쟁 목표를 제시하는 정치, 통치의 영역과 구분된다. 과거 마케도니아의 알렉산더 대왕, 프러시아의 프레더릭 2세, 프랑스의 나폴레옹 황제와 같이 통치자와 장군이 일체화할 경우, 전쟁 목표에 대한 정치적 결정과 전쟁을 실제 수행하는 군사전략이 통합적으로 운용되었다. 하지만 점차 프러시아 전통을 따라 직업장교가 운영되고 민주주의가 발전하면서, 정치와 군사의 역할이 구분되었다. 정치지도자는 전쟁 목적을 제시하는 정책 영역을 담당하고, 장군은 주어진 전쟁 목적을 위해 군사를 운용하는 군사기술적 전략

3) B. H. Liddell Hart, *Strategy*, Second Revised edition (Plume, 1991).

기능에 집중했다.

역사 발전에 따라, 전략의 목표와 전쟁 양상도 점차 진화했다. 유럽에서 프랑스혁명 전에 영주들은 공생의 공통된 정치적 목적을 공유하고 있어, 상대방의 완전한 파괴를 목적으로 하는 제로섬 게임의 전략을 추구하지 않았다. 하지만 프랑스혁명 이후 전쟁 양상이 제한전에서 전면적인 국가역량을 동원하는 국민전쟁, 전면전쟁, 총력전쟁으로 진화했다. 나폴레옹, 클라우제비츠, 몰트케 등은 상대국의 군사력을 완전히 파괴하는 절대전쟁, 전면전, 섬멸전을 추구하고, 이를 위한 군사력과 정치적 의지의 적용을 강조했다. 그런데 1차 세계대전에서 보았듯이 절대전쟁과 군사적 완전 승리를 추구할 경우, 전쟁에서 승리하고도 평화정착에 실패했다. 다시 말해, 전쟁에는 승리했지만, 전쟁 목적, 즉 평화 달성에는 실패했다. 2차 세계대전 종전 이후 세계대전의 참화와 핵무기로 인한 인류멸망의 공포 등으로 인해 국가들은 핵전쟁을 회피하는 공동이익과 목표를 공유하게 되었다. 따라서 상호 핵억제의 상황에서 전략의 군사적 성격이 줄고, 협상을 통한 윈-윈을 모색하는 정치적 성격이 주목받았다.

20세기 들어 전쟁뿐만 아니라 비군사적 방법으로 전쟁 목표(평화)를 달성하는 전략에 관한 관심이 증가하면서, 전시와 평시를 통합한 전략 개념이 제시되었다. 이런 추세를 반영하여 전략 연구자인 로렌스 프리드만(Lawrence Freedman)은 전략을 "목표(정치적)와 수단(군사, 정치, 경제, 심리 등)의 관계에 대한 것"으로 정의했다.[4] 역사가 에드워드 미드 얼(Edward Mead Earle)도 전략을 "핵심 국익을 확장하고 보호하기 위해 군대를 포함하는 국가자원을 통제하고 활용하는 기술"이라고 정의했다. 이런 프리드만과 얼의 정의는 오늘 외교안보 분야에서 가장 보편적으로 통용되는 '전략' 정의이다.

---

4) Lawrence Freedman, *Strategy: A History*, (Oxford: Oxford University Press, 2013)

'전략' 개념은 그리스 시대부터 줄곧 '군사' 부분에 한정되어 사용되다가, 20세기 중반 이후 처음으로 기업 경영에 도입되었고, 점차 행정, 외교, 개인 영역으로 확산되었다. 전략은 기본적으로 적을 상대로 생사와 성패가 갈리는 전쟁 상황에서 승리를 추구하는데, 시장에서 사활적인 경쟁을 벌이는 기업이 전략 개념에 주목했다. 전략이 기업 경영에 적용되기 시작하면서 현대적인 전략 연구가 활성화되었다.

오늘날 전략 연구와 활용이 가장 활성화된 경영 분야에서 전략은 다음과 같이 정의된다. 케네스 앤드루스(Kenneth Andrews)는『기업 전략의 개념(The Concept of Corporate Strategy, 1971)』에서 전략을 "기업이 할 수 있는 것(기업부의 강점과 약점)과 기업에게 열려있는 가능성(기회와 위협의 외부환경)"으로 정의했다. 마이클 포터(Michael Porter) 하버드대 교수는 전략을 "기업이 어떻게 경쟁하는가에 대한 광범위한 해법(broad formula for how a business is going to compete)"이라고 정의했다. 보스톤컨설팅그룹의 설립자인 브루스 핸더슨(Bruce Henderson)은 전략을 "기업의 경쟁 우위를 개발하는 행동계획의 인위적 모색(deliberate search for a plan of action that will develop a business's competitive advantage and compound it)"으로 정의하고, 생존전략의 핵심으로 차별화를 통한 경쟁우위를 제시했다.

한편, 클라우제비츠가 전쟁의 불투명성에 대응하기 위해 전략의 유연성을 강조한데 영향을 받아, 현대 전략 이론은 불확실한 현실의 전쟁 상황에서 도식적인 전략의 이론과 원칙이 도움이 되지 않는다며 보다 유동적인 전략 개념을 모색했다. 두 세력이 충돌하는 전쟁은 언제나 우연성, 불확실성, 모호성이 충만하여 '전략의 불확실성'을 고려해야 한다. 더욱이 전략의 상대가 물건이 아니라 생각하고 의지도 강한 사람이라는 점을 감안할 때 전략의 실행은 더욱 복잡해진다.

권투선수 마이크 타이슨은 시합 전략을 묻는 기자에게 "사람들은 실제 한 방 맞기 전까지는 모두 계획이 있다"라는 유명한 말을 남겼다. 프러시아의 몰트케 장군도 "전투 계획은 실제 적과의 교전을 살아남지 못한다"라고 발언하여, 전략 수립에서 상대방과 상호작용과 즉응성(卽應性)의 중요성을 강조했다. 따라서 전략연구자인 머레이와 그림즐리(Murray and Grimsley)는 전략을 "가능성과 불확실성과 모호성이 지배하는 세계에서 변하는 조건과 환경에 끊임없이 적응하는 과정"으로 정의했다.

요약하면, 오늘 '전략' 개념은 전쟁뿐만 아니라, 일반적인 국가행정, 외교, 기업경영, 개인관리 등 모든 영역으로 확장되었다. 이때 전략은 통상적으로 "목표(ends)를 달성하기 위해 수단(means)을 동원하는 방법(ways)"으로 정의된다. 이 정의는 목표, 수단, 방법의 삼위일체적 정열을 강조하는데, 이때 목표는 고정된 것이 아니라 가용한 수단과 방법에 따라 수정될 수도 있다. 외교안보 부문에서 '전략'은 "국익(국가 목표)을 보호하고 달성하기 위해 다양한 국력 수단을 동원하고 적용"하는 것으로 정의할 수 있다. 여기서 다양한 국력 수단은 보통 대전략의 4개 하위 부문인 외교·정보·군사·경제(diplomacy, information, military, economy, DIME)를 포함한다. 미중 패권경쟁 시대 들어 정치체제, 가치, 과학기술 부문도 전략 경쟁의 일부로 추가되었다.

외교정책 vs. 외교전략

전통적인 전략론에 따르면, '정책'은 전쟁에 대한 정치적 결정을 내리고 전쟁의 목표를 제시하는 것이다. 이는 통치와 정치의 고유한 영역이며, 왕, 대통령, 의회 등이 국가와 주권을 대표하여 그런 결정을 내린다. 통치권적, 정치적 결정을 집행하고 성과를 내는 방안, 즉 '전략'을 수립하는 것은 장군의 몫이다. 전략의 지침 아래에서 현장에서 '전술'을 수립하고 전투를 수행하는 것은 현장 지휘관의 역할이다.

이 정의를 따르면, 외교정책 결정은 정치를 대표하는 대통령 또는 국회의 고유한 역할이고, 외교전략의 수립과 집행은 외교부의 고유한 역할이다. 정책은 비전과 목표에 대한 것이고, 전략은 목표의 달성 방법론에 대한 것이다. 즉, 전쟁과 평화 정책의 목표를 실제 이행하는 것은 장군 또는 외교관의 몫이고, 그 이행 방법이 바로 '전략'이다. 이때 전략은 목표·수단·방법(ends, means, ways)을 효과적으로 정렬시키며 실행하는 방법이며 기술(art)이다. 그런데 필자가 면담한 대부분 외교 관련 인사들은 외교부가 '외교정책' 전담부서라고 주장했다. 그리고 '외교전략'을 국가안보전략과 동일시하여, 대통령실 또는 국가안보실의 영역이라고 인식했다.

상기 분류법을 우리 외교안보통일정책에 적용하면, 통일정책, 평화정책, 비핵화정책, 경제공동체정책 등은 비전과 목표를 제시한 정책 개념이다. 반면에 개방, 포용, 변화 유도, 제재압박, 신뢰프로세스 등은 목표 달성을 위한 방법론을 제시한 전략 개념이다. 대북 포용정책의 경우, 한반도 통일과 평화를 위한 방법론이라는 점에서 '포용전략'으로 불러야 한다. 유사하게 봉쇄전략, 제재전략, 변화전략 등으로 불러야 하지만, 국내에서는 대체로 그렇지 못하고 '○○정책'으로 부르는 경향이 있다.

전통적인 전략론에 따르면, 정책과 전략은 그 상하 관계나 크기가 아니라, 그 성격과 목적에 따라 구분된다. 특히 전략의 최대 특징은 수단과 방법을 포함하는 실행 방안을 한다는 것이다. 국가전략, 국가안보전략, 경제발전전략은 국가 단위의 높은 단계 지침을 제시하는 동시에 수단과 방법을 포함하는 실행 방안도 제시하고 있다. 한편, 대미정책, 대북정책, 통일정책, 성차별금지정책, 포용정책 등은 오히려 단위조직의 정책이지만, 목적과 방향성, 판단기준을 제시할 뿐 수단 방법과 실행 방안을 제시하지 않는다.

다시 말해, 정책은 목표와 가치와 방향성에 대한 방침과 지침을 제시하는 데 집중한다. 하지만 전략은 결정된 목표와 가치와 방향성을 기반으로 하여 이를 달성하는 데 필요한 일련의 전략목표와 조치와 행동을 제시한다. 전쟁과 기업경영의 경우는 전쟁 승리, 이익 극대화와 같이 목표가 이미 정해져 있거나 관련 이해관계자들 사이에 합의가 쉬우므로 주로 이를 달성하는 방법인 전략에 집중하는 경향이 있다.

요약하면, 정책과 전략은 그 규모나 위계의 차이가 아니라, 용도와 성격의 차이에 따라 구분된다. 정책은 목표와 방향성과 추진 여부 등에 대한 포괄적인 의지와 의도의 표현이다. 전략은 목표를 달성하는 데 필요한 일련의 조치와 실행계획에 집중한다. 정책과 전략의 차이점은 아래 표에 정리했다. 그리고 외교안보통일 분야에서 국익, 국가정책, 국가안보전략, 대전략, 외교정책, 외교전략 등의 전략체계를 정리했다.

표 6-1 | 정책과 전략의 비교

	정책	전략
정의	조직의 결정을 위한 원칙과 지침	조직의 목표 달성을 위한 높은 수준의 계획
질문	왜	어떻게
내용	행동 원칙/준칙, 선언	행동계획
주체	정치지도자, 이사회회장,	전략가, 실무책임자, CEO
경직성	경직	유연, 수정 가능
평가 기준	국익 임무 비전 가치와 부합 여부	효과성, 효율성
특징	가치성	몰가치성
조직 지향성	내부지향적, 내부구성원 지향	외부지향적, 외부환경과 상호작용

표 6-2 | 외교안보통일 분야 전략의 체계

	설명	사례
국익 · 국가가치	• '국익'은 국제사회의 핵심 구성 주체로서 국가의 생존을 보장하려는 목표 • '국가가치'는 국가가 생존을 위해 중시하는 가치	• 국익, 국가목표: 국가안전보장, 자유민주주의, 인권 신장, 경제발전, 복리증진, 한반도 평화통일, 세계평화와 인류공영 기여(노무현 정부, 안보정책구상, 2004)
국가정책	• 국익, 가치 등에 대한 정치적 명령과 선언	• 통일정책, 국방정책, 통상정책
국가안보전략	• 국가목표와 외교국방전략 제시 • 국가들은 국가안보전략서 발표	• 국가안보전략 보고서
대전략	• 국익(국가목표)을 위해 외교·군사·경제·정보 등 일체 국가자원 동원 • 높은 수준의 국가안보 지침이며, 보통 명문화 하지 않음	• 냉전기 미국의 대소 봉쇄전략
외교정책	• 국가적 외교 목표, 원칙, 가치 제시	• "국가안전보장회의는 국가안전보장에 관련되는 대외정책, 군사정책 및 국내정책의 수립에 관하여 대통령의 자문에 응한다"(국가안전보장회의법, 헌법 87조) • 김대중 정부의 '햇볕정책'
외교전략	• 정책목표를 외교 수단과 방법을 동원하여 달성	• 외교전략서는 국가목표, 환경분석(위협·기회요인, 강점·약점), 목표치 제시, 수단과 방법 제시, 옵션 평가와 선택 등을 포함
외교전술	• 외교관이 현장에서 실행	• 협상 전술

전략론의 교훈: 대북 전략의 경우

고대부터 현재까지 동서양에서 발달하여온 각종 전략론에서 우리는 대북전략 수립을 위한 교훈을 찾을 수 있다. 특히 대북정책의 실현성과 현실성과 효과성을 높이기 위해서 아래와 같은 전략론의 교훈에 주목한다.

첫째, 전략론은 상대방과 상호작용을 중시한다. 즉, 나의 행동을 결정할 때는 반드시 나의 행동에 대한 상대의 반응을 감안하여 결정할 것을 요구한다. 토마스 쉘링(Thomas Schelling)의 핵억제 전략은 이런 상호작용을 이론화한 것이다. 바둑은 상대와 상호작용을 수십수 이상 고려해야 하는 전략게임이다. 그런데 우리 대북정책은 종종 우리의 일방적 기대사항을 제시할 뿐이며, 이에 대한 상대의 반응과 상호작용은 무시하고 거부하는 경향이 있다. 그런데 대북정책의 실현성과 효과성을 높이려면, 북한과 상호작용까지 고려한 대북 전략으로 보완해야 한다.

둘째, 전략론은 상대의 '저항(resistance)'을 감안할 것을 요구한다. 모든 계획은 현장에 투입되는 순간 예상치 못한 변수로 인해 흐트러지기 다반사이다. 클라우제비츠는 전쟁론에서 상대의 저항이 전략실행에 대한 중대 장애요인으로 보고, 장군(전략가)의 덕목으로 현장에서 적응성과 융통성을 들었다. 특히 북한은 체제적 특성으로 외부의 압박에 대한 저항성이 매우 높은 국가인데, 과거 우리의 대북 정책을 이를 감안하지 못했다. 따라서 대북 전략을 수립할 때, 우리의 압박과 유인책을 거부할 수 있는 북한의 능력, 즉 저항성을 감안하여 그 저항을 우회하거나 극복하는 방안도 포함해야 한다.

셋째, 전략론은 문제 해결을 위한 '간접 접근(indirect approach)'을 강조한다. 전쟁에서 '직접 접근(direct approach)'은 설사 전쟁에서 승리하더라도 높은 인적 피해와 경제적 소모로 인해 정당화되기 어렵다. 현대

사회에서는 더욱 그렇다. 저명한 영국의 전략연구자인 리델 하트에 따르면, 인류 전쟁사를 볼 때 직접 접근의 정년 공격과 전면 전쟁은 결국 공멸을 초래했지만, 간접 접근의 기습·기동·기만은 위대한 승리를 낳았다. 손자도 손자병법에서 전쟁의 대량 피해 없이 상대의 전략을 꺾는 외교전, 심리전, 경제전을 통해 이기는 '부전승(不戰勝)'을 최고 병법으로 꼽았다. 우리의 대북 전략도 전쟁을 억제하면서, 전략·경제·외교·심리전의 우월성을 최대한 활용해야 한다.

넷째, 전략론은 목표에 대한 강한 비전과 믿음을 요구한다. 위대한 종교인과 영웅은 강력한 비전을 제시하고, 이를 구성원과 공유하는 데 성공하였다. 예수와 한니발과 나폴레옹이 제시한 비전과 믿음은 고난을 견디고, 시간을 기다리며 세력을 결집시키는 역할을 한다. 우리 대북 전략도 한반도 비핵평화와 동일에 대한 강력한 한반도 비전을 제시해야 한다. 이때 국내뿐만 아니라, 동북아와 국제사회, 나아가 북한주민의 공감대를 얻어 북한의 공포정치와 핵무장을 타파할 수 있을 것이다.

오늘 한국은 북한 핵무장이라는 전대미문의 안보위기에 직면했다. 앞으로 안보위기를 극복하고, 나아가 한반도 평화와 통일을 진전시키기 위해 대북전략에 주목해야 한다. 그동안 한국은 정권교체 때마다 대북정책을 양산해 왔다. 하지만 북한의 비협조와 저항으로 인해 어느 하나 제대로 실현된 것이 없다. 사실 대부분 대북 정책이 북한의 동의와 협조를 전제로 하지만, 그 동의와 협조를 구하는 일은 북한의 선의와 자발성에 맡긴 셈이다. 전략의 부재이다. 북한의 핵무장과 핵위협이 현실화되는 상황에서 대북 정책의 실현성을 보장하기 위한 대북 전략이 더욱 요구된다.

4. 대전략의 정의와 특징

21세기 들어 세계적 차원에서 자유주의적 국제질서가 약화되고, 지정학과 강대국 세력정치의 시대가 귀환했다. 한국의 국가안보 환경이 급작스럽게 불투명하고 불확실해지자, 새로운 외교안보 전략에 대한 요구가 급증했다. 특히 미지의 위험한 국제환경을 헤치고 나가는데 필요한 국가적 기본 지침, 즉 대전략에 대한 요구도 빈번하게 제기되었다. 하지만 국내 외교안보 서클에서 이런 요구가 새롭고, 심지어 '대전략' 용어가 생소하다. 대체 대전략이란 무엇이며, 왜 필요한가?

'대전략'은 일반적으로 "독립·생존·영토보존·성장 등의 국가목표(국익)를 위한 일체의 외교·군사·정보·경제통상·문화 수단의 동원과 활용"으로 정의된다. 전통적인 좁은 의미의 '전략'이 전쟁 목표를 달성하기 위해 군사적 수단과 방안을 적용하는 것을 말하는 데 비해 목표와 수단·방법이 확장되었다.

마이클 그린(Michael Green)이 미국의 대전략에 대한 저술에서 밝힌 '대전략'의 정의가 명료하여 소개한다. "대전략은 위협과 기회에 대한 면밀한 평가, 그리고 이러한 위협과 기회를 감안하여 국가 목표를 달성하기 위해 방법과 수단을 사려 깊게 적용하는 것을 필요로 한다. '군사전략'과 달리 '대전략'은 전시와 평시의 모든 시기에 외교·정보·군사·경제적 수단을 포괄적 접근에 포함해야 한다. 그리고 대전략은 반드시 실행되어야 한다. 효과적인 대전략은 규율을 요구한다. 전략 목표들은 분명한 우선순위가 있어야 하고, 장기적 목표는 단기적 목표와 구분되어야 하며, 핵심 이익은 부차적 이익과 구분되어야 한다. 세력 배분은 잘 이해되어야 하며, 전략은 예상치 못한 도전에 직면할 것이므로 유연성을 갖고 있어야 한다. 국가적 의지와 자원은 단일 목표를 위해 사용되어야 한다."[5]

이 '대전략' 정의는 전시와 평시를 모두 망라하고, 군사뿐만 아니라 모든 국가 수단을 모두 동원한다는 점을 강조했다. 이는 앞에서 토론했던, 현대적인 '전략' 정의의 유사하다. 그렇다면 전략과 대전략은 어떤 차이점이 있나? 대체로 현대 국가들은 수시로 외교전략, 군사전략, 국가안보전략 등을 발표한다. 하지만 명문화된 대전략을 발표하는 국가는 찾기 어렵다. 따라서 대전략은 실체가 없거나, 구시대의 유물이라는 주장도 제기된다. 이런 대전략의 불가지론에 대해 핼 브랜즈(Hal Brands)는 다음과 같이 대전략에 대한 6개의 오류를 지적했는데, 이를 소개한다.[6] 이 지적은 대체 대전략이란 무엇이며, 무엇이 아닌지를 이해하는 데 도움이 된다.

첫째, 대전략이란 실체가 없는 환상이며, 사후(事後)에 학자가 만들어 낸 것이라는 주장이 있다. 만약 대전략이 모든 외교안보 상황에 대처할 수 있는 사전에 잘 준비된 청사진, 로드맵, 지침서라고 주장한다면, 그런 것은 존재하지 않으며 앞으로도 찾기 어려울 것이다. 대전략이란 "지도자들이 체계적으로 정책의 우선순위를 정하고, 중기, 장기 목표를 정립하고, 상호 모순되는 위협과 목표에 자원을 배분하고, 정책을 가이드하고 사건에 대응하는데 지적인 프레임워크로 사용"되는 것이다. 이런 대전략은 미국 정부가 갖고 있었으며, 계속 변용되고 발전해 왔다.

둘째, 대전략은 권위주의 국가, 독재국가의 전유물이라는 주장이 있다. 이런 주장에 따르면, 일본 제국, 나치독일, 소련, 푸틴 러시아 등은 정부 주도로 명료한 대전략을 수립하고 집행하지만, 민주주의 국가는 선거와 여론 때문에 대전략을 수립하는 게 불가능하고, 설사 있더라도 매우 비효율적이라고 한다. 그런데 대전략이 한 장의 문서가 아니라 외

5) Michael Green, *By More Than Providence: Grand Strategy and American Power in the Asia Pacific Since 1783*, (New York: Columbia University Press, 2017), p.2.
6) Hal Brands, "Thinking about grand strategy: six common fallacies," 2015.3.17., <www.europeangeostrategy.org>.

교안보 정책의 프로세스라고 본다면, 민주주의 국가도 대전략이 가능하다. 그리고 역사를 본다면, 권위주의 국가와 독재자의 대전략이 반드시 효과적이라고 보기 어렵다. 오히려 그 경직성과 독단성으로 인해 일시적인 성과는 있겠지만 결국 실패했다.

셋째, 대전략은 명료한 한 개의 독트린이라는 주장이 있다. 실은 대전략은 한 개의 독트린이 아니라, 광범위한 목표를 제시하고 변화무쌍하게 변화하는 외교 환경에 맞추어 변용하고 적응해가는 '과정'이다. 예를 들면, 미국의 '소련 봉쇄,' '미국의 우위 유지' 등과 같은 대전략은 상황의 변화에도 불구하고, 장기간 유효했던 대전략이었다.

넷째, 흔히 대전략을 세상을 바꾸는 거창한, 거대한 전략으로 오해한다. 심지어 대전략은 현상유지, 고립도 훌륭한 대전략이 될 수 있다. 따라서 대전략이란 거창한 국가적 야망에 대한 것이 아니라, 국가 목표와 수단과 방법의 균형을 맞추고, 장기적 목표에 단기 정책을 연결하게 하고, 복잡한 환경 속에서 국가 통치를 지도하는 프로세스이다.

다섯째, 대전략은 냉전, 대전쟁 시대에 거대 위협, 단순명료한 적대 구조에 대응하기 위한 것이며, 탈냉전기의 평화와 교류협력 시대에는 불필요하고 비생산적이라는 주장이 있다. 그런데 복잡한 환경의 경우, 국가 목표를 정하고, 수단과 방법을 정렬하는 것이 더욱 어렵다. 이럴수록 국가적 초점을 유지하기 위한 대전략이 더욱 필요하다.

마지막으로, 냉전기를 대전략의 전성시대로 보아, 탈냉전기와 같이 복잡하고 정치화된 환경에서는 대전략이 무용하다는 주장이 있다. 이 주장은 대전략이 단순한 안보환경에서 지극히 단순한 지침을 제공하는 데 효과적이라고 본다. 그런데 실은 냉전기도 국내정치적으로, 국제정치적으로 결코 단순명료한 시기가 아니었다. 그리고 당시 대전략의 실행도 결코 직선적이지 않았다. 대전략이란 사전에 준비된 세밀한 실행 계획이 아니라 다양한 환경에 적용될 수 있는 목적과 원칙적 지침이므로 모든 시대적 상황에 적용될 수 있다. 더욱이 복잡하고 불투명한 환경일수록 길을 잃지 않도록 대전략이 더욱 필요하다고 하겠다.

　요약하면, 대전략의 정의와 특징을 다음과 같이 정리할 수 있다. 우선 대전략을 "국가 이익과 목표를 위해 DIME(외교, 정보, 군사, 경제)의 분야별 전략을 통합적으로 운영"하는 것으로 정의할 수 있다. 대전략은 외교안보 원칙과 지침 중에서도 정권 교체에도 불구하고 (국제정치 구조가 변하지 않은 한) 중장기적으로 유효한 것을 말한다. 대전략이 다양한 단기적인 상황 변화에도 불구하고 계속 유효하려면, 추상성이 높아야 하고, 무엇보다 국민적·정치적 공감대가 확보되어야 한다. 또한 대전략은 정부가 발간하는 '국가안보전략 보고서'와 같이 정책 성명으로 결정되지 않는다. 오히려 대전략은 불문(不文)의 형태로 존재하며, 그런데도 국내적으로 높은 수준의 공감대를 확보하고 있다.

　한국의 대전략은 무엇인가? 학계와 미디어에서 대전략이란 용어가 일상적으로 사용되고, 한국의 대전략이 있어야 한다는 요구도 빈번히 제기된다. 하지만 아직 한국의 대전략이라고 내세울 만한 것은 아직 없다. 사실 국내에서 대전략에 대한 연구와 논의 자체가 아직 미발달되었다.[7] 심지어 대전략을 강대국의 전유물을 보아, 한국과 같은 중소국은 대전략이 있더라도 집행할 역량이 없으므로 불필요하다는 지적도 많다. 때로는 대전략에 관한 연구라고 하나, 대전략이 무엇이며, 외교전략(정책), 안보전략 등과 어떻게 다른지에 대한 문제의식 없이 일반적인 외교정책에 대한 논의에 그치기도 한다.

　과연 한국은 대전략이 필요 없는가? 사실 한국은 지난 한 세기 동안 '한국판' 대전략이 불필요한 환경에서 살았기 때문에 대전략에 대한 논의가 활성화되지 못했다. 한국은 해방과 한국전쟁 이후 줄곧 북한과 대

---

　7) 예외적으로 김태현 교수의 "혼돈 시대 대한민국의 대전략,"『국가전략』, 제25권 3호 가을호 (2019), 배기찬 전 동북아비서관의『코리아 생존전략』(서울: 위즈덤하우스, 2017) 등이 한국의 대전략을 논하고 있다.

치하는 가운데 미국이 주도하는 자유진영 속에서 한미동맹에 안보를 전적으로 의존하며 살아왔다. 이런 상황에서는 사실 어떤 전략도 고민할 필요가 거의 없었다. 미국의 냉전기 대전략은 소련·중국·북한 등 공산세력의 팽창에 대한 전면적인 봉쇄전략이었는데, 한국도 이에 편승했다. 탈냉전기에는 미국이 주도한 세계화 추세에 편승하여, 한국이 계속 승승장구할 수 있었다.

오늘과 내일의 외교안보 환경은 매우 위험하고, 불확실하다. 미국이 더 이상 과거와 같이 한국의 국익을 보호하는 데 필요한 모든 지침을 제공해주지 않는다. 미국은 미중 전략경쟁과 대중 견제에 올인했지만, 한국은 이를 전면적으로 수용하기도 어렵다. 한국은 새로운 외교안보 지침이 필요하다. 이때 국가이익과 비전, 국가 정체성과 가치, 국가안보 위협요인에 대한 국민의 공감대를 기반으로 만들어진 대전략은 한국을 지속가능한 안녕과 번영을 보장하는 최선의 지침이 될 것이다.

5. 전략의 방법

첫째, 전략 활동을 하려면 무엇보다 전략기획서가 있어야 한다. 그렇다면 전략기획서를 어떻게 작성하는가? 모든 정부기관은 정부업무평가 기본법에 따라 5년 단위의 '성과관리 전략계획' 전략보고서와 1년 단위의 '성과관리 실행계획' 전략보고서를 작성해야 한다. 외교부, 통일부, 국방부도 예외 없이 이 법령에 따라 관련 전략보고서를 작성한다. 이를 위한 '성과관리' 양식은 전략 수립을 위한 플로 차트와 전략의 구성요소를 포함하고 있다. 따라서 이 성과관리 보고서 양식을 일반적인 '외교전략 기획서'를 작성하는 기본 틀로 활용할 수 있다.

참고로, 정부업무평가 기본법(2006)에 따르면, '성과관리'란 "기관의 임무, 중·장기 목표, 연도별 목표 및 성과지표를 수립하고, 그 집행과정 및 결과를 경제성·능률성·효과성 등의 관점에서 관리하는 일련의 활동"으로 정의된다. 성과관리 요구에 따라, 각 부처는 주어진 자원을 효율적으로 배분하여 정책을 추진하고 과제의 추진과정과 실적 등 이행상황을 점검하여 목표 달성에 차질이 없도록 관리해야 하는 의무가 있다. 이런 성과관리의 구성요소(목표 제시, 성과지표 제시, 자원 배분, 집행관리, 목표 달성 등)가 바로 전략의 요건에 해당하므로, 성과관리 보고서를 전략보고서로 활용할 수 있다.

눌째, 전략 활동을 하려면 '전략적 사고'가 필요하다. 이때 '전략적 사고'의 방법을 위해 고위 정부(외교) 역량 중 하나인 '전략적 사고'를 참고한다. '전략적 사고'는 업무 활동에서 고성과를 가능케 하는 핵심 역량의 하나인데, 목표 달성 또는 경쟁우위를 달성하기 위한 전략기획과 전략실행에 적용되는 사고 프로세스이다. 그런데 전략적 사고는 씽킹 프로세스이므로 눈에 보이시 않는 사고 그 자체로서는 효용을 알기 어렵다. 전략적 사고는 말이나 행동으로 발현될 때 그 가치를 알 수 있다. 따라서 여기서는 목표 달성 또는 경쟁우위를 달성하기 위한 전략적 사고와 그 기법이 적용되는 일련의 전략 활동을 제시하고자 한다. 경영전략 연구자들이 전략적 사고의 단계를 제시하였다. 예를 들면, '하버드 포켓멘토'는 아래와 같이 전략적 사고 7단계를 제시하였다. 첫 번째, 큰 그림을 보라. 두 번째, 전략적 목표를 설정하라, 세 번째, 관계, 패턴, 추세를 규정하라, 네 번째, 대안 개발을 위해 창의적으로 생각하라. 다섯 번째, 정보를 분석하라, 여섯 번째, 행동의 우선순위를 정하라, 일곱 번째, 트레이드오프 하라.

여기서 필자는 외교안보 분야의 '전략적 사고'를 위해 '전략 활동 5단계'를 제시한다. 5단계 전략 활동은 문제인식, 환경분석, 목표설정, 대안개발, 실행관리 등을 포함한다. 각 단계별로 다음의 <표 6-3>과 같은 구체적인 활동이 필요하다. 이때 필요한 활동과 제기되는 문제에 따라 다양한 전략적사고 방법이 동원된다. 전략팀이 이 5단계 전략 활

그림 6-1 | 정부업무평가기본법에 따른 성과관리 보고서 체계

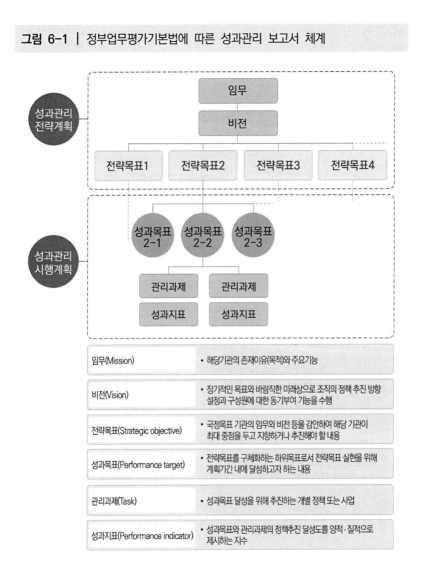

임무(Mission)	• 해당기관의 존재이유(목적)와 주요기능
비전(Vision)	• 장기적인 목표와 바람직한 미래상으로 조직의 정책 추진 방향 설정과 구성원에 대한 동기부여 기능을 수행
전략목표(Strategic objective)	• 국정목표 기관의 임무와 비전 등을 감안하여 해당 기관이 최대 중점을 두고 지향하거나 추진해야 할 내용
성과목표(Performance target)	• 전략목표를 구체화하는 하위목표로서 전략목표 실현을 위해 계획기간 내에 달성하고자 하는 내용
관리과제(Task)	• 성과목표 달성을 위해 추진하는 개별 정책 또는 사업
성과지표(Performance indicator)	• 성과목표와 관리과제의 정책추진 달성도를 양적·질적으로 제시하는 지수

동의 절차와 방법을 따른다면, 효과적인 전략기획과 전략실행의 성과를 거둘 수 있을 것이다.

표 6-3 │ 전략적 사고를 위한 5단계 전략 활동과 질문

전략 활동	질문과 과제
문제인식	무엇이 무엇인가(비전과 현실의 괴리) 문제의 원인이 무엇인가 문제를 어떻게 제기하나 조직의 비전은 무엇인가
환경분석	목표 달성에 있어, 외부 환경의 위협요인, 기회요인은 무엇인가 내부 환경의 약점, 강점은 무엇인가 환경 분석의 객관성을 어떻게 높이나
목표설정	목표란 무엇인가 목표를 어떻게 개발하나 목표를 어떻게 선택하나
대안개발	대안이 무엇인가 대안을 어떻게 개발하나 대안을 어떻게 평가하나
전략실행	목표 달성을 위한 수단과 방법은 무엇인가 어떻게 모든 구성원이 전략실현에 동참하도록 하나 환경 변화시 전략을 어떻게 수정할 것인가

셋째, 세력경쟁에서 이기기 위해 4개 전선과 4개 정책 수단에 대한 통합적이고 동시적인 기획과 실행이 필요하다. 첫째, 상대와 세력경쟁에 승리하기 위해서는 자기 경쟁력을 더욱더 강하게, 상대의 경쟁력을 더욱 약하게 해야 한다. 이런 경쟁 활동은 자신의 내부(자강, 부국강병), 자신을 지지하는 연대세력(동맹, 연대), 상대의 내부(상대의 내부 분열, 제재, 고립), 상대를 지지하는 연대세력(상대 진영의 분열) 등 4개 전선에서 동시에 전개된다. 따라서 세력경쟁에서 승리하려면, 4개 전선에서 동시에 자기 경쟁력을 강화하거나 상대의 경쟁력을 약화해야 한다. 또한 상

대의 4개 전선에 대한 경쟁 전략에 대해서도 대응해야 한다.

다음, 전면적인 국가 간 세력경쟁의 경우, 서로 모든 국력의 수단(요소)을 동원한다. 이때 동원되는 전통적인 국력 수단은 외교·정보·군사·경제(DIME) 등 4개로 구성된다. 따라서 국가안보전략 또는 외교전략을 수립할 때, 이와 같은 4개 정책 수단을 동시에 고려해야 빈틈없는 체계적인 전략 수립이 가능하다. 우크라이나 전쟁, 미중 전략경쟁, 남북 대치 등과 같은 전면적인 세력경쟁의 경우, 국가들은 생존과 승리를 위해 상기 4개 분야의 정책 수단을 최대한 동원하여 경쟁한다. 미중 경쟁 과정에서 가치와 체제, 과학기술이 추가적인 핵심 경쟁 분야로 추가되었다. 따라서 이를 별도로 관리하거나, 아니면 DIME 속에 포함할 수 있다. 미중 전략경쟁이 체제, 가치 등 정치 분야의 경쟁을 포함하고 있어, 위의 4개 국력 수단에 정치를 보태어, 5개 분야(DIMEP)에 대한 경쟁전략을 수립하는 방안도 제안한다.

종합하면, 전면적인 세력경쟁의 상황에서는 세력경쟁의 4개 전선과 국가전략 수단으로서 4개 분야를 항상 동시에 고려한 전략을 기획하고 실행해야 한다. 국가 간 세력경쟁은 대체로 이와 같이 다방면에서 동시에 발생하고 있어, 이런 복잡한 전략적 요소를 기획하고 점검하기 위해서는 대통령실 및 외교부 차원에서 관련 분야 전문가들이 집결한 전략기획부서를 운영해야 한다. 복합 안보위기의 신지정학 시대를 맞아, 온갖 안보 위험에 한꺼번에 노출된 한국이 지속적인 평화와 번영을 보장하려면 새로운 국가안보 전략을 기획하고 실행하기 위한 전략 역량의 증대가 필수적이다.

제7장

국가안보전략의
체계와 방법

1. 국가안보전략의 구성과 개념

한국은 노무현 정부부터 국가안보 전략보고서를 발간하고 있다. 하지만 보고서마다 국가안보, 국가 비전, 국익, 국가목표, 가치, 기조 등의 개념에 정의 없이 그 내용을 기술했다. 외교안보 전문가 사이에서도 그 개념을 정리하고 공감대를 만들기 위한 노력이 없었다. 따라서 필자는 과거 한국 정부가 발간한 국가안보 전략보고서의 사례, 그리고 정부 업무평가에 적용하는 '성과관리 전략계획' 방법론을 참조하여, 관련 개념을 정의하고자 했다.[1]

국가안보

국가안보란 무엇인가? '안보'는 '안전보장'의 줄임말인데, 후자는 보통 "외부의 위협이나 침략으로부터 국가와 국민의 안전을 지키는 일"로

---

1) 전봉근, 『국가 안보 전략의 국익 개념과 체계』, 주요국제문제분석 2017-15 (서울: 국립외교원 외교안보연구소, 2017).

정의된다. 이런 안보의 본래 의미에 따르면, 안보는 바로 '국가안보'를 말한다. 그런데 안보가 본래 국가안보, 군사안보의 의미에서 확장되어, 경제안보, 에너지안보, 보건안보, 식량안보 등으로 온갖 분야에서 폭넓게 사용된다. 마치 '전략'이 군사용어에서 시작하여, 경영전략, 경제발전전략, 자기개발전략 등으로 확산된 것과 같다.

국내에서 '국가안보'는 보편적으로 통용되는 일상적 용어이지만, 정부의 권위적인 정의는 없는 실정이다. 헌법 87조에 따라 제정된 국가안전보장회의법(2014)에 따르면 국가안전보장회의는 "국가안전보장에 관련되는 대외정책, 군사정책, 및 국내정책의 수립에 관하여 대통령의 자문에 응한다"고 역할이 주어졌다. 하지만 법령 어디에서도 '국가안전보장' 또는 '국가안보'의 정의는 없다. 다만 동 회의의 참석자 범위가 외교부장관, 통일부장관, 국방부장관, 국가정보원장, 국가안보실장 등으로 구성되어 있어, 이들이 관장하는 외교·통일·국방·정보 등이 '국가안보'를 구성하는 것으로 이해할 수 있다.

정부 내에서 '국가안보' 개념이 본격적으로 통용되기 시작한 것은 노무현 정부가 미국 백악관이 발간하는 '국가안보전략 보고서를 모방하여, 2004년에 처음으로 '국가안보전략 보고서'를 발간한 이후이다. 당시 국가안전보장회의 사무처가 발간한 『참여정부의 안보정책 구상: 평화번영과 국가안보(2004)』는 '국가이익(=국가목표)'을 "국가의 생존, 번영과 발전 등 어떠한 안보환경 하에서도 지향해야 할 가치"로 정의했다. 그리고 헌법에 근거하여 국가안전보장, 자유민주주의와 인권 신장, 경제발전과 복리증진, 한반도의 평화적 통일, 세계평화와 인류공영에 기여 등 5개를 국익의 내용으로 제시했다.

동 보고서는 5개 국익의 하나인 '국가안전보장'을 "국민, 영토, 주권 수호를 통해 국가존립 보장"으로 부연 설명했다. 그리고 '국가안보 목표'로서 한반도의 평화와 안정, 남북한과 동북아의 공동번영, 국민생활

의 안전 확보 등 3개를 제시했다. 여기서 '국가안전보장(국가안보)' 정의
와 내용을 보면, 통일, 세계평화, 경제통상 등을 제외한 채 제한적으로
사용하였다.

이명박 정부의 '성숙한 세계국가' 국가안보전략 보고서(2009)는 명시
적으로 국가안보와 국익을 규정하지 않았다. 동 보고서의 영문명은 "한
국의 국가안보전략(The National Security Strategy of the Republic of
Korea)"인 데 비해 한글명은 "이명박 정부의 외교안보 비전과 전략: 성
숙한 세계국가"를 채택하여 "국가안보" 용어를 사용하지 않았다. 왜 같
은 보고서의 한글명과 영어명이 차별화되었는지에 대한 설명은 없었다.

박근혜 정부는 '국가안보전략' 명칭이 표제로 있는 국가안보전략 보
고서를 발간하고, 보고서의 전체 내용도 '국가안보전략 체계'의 틀 내에
서 정리했다. 박근혜 정부는 '국가안보' 개념 자체에 대해서는 별도로
설명하지 않았지만, 국가안보 목표로서 영토·주권 수호와 국민 안전
확보, 한반도 평화와 통일시대 준비, 동북아 협력 증진과 세계평화 발
전·기여 등을 제시하여, 국가안보 이익을 균형 있게 제시했다. 박근혜
정부가 '국가안보' 개념을 별도로 정의하지는 않았지만, 국가안보를 국
방, 외교, 통일, 경제통상을 총괄하는 상위 개념으로 사용했다. 이는 국
제사회의 일반적인 '국가안보' 사용례와 일치한다.

한편, 국가안보전략 보고서 중에서 가장 오래되었고 많이 통용되어
참조 모델이 되는 미국 국가안보전략 보고서는 국가안보와 국익을 어
떻게 정의하는가? 예를 들면 2010년 오바마 행정부가 발표한 국가안보
전략 보고서는 국가안보전략이 추구하는 국익으로 안보, 번영, 가치,
국제질서(security, prosperity, value, international order) 등 4개를 제시했
다(White House, U.S. National Security Strategy, 2010). 동 보고서는 '국
가안보(national security)'를 국내와 대외 안보, 그리고 경제, 환경, 가치,
인권 등 모든 대외적 사안을 포함하는 포괄적인 개념으로 사용했다. 그

런데, 여기서 '안보(security)'는 군사·물리적 위협으로부터 안전을 의미하고 대응 방안도 주로 군사적 대응 방안을 제시하여, '군사안보' 개념으로 제한적으로 사용했다. 이에 따르면, '안보' 개념은 국방, 국제안보, 국토안보 등 3개 영역으로 구성된다. 이는 전통적인 국방 영역에 더해, 국내에서 발생하는 안보위협 대응과 양자적, 다자적, 세계적 외교안보 이슈를 포함한다.

국익과 국가 비전

국익은 보편적으로 국가 독립, 주권과 영토 보존, 경제성장, 국가경쟁력 증진 등을 말한다. 동서고금을 통틀어 가장 보편적인 국익은 부국강병(富國强兵), 국태민안(國泰民安)이다. 한국의 경우, 안보, 평화, 통일, 번영, 동북아 평화, 세계평화와 공영 등이 국익으로 제시된다.

노무현 정부는 국가안보전략 보고서에서 '국가이익(국가목표)'을 "국가의 생존, 번영과 발전 등 어떠한 안보 환경하에서도 지향해야 할 가치"로 정의했다. 그리고 헌법에 근거하여 국가안전보장, 자유민주주의와 인권 신장, 경제발전과 복리 증진, 한반도의 평화적 통일, 세계평화와 인류공영에 기여 등 5개 항목을 제시했다. 당시 노무현 정부는 국익을 정의하면서, 이를 둘러싼 분쟁을 최소화하고자 헌법에서 5개 국익을 도출했었다. 그 결과, 한국의 국익을 처음으로 명문화하는 데 성공했지만, 한국의 독특한 정체성을 반영하지 못해 매우 보편적인 국익 정의에 그쳤다.

헌법을 자세히 보면, 전문에서 "자유민주적 기본질서를 확고히" 하고, "밖으로는 항구적인 세계평화와 인류공영에 이바지"하며, "우리들과 우리들의 자손의 안전과 자유와 행복을 영원히 확보"할 것을 헌법정신과 국가적 사명으로 제시했다. 4조는 "대한민국은 통일을 지향하며, 자유민주적 기본질서에 입각한 평화적 통일 정책을 수립하고 이를 추진"하며, 5조 1항은 "대한민국은 국세평화의 유지에 노력하고 침략적 전쟁을 부인"하며, 5조 2항은 "국군은 국가의 안전보장과 국토방위의 신성한 의무를 수행"하는 임무를 규정했다. 또한 66조는 대통령이 "국가의 독립·영토의 보전·국가의 계속성과 헌법을 수호할 책무"와 "조국의 평화적 통일을 위한 성실한 의무"를 진다고 규정했다.

상기 헌법 조문을 재정리하며 국가안보의 국익 또는 국가목표로서 국가 독립과 영토 보전, 국민의 안전과 자유와 행복 확보 및 자유민주적 기본질서 유지, 평화통일 추구, 세계평화와 인류공영에 기여 등을 들 수 있다. 역대 한국 정부는 헌법상 국익과 국가 목표국가목표를 지속적으로 추구하여 왔으며, 정부 조직과 정책에 이미 내재화되어있다. 다만 정부별로 중점 정책목표와 가치의 차이에 따라 그 집중도와 추진 강도의 차이는 있었다.

박근혜 정부는 "평화통일 기반 구축"을 국가안보 전반의 국정 기조로 내세우고, 이에 따라 영토주권 수호와 국민 안전 확보, 한반도 평화정착과 통일시대 준비, 동북아 협력 증진과 세계평화·발전에 기여 등 3개 국가안보 목표를 제시하였다. 또한 동 국가목표를 달성하기 위한 3개 기조 또는 전략으로서 튼튼한 안보태세 구축, 한반도 신뢰프로세스 추진, 신뢰외교 전개를 제시하였다. 여기서 박근혜 정부의 국가안보 목표는 위에서 토론한 헌법이 제시한 국가안보 목표에 충실함을 알 수 있다.

다음, 국가안보전략에서 '국가 비전'이란 해당 정부가 지향하는 목표 상태 또는 임기에 달성하고자 하는 한국의 미래상이다. 이명박 정부는 성숙한 세계국가, 박근혜 정부는 희망의 새시대에서 국민이 행복한 나라, 문화로 향유하는 나라, 세계의 문화국가, 문재인 정부는 국민의 나라 정의로운 대한민국, 윤석열 정부는 자유 평화 번영에 기여하는 글로벌 중추국가를 각각 국가 비전으로 제시했다.

참고로, 문재인 대통령은 2018년 8.15 경축사에서 당시 미중 경쟁과 한일 갈등 상황을 염두에 두고, 한국을 "아무도 흔들 수 없는 나라"로 만들겠다고 선언했는데, 이것도 국가 비전에 해당한다. 당시 문 대통령은 한국이 당당한 경제력을 갖추었지만, "우리가 충분히 강하지 않기 때문이며, 아직도 우리가 분단되어 있기 때문"에 아직 '아무도 흔들 수 없는 나라'의 꿈을 이루지 못했다고 우리의 현실을 평가했다. 종래 우리 국가 비전과 국가목표는 대부분 남북관계에 초점을 두고 제시되었는데, "아무도 흔들 수 없는 나라" 비전은 미중 전략경쟁, 강대국 정치 시대를 염두에 둔 국가 비전으로 해석된다.[2]

---

2) 문재인 대통령은 동 경축사에서 "아무도 흔들 수 없는 나라"를 만들기 위해 책임 있는 경제 강국, 교량국가, 평화경제 한반도 등 3개 목표를 제시했는데, 이들도 국가 비전에 해당된다. 이 중에서도 '교량국가'에 대해서, 강대국 사이에 끼인 지정학적 특성을 지적하고, 이를 극복하기 위한 정책 방향을 아래와 같이 강조했다. "대륙과 해양을 아우르며 평화와 번영을 선도하는 '교량국가'가 되고자 합니다. 지정학적으로 4대 강국에 둘러싸인 나라는 세계에서 우리밖에 없습니다. 우리가 초라하고 힘이 없으면, 한반도는 대륙에서도, 해양에서도 변방이었고, 때로는 강대국들의 각축장이 되었습니다. 그것이 우리가 겪었던 지난 역사였습니다. 그러나 우리가 힘을 가지면 대륙과 해양을 잇는 나라, 동북아 평화와 번영의 질서를 선도하는 나라가될 수 있습니다. 우리는 지정학적 위치를 우리의 강점으로 바꿔야 합니다. 더 이상남에게 휘둘리지 않고 주도해 나간다는 뚜렷한 목표를 가져야 합니다. 남과 북 사이 끊긴 철길과 도로를 잇는 일은 동아시아의 평화와 번영을 선도하는, 교량국가로 가는 첫걸음입니다. 한반도의 땅과 하늘, 바다에 사람과 물류가 오가는 혈맥을 잇고 남과 북이 대륙과 해양을 자유롭게 넘나들게 된다면, 한반도는 유라시아와 태평양, 아세안, 인도양을 잇는 번영의 터전이 될 것입니다. 아시아공동체는 어느 한 국가가 주도하는 공동체가 아니라 평등한 국가들의 다양한 협력이 꽃피는 공동체가될 것입니다."

국가적 특성과 전략목표3)

전략목표는 국익을 실현하고 국가 비전을 달성하는 데 필수적인 중간 목표(정책 방향)이다. 보통 5개 분야(안보, 평화/통일, 동북아, 경제통상, 세계평화)에서 자강 국방과 전쟁방지, 북핵 해결과 한반도 평화 정착, 동북아 평화협력 구축, 경제통상 국익 증대와 보호, 세계평화와 번영에 참여와 기여 등이 제시되었다.

아래에서는 국익에 대해 '한국적' 의미를 부여하는 차원에서 개별 이익의 배경이 되는 한국의 국가적 특성을 들고, 이에 부합하는 전략목표를 제시한다. 국가안보의 핵심이 외부의 위협 요소로부터 국가와 국민의 안전을 보장하는 것이므로, 한국의 국가안보 이익도 이런 국가적 취약점과 환경적 위협요소로부터 보호하는 것이 되어야 한다.

첫째, 한국이 갖는 가장 두드러진 국가적 특성은 '분단국'이다. 이로 인해 한국은 북한과 무한 안보경쟁을 해야 하고, 수시로 전쟁위기에 빠진다. 탈냉전기 내내 한국의 최대 외교안보과제였던 북한의 핵개발과 핵위협도 분단으로 인해 발생한 안보위협 중 하나이다. 분단이라는 한국의 최대 국가적·안보적 결함으로 인해, 한국은 안보, 평화, 통일의 3개 국가안보 전략목표를 동시에 추구해야 해야 한다. 그 중에서, 최우선적인 국가안보전략은 '강한 안보'로 북한의 전쟁도발을 억제하며, 국가와 국민의 안전을 보장하는 것이 되어야 한다. 그런데 한국 단독으로 북한의 핵위협과 전쟁위협을 억제하고, 평화를 정착시키며, 통일을 달성하는 과업을 완수하기 거의 불가능하다. 따라서 한국 안보는 한미동맹에 크게 의존하고 있으며, 나아가 주변국과 국제사회 전체의 지원과 지지도 필요한 실정이다.

대북 관계에서 국가안보 목표는 전쟁 방지에 그치지 않고, 비핵화,

---

3) 여기서 한국의 4개 국가적 특성을 제시했는데, 8장 3절 "한국의 국가 정체성과 국익"에서 이런 국가적 특성을 '국가 정체성'의 측면에서 상세히 토론했다.

남북관계 개선, 미북관계 개선, 군사적 긴장완화와 신뢰구축 등을 통해 '평화정착'을 달성하여 한반도 전쟁위험을 해소하고 통일의 기반을 구축하는 것도 포함한다. 나아가 남북관계 개선, 민족동질성 회복, 남북경제공동체, 남북연합 등을 통해 '통일'을 추구하는 것도 주요 대북정책 목표가 되어야 한다.

둘째, 한국은 주변 강대국에 둘러싸인 '중소국가'로서 대륙세력과 해양세력이 지정학적으로 충돌하는 사이에 놓인 '끼인 국가'의 특성을 갖는 '안보 취약국가'이다. 역사적으로 볼 때 주변 강대국 간 패권경쟁에 말려들어 대규모 전쟁의 피해를 입고 또한 분할의 위기를 맞았으며, 지금의 분단구조도 그런 강대국 간 세력경쟁과 담합의 결과이다. 따라서 강대국 사이에 끼인 '중소국가'로서 한국은 자강의 국방태세를 갖추고, 안보외교·동맹외교·강대국외교를 강화하며, 또한 유엔 등 국제사회와 협력을 통해 국가독립과 영토보전을 보장해야 하는 숙제가 있다.

셋째, 한국은 '자원·에너지빈국'이며, 한국경제의 무역 의존도가 80%가 넘는 '경제 취약국가'이다. 이를 극복하기 위해 현대 한국은 통상국가, 세계국가, 개방국가를 선택했다. 오늘 한국은 경제 규모와 무역 규모가 10위 내외의 경제대국이지만, 경제의 교역 의존도 및 에너지수입, 식량수입 의존도가 과도히 높고, 내수시장은 작아서 외부 충격에 매우 민감하고 취약한 경제구조를 가지고 있다. 다른 대부분 경제대국은 거대국가이거나, 지역협력체에 소속되어 외부의 경제적·외교안보적 충격에 대한 저항성과 회복성이 한국보다 월등히 크다. 따라서 한국은 다른 어떤 나라보다도 국제경제통상에 대한 위협요인인 지역분쟁, 내전, 핵확산, (핵)테러, 해적, 기후변화 등을 저지하는 국제안보를 사활적 국익으로 간주해야 한다. 이런 한국의 '세계적 국익'을 보장하려면, 세계평화와 공동번영에 적극 기여해야 한다. 또한 한국의 번영은 세계경제의 번영, 그리고 국제시장과 자원·에너지 공급지에 대한 안정적인 접근에 달려있어, 이를 위해 경제·통상·에너지·개발외교를 활성화해야 한다.

넷째, 한국은 세계와 교류하는 '개방국가'이자 '세계국가'로서 세계화의 혜택을 최대로 향유하는 동시에 세계분쟁과 테러의 위협과 그로 인한 피해에 크게 노출되어 있다. 세계적으로 활동하고 교류하는 한국민의 생명과 재산을 보호하는 국가의 기본적인 책무를 수행하기 위해, 한국의 국익은 국내에 한정되지 않고, 세계적인 평화와 안정을 유지하는 '세계적 국익'으로 확장되어야 한다.

국가안보의 가치와 원칙

국가안보전략의 가치와 원칙은 우리가 국가안보 국익과 전략목표를 추구하면서 매일 직면하고 대처해야 할 구체적인 정책 사안에 대한 우리의 입장과 대안을 결정하는데 근거가 되는 기본 지침 또는 평가 기준이 된다. 국가안보전략에서 원칙은 동 전략을 수행하는 데 적용되는 보편적인 운영원칙에 해당되는데, 주로 '어떻게'를 안내하는 '방법'에 대한 원칙을 제시한다. '가치'는 국가안보가 지향하는 비전과 궁극적인 목적을 판단하는 '무엇'을 판단하는 기준을 제시하는 점에서 '원칙'과 대조된다.

우리가 목표 달성을 위해 통과해야 할 미지의 환경에서 갈림길이나 장애물 등 선택의 순간을 만났을 때, 가치와 원칙은 우리가 길을 잃지 않고 목표를 향해 나아갈 수 있게 하는 지침으로서 나침반의 기능을 수행한다. 만약 이 가치와 원칙이 없다면, 우리는 개별 정책 사안에 대해 일관된 결정을 내릴 수 없고, 또한 이런 가치와 원칙 없이 내려진 결정은 끝없는 논쟁에 시달리게 될 것이다. 이런 합의 부재는 남남갈등을 초래하고 정책 추진력을 현저히 위축시킬 것이다. 따라서 국가안보

전략, 외교전략 등을 새로이 수립할 경우, 우리가 궁극적으로 지향하는 가치와 정책 결정의 경우에 적용할 보편적인 원칙을 제시하고, 사전에 이에 대한 정치와 국민의 동의를 확보하는 작업이 필요하다.

예를 들면, 노무현 정부는 국가안보 전략의 기조'로 평화번영정책 추진, 균형적 실용외교, 협력적 자주국방, 포괄안보 지향 등 4개를 제시했다. 이명박 정부는 외교안보전략의 '핵심 가치'로 정의와 평화, 공동번영, 세계주의 등 3개를, '실천 원칙'으로는 '창조적 실용주의'라는 대원칙 하에서 국민통합, 실용적 성과, 국제협력의 3개 접근 원칙을 추가로 제시했다.

박근혜 정부는 '국가안보전략 기조'로서 튼튼한 안보태세 구축, 한반도 신뢰프로세스 추진, 신뢰외교 전개 등 3개 기조를 제시했다. 이 기조를 "국정기조인 평화통일 기반 구축을 실현하기 위해 각각 국방·통일·외교 분야에서 실행해야 할 추진전략"이라고 설명했다. 또한, 박근혜 정부는 국방·통일·외교 분야를 포괄하는 '국정철학'으로서 '신뢰'를 제시했다.

여기서 사용된 '전략기조'는 국가안보전략의 원칙과 가치를 의미한다. 다른 정부 보고서에서도 '(정책 또는 전략)기조'라는 말이 빈번히 사용된다. 그런데 이 용어는 그 뜻이 애매모호하고 미국의 국가안보전략 보고서에는 '전략 기조'에 상응하는 용어가 없다. 따라서 이에 대신하여 본고는 '원칙'과 '가치'를 사용했다. 표준국어대사전에 따르면, '기조(基調)'는 1) 사상, 작품, 학설 따위에 일관해서 흐르는 기본적인 경향이나 방향, 2) 시세나 경제 정세의 기본적 동향 등으로 정의된다. 그런데 정부가 사용한 '전략기조'의 사용례를 보면, 그 내용에 정책, 전략목표, 가치, 실행원칙 등을 섞어 사용하는 경향이 있다. 박근혜 정부의 경우, '국가안보전략 기조'는 '(이행)원칙'에 해당되고, '국정철학'은 '가치'에 대한 상응하는 것으로 보인다.

위에서 토론하였듯이 한국은 특이한 역사적 경험과 국가 특성으로 인해 다른 나라와 달리 국가안보 국익이 지향하는 가치로서 안보·평화·통일 등 3개 핵심 가치를 동시에 추구하고 있다. 그런데 우리 국민은 대부분 상기 3개의 국가안보 가치를 중시하면서도, 대부분이 개인적 경험과 선입견에 따라, 서로 다른 비중과 우선순위를 두거나, 때로는 서로 상충하는 것으로 보아 일방을 선호하고 타방을 거부하는 경향을 보인다. 이때 안보제일주의, 평화제일주의, 통일제일주의 등의 노선이 서로 충돌하며 남남갈등 현상이 발생한다. 따라서 이런 갈등적 현상을 방지하고 국력을 결집시키려면 국익 가치의 상호관계와 우선순위에 대한 원칙이 제시되고 이에 국민적 합의도 조성되어야 한다.

이 문제에 대한 해결책으로 안보·평화·통일의 병행추구 원칙 하에서 '안보≧평화≧통일'의 우선순위를 제기하는데, 그 이유는 아래와 같다. 첫째, 한반도는 남북분단으로 인해 구조적으로 항상 일방이 타방을 무력으로 통일하려는 전쟁위기가 상존한다. 더욱이 북한정권의 공격성과 핵무장에 직면하여 한국에게 '안보'는 생존에 대한 가장 기본적인 문제이며, 최우선적인 국가안보적 가치이다. 흔히 말하듯이 '안보 없는 평화'는 사상누각 평화이자, 거짓 평화이며, 안보가 있어야 이를 바탕으로 비로소 평화와 통일도 가능하다.

둘째, 안보의 중요성에도 불구하고, '평화 없는 안보'는 안보 딜레마 속에서 군비경쟁과 전쟁위기를 계속하여 확대 재생산시킬 뿐이다. 따라서 안보를 우선적으로 추진하되 평화를 정착시켜 전쟁위기를 해소하는 '평화 있는 안보'가 필수적이다. 동맹, 집단안보, 공동안보, 협력안보 등의 외교적 방법을 동원하면, 적은 투입비용으로 높은 전쟁방지와 안보 제고의 성과를 거둘 수 있으므로, 외교전략과 외교역량의 강화에 주목해야 한다.

셋째, '통일 없는 안보'도 현재와 같이 한반도에서 분단과 전쟁위기

를 계속하여 재생산시킬 것이므로 주의해야 한다. 또한 남북분단으로
인한 항구적인 갈등구조와 군사적 대치 및 군비경쟁으로 국민경제의
소모를 감안할 때, 안보와 병행하여 통일도 추구하는 '통일 있는 안보'
가 필요하다. 또한, '평화 없는 통일'은 민족상잔과 국토파괴를 동반하
므로 반드시 통일은 평화를 통해 달성해야 한다. 또한 평화가 정착되면
자연스럽게 통일의 기회도 커질 것이다.

참고로, 본고는 한국 국가안보전략의 원칙으로서 자강, 국민합의와
지속성, 공동안보와 포괄안보, 글로벌 거버넌스 등 4개를 제시한다. 구
체적 내용은 아래와 같다. 첫째, 자강의 원칙에 따라, 동북아 세력경쟁
과 북한 핵무장 시대의 매우 열악한 안보환경에서 한국의 주권과 영토
를 지키고 외교안보적 독자성을 확보하기 위해서는 국방력과 외교력을
포함하는 안보역량을 극대화해야 한다. 미국 외교정책이 거시적으로
점차 고립주의 성향을 보이는 가운데 특히 트럼프 행정부가 미국의 세
계질서 유지의 주도적인 역할을 거부하고 타산적인 동맹관을 채택함에
따라, 한국도 미국에 대한 일방적인 안보 의존관계에서 벗어나 자강을
통해 상호적이며 호혜적인 동맹관계로 발전시킬 필요가 있다.

바이든 행정부가 동맹 중시 정책으로 선회했지만, 미국은 더 이상 과
거와 같이 관대한 패권국가가 아니다. 바이든 행정부에서도 트럼프 행
정부의 '미국제일주의' 기조가 이어지고, 국내정치적 불안정도 커서 한
국으로서는 과거와 같이 한미동맹의 바스켓에 모든 달걀을 올인하기
어렵다. 2010년대 들어 동아시아에서 미중 세력경쟁이 점증하면서 중
국이 한미동맹을 견제하기 위해 한국에 정치경제적 강압을 행사하고
있어, 한국은 이에 대한 저항성을 높이는 차원에서 자강 안보역량을 크
게 확충해야 한다.

둘째, 국민합의와 지속성 원칙에 따라, 주요 국가안보전략의 입안과
실행은 반드시 사전에 국민적 합의 절차를 거치도록 한다. 이때 우리

대북정책, 대미정책, 대일정책에서 가장 큰 문제점으로 지적된 정권교체에 따른 정책단절을 지양하고 지속가능성을 보장할 수 있을 것이다. 탈냉전기 들어 통일안보정책에 대한 단일 이념의 타부가 깨어졌다. 또한 보수정부와 진보정부를 번갈아 거치면서 정책이념의 진폭이 크게 확장되었으나, 정부가 정책이념을 수렴하는 데 실패함으로써 모든 정책 사안에서 남남갈등이 만연하는 실정이다.

남남갈등의 결과, 국내적으로 정책추진 동력을 상실할 뿐 아니라, 상대국에 대한 협상력을 반감시키고, 심지어 상대국의 간섭을 초래하는 부작용을 낳았는바, 남남갈등의 해소는 추가 투입 없이도 외교안보역량을 획기적으로 증진시키는 방책이 될 것이다. 국민합의와 지속성 원칙을 적용하는 방법으로는 정책 입안 시 정책여론 수렴, 정책공동체의 검토, 국회의 정책심의 등을 동원하며, 특히 국회와 NGO의 정책여론 수렴 기능을 적극 활용토록 한다. 위에서 토론했듯이, 국가안보 가치와 원칙에 대한 국민적 합의가 있다면, 개별 정책 사안에 대한 국민적 합의도 쉽게 만들어질 것이다.

셋째, 공동안보와 협력안보의 원칙에 따라, 공동안보를 통해 세력경쟁에서 필연적으로 동반되는 안보딜레마를 극복하고, 협력안보를 통해 다자안보협력의 기회를 확장한다. '공동안보(Common Security)'는 냉전기 미소 핵대결과 핵전쟁이라는 국가 공멸의 안보위협에 직면한 유럽국들이 제시한 안보 개념인데, 일명 '팔머 보고서'로 불리는 "공동안보: 생존을 위한 청사진(Common Security: A Blueprint for Survival, 1982)"에서 구체화 되었다. 팔머 보고서는 당시 미소 간 갈등 해소와 협력의 기본 원리로서 '공동안보' 개념을 제시하면서, 공동안보의 작동을 위해 하기 6개 원칙을 제기했다.

첫째, 모든 국가는 정당한 안보에 대한 권리를 갖는다. 둘째, 군사력은 국가 간 분쟁 해소를 위한 정당한 수단이 아니다. 셋째, 국가정책의 표현에 있어 절제가 필요하다. 넷째, 공동안보를 위한 군비 감축과 질적 제한이 필요하다. 다섯째, 군사적 우위로서 안보를 얻을 수 없다. 여섯째, 군비 협상과 정치적 사안의 연계는 피해야 한다. 공동안보는 냉전 당시 기본적인 안보 개념이었던 핵억지와 집단방위를 거부하고, 일국의 안보는 상대방과 같이 핵군축, 군비통제, 긴장완화, 군사적 신뢰구축 등을 통해 달성할 수 있다는 입장을 강조했다. 공동안보 개념의 성공 사례로 유럽안보협력회의(CSCE)와 유럽안보협력기구(OSCE)가 있다.

협력안보도 공동안보와 더불어 신안보 개념 중 하나인데, 공동적을 상대로 만들어진 동맹 개념을 대신하여 국가 간 공동목표를 위한 포괄적인 안보협력 필요성을 제기했다. 예를 들면, 국제안보 환경의 변화에 따라 새로운 안보 개념과 역할을 모색하던 NATO는 '협력안보(cooperative security)' 개념을 적극 수용했다. 나토는 협력안보의 실행 조치로서 파트너관계 강화, 군비통제, 비확산, 군축에 기여, 새로운 잠재 회원국의 나토 참여 지원 등을 제시했다.

넷째, '글로벌 거버넌스' 원칙에 따라, 세계적, 선도적 중견국인 한국이 국제사회의 공동이익을 보장하기 위해 새로운 평화와 협력의 세계질서를 창출하는 데 앞장선다. 이때 국가행위자뿐만 아니라 비국가행위자도 적극 참여시키고, 경성 국제규범뿐만 아니라 연성 국제규범도 적극 활용한다. '글로벌 거버넌스'는 일반적으로 "세계정부가 부재한 상황에서, 세계화의 진전으로 나타나는 새로운 국제현안 또는 위협요소들에 대해, 국제사회가 합의에 따라 취하는 집단적 조치들"로 정의된다. 이 개념은 특히 강대국 정치에서 배제된 중견국과 소국이 선호한다. 비록 강대국은 아니지만, 각종 공식, 비공식의 글로벌 거버넌스 프로세스를 통해 국제정치에 참여하는 효과가 있기 때문이다.

그림 7-1 │ 국가안보전략 수립 체계

Strategic Formulation

National Values

National Interests

Strategic Appraisal

National Policy

National Strategy

Component Strategies

Risk Assessment

Strategy Formulation Framework

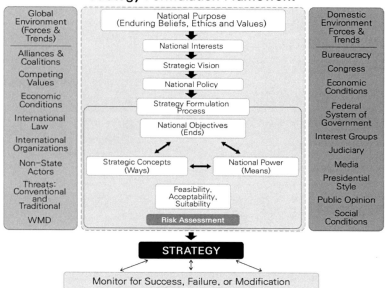

출처: United States Army War College, National Security Policy and Strategy Course Directive (2017), p.5.

2. '국가안보전략 보고서'의 발간

'국가안보전략 보고서' 발간 배경

한국 정부가 '국가안보전략 보고서(National Security Strategy Report)'를 처음 발표한 것은 2004년 노무현 정부 때였다. 오늘 대부분 국가가 미국식의 '국가안보전략 보고서'를 발간하지만, 그리 오래된 관행이 아니다. 동아시아에서는 한국이 가장 먼저 국가안보전략 보고서를 발표했다. 일본이 2014년 12월, 중국은 2015년 1월에 각각 첫 국가안보전략 보고서를 발간했다. 국가안전보장회의(NSC) 체제도 동아시아에서는 한국이 노무현 정부 때 가장 먼저 도입했고, 이후 일본과 중국도 유사한 체제를 도입했다.

2차 세계대전이 끝나고 미소 냉전이 시작되는 상황에서 미국 의회는 1947년 국가 총력을 동원하는 종합적이고 체계적인 대응 외교안보전략을 수립하기 위해 '국가안보법(National Security Act)'을 제정하고, 매년 대통령이 의회에 비밀본과 공개본 2종의 '국가안보전략 보고서'를 제출할 것을 요구했다. 새로 취임한 대통령은 취임 150일 이내에 동 보고서를 제출해야 한다. 이에 따라 트루먼 대통령은 1950년 첫 국가안보전략 보고서를 제출하고, 여기서 소련에 대한 봉쇄전략을 국가안보전략의 대원칙으로 제시했다.

미 의회는 1986년 '골드워터-니콜스 국방부 재조직법(Goldwater-Nichols Department of Defense Reorganization Act)'에서 대통령에게 국가안보전략보고서 제출 의무를 재규정하고, 동 보고서가 포함해야 할 항목도 제시했다. 동 법령에 따라, 국가안보전략 보고서가 반드시 포괄적으로 기술하고 토론해야 하는 항목은 다음과 같다.[4]

---

4) Sec. 603. Annual Report on National Security Strategy
Sec. 104. (b) Each national security strategy report shall set forth the national security strategy of the United States and shall include a comprehensive

① 미국의 국가안보에 사활적이며 세계적으로 추구할 이익, 목적, 목표

② 침략을 억제하고 국가안보전략을 실행하는데 필요한 외교정책, 세계적인 공약, 국방역량

③ 미국 이익을 보호 진흥하고, 국가 목적과 목표를 달성하기 위해 정치, 경제, 군사, 기타 국력 요소에 대한 단기, 장기적 활용 방안

④ 국가안보전략의 실행을 지원하는 모든 국력요소의 역량 간 균형에 대한 평가를 포함하여, 국가안보전략의 실행을 위한 미국 역량의 적정성

여기서 미 국가안보전략 보고서는 앞에서 토론했듯이 "목표, 수단의 정열"을 추구하는 '전략' 본연의 임무에 충실한 것을 알 수 있다. 예를 들면, ①은 목표, ②는 수단, ③은 방법, ④는 목표·수단·방법 간 정열 또는 조화를 말한다.

국가들이 국가안보전략 보고서를 발간할 때, 그 이전에 국가안보 조직을 재정비한 것에 주목한다. 실제 국가안보전략 보고서의 발간은 미

---

description and discussion of the following:

(1) The worldwide interests, goals, and objectives of the United States that are vital to the national security of the United States.

(2) The foreign policy, worldwide commitments, and national defense capabilities of the United States necessary to deter aggression and to implement the national security strategy of the United States.

(3) The proposed short−term and long−term uses of the political, economic, military, and other elements of national power of the United States to protect or promote the interests and achieve the goals and objectives referred to in paragraph (1).

(4) The adequacy of the capabilities of the United States to carry out the national security strategy of the United States, including an evaluation of the balance among the capabilities of all elements of national power of the United States to support the implementation of the national security strategy

국식 국가안보 총괄조정 기구인 NSC(National Security Council) 또는 국가안보실 조직의 설치와 밀접하게 관련되어 있다. 전통적으로 국방부, 외교부, 정보기관의 업무는 상호 분리되었고, 통치자들은 이들 기관을 제각기 전쟁 또는 외교의 용도에 별도로 활용했다. 그런데 미소 냉전이 시작되자, 미국은 소련을 봉쇄하고, 공산진영에 승리하기 위해 대 외교, 군사, 정보, 경제 등 4대 국가 수단을 기획과 실행의 모든 단계에 걸쳐 긴밀히 총괄하고 조정할 필요성을 인식하게 되었다. 이때 제정된 국가안보법에 따라, 트루만 대통령은 1947년 NSC를 설치하고 1950년 첫 국가안보전략 보고서를 발표했다.

김영삼 정부(1993~1997)는 냉전기 청와대의 '외교안보수석실' 조직을 물려받았다. 냉전기의 전형적인 외교안보수석실은 관할하는 외교·국방·통일·정보 등 4개 조직의 연락관들이 모인 사무실에 지나지 않았다. 김영삼 정부 외교안보수석실은 취임 직후부터 탈냉전의 복잡한 외교안보 상황과 초기 북핵문제에 대한 대응해야 하는 상황에 처했다. 따라서 외교안보통일 4개 부처에 대한 총괄조정 기능을 강화하기 위해 각종 장관급·고위급·실무급 회의체를 신설하고 주례회의를 정례화했지만, 별도의 상설조직을 만들지는 않았다.

1998년 김대중 정부 시절 처음으로 청와대 대통령실에 외교안보수석실과 별도로 국가안전보장회의를 관장하는 소규모 사무처 조직을 만들고, 당시 임동원 외교안보수석이 사무처장을 겸직했다. 이 사무처의 주요 임무 중 하나가 국가안보전략 보고서를 작성하는 것이었지만, 미완으로 끝났다.5) 이후 노무현 정부가 기존 외교안보수석실을 해체하고,

---

5) 국가안보전략 보고서의 발간 경위에 대해, 노무현 정부에서 NSC 사무처장을 지낸 이종석 박사의 회고는 다음과 같다. "(김대중 정부의 초대 외교안보수석비서관으로 임명된) 임동원 수석은 취임하자마자 통일외교안보분야 장관급과 청와대 관련 참모로 구성되는 NSC 상임위원회를 신설하고 그 사무를 관장할 소규모의 NSC 사무처를 신설하여 NSC 체제를 점진적으로 국민의 정부에 도입하려 했다. 동시에 국가안보의 전략적·체계적인 운용을 위하여 '국가안보전략지침'을 발간하려고 구상했

국가안전보장회의(NSC) 사무처 체제를 전면적으로 도입하게 되면서 국가안보전략 보고서 발간도 새루이 빛을 보게 되었다.

미국, 한국, 일본, 중국 등이 국가안보 조직을 재정비하고 국가안보전략 보고서를 발간하게 되는 배경을 돌아보면, 모두 정책 환경의 거대한 변화에 직면하여 기존 업무방식과 정책노선에 대한 성찰에서 시작되었다. 2010년대 이후 전개되는 동북아 신지정학 동향은 우리에게 다시 한 번 국가안보 조직과 외교전략 전반에 대한 재평가와 재정립을 요구한다.

역대 한국 정부의 국가안보전략 보고서 체계 비교

노무현 정부의 국가안보전략 보고서인『평화번영과 국가안보(2004)』는 '국가이익' 또는 '국가목표'로 국가안전보장, 자유민주주의와 인권

다. 이때 임 수석은 한배호 세종연구소 소장을 만나 세종연구소가 민간 차원에서 먼저 이 '국가전략서(가칭)'를 작성하고, 각국의 국가안보 체제를 연구해달라고 부탁했다. 통일원 차관에서 물러난 뒤, 한때 세종연구소 객원연구위원으로 몸담았던 임 수석은 이 일을 책임질 실무자로 나를 지목했다. 나는 덕분에 1998년 상반기에 세종연구소에서 국가전략연구팀을 맡아 숱한 전문가 면담과 연구토론회, 설문조사 등을 하며 밤낮없이 '국가전략서'를 만드는 일에 매달렸다. 통일외교안보 정부 부처로부터 분야별 전략(초안)을 받았다. … 국민의 정부는 이 '국가전략서'를 참고로 하여 정부 차원에서 간략한 '국가안보전략지침'을 만들기로 하고 박용옥 NSC 차장을 중심으로 후속 작업을 추진했다. 그러나 여러 가지 사정으로 작업은 마무리되지 못했으며, 결과물도 세상의 빛을 보지 못했다. 결국 국민의 정부에서는 미완으로 끝난 작업이었지만, 나 개인적으로 국가안보전략과 NSC 체제에 대해 큰 공부를 한 것이다. 이때 나는 분단국인 대한민국의 통일외교안보의 목표와 전략기조, 실천방향 등을 깊이 고민했으며, 미국 NSC를 한국 현실에 적용한 한국형 NSC 체제 개발에도 관심을 갖게 되었다. … 그런데 운명이란 바로 이런 것일까? 나는 인수위에서 참여정부의 NSC 체제를 설계하게 되었으며, 이 NSC 체제에서 사무처를 직접 운영하는 주인공이 되었다. 그리고 이 NSC 사무처는 대한민국 정부 역사상 최초로 국가안보전략서를 펴내고, 국가위기관리체제를 수립하여 가동했다." (이종석,『칼날 위의 평화: 노무현 시대 통일외교안보 비망록』(서울: 개마고원, 2014), pp.447~449.)

신장, 경제발전과 복리증진, 한반도의 평화적 통일, 세계평화와 인류공영에 기여 등 5개를 제시했다. 노무현 정부는 국익 또는 국가목표를 규정할 때, 이에 대한 국민합의를 획득하는 것이 중요하다고 인식했지만, 그것이 쉽지 않다고 생각했다. 따라서 국익 개념을 새로이 개발하는 대신, 이 5개 목표를 헌법에서 도출하는 데 그쳤다.

나아가 '국가안보' 국익을 달성하는데 필요한 '국가안보 목표'로서 한반도의 평화와 안정, 남북한과 동북아의 공동번영, 국민생활의 안전 확보 등 3개를 제시했다. '국가안보 목표'를 달성하는 데 필요한 전략과제로서 북한 핵문제 해결과 한반도 평화체제 구축, 한미동맹과 자주국방의 병행발전, 남북한 공동번영과 동북아 협력 주도, 그리고 기반과제로서 전방위 국제협력 추구, 대내적 안보기반 확충 등을 5개 과제를 제시했다.

동 보고서는 '국가안보전략'을 "국가안보 목표를 달성하기 위해 국가의 가용 자원과 수단을 동원하는 종합적이고 구체적인 구상"으로 설명하고, 이를 위한 '국가안보 전략기조'로 평화번영정책 추진, 균형적 실용외교, 협력적 자주국방, 포괄안보 지향 등 4개를 제시했다. 요약하면, 노무현 정부의 국가안보전략 체계는 국가이익 – 국가안보 목표 – 국가안보전략 기조 – 전략과제/기반과제 등으로 구성된다. 여기서, 국가이익(국가목표)은 국가의 지향점과 존재 이유, 국가안보 목표는 국가안보의 지향점, 국가안보전략 기조는 국가안보 목표를 달성하는 방법, 전략과제/기반과제는 국가안보 목표를 달성하기 위한 구체적인 액션플랜과 역량과제 등을 말한다.

이명박 정부의 국가안보전략 보고서인 『성숙한 세계 국가: 이명박 정부 외교안보의 비전과 전략(2009)』은 '성숙한 세계 국가'를 국가 비전으로 내세웠다. 동 국가 비전을 달성하는 데 필요한 전략(목표)으로서 상생과 공영의 남북관계, 협력 네트워크 외교 확대, 포괄적 실리외교

지향, 미래지향적 선진 안보체제 구축 등 4개를 제시했다. 국가안보전략의 '핵심 가치'로 정의와 평화, 공동번영, 세계주의 등 3개를 제시했다. '실천 원칙'으로는 '창조적 실용주의'라는 대원칙 하에서 국민통합, 실용적 성과, 국제협력의 3개 원칙을 추가로 제시했다. 종합적으로, 동 국가안보전략 체계는 국가 비전 – 핵심가치 – 실천원칙 – 전략(목표) – 중점과제 등으로 구성되었다.

박근혜 정부는 『희망의 새 시대 국가안보전략(2014)』을 발표하여, 국가안보의 총괄적인 '국정기조'로 "평화통일 기반 구축"을 내세웠다. 이를 위한 '안보 목표'로서 영토주권 수호와 국민안전 확보, 한반도 평화정착과 통일시대 준비, 동북아 협력 증진과 세계평화 · 발전에 기여 등 3개를 제시했다. 또한, '안보전략 기조'로서 튼튼한 안보태세 구축, 한반도 신뢰프로세스 추진, 신뢰외교 전개 등 3개를 제시했다. 종합적으로, 동 국가안보전략 체계는 국가안보 국정기조 – 안보목표 – 안보전략기조 – 전략과제 등으로 구성되었다.

문재인 정부는 『문재인 정부의 국가안보전략(2018)』에서 '국가 비전'으로 '국민의 나라 정의로운 대한민국'을 제시했다. 그런데 이 국가 비전은 대외정책을 위한 비전이기보다는 국내적 성격이 짙은데, 이는 문재인 정부의 출범 배경이 되는 '촛불혁명'의 정신을 반영한 탓으로 보인다. 동 국가 안보전략서는 외교 · 통일 · 국방을 아우르는 안보 관련 국정 목표로 '평화와 번영의 한반도'를 제시했는데, 이것이 오히려 국가안보전략 상 국가 비전으로 적절해 보인다. 동 보고서는 나아가 '국가안보 목표'로 북핵문제의 평화적 해결 및 항구적 평화정착, 동북아 및 세계평화 · 번영에 기여, 국민 안전과 생명을 보호하는 안심 사회 구현 등 3개를 제시했다. 이는 국가안보의 비전을 달성하기 위한 전략목표에 해당된다. 또한, 동 국가안보전략 '기조'로 한반도 평화 · 번영의 주도적 추진, 책임 국방으로 강한 안보 구현, 균형 있는 협력외교 추진,

국민의 안전 확보 및 권익 보호 등 4개를 제시했다. 동 보고서는 '기조'란 '국가 안보 목표를 어떻게 달성할 것인가'를 의미하는 것이라고 부연 설명했다. 동 보고서는 '평화와 번영'에 대해 "우리의 생존전략이자 시대적 소명으로 안보정책 전반을 아우르는 가장 최우선적인 전략 기조"로 규정했다.

위 사례에서 보듯이 각 정부마다 국가안보전략의 체계와 구성을 달리했다. 이는 각 정부의 국가안보전략을 이해하고 비교하는 데 적지 않은 장애가 된다. 따라서 필자는 국가안보전략 보고서를 위한 표준 양식으로서 국익(국가목표) – 가치와 원칙 – 국가 비전 – 전략목표 – 정책과제 등으로 구성된 추진체계를 사용할 것을 제안한다. 이는 이전 정부의 국가안보전략 보고서와 '정부업무평가기본법'이 제시하는 '성과관리 전략 계획' 방법론을 참조한 것이다.

별첨 1 | 노무현 정부 안보정책 구상

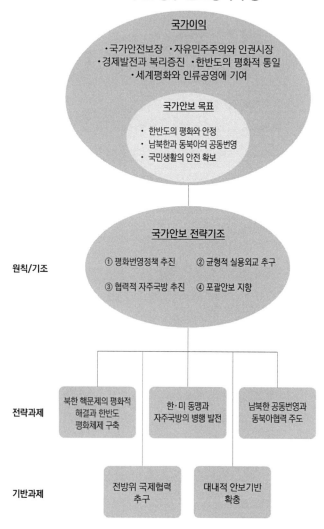

노무현 정부 안보정책 구상

국가이익

· 국가안전보장 · 자유민주주의와 인권시장
· 경제발전과 복리증진 · 한반도의 평화적 통일
· 세계평화와 인류공영에 기여

국가안보 목표

· 한반도의 평화와 안정
· 남북한과 동북아의 공동번영
· 국민생활의 안전 확보

국가안보 전략기조

① 평화번영정책 추진   ② 균형적 실용외교 추구

③ 협력적 자주국방 추진   ④ 포괄안보 지향

원칙/기조

전략과제

| 북한 핵문제의 평화적 해결과 한반도 평화체제 구축 | 한·미 동맹과 자주국방의 병행 발전 | 남북한 공동번영과 동북아협력 주도 |

기반과제

| 전방위 국제협력 추구 | 대내적 안보기반 확충 |

별첨 2 | 이명박 정부 외교안보 비전

이명박 정부의 외교안보 비전

(비전) (Global Korea : The National Security Strategy of the ROK, 2009)

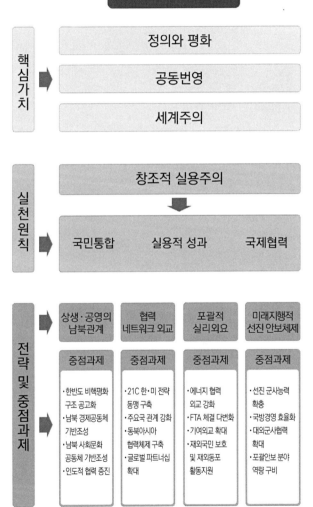

별첨 3 | 박근혜 정부 국가안보전략체계

박근혜 정부의 국가안보전략체계

「희망의 새시대 국가안보전략」, 2014(국가안보실)

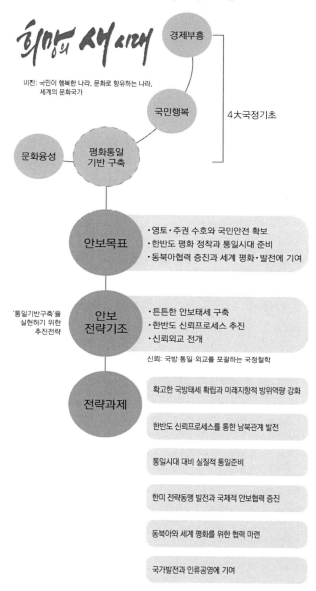

희망의 새시대

비전: 국민이 행복한 나라, 문화로 향유하는 나라,
세계의 문화국가

경제부흥

국민행복

4大국정기초

문화융성

평화통일
기반 구축

안보목표
· 영토·주권 수호와 국민안전 확보
· 한반도 평화 정착과 통일시대 준비
· 동북아협력 증진과 세계 평화·발전에 기여

'통일기반구축'을
실현하기 위한
추진전략

**안보
전략기조**
· 튼튼한 안보태세 구축
· 한반도 신뢰프로세스 추진
· 신뢰외교 전개

신뢰: 국방·통일·외교를 포괄하는 국정철학

전략과제

확고한 국방태세 확립과 미래지향적 방위역량 강화

한반도 신뢰프로세스를 통한 남북관계 발전

통일시대 대비 실질적 통일준비

한미 전략동맹 발전과 국제적 안보협력 증진

동북아와 세계 평화를 위한 협력 마련

국가발전과 인류공영에 기여

별첨 4 | 문재인 정부 국가안보전략 개관

문재인 정부의 국가안보전략 개관

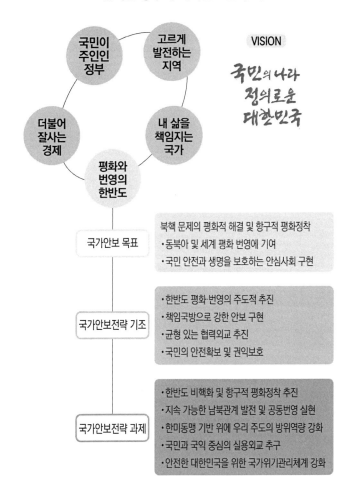

VISION

국민의 나라
정의로운
대한민국

국가안보 목표

북핵 문제의 평화적 해결 및 항구적 평화정착
· 동북아 및 세계 평화 번영에 기여
· 국민 안전과 생명을 보호하는 안심사회 구현

국가안보전략 기조

· 한반도 평화·번영의 주도적 추진
· 책임국방으로 강한 안보 구현
· 균형 있는 협력외교 추진
· 국민의 안전확보 및 권익보호

국가안보전략 과제

· 한반도 비핵화 및 항구적 평화정착 추진
· 지속 가능한 남북관계 발전 및 공동번영 실현
· 한미동맹 기반 위에 우리 주도의 방위역량 강화
· 국민과 국익 중심의 실용외교 추구
· 안전한 대한민국을 위한 국가위기관리체계 강화

제8장

한국의 4대
국가 정체성과 국익[1]

1. 국가 정체성 인식의 필요성

모든 국가는 무한 세력경쟁의 국제환경에서 생존하고 번영하기 위해 국가안보 전략을 수립하고 실행한다. 이 전략의 수립은 보통 주변국과 관계에서 자신의 위상과 역량을 파악하는 데서 시작한다. 이때 가장 중요한 과제는 "자신이 누구인가"를 아는 것이다. 요즘 대다수 국가들이 발간하는 국가안보전략 보고서도 예외 없이 자신과 주변에 환경평가를 포함한다. 그렇다면 한국은 대체 누구인가?

손자병법은 전쟁을 준비할 때 지피지기(知彼知己)할 것을 강조했다.[2] 손자병법은 "적을 모르고 나를 알면 한 번 이기고 한 번 진다"고 했다. 그런데 만약 "적을 알지만, 나를 모른다"면 어떻게 될까? 아마 "적도

---

1) 이 장은 필자의 『미중 경쟁 시대 한국의 '중간국' 외교전략』 정책연구시리즈 2019−03 (서울: 국립외교원 외교안보연구소, 2019)를 수정·보완한 것이다.
2) 손자병법 모공(謀攻)편, "적을 알고 나를 알면 백번 싸워도 위태롭지 않고, 적을 모르고 나를 알면 한 번 이기고 한 번 지며, 적도 나도 알지 못하면 싸움마다 위태롭다(知彼知己 百戰不殆, 不知彼而知己 一勝一負, 不知彼不知己 每戰必殆)"

나도 알지 못해 싸움마다 위태로운(不知彼不知己 每戰必殆)" 상황과 별반 다르지 않을 것이다. 경영 전략을 수립할 때 필수적인 'SWOT' 분석기법도 상대(외부 환경)의 기회요인과 위협요인을 파악할 뿐 아니라, 자신(내부 환경)의 강점과 약점도 철저히 평가할 것을 요구한다. 마찬가지로 미중 패권경쟁 시대에 대비하여 한국이 효과적이고 지속가능한 대응전략을 수립하려면 반드시 자신에 대해 객관적이고 엄밀한 평가가 전제되어야 한다. 일체 운동경기와 기업경쟁도 상대에 대한 분석뿐만 아니라, 경쟁 상황에서 자신의 강약점을 철저히 분석하여 취약점을 보완하고 강점을 활용하는 것은 상식이다.

국가들은 외교안보 전략보고서를 작성할 때 흔히 국익 또는 국가 목표로 평화번영과 부국강병을 제시하는데, 이에 이의를 다는 사람은 없다. 그런데 평화번영 또는 부국강병은 국익과 국가목표로서 추상성이 너무 높고 보편적이어서 실질적인 외교정책의 지침으로서 효용이 떨어진다. 국가전략 수립에서 더욱 중요한 질문은 부국강병과 평화번영을 위해 어떤 수단과 방법을 채택할 것인가이다. 이때 사람들은 제각기 관점과 이해관계에 따라 서로 다른 해답을 내고, 백가쟁명식 논쟁이 벌어지게 된다.

혹자는 한반도 평화를 지키기 위해 무엇보다 자체 군사력 증강, 한미동맹 강화, 또는 핵무장을 통해 대북 억제력을 확보할 것을 주장하고, 다른 혹자는 남북대화를 통해 군비통제와 신뢰구축에 집중할 것을 주장한다. 혹자는 미중 경쟁에 대비하기 위해 한미동맹에 확실히 '줄서기'를 주장하고, 혹자는 미중 사이에 균형을 잡거나 오히려 지역 안보협력을 추진할 것을 주장한다. 이런 대응책이 상호 보완적일 때도 있지만 보통 서로 충돌한다.

그렇다면 한국은 부국강병하고 평화번영하기 위해 어떤 전략, 어떤 수단과 방법을 선택해야 하나? 그런데 이때 그 선택한 전략에 대한 국민적 합의나 지지가 없다면, 대외정책 노선과 조치를 두고 국론이 분열되고 국력은 분산된다. 그런 나라는 경쟁국의 압박이나 계략에 취약하다. 전쟁의 경우라면, 전쟁 지침과 군사전략이 방향성을 잃고 헤매다가 결국 패퇴 될 것이다.

불행히도 우리는 탈냉전기에 대북정책, 외교정책 노선과 원칙을 두고 '남남갈등'으로 심한 진통을 겪었다. 아직 대북징책을 두고 소위 한반도 평화와 남북협력을 중시하는 남북대화론, 그리고 한미동맹과 군사안보를 중시하는 대북 봉쇄론이 대치 중이다. 2010년대 들어 미중 전략경쟁이 시작되자, 미중 관계에 대한 대응을 두고 또 '남남갈등'이 재현되었다. 대북정책을 둘러싼 남남갈등과 흡사하게, 한미동맹론과 미중 균형론이 대치했다. 한국에게 가장 엄중한 외교안보 과제인 북한문제와 미중 경쟁에 대한 대응을 누고 전문가그룹에서도 이런 균열이 재현되고 있어, 국론 분열과 국력 분산이 만성화 될 우려가 크다. 탈냉전기 들어 우리가 반복적으로 경험했듯이 정권교체마다 외교안보정책이 큰 진폭으로 오갔고 그로 인해 값비싼 대가를 치르고 있다. 이는 불필요한 국가적 비용이고 국력의 낭비이다. 분단으로 북한과 무한 경쟁 중이고 더욱이 강대국 세력경쟁 사이에 끼인 한국으로서는 반드시 피해야 할 상황이지만 그런 불상사는 반복되고 있다.

국민적 공감대가 크고, 정권교체에도 불구하고 지속성이 높은 외교전략을 어떻게 만들 것인가? 필자는 이를 위한 방법의 하나로 한국의 고유한 지정학적·역사적 정체성에 부합하는 외교전략을 수립할 것을 주장한다. 그렇다면 한국민이 공감하는 지정학적·역사적 정체성은 도대체 무엇인가? 사실 그런 정체성은 아직 정립되어 있지 않다. 종종 인용되는 한국적 정체성이 있었지만 이에 대한 깊은 논쟁이나 합의가 있었던 것은 아니다.

예를 들면, 한국민은 20세기 대부분을 '약소국,' '후진국' 정체성에 묻혀 살았다. 1980년대 들어 한국은 경제발전과 정치발전에 힘입어 점차 '중진국'으로 자각하기 시작했다. 마침내 1996년 경제선진국 그룹인 경제협력개발기구(OECD)에 가입하면서 '선진국' 인식도 점차 확산하였다. 당시 김영삼 정부는 한국의 정체성으로 '신흥 선진국'과 개도국과 선진국을 연결하는 '가교국가'를 부각했다. 이때 제기되었던 '가교국가'의 이미지와 정체성은 오늘까지 이어졌다. 한국은 독특한 역사적, 정치경제적 발전 경험으로 인해 개도국과 선진국, 핵국과 비핵국, 남과 북의 중간에 위치하여, 양측의 정체성을 모두 갖게 되었다. 한국 외교는 이런 한국적 경험과 특성에 주목하여 양 진영을 잇는 '가교국가' 역할을 자임했고, 국제사회도 이런 한국의 역할을 평가했었다.

여기서 파생된 개념으로 한국의 '중견국'과 '교량국가' 정체성이 있다. '중견국(middle power)'은 오늘 한국 외교안보에서 가장 많이 통용되는 한국의 정체성이다. '교량국가'는 지정학적 의미가 크다. 이런 중견국, 교량국가와 정체성은 이미 국내에서 통용되고 국민적 공감대가 높아, 지속가능한 국가전략을 수립하는 데 활용할 수 있다.

2. 한국 국가 정체성의 진화

한국은 미국 패권경쟁과 동북아 세력경쟁에 대응하기 위한 강대국 전략과 지역 전략을 아직 정립하지 못했을 뿐 아니라, 정권교체마다 오락가락하며 갈피를 잡지 못하고 있다. 남북경협, 평화체제 구축, 비핵화 등 핵심 대북정책 과제도 마찬가지이다. 정권교체 때마다 대북정책 목표와 방법도 오락가락 변동하여, 대북정책의 성과를 축적하기 어렵다.

이런 현대 한국 외교의 현실은 사실 지난 2000년 내내 한반도 국가들이 영토와 왕조의 보존을 위해 끊임없이 주변 강대국들과 전쟁과 외교를 넘나드는 전략게임을 벌였다는 역사적 경험과 대조된다. 과거와 비교할 때, 과연 오늘 한국 외교와 전문가그룹들의 지전략적 고민과 지

238 제2부 한국 외교를 위한 전략적 사고

식이 우리 선조보다 성숙했는지 의문이다. 한국은 일본의 강제병합으로 인한 조선 왕조의 소멸, 그리고 해방 후 남북 분단과 신생 대한민국의 탄생으로 인해 심각한 역사적 단절을 경험했다. 이런 역사적 단절로 인해 과거 2000년에 걸친 선조들의 동북아 지전략에 대한 고민과 지식은 후세 외교에 전혀 계승되지 못했고, 역사학의 범주에만 머물렀다.

시대 변천에 따라, 동북아에서 국내 정치는 크게 변했시만, 동북아 시성학의 형세와 동학이 달라졌다고 보기 어렵다. 동북아 국가들은 새로운 21세기 국제정치 현실 속에서도 끊임없이 과거 자신들의 지전략을 탐구하고, 재해석하고 재활용하고 있다. 한국인도 자신은 과거와 단절되었다고 생각하면서도, 주변국에 대해서는 역사적인 인식과 지정학 시각으로 판단하는 경향이 있다. 이런 문제의식에서 아래에서는 한국적 지전략의 개발과 재발견을 위한 사전 작업으로서 한국적 정체성을 제시하고 토론하고자 한다.

오늘 한국을 둘러싼 국제안보 정세는 현세대 한국민들이 일찍이 경험하지 못한 새로운 현상이다. 종래 냉전체제, 탈냉전 미국 패권체제와는 판이하다. 이런 상황에서 국제정세에 대한 냉전기의 고정 관념과 관행에 따른 관성적인 결정은 마치 운전자가 전방 주시를 외면한 채 백미러를 보고 운전하는 것과 별반 다르지 않다. 더욱이 한국이 앞으로 맞이할 국제정치 환경은 지도도 없는 미개척지와 같아, 이런 백미러만 보는 운전방식은 더욱 위험하다. 그렇다고 모든 승객의 운명을 운전자의 직관과 운전 솜씨에만 맡길 수도 없다. 자동차가 경쟁에 뒤지지 않고 안전하게 목표에 도달하려면, 동승자 모두가 동의하는 목표지점과 지형도와 나침반이 있어야 한다.

이에 대한 해답을 찾기 위해 우선 한국이 누구인가에 대한 정체성 탐구와 합의에서 출발해야 한다. 국민이 공감하는 국가 정체성의 정립은 국가 비전, 국익, 지전략에 정당성을 부여하고, 내부 혼선과 분열을 최소화하는 기반이 된다. 그렇다면 한국의 국가적 정체성은 무엇인가? 필자는 한국 외교를 위한 핵심적인 국가 정체성으로 분단국가, 중견국가, 끼인 국가(중추국), 통상국가 등 4개를 제시한다.³⁾ 이 정체성 도출의 원천과 내용은 아래와 같다.

국가 정체성은 한국민이 공유하고 공감하는 국가역량, 역사적 경험, 지정학적 위치와 위상, 헌법, 부국강병과 평화번영의 보편적 국익, 유엔 회원국의 권리와 책무 등에서 찾을 수 있다. 우선 한국의 계량화된 국가역량을 보면 2020년 현재 경제 규모 세계 10위, 무역 규모 세계 8위, (재래식) 군사력 세계 6위, 인터넷 보급률 세계 4위, 제조업 경쟁력 세계 3위 등이다. 이런 외형적인 계량 수치를 감안할 때 한국은 유엔 회원국 총 193개국 중에서 10위 내외의 상위권, 중규모 국력을 보유한 전형적인 '중견국'이다. 한국보다 국력이 앞선 국가는 유엔안보리 상임이사국이자 NPT 상의 핵보유국으로서 현 국제정치 질서에서 강대국으로 공인된 미국·중국·러시아·영국·프랑스 등 전통적 강대국, 세계적 경제 대국인 일본과 독일, 그리고 거대 국가로서 지역 강국인 인도와 브라질 등 정도로 손에 꼽을 정도이다.

한편, 우리 국민의 기억에는 한국을 "고래 싸움에 등 터지는 새우"로 인식하는 '약소국' 정체성도 깊이 새겨져 있다. 한반도 주변국이 모두 세계 1, 2, 3, 4위 강대국이고, 한국의 국력은 이들에 비해 크게 열등했기 때문이다. 특히 근대 들어 일본에 강제합병 당했고, 한국전쟁으로 인해 경제가 완전히 피폐화되어 원조로 연명했던 경험도 그런 약소국 정체성을 만들었다.

3) 한국의 정체성에 대한 상세한 토론은 필자의 다음 글을 참조. 『미중 경쟁 시대 정체성 기반 국익과 신 외교원칙 모색』 주요국제문제분석 2019-24 (서울: 국립외교원 외교안보연구소, 2019); 『미중 경쟁 시대 한국의 중간국 외교전략 모색』 정책연구시리즈 2019-03 (서울: 국립외교원 외교안보연구소, 2019); 『동북아 지정학과 한국 외교전략: 강중국과 중추국 정체성을 중심으로』 정책연구시리즈 2020-07 (서울: 국립외교원 외교안보연구소, 2021).

　　과연 한국은 항상 약소국이었을까? 근대 이전의 한국은 동아시아의 보편적인 국제정치 질서인 중국 중신의 조공체제를 수용했다. 그리고 동북아에서 패권전쟁이 발생할 때마다 수시로 주변 강대국에 침공당했다. 일견 중국에게 조공하고, 한, 수당, 거란, 몽골, 일본, 후금(청)에게 침공당했기 때문에 과거 한국이 '약소국'이라고 생각할 수 있다. 달리 보면, 통일신라 이후 한국의 1500년 역사에서 자신의 국권을 지키지 못하고 완전히 점령당했거나, 외부 지원으로 국가경제를 연명했던 시간은 극히 짧은 시간에 불과하다. 더욱이 한국을 침공했던 국가들은 동아시아 초강대국이었고, 한국은 이들을 결국 물리쳤다. 전쟁에 패할 때도 있었지만, 한국의 강한 저항성은 이들의 점령과 흡수를 허용하지 않았다.

　　다시 말해, 한국은 고조선, 고구려, 통일신라, 고려, 조선시대를 거치면서 군사적, 경제적으로 지역 중견국 또는 지역 강국의 위상을 유지했었다. 정글의 법칙이 횡횡하는 동아시아 국제정치의 본성과 세력이 월등했던 주변 강대국의 존재를 감안할 때, 한국이 한반도에서 이렇게 영토와 생명과 문화를 지켜낸 것은 놀랄만한 역사적 업적이 아닐 수 없다. 한국이 무시하지 못할 국력 규모에 더해 강한 저항성과 회복성까지 갖추지 않았다면 불가능한 일이었을 것이다.

　　그런데 이런 한국의 전통적인 지역 강국, 중견국의 정체성은 근세 들어 일본에 합병당하고, 역사의 단절이 발생하면서 상실되었다. 21세기 들어 국력이 신장하고 국제적 위상이 상승하자, 한국은 새로이 '중견국' 정체성을 만들었다. 하지만 한국 역사 발전의 연속선상에서 본다면, 일시적으로 상실했던 전통적인 중견국 정체성을 회복하고, 재발견했다고 볼 수도 있다. 20세기 중반 이후 수많은 신생국가가 근대화와 국력 신장에 실패했지만, 한국이 거의 유일하게 중견국으로 도약하는 데 성공했다. 이런 성공 사례도 과거 한국적 정체성과 역사의 회복을 빼고는 설명하기 어려울 것이다.

표 8-1 | 시대별 한국 정체성의 변화

	고대 · 중세	구한말	냉전기	탈냉전기	미중 경쟁기
내 부	- 농경국가 - 왕조국가	- 농경국가 - 왕조국가	- 산업국가 - 권위주의 국가	- 민주국가 - 산업국가	- 민주국가 - 선진국 - 첨단산업 국가
대 외	- 조공국 - 중견국 - 지역강국 - 끼인 국가	- 약소국 - 끼인국가 - 폐쇄국가	- 분단국 - 자유진영국 - 약소국 - 동맹국가 - 끼인 국가	- 통상국가 - 중견국가 - 세계국가 - 개방국가	- 끼인국가 - 분단국가 - 중견국가 - 통상국가

국가 정체성의 다른 주요 원천으로 한국민의 고유하고, 공통된 역사적 경험에 주목한다. 남북 분단, 한국전쟁, 한미동맹, 민주화, 일본의 강제합병과 식민지화, 임진왜란, 병자호란 등이 그런 한국민의 공통된 경험이다. 한국민은 역사적으로 주변 강대국으로부터 수시로 강압, 침공당했기 때문에 중소국의 기억도 갖고 있다. 하지만 힘의 질서에 따라 강대국에게 사대했지만, 영토 침범과 내정 간섭에 대해서는 강하게 거부하며 항쟁했었다. 전통적으로 중국 중심의 동아시아 천하질서에서 한국은 반주변부(半周邊部)의 위치에 있었고, 주변부에 있는 이민족에 대해서는 종주국으로 행세하며 조공을 요구했었다.

한국의 국가 정체성 중에서도 국제정치적으로 더욱 의미가 큰 것은 지정학적으로 강대국 사이에 놓인 '끼인 국가'라는 점이다. 동북아의 지정학적 구조를 볼 때, 한국은 예나 지금이나 강대국 사이에 놓인 전략적 요충지대이다. 이런 정체성을 지정학적 '중간국' 또는 '중추국(pivot state)'으로 부르기도 한다.

역사를 돌이켜보면, 동북아에서 강대국 세력경쟁과 패권전쟁이 발생할 때마다 한국은 예외 없이 그 와중에 끌려들었다. 한반도가 2차 대전 종전 후 미소 양국에 분할 점령된 것도 전략적 요충지로서 강대국 사이에 '끼인 국가'였기 때문이었다. 이후 남과 북은 각각 다른 진영에 소속되어 전혀 다른 국가체제를 발전시켰고, 결국 한국전쟁을 거치면서 남북 분단이 고착되었다. 최근 미중 전략경쟁이 발생하면서, 남북을 경계로 미중의 세력권이 다시 재편성되는 양상이다.

다음 한국 정체성의 원천으로 헌법과 유엔헌장이 있다. 국내에서 외교안보정책은 수시로 극심한 정쟁의 대상이 되었지만, 누구도 헌법이 표방한 국가목표와 가치를 부정할 수는 없었다. 따라서 헌법에 표현된 평화주의, 전쟁 부인, 평화통일, 영구 세계평화와 세계 공영 기여 등은 한국민이 공유하는 국익이자 외교가치가 된다. 한국은 모범적인 유엔 회원국으로 유엔헌장이 추구하는 평화 추구, 주권과 영토 보존, 전쟁 금지, 집단안보, 공동안보 등도 충실히 수용하고 있다.

위에서 토론한 국가 정체성의 원천에 따라 한국 외교를 위한 4개의 국가 정체성을 도출할 수 있다. 첫째, 한국은 1500년 이상 한 국가로서 살아오다가 1945년 돌연 남북 분단의 비극을 겪게 되면서, 그로 인한 '분단국가' 정체성이 국민인식과 한국 외교에 깊이 새겨졌다. 한국은 '분단국가' 정체성으로 인해 북한과 통일과 평화를 위한 대화를 추구하는 동시에 최악의 제로섬적인 안보경쟁을 치르고 있다. 이런 분단국 속성으로 인해 한국은 북한의 침공을 방지하고, 남북관계 개선을 추진하며, 한반도에서 비핵·평화·통일국가를 달성해야 하는 숙제를 떠안게 되었다.

둘째, 최근 미중 전략경쟁이 악화하면서, 한국은 강대국 간 지정학적 경쟁에 끼여 안보가 취약한 '끼인 국가' 또는 '중추국가(pivot state)'의 정체성을 재인식하게 되었다. 역사 속 한국은 종종 주변 강대국의 세력 전이를 무시하고 관행과 관념에 따른 관성적인 외교에 안주했는데, 이때마다 전쟁의 참화를 입었다. 미중 패권경쟁 시대를 맞아 지정학적 '끼인 국가'의 운명을 지닌 한국에게 이런 고민은 더욱 깊어질 전망이다.

셋째, 한국은 냉전기와 탈냉전기에 국력 신장에 성공한 결과, 현재 각종 국력지수로 10위 내외의 지위를 확보함으로써 '중견국' 정체성을 갖게 되었다. 중견국 정체성에 따라, 국제사회의 선도국과 모범국의 책무를 자임하고 규범 기반 국제질서와 세계평화와 공영을 추구하는 중견국 외교를 추진하고 있다.

넷째, 한국은 정부 수립한 후 후진국, 자원빈국, 에너지빈국의 함정에 빠졌는데, 이를 극복하는 과정에서 '통상국가' 정체성을 갖게 되었다. 새로이 획득한 '통상국가' 정체성에 따라, 한국은 자유통상과 시장경제가 확대되는 개방적, 규범 기반의 국제질서를 적극적으로 지지한다. 또한 경제통상의 기회를 확대하기 위해 세계평화와 공영에 기여하는 세계 외교를 추진한다. 국민들은 한국의 물질적 한계인 자원빈국, 에너지빈국의 처지를 잘 이해하기 때문에 경제통상의 기회를 확장하는 경제통상외교를 중시한다. 따라서 한국의 각종 외교안보정책 중에서도 수출입을 증대하기 위한 경제통상정책은 정치적, 국민적 합의 수준이 가장 높다.

다음에서는 위에서 토론한 한국의 국가적 정체성을 더욱 상세히 규정하고, 이에 기반한 한국의 국익, 전략목표, 정책과제를 제시하고자 한다. 국가 정체성과 이에 기반하여 도출된 국익과 목표를 제시함으로써 만연한 남남갈등 현상을 완화시키고자 한다. 국민적 공감대가 큰 국가적 정체성을 기반으로 하여 국익과 국가 목표를 도출한다면, 외교안보에 대한 정쟁을 해소하고 국론을 결집시키는 효과도 거둘 것으로 기대한다.

3. 한국의 4대 국가 정체성과 국익

분단국가

한국의 가장 특별하고, 한국민의 의식 전반에 깊이 뿌리내리고 외교 안보 정책 전반에 최대의 영향을 미치는 국가적 정체성이 '분단국가'라는 데 이견이 없을 것이다. 한국은 이렇게 뿌리 깊고, 강력하고, 부정적인 '분단국가'의 정체성을 갖고 있는데, 안타깝지만 이런 상황이 장기간 변치 않을 전망이다. 분단국의 정체성으로 인해 한국은 전쟁을 억제하고, 평화 정착과 남북 통일을 적극적으로 추구하고 있다. 따라서 한국은 강한 국가, 평화국가, 통일국가를 국가비전으로 추구한다. 동시에 안보·평화·통일 등 3개를 주요 국익이자, 국가목표와 가치로 추구한다.

그렇다면 안보·평화·통일의 3개 목표와 가치 중에서 우선순위는 어떻게 되는가. 그 우선순위에 대한 한국민들의 입장 차이는 우리 대북정책의 혼선과 남남갈등을 초래한 배경이 된다. 다시 말해 국내에서는 안보 제일주의, 평화 제일주의, 통일 제일주의 등 3개 대북 정책 노선이 격하게 경쟁 중이며, 그 갈등이 해소되지 않고 계속 재현되고 있다.

남북은 서로 분단으로 인해 통일을 추구하면서도 현실적으로는 무한 안보경쟁과 안보 딜레마에 빠져 있다. 따라서 단기적으로 한국은 통일보다는 평화, 평화보다는 안보를 우선적인 국가 목표로 추진할 수밖에 없으며, 북한도 마찬가지일 것이다. 이것이 한국에서는 군비 증강과 한미동맹 강화로 나타나고, 북한에서는 군사 도발과 핵무장 증강으로 나타난다.

남북 분단과 군사적 대치 현실을 고려할 때, 최우선 국가안보 목표는 북한의 전쟁 도발을 억제하며, 국가와 국민의 보호하기 위한 '안보'가 될 수밖에 없다. 그런데 한국 단독으로 북한 핵 위협과 전쟁 위협을 충분히 억제하고 평화를 유지하기 어렵기 때문에 한미동맹과 국제사회의 지원에 의존하고 있다. 그런데 우리 국가안보 목표가 안보에 한정될 경우, 남북 간 군사적 대치와 군비경쟁이 악화되는 안보딜레마의 함정에 갇히게 된다. 남북 대치와 갈등이 지속되면, 우리는 주변국으로부터 계속하여 외교 조작의 대상이 된다. 실제 분단의 현실로 인해, 한국은 엄청난 기회비용을 치르고 있다. 분단 때문에 한국의 정치지도자들은 외교안보 역량을 최우선적으로 전쟁방지와 남북관계 관리에 쏟아붓을 수밖에 없다. 이때 동북아 외교, 경제외교, 통상외교, 문화외교 등을 위한 귀한 외교자원이 사실상 낭비되고 있어, 남북관계 개선과 평화 정착이 시급하다.

한국은 악순환되는 안보딜레마의 함정에서 벗어나기 위해 비핵화, 남북관계 개선, 군사적 신뢰 구축 등을 통해 '평화 정착'을 추구한다. 그리고 마지막으로 전쟁 위기를 근원적으로 영원히 해소하기 위해 남북 경제공동체, 남북연합 등을 통해 한반도 분단구조를 해체하고 통일을 달성하려고 한다. 그런데 남북한이 각각 실제 통일을 추구하는 것이 현실적으로 평화 정착에 큰 장애가 되므로 통일을 장기과제로 미루도록 한다. 예를 들면, 한국이 통일을 말하면 북한은 이를 흡수통일로 간주하여 반발하는 경향이 있다. 마찬가지로 북한이 통일을 말하면, 우리는 이를 적화통일 또는 연방제 통일로 간주하여 강하게 반발한다.

결론적으로, 필자는 대북정책에서 3개 목표 간 우선순위에 대해 안보-평화-통일의 순서를 제기한다. 이는 안보딜레마의 악순환 함정에 빠지는 것을 방지하기 위해 안보를 우선하되, 가능한 한 평화 정착을 병행 추진하는 것이다. 즉 '안보를 위한 안보'가 아니라 '평화를 위한 안보'를 추진해야 한다. '안보를 위한 안보'의 끝은 무한 군비경쟁과 군사충돌이 될 것이기 때문이다. 통일은 평화 정착이 된 이후로 미루도록 한다.

중추국(pivot state)/끼인 국가

한국은 지리적·역사적으로 동북아에서 강대국의 지정학적 경쟁에 끼여 안보가 매우 취약한 '끼인 국가,' '중추국'이었다. 한국은 역사적으로 중국 남북조 간 강대국 세력경쟁과 청일, 러일, 미소 등 대륙세력과 해양세력 간 지정학적 경쟁에 말려들어, 전쟁, 분할, 점령의 고통을 겪었다. 남북 분단의 현실도 강대국 간 지정학적 경쟁과 타협 결과이며, 그런 지정학적 구조로 인해 분단도 좀처럼 해소되지 못할 것이다. 21세기 들어 '중국의 부상' 이후 새로이 미중 전략경쟁이 심화되고, 그 중간에 끼인 한국의 안위가 위협받고 있다. 과거 역사가 미래를 판단하는 잣대가 된다면 미중 경쟁의 가운데 위치한 한국은 지정학적 '파쇄 국가'가 될지, 또는 '교량국가,' '중추국'이 될지 갈림길에 서 있다.

필자는 한국이 이런 취약점을 극복하고 중추적 위상을 최대한 이용하기 위해 국가비전으로 '교량국가'와 '평화국가'를 지향할 것을 주장한다. 사실 '교량국가' 비전은 김영삼 정부가 '가교국가'를 제시한 이후 모든 후속 정부가 공감하는 국가 비전이다. 예를 들면, 문재인 대통령의 2019년 8.15 경축사는 아래와 같이 한국의 지정학적 위치에 따른 문제점을 지적하고, 국가 비전으로 '교량국가'를 제기했다. "한국은 대륙과 해양을 아우르며 평화와 번영을 선도하는 교량국가가 되고자 합니다. 지정학적으로 4대 강국에 둘러싸인 나라는 세계에서 우리밖에 없습니다. 우리가 초라하고 힘이 없으면, 한반도는 대륙에서도, 해양에서도 변방이었고, 때로는 강대국들의 각축장이 되었습니다. 그것이 우리가 겪었던 지난 역사였습니다. 그러나 우리가 힘을 가지면 대륙과 해양을 잇는 나라, 동북아 평화와 번영의 질서를 선도하는 나라가 될 수 있습니다. 우리는 지정학적 위치를 우리의 강점으로 바꿔야 합니다. 더 이상 남에게 휘둘리지 않고 주도해 나간다는 뚜렷한 목표를 가져야 합니다."

역사를 돌이켜 보면, 중간국에서 내부 분열, 약한 국력과 군사력 등의 이유로 '세력 공백'이 발생하면 주변 강대국이 해당국을 놓고 경쟁하거나 분할 점령하는 경향이 높다. 반면에 통합되어 강건하고, 실용 외교를 구사하는 중간국들은 '전략적 중추국'이자 '교량국가'로서 평화 번영을 구가하기도 했다. 중추국들은 모두 강대국이 아닌 중소국가들인데 이들은 자체적으로 강대국의 압박과 공격을 독자적으로 견딜 능력이 없다. 따라서 중소 중간국들은 최대한 자체 국력과 국방력을 강화하기 위한 자강 노력을 기울이되, 자력 방위가 불가능하므로 주변 강대국과 동맹이 불가피하다.

동양의 고전은 중소 중간국의 동맹 전략으로 이이제이(以夷制夷), 원교근공(遠交近攻), 합종연횡(合從連橫) 등을 제시하고 있다. 이 중에서도 '원교근공'은 주력 군사력이 멀리 있어 자신을 직접 위해 할 가능성이 작고, 또는 적의 배후에 위치하여 '자연동맹'인 원거리 강대국과 동맹할 것을 요구한다. 합종연횡도 좋은 교훈이 된다. 이는 중소국이 강대국에 의존하여 보호받는 '연횡'의 위험성을 지적하고, 대안으로 유사한 상황에 처한 중소국가들과 연대하여 '합종'으로 강대국으로부터 안전을 도모할 것을 조언한다.

필자는 이런 지정학적·역사적 사례와 외교 원칙으로부터 아래와 같은 교훈을 찾아 한국 외교에도 적용할 것을 제기한다. 첫째, 한국은 자강해야 한다. 이를 위해 자체 국력과 군사력 증강을 위해 노력하고, 특히 내부 국론통합과 남북관계 개선을 통해 국력의 분산을 방지한다.

둘째, 미중 관계에 대한 대응 전략을 위해 이이제이와 원교근공 원칙의 교훈, 해양국가가 대륙 국가에 비해 군대 동원의 한계로 인해 상대적으로 영토적 야심이 적다는 지정학적 교훈, 한반도의 역사적 경험 등을 고려한다. 결론적으로, 한국 안보를 위해 한미동맹을 근간으로 하고, 중국과 선린우호 관계를 유지한다.

셋째, 유라시아 대륙의 주변부에 위치하여 미중 세력경쟁과 지정학적 충돌을 거부하는 지정학적 중간국가, 중소국가와 '중추국 연대'를 추진하도록 한다. 중추국 연대는 미중 간 서로 동맹 확장을 위한 진영화 경쟁을 무력화시키며, 특히 미중 분리를 완화시키는 효과가 있다.

중견국가

21세기에 한국이 새로이 찾은 강력한 국가 정체성은 '중견국(Middle Power)'이다. 한국은 전통적인 국력 규모 기준으로 '중소국' 범주에 들지만, 각종 국력 지수로 10위권에 해당한다. 돌이켜 보면, 한국은 경제 선진국 집단인 경제협력개발기구(OECD) 가입(1996), 세계적 지도국 모임인 G20 정상회의 참가(2010)와 2010 서울 G20 정상회의 개최, 2012 서울 핵안보정상회의 개최 등을 거치면서 점차 '중견국'으로 거듭났다. 2000년대부터 이미 경제적으로 발전한 중진국의 위상을 갖게 되었으나, 2010년대 들어 비로소 국제정치와 국민의식에서 명실상부한 '중견국' 위상을 갖게 되었다. 한국이 국제적으로 중견국으로 인정받게 된 배경에는 서울 G20 정상회의와 서울 핵안보정상회의의 성공적인 개최가 있었다.

'중견국' 개념에는 물질적으로 국력 수준이 강대국과 약소국의 중간에 위치한 국가, 규범적으로 자유주의적 국제질서, 다자주의와 법치의 글로벌 거버넌스를 통해 국제사회를 운영할 것을 선호하는 국가 등 2개가 흔히 혼용된다. 그런데 여기서 중견국은 국력 규모를 참고하면서도, 특히 후자를 중시한다. 따라서 중견국 그룹에는 대부분 유럽 국가, 캐나다, 호주, 싱가포르, 한국, 일본 등이 포함된다. 참고로, 위에서 토론한 '중추국'은 국가 규모와 무관하게 지리적·지정학적으로 강대국 사이에 끼었거나, 해양세력과 대륙세력 사이에 위치하여 중간적 또는 중추적 위치와 역할을 지칭한다는 점에서 중견국가 개념과 차별화된다.

한국은 2013년 한국·멕시코·인도네시아·튀르키예·호주 등 5개 중견국으로 구성된 지역 간 협의체인 믹타(MIKTA)를 주도적으로 발족시켰다. 이들은 경제 규모(GDP)기준 세계 11~19위에 해당하며, 한국을 제외하고는 각각 자기 지역에서 상당한 영향력을 가진 지역 강국이다. 그동안 각종 국제회의의 기회에 수시로 별도 믹타 회의를 개최하고, 공동성명과 공동발언도 내었다. 하지만 근래 자유주의 글로벌 거버넌스가 이완되면서, 5개국 간 상호 이질성도 커지고 당초 모임의 취지가 퇴색하였다. 따라서 믹타의 미래도 불투명하다.

한국은 세계평화와 공영을 위한 다자주의와 현 자유주의 규범 기반 국제질서에서 최대의 혜택을 받고 있는바, 미중 경쟁 시대 들어서도 이를 지지하고 참여하는 중견국 외교를 적극적으로 추진하려고 한다. 특히 한국은 분단국, 안보취약국, 경제취약국, 끼인 국가 등 구조적 약점으로 인해, 이를 보완하고 극복하기 위해서는 다자주의와 법치에 기반한 글로벌 거버넌스를 안정적으로 유지하는 것이 국익이다. 이를 위해 국제사회 및 공통 이해관계를 갖는 다른 중견국과 협력하는 중견국 외교를 더욱 활성화해야 한다.

그동안 우리 외교는 한반도에 과도히 집중되었고, 외교체제와 외교역량도 다른 중견국, 외교 선진국에 못 미치는 문제점이 지적되었다. 따라서 한국이 중견국가에 합당하는 국제적 참여와 기여를 보장하기 위해서는 외교체제와 외교역량을 선진화하고 강화해야 하는 숙제가 있다. 이를 위해 정치권과 국민은 한국이 갖는 '세계적 국익'을 명확히 인식해야 하고, 필요한 자원을 제공해야 한다.

통상국가

마지막으로, 한국은 '자원빈국·에너지 빈국'이지만 제조업을 통한 수출기반의 경제성장에 성공한 대표적인 사례이다. 오늘 한국은 명실상부한 경제 선진국의 반열에 들었다. 하지만 내부 자원의 빈곤으로 수출입에 과도히 의존하여, 대외경제의존도가 매우 높은 '경제 취약국'의 특성을 갖는다. 오늘 한국경제는 중견국의 위상에도 불구하고, 경제의 대외의존도(수출입/국민총생산 GNI) 85%, 에너지 수입의존도 97%, 곡물자급률 24%(식량 자급률 50%) 등 여전히 외부 충격에 매우 민감하고 취약하다.

이런 본연의 취약성을 극복하는 과정에서 한국은 '개방국가·통상국가·세계국가'의 정체성을 갖게 되었고, 또한 이를 수요 국가목표로 추구하고 있다. 높은 대외경제의존도로 인해, 한국민의 안녕과 번영은 세계 경제의 번영, 그리고 국제시장과 자원·에너지 공급지에 대한 안정적인 접근에 달려있다. 따라서 한국은 자신의 경제적 안녕과 번영을 위해 개방적 국제질서를 지지하고, 경제·통상·에너지·개발외교를 적극적으로 추진해야 한다.

또한 경제통상활동에 대한 최대 위협요인인 지역 분쟁, 내란, 핵확산, (핵) 테러, 해적, 기후변화 등을 방지하는 것도 우리의 사활적 이익이다. 따라서 이런 우리의 '세계적 국익'을 보장하기 위해 국제 안보 활동에 적극적으로 참여해야 한다. 이렇게 한국의 '통상국가' 외교전략은 세계평화를 위한 중견국 외교전략과도 중복된다.

마지막으로, 한국은 '세계국가'로서 국민의 10% 이상이 해외에 거주하며 경제활동을 영위하고 있다. 해외 체류 국민의 생명과 재산을 보호하는 국가의 기본적인 책무이다. 이때 한국의 국익은 국내적인 국가 안전보장에 한정되지 않고, 세계평화와 번영에도 기여하는 '세계적 국익'으로 확장되고 있다.

표 8-2 | 한국의 국가 정체성에 따른 국가비전과 주요 정책과제

정체성	국가비전	국익과 주요 정책과제
분단국가	비핵평화 국가	• 안보 강화: 한미동맹 유지, 대북 군사억제력 강화, 전시작전통제권 환수, 한미일 안보 협력, 유엔사 문제 • 평화정착: 남북 기본협정 체결, 역내 북미·북일 적대관계 해소(수교) 평화체제 구축, 군비 통제, 비핵화, 동북아 비핵무기지대, 협력적 위협감축(CTR), 남북 연락사무소 • 통일추진: 남북경제공동체 추진, 경제협력, 인도 문제 해결, 민족동질성 회복, 통일기반 구축사업, 국토 공동개발
중간국가	평화교량 국가	• 주변4국 외교: 역내 양자 관계 활성화, 역내 갈등 억제·관리, 역내 소다자대화(한중일, 한미일, 한일러, 남북중, 남북일, 남북일러) 추진 • 중간국 협력 확대: (지정학적)중간국 네트워크 구축, 중간국 그룹 결성, 중간국(+중견국) 국제회의(1.5트랙) 개최 • 동북아 지역협력: 한미동맹과 한중 전략적 협력동반자관계의 조화와 병행, 지역 공동안보·포괄안보대화 가동 및 기구 설립, 동북아 평화협력 플랫폼, 원자력협력기구, 동북아 비핵무기지대, 소다자대화 • 동아시아 지역협력: 신남방정책, 인태전략 지속 기반 구축, 한·아세안 특별 전략적동반자관계 추진, 미중 경쟁 완화 공조, 아세안+4(남북중일), 아세안+남북 대화 추진 • 유라시아 지역협력, 세계 지역협력: 유라시아 평화번영지대, 지역기구·지역협력체 국제회의 가동
중견국가	세계국가	• 중견국 네트워크 구축: 믹타 활성화, 미중 경쟁 반대의 중견국 그룹 결성, 중견국(+중간국) 국제회의 개최 • 세계평화 공영 기여: 다자주의와 규범 기반 국제질서 유지, 유엔외교, 개발지원, 핵 군축·핵 비

		확산·핵 안보 강화, NPT 참여, • 세계 안보 외교 강화: 수출통제국제레짐 참여, PKO 참여, 국제수송로 보호, 사이버안보
통상국가	통상개방 국가	• 자유무역 국제규범 유지: 자유무역 질서 유지 • 통상 네트워크 확장: 신흥시장 확대, 첨단기술 보호 • 자원·에너지협력: 자원에너지 외교 상화, 원전 수출

4. 한국 '강중국' 정체성의 재발견

앞에서 토론했듯이 탈냉전과 세계화 시대에 많이 통용되었던 '중견국'은 유일 초강대국인 미국이 주도하는 자유주의 국제질서에 순응적으로 참여하는 국가들을 주로 지칭하는 시대성을 가진 개념이다. 한국, 캐나다, 호주, 네덜란드, 일본, 독일, 스웨덴 등이 대표적인 중견국이다. 일본, 독일은 경제력 규모에서 세계 3~4위권의 경제대국이나, 미국이 주도하는 자유주의 국제질서를 지지하고 그 내에서 활동한다는 '중견국' 범주에 넣는다. 또한 일본, 독일은 유엔안보리 상임이사국, 핵보유국, 군사강국이 아니며, 인도와 같은 거대 국가도 아니기 때문에 강대국으로 보기 어렵다.

2010년대 이후 미중 패권경쟁과 강대국 정치가 활성화된 국제질서 속에서 '중견국'을 어떻게 규정해야 하나? 새로운 다극화된 국제질서 속에서 독자외교를 추구하며 지역 강국이 되려는 일련의 '신흥 중견국'이 등장했다. 브라질, 남아공, 튀르키예, 인도네시아, 이란, 사우디아라비아 등이 이 그룹에 속한다. '신흥 중견국'들은 중급 이상의 경성국력에 더해 독자적인 정치·문화·외교 역량을 구비하고, 자율 외교를 중시하는 성향이 있다.

미중 경쟁 속에서 한국은 어떤 외교를 추진해야 하나? 사실 한국은 더 이상 미국이 주도하는 글로벌 거버넌스에만 안주하기 어렵다. 한국은 미중 경쟁의 한 당사국이자 신흥 초강대국인 중국과 인접했고, 대중 무역의존도가 과도히 높은 데다, 우리의 생사가 걸린 북한문제에 대한 중국의 영향력도 높기 때문이다. 이런 강대국 세력정치와 지정학적 경쟁이 지배적인 대외 환경을 배경으로 한국이 평화번영을 계속 보장하기 위해서 주목해야 할 자기 정체성이 바로 '강한 중견국,' 즉 '강중국'이다.

역사 속 한국은 동아시아에서 유일 패권국이자 선진 문명국인 중국과 관계 속에서 항상 자신을 "동북 모퉁이에 있는 소국"으로 낮추어 불렀다. 여기서 '소국'은 천하와 동아시아 대륙의 중심에 있는 '대국' 중국과 대구(對句)가 되는 개념이다. 또한 한국은 19세기 말 제국주의 시대에 '강대국'의 침략과 점령의 대상이 되면서 스스로 '약소국'으로 인식하고, 그렇게 처신했다. 탈냉전기 들어 '중진국' 또는 '중견국' 정체성을 갖기까지 오랜 기간 그런 정체성을 유지했다.

만약 역사 속 한국의 정체성과 행동이 '소국' 또는 '약소국'에 그쳤다면, 오늘같이 전대미문의 미중 패권경쟁이라는 국제환경을 맞아 우리의 역사를 돌이켜 보는 것이 별 도움이 안 될 것이다. 그런데 통일신라 이후 약 1500년에 걸친 한국의 대외관계 전반을 본다면, 결코 한국의 정체성이 '소국'이고 대외적 외교·군사활동이 그런 정체성에 부합했다고 보기 어렵다. 오히려 옛 한국은 오랜 기간에 걸쳐 '강중국'의 위상과 자질을 갖고 있었고 이에 부합하는 외교·군사 정책도 추진했다.

그렇다면 옛 한국의 정체성을 어떻게 '강중국'으로 판단할 수 있나? 만약 한국이 약소국이었다면, 2000년 이상 동아시아의 유일 초강대국이고 초문명국인 중국(중국 북방세력 포함)의 바로 옆에서 어떻게 점령되거나 흡수되지 않고 독립된 국가성과 독자적 문화를 유지할 수 있었을까? 아마 불가능했을 것이다. 한국은 중국의 압도적인 군사력과 문화력을 격퇴하고 거부했을 뿐 아니라, 오히려 통일신라, 고려, 조선 시대를 거치면서 중국과 북방 세력을 상대로 지속적으로 영토를 확장시켰다. 국가성을 상실한 적도 있었지만, 그 시기는 통일신라 이후 1500년간 한국 역사에서 매우 짧은 시기에 그쳤다. 전 세계에서 같은 영토에 거주하면서 1500년 동안 국가성과 문화를 지켜온 나라는 몇이나 될까. 너욱이 아시아 최강국이자 다민족 국가인 중국 제국이 한국을 점령하고 흡수하지 못한 것은 한국의 강인한 군사력과 경제력, 저항성과 독자성, 즉 강중국 정체성이 없었다면 설명하기 어렵다.

실제 지난 2000년 역사에서 한국은 외부 강대국으로부터 수시로 침공을 당했으나 다른 문명권 내의 중소국가에 비해 그 횟수가 많지 않았고, 특히 한반도의 일부 또는 전부가 점령낭한 기간은 매우 짧았다. 우리 역사에서 점령 사례는 한나라의 한사군, 통일신라 시절의 당의 일부 점령, 원의 국정 간섭, 일본의 합병 등으로 손꼽을 정도이다. 중국은 제국으로서 팽창과 분열을 반복하면서 영토를 지속적으로 확장하고, 주변 이민족을 흡수했다. 다른 지역의 강대국들과 마찬가지로 동북아 강대국도 강할 때는 한반도를 점령하거나 최소한 영향권 내에서 두려고 시도했고, 약할 때는 분할하거나 완충지대로 묶어두는 지전략을 추구했다. 이런 지역 강대국을 상대로 국가성과 문화성을 지켜온 것은 옛 한국의 대단한 업적이 아닐 수 없다.

전통적인 한중관계는 유교적 질서관과 문명적인 예를 국제관계에 적용한 조공책봉관계로 알려져 있다. 조공관계 속에서 중국은 천자국(天子國)이자 상국으로서 한국에게 자소(字小)하고, 한국은 속방(屬邦)으로서 중국을 사대(事大)했다. 이 해석에 따르면 한·중 양측이 상하의 위계관계를 자연스런 질서로 수용했으며, 이때 양측 간에 갈등이 없어야 한다. 그런데 한중 조공관계의 정착과 운영 과정을 보면 예외 없이 전쟁 또는 전쟁 위협을 수반했으며, 철저히 세력관계와 이익관계를 반영하고 있다. 동북아 국가들은 불가피하게 상하의 조공관계를 수용하더라도, 상호 세력관계 또는 이익관계가 변했다면 이를 벗어나거나 역전시키기 위해 군사적 행동을 서슴지 않았다. 중원 중국은 북방 세력과 패권을 다투면서 수시로 상하의 조공관계가 변했다. 한국도 중국을 천자국으로 모시고 조공관계를 수용하면서도, 수시로 한반도 북부 또는 요동을 두고 군사적 또는 외교적으로 충돌했다. 더욱이 중국의 내정 간섭을 단호히 거부했다.

만약 한국이 군사력이 취약하여 중국의 공략에 쉽게 무너지고, 내부 정치사회적 저항력이 약해서 점령과 흡수 비용이 적게 든다면 어떻게 되었을까? 아마 중국제국의 반복되는 팽창과 정복전쟁 속에서 이미 점령되고, 흡수되어 소멸했을 것이다. 중국과 일본도 한국을 장기간 점령하거나, 동화시키고 흡수하는 데 실패한 것은 바로 한국이 동북아 역내에서 지정학적으로 '강중국'으로서 위상과 특징을 갖고 있었기 때문이었다. 중국은 거대한 인구와 경제력을 갖고 있어 역내 유일 초강대국의 면모를 유지했지만, 팽창의 결과 동서남북의 사방에서 주변부의 역외 세력과 충돌하는 지정학적 특징도 갖고 있다. 더욱이 변방세력과 지형적으로 분리되는 자연 국경선이 없었기 때문에 팽창에 유리했지만, 동시에 끊임없이 외부 세력외부세력의 공략에 시달렸다. 따라서 중국은 수·당의 한반도 대규모 공략이 실패한 이후 한반도로 영토 팽창을 포기하고, 대신 한국과 안정된 조공관계를 구축하는 데 만족했다. 한국이 아시아 최강국인 중국의 공격을 거부할 정도의 군사력과 저항력을 가졌기 때문에 한·중 간 조공관계와 평화공존의 관행이 점차 뿌리내렸다.

이후 군사적으로 강력한 초원 유목세력의 한반도 공략이 빈번했으나, 중원 세력과 중국 내 패권경쟁 때문에 한반도에서 군사력을 소진할 여유가 없었다. 따라서 한국 점령을 포기하고 조공관계를 맺고는 물러날 수밖에 없었다. 북방세력이 한국을 공격한 주요 이유는 중원 중국 공격 시 중원 중국과 한국이 손잡고 배후를 공격하는 것을 사전에 차단하기 위해서였다. 이때 만약 한국이 취약했다면 한국을 점령하고 경제력과 군사력을 중원의 공격에 활용하려고 했을 것이다. 하지만 한국의 강한 저항력으로 인해 이 구상이 여의치 않았기 때문에 한국을 응징하고 세력을 과시하고는 곧바로 철수했다는 해석이 가능하다. 중원 중국이 한국을 공격했던 것은 한국을 포함한 주변부의 오랑캐 세력이 동맹하여 자신을 측면에서 공격하는 것을 방지하기 위해서였다. 이때 한국을 점령하게 되면 과도한 인력과 비용을 들게 되므로, 쉽지 않았다.

'강중국' 특징 중 하나는 자신의 안보를 강대국에 전적으로 의존하여 편승하기보다는 자신의 고유한 국익을 정의하고 이를 지키기 위해 자율적인 외교안보 전략을 추구하는 것이다. 역사 속 한국은 중국과 조공관계를 수용하면서도 국익이 침해될 때는 군사력과 외교력을 동원하여, 이를 지키고자 했다. 한국은 중국과 조공관계 속에서 명분상 상하관계와 의존관계를 수용했지만, 압도적으로 강력한 중국 세력 앞에서 왕조의 정치적 자율성, 영토 방어와 팽창, 문화적 독자성 등 국익을 잘 지켜왔다. 장기간에 걸쳐, 세력 차이가 큰 강대국과 약소국 간 관계에서 국가성을 보장할 뿐 아니라 오히려 영토를 확장하고 문화적 독자성까지 보존했다. 이런 성취는 한국의 '강중국' 정체성이 없었다면 불가능했을 것이다.

동서고금의 역사를 보면 수많은 중소국, 끼인 국가가 강대국 세력경쟁 사이에서 명멸했다. 현실주의 국제정치 이론은 중소국의 국제적 위상을 무시하고 강대국 정치의 대상으로만 본다. 하지만 현실주의 이론의 진단과 달리 의외로 많은 중소국들이 생존하고 번영했으며, 대다수 중소국들은 강대국 정치의 대상이 되는 피동적 외교에 만족하지 않았다. 중소국들은 국력 크기, 강대국과 거리, 강대국 간 경쟁관계, 역사,

전략문화의 차이를 반영하여, 균형, 편승, 등거리외교, 고립, 지역안보 협력, 편승, 중립, 집단안보, 공동안보, 초월 등 다양한 외교전략을 적 극적으로 구사했다. 강대국 정치 속에서 생존에 성공한 강한 중소국들 은 뒤떨어진 경성국력을 연성국력과 스마트국력으로 보강했다. 오랜 동북아 역사 속에서 한국이 체화한 '강중국' 정체성은 미중 경쟁을 맞 아 한국의 새로운 국가전략을 수립하고 운영하는 데에도 활용할 수 있 을 것이다.

제9장

국제안보를 위한
전통 안보와 신안보 방법

1. 안보 개념의 비교

안보 vs. 국방 vs. 국가안보 vs. 국제안보

전쟁의 역사는 인간의 역사와 같이 하지만, 안팎의 정치군사적 위협
으로부터 국가와 국민의 안위를 보호한다는 '안보' 개념은 비교적 새로
운 개념이다. 국가안보의 개념화와 본격적인 정책 및 학술연구는 2차
대전 이후 미국에서 시작되어, 인류의 전쟁 역사에 비하면 그 역사가
매우 짧다.[1]

미 트루먼 대통령 시절 의회는 종전 직후 안보 관련 정책과 정부 조
직의 통합을 위해 1947년 국가안보법(National Security Act)을 제정하
고, 이에 따라 국가안보회의(National Security Council)와 국가안보보좌

---

[1] 배리 부잔에 따르면, 국제안보 연구(International Security Studies)도 "2차 세계대
전 이후 외부적이거나 내부적인 위험으로부터 어떻게 국가를 보호할 것인가에 대
한 논쟁"으로부터 발전하였다고 한다. 베리 부잔 저, 신욱희 등 번역, 『국제안보론:
국제안보 연구의 형성과 발전』 (서울: 을유문화사, 2010), p.35.

관실을 설치하였다. 국가안보법에 따라, 국가안보회의는 대통령에게 "국가안보에 대한 국내, 대외, 군사정책의 통합에 대해 자문"하며, 국가안보보좌관실은 평소 국가안보정책에 대해 대통령의 자문에 응한다. 정부 내 국가안보정책 기구의 확장 및 활성화와 더불어, 이에 상응하는 민간 부분의 활동도 증대하여 본격적인 국가안보 연구가 시작되었다. 미 정부가 국가안보정책의 연구기능을 강화하고 RAND와 같은 대형 국가안보 연구기관을 설치하면서, 국가안보 정책공동체도 활성화되었다. 미소 냉전의 개시와 전대미문의 폭발력을 가진 핵무기의 등장으로 민간 안보전문가의 활동도 증가했다.

전통적인 군인과 군사전문가는 전쟁 수행의 전문가여야 하지만, 핵무기로 인해 전쟁을 억지하는 데 안보역량이 투입되면서 처음으로 전쟁연구, 군사 연구가 아닌 안보전략의 연구가 활성화되었다. 그런데 미소 냉전과 핵무기로 인한 군사안보 위기의 지속은 안보 개념을 다시 군사안보에 집중시키는 결과를 초래하였다. 동시에 냉전으로 인한 전면적인 대결 국면은 포괄적인 '국가안보' 개념의 발전에 이바지했다. 한편, 압도적인 군사안보와 세력경쟁의 분위기 속에서, 핵전쟁으로 인한 인류 공멸의 공포가 확산하면서 적과의 대화를 통해 핵전쟁을 피하고 핵군축을 추구하려는 '공동안보' 개념도 부상하였다. 아래에서는 이렇게 진화하고 있는 안보 관련 개념을 서로 비교하여 차이점을 찾고, 정의하고자 한다.

첫째로 '국가안보'와 '안보' 개념을 어떻게 정의할 것인가. 적지 않은 전문가들이 국가안보를 정의하기 위해 노력하였지만, 아직 합의된 정의는 없다. 한 예로, 영국의 한 안보 기관은 영국 정부뿐만 아니라 유럽연합 차원에서 '국가안보' 개념을 구체적으로 정의한 적이 없다고 했다.2) 그 배경에는 국가안보 개념이 정의되기 어려운 측면도 있지만, 변

---

2) MI5 Security Service, "What is National Security," <https://www.mi5.gov.uk/home/about−us/what−we−do/protecting−national−security.html> (검색일:

화하는 외부 환경에 대한 유연한 적응을 위해 의도적으로 국가안보 개념을 엄격히 정의하지 않는다는 설명도 있다. 그런데도 이 영국 안보 기관은 일반적으로 통용되는 국가안보 개념으로 "국가 전체(영토, 국민, 체제 등)의 안보와 안녕"을 제시했다.

인류 역사와 전쟁 역사를 통틀어 오랫동안 '안보'는 바로 국가에 의한, 국가를 위한 '군사안보'를 의미하였다. 따라서 그 의미도 자명한 것으로 간주되어 이를 정의하기 위한 노력도 별로 없었다. 특히 국가 간 갈등과 전쟁을 주로 연구하는 현실주의자들은 안보와 국가안보와 군사안보를 동일시하는 것을 당연하게 여겨, 그 정의의 필요성을 별로 느끼지 않았던 것으로 보인다. 그 결과, 안보 개념의 정의를 시도하였던 아놀드 울퍼스는 이를 "모호한 심볼"로, 배리 부잔은 "저개발된 개념"으로 평가했다.[3]

대표적인 정의를 소개하면, 우선 아놀드 울퍼스는 안보를 "획득된 가치에 대한 위협의 부재"로 정의하였다. 구체적으로, 안보에 대해 "객관적으로는 획득된 가치에 대한 위협의 부재이고, 주관적으로는 그런 가치가 공격받을 두려움의 부재"로 정의한다. 이 개념은 종래 물리력 중심, 국가 중심 안보 개념에서 발전하여, 안보 개념에 주관성을 도입하고, 안보 주체를 확장한 의미가 있다. 조지 케난은 국가안보를 "외국의 심각한 개입, 또는 개입의 위협 없이 국내 생활의 발전을 추구할 수 있는 지속적인 능력"으로 정의하였다.[4] 이는 일반적인 국가안보에 대한

　2015.11.21.).

3) Arnold Wolfers, "'National Security' as an Ambiguous Symbol," *Political Science Quarterly*, Vol.67, No.4 (1952), p.483; Barry Buzan, *People, States and Fear* (Chapel Hill: University of North California Press, 1983). 안보 개념의 역사적 논의 동향은 David A. Baldwin, "The concept of security," *Review of International Studies*, Vol. 23 (1997), pp.5~26 참조 및 재인용.

4) *British Foreign Policy and the National Interest: Identity, Strategy and Security* edited by Timothy Edmunds et.al., (London: Palgrave Macmillan, 2014), p.207 재인용―"the continued ability of the country to pursue the

이해에 근접한다.

유엔 군축국의 한 보고서에 따르면 '안보(security)'란, "군사 공격, 정치적 압박, 경제적 강요의 위험이 없는 상태"를 말한다.5) 따라서 안보가 보장되면 자국의 발전을 자유로이 추구할 수 있게 된다. 한용섭 박사는 다양한 국가안보 정의의 문제점을 분석한 후 대안으로 "대내외로부터 오는 현재적 또는 잠재적 위협으로부터 국가의 생존을 보장하고 국가의 이익을 보호하며 확장할 뿐 아니라 국가이익을 실현하기 위한 국내적·국제적 조건을 조성하는 국가의 정책과 실천"을 제시하였다.6) 이 정의는 오늘 안보전문가와 정부가 일반적으로 사용하는 '국가안보' 개념을 반영하고 있다.

국가안보 정책과 연구의 최고 참조 모델이 되는 미국의 국가안보 전략보고서는 '국가안보' 개념을 어떻게 사용하나? 동 보고서는 국가안보를 직접 정의하고 있지는 않지만, 그 사용례에서 개념을 추출할 수 있다. 2010년 국가안보전략 보고서를 보면 국가안보전략이 추구하는 국익으로 안보, 번영, 가치, 국제질서(security, prosperity, value, international order) 등 4개를 제시했다.7) 그 중에서 '안보(security)' 이익을 구성하는 구체적인 내용으로 국토 안보(또는 국내 안보; homeland security), 국제 테러전쟁, 핵비확산, 지역분쟁, 동맹 강화, 사이버안보 등을 제시했다. 이에 따르면, '국가안보'는 국내와 국외, 그리고 각종 영역(경제, 환경, 가치, 인권 등)의 안보 사항을 모두 포함하는 매우 포괄적인 개념이다. 한편, '안보'는 군사적·물리적 위협으로부터 안전을 의미

---

development of its internal life without serious interference, or threat of interference, from foreign powers"

5) United Nations Department of Disarmament Affairs, Report of the Seceratary−General, "Concepts of Security," (1986) p.2.

6) 한용섭, 『국방정책론』(서울: 박영사, 2012), p.50.

7) Barack Obama, *National Security Strategy* (Washington D.C.: White House, 2010).

하며, 따라서 대응 방안도 주로 군사안보적 대응 방안을 포함한다.

미 국가안보전략 보고서의 사용례를 따르면, '국가안보'를 국내외 군사안보와 안보의 전 영역(인간, 경제, 환경, 세계안보 등)을 아우르는 광역의 개념으로 사용하는 특징이 있다. 반면에 '안보(security)'는 미국의 군사·영토·체제안보적 국익을 보호하기 위한 국내적인 국토 안보와 대외적인 국제안보 활동을 모두 포함한다. 미국식 '안보' 개념은 일반적인 국방, 국제안보, 국내안보 등을 포함하는 개념이다. 9.11 테러로 인해 국내의 국토안보를 중시하게 되고, 또한 동맹체제와 핵비확산 유지하기 위해 국제안보 분야가 모두 핵심 '안보' 영역으로 들어온 셈이다.

이는 최근 대두되는 '안보' 개념과 차이가 있다. 일반적으로 '안보'는 총괄적이고 추상적인 개념으로 간주하고 있으며, '국가안보'의 일부 영역으로 사용하는 사례는 드물다. 한국도 마찬가지다.

한편, '안보' 개념 자체에 대해 비판적 분석을 시도하는 코펜하겐학파를 대표하는 배리 부잔은 '안보'에 대해 포괄적이고 체계적인 정의를 시도했다. 부잔은 안보 개념을 3개 주체(수준)와 5개 영역에 모두 걸쳐 있는 광범위한 개념으로 이해했다. 안보는 복합적이어서 개인, 국가, 국제체제(지역)의 3개 수준, 정치, 군사, 경제, 사회, 환경 등 5개 영역에 걸친 연계성을 이해할 때 비로소 해결도 가능하다고 주장했다.8) 특히 부잔은 국가와 군사안보 중심의 전통적인 안보 개념의 문제점을 제시하며, 안보 개념의 사회화, 개인화, 지역화, 초국가화 등 확장을 시도하였다. 이 관점은 탈냉전기 들어 유럽국가와 제3세계 국가가 제기하는 인간안보, 사회안보, 공동안보, 포괄안보, 지역안보 등 신안보 개념의 요구와 부합한다.

안보 개념의 확장으로 동 개념의 초점이 흐려진다는 지적이 있지만,

---

8) 다음 Barry Buzan, "New Patterns of Global Security in the Twenty-First Century," *International Affairs*, Vol. 67, No. 3 (1991), pp.431~451; *People, State, and Fear* 참조.

사실 국제사회와 대부분 국가는 확장된 안보 개념을 수용하고 있다. 실제 한국, 미국, 유럽국의 국가안보 정책은 이미 인간안보, 공동안보 등 신안보 개념을 수용하고 있다. 다만 실제 운영과 투입 면에서 그 비중은 적지 않은 편차를 보인다. 대부분 국가에서 아직 국가 중심의 군사안보가 큰 비중을 차지하는 것도 현실이다.

표 9-1 | 안보 요소 분류

분석수준＼분야	군사.정치	경제.환경	인간.사회
한반도	북한 핵·군사 위협, 테러, 개성공단, 분단, 통일, 남남갈등, 서해갈등	경제위기, 재정위기, 에너지부족, 오염, 사이버범죄, 질병	지역·계층·이념 갈등, 인종·문화 차별
동북아(지역)	중국 부상, 미중 경쟁, 민족주의, 영토역사분쟁, 군비경쟁, 일본 재무장	원자력안전사고, 재난, 질병, 경제, 재정위기, 에너지 안보, 핵안보, 사이버안보, 중국어선 침범	
세계 (전통/비전통)	실패국가, 내전, 독재정치, 지역분쟁, 극단주의테러, 핵 위협(핵전쟁, 핵확산, 핵테러 등), 국경통제	재난, 경제·재정위기, 기후변화, 식량위기, 빈곤, 에너지, 질병, 국제범죄, 환율전쟁	재외국민 안전, 인권, 민주주의, 법치, 차별(소수민족, 인종, 성별, 미성년), 인간매매, 난민, 이주민, 언론자유

이런 안보 개념의 확장은 세계화, 네트워크화, 개인과 국제기구 등 비국가행위자의 위상과 활동 증대, 강대국정치의 약화, 재난과 위기의 다발, 핵억지로 인한 대전 가능성 감소 등 새로운 국제현실을 반영한다. 상기 부잔의 3개 주체와 5개 영역, 그리고 OECD의 포괄안보 3개

차원(정치군사, 경제환경, 인간 차원 등)을 감안하여, 일상적으로 제기되는 한국이 당면한 안보 이슈를 열거하였다. 이 중에서 대외적 대응을 필요로 하는 안보 요소는 모두 여기서 다루고자 하는 '국제안보' 부문에 해당된다.

다음, '국방' 개념을 보자. 국방은 안보, 또는 국가안보의 하위 개념이며, 군사안보와 혼용하여 사용한다. 한용섭 박사는 국방에 대해 "외부의 군사적 위협에 대해 군사적 수단으로 국가의 주권, 영토, 국민의 생명과 재산을 보호"하는 것으로 정의했다. 학계에서는 국가안보와 국방의 차이를 명확히 인식하고 있으며, 이에 대해 별 이견이 없다. 하지만 일상적으로는 정부 안팎에서 아직도 국가안보를 국방과 동일시하는 경향이 있다. 국가안보는 통일과 외교까지 포함하는 광범위한 개념인데도, 종종 국가안보를 국방과 동일시하여, 국가안보에서 통일과 외교를 제외하는 경향이 있어 주의해야 한다.

'국가안보'와 '국제안보'는 어떻게 다른가. 우선 국가안보를 국가안보 전략 보고서의 사용례에 따라 광의로 해석한다면, 이를 국내 안보와 국제안보로 이분할 수 있다. 즉 국가안보 중 국내 부문을 '국내 안보'로 본다. 미국에서는 '안보' 중에서도 '국토안보(homeland security)'로 부른다. 미국 내 테러 대응, 난민문제, 국경통제, 방첩, 국제범죄 등이 이에 해당된다. 한편, 국가안보 중 대외관계 부문은 '국제안보'에 속한다.

배리 부잔은 포괄적 '안보'의 국내적 부분과 대응책을 국가안보(national security), 대외적 부분과 대응책을 국제안보(international security)로 각각 분류하였다. 특히, '국가안보'와 '국제안보'를 안보를 보는 상호 대칭적인 관점 또는 접근법으로 보기도 하였다.9) 이에 따르면, 외부의 안보위협에 대한 대책으로서 '국가안보' 관점은 자국의 군사력 증강에 집중한다. 이때 '국가안보' 전략은 국가 중심, 군사안보 중심에

---

9) Barry Buzan, *People, States and Fear*, "Chapter 9. National and International Security: the Policy Problem" 참조.

서 현실주의 시각을 대변한다. 반면, '국제안보' 전략은 상대와 관계 속에서 문제의 근원적으로 해결을 추진한다. '국가안보' 전략이 항상 안보 딜레마를 초래할 가능성이 높은 반면, '국제안보' 전략은 협력과 상호조치를 통해 문제 해결을 추진하려고 한다.

마지막으로, 국제안보와 세계안보는 같은 개념인가. 사실 이 두 개념은 흔히 같이 사용하는데 그렇지 않다. 국제안보는 국가적 관점에서 상호적으로 주변국과 국제사회의 문제 해결을 추구한다면, 세계안보는 세계공동체적 관점에서 문제를 보고 해결책을 모색하는 차이가 있다.

결론적으로, 이 장은 국가안보를 상위의 총괄적인 안보 개념으로 본다. 이때 국가안보의 국내적 면과 국내적 대응을 '국내 안보(국토안보)'로 본다. 국내에서 '국내 안보(국토안보)' 개념이 잘 통용되지 않는다는 점을 감안하여, 그냥 '국가안보'로 부르기도 한다. 이때 '국가안보'는 국가의 지리적 범위에 한정되는 '협의'의 국가안보 개념이다. 이는 모든 안보를 총괄하는 광의의 '국가안보'와 개념적으로 차별화된다. 마지막으로, 부잔식의 접근을 수용하여, '국가안보'의 대외적 측면과 대응책을 '국제안보'로 분류한다. '국제안보' 개념을 사용함으로써 부수적으로 외교활동에 안보적 의미를 부여하여 그 중요성을 높이는 효과가 있다.

아래에서는 국제안보 개념 중에서도 우리 국가안보와 관련하여, 핵심적인 지침과 전략이 되는 주요 개념을 소개하고 분석하였다. 전통적인 국제안보 개념(세력균형, 억지, 동맹, 집단방위, 중립, 비동맹, 집단안보 등)에 더해, 새로운 국제안보 개념(공동안보, 협력안보, 포괄안보 등)을 제시했다.

국제안보와 한국

여기서는 한국이 안보, 평화, 번영, 통일의 국가목표와 가치를 추구하기 위한 국제안보 정책과 이를 위한 신안보 개념의 필요성을 제기하고 토론한다. 따라서 개별적인 국제안보 정책 사안과 집행전략에 집중하기보다는 이 개념을 규명하고 국제안보적 관점과 접근의 중요성을 토론하고자 한다. 이 문제를 제기하는 배경에는 국내에서 국제안보 개념과 연구가 미발달된 결과, 우리 외교안보정책에 혼선과 왜곡이 발생한다는 문제의식이 있다.

사실 국제안보 개념과 접근법에 대해 한국과 외국의 전문가들은 적지 않은 차이를 보인다. 국내에서 국가안보 또는 안보는 대개 군사안보, 대북정책, 동맹정책을 의미하며, 북한의 정치군사적 위협에 대응하기 위한 정치군사적 개념으로 제한적으로 사용하는 경향이 있다. 이렇게 볼 때, 비군사적인 남북관계는 통일의 영역으로, 한미관계, 한일관계, 미중관계, 국제분쟁, 지역협력 등은 외교의 영역으로 분리된다.

외국에서 일반적으로 '안보 연구'는 '국제안보 연구'를 의미한다. 해외 주요국들의 국가안보전략 보고서를 본다면, 그 내용의 대부분 국제안보 사안을 다루고 있다. 이들은 대체로 국가안보와 국제안보를 구분하지 않고 혼용한다. 해외의 일반적인 사용례를 따르면, 안보는 국방과 통일과 외교를 모두 포섭하는 포괄적 개념이 되어야 한다. 국가안보의 대부분이 국제안보의 범위 내에서 포섭될 수 있다. 특히 비핵화 외교, 통일외교, 미중경쟁과 한국의 대응, 동북아 지역안보협력, 영토역사 분쟁, 지역 분쟁, 국제빈곤, 군축비확산, 기후변화, 해적 등 한국이 당면한 핵심 외교안보와 통일과제가 모두 국제안보의 주요 과제들이다.

따라서 필자는 국제안보가 우리의 안보 논의에서 주변적인 위치가 아니라, 중심적이고 주도적인 위치를 차지해야 한다는 의견이다. 또한 국가안보에 대해 북한과 관련한 국방 또는 방첩과 동일시하는 제한적인 정의를 거부하고, 군사, 외교, 통일의 3개 영역을 포괄하는 개념으로 볼 것을 주장한다. 이때 국가안보는 사실상 국제안보와 유사한 범위를 갖게 된다. 이런 국가안보, 또는 국제안보적 접근의 장점은 북한, 외교, 군사문제의 통합적인 접근을 가능케 한다. 외부 안보정책 공동체와 동일한 개념과 언어를 공유함으로써 원활한 정책토론과 협력도 가능하게 된다. 이때 우리 안보정책이 종래 북한과 군사 중심에서 벗어나, 국내협력과 국제협력을 통해 보다 효과적인 추진체계를 갖추게 될 것으로 기대한다. 한국의 미래 생존과 번영은 국제안보와 외교에 달려있다고 해도 과언이 아니다. 한국의 국가적 특성이 이를 말해준다. 한국은 분단국가이며, 통상국가이며, 중견국가이며, 세계국가이고, 중추국가이다. 따라서 우리는 안보외교, 통상외교, 중견국외교, 중추국 외교, 글로벌외교, 강대국 외교를 통해 외교안보와 경제통상 국익을 극대화해야 한다.

2. 전통적 안보 개념과 방법

세력균형

1700년대 초반 근대적 웨스트팔리아 국제체제가 형성되면서 영토 주권국가는 각각 안전보장을 위해 세력균형(balance of power) 개념을 적극 도입하였다. 국제체제에서 갈등을 조정하는 상위 권위기관이 부재하는 상황에서, 자국의 안보와 국제체제의 평화와 안정을 보장하기 위해 세력균형을 최고의 국제안보 목표 개념으로 설정하고, 이를 위한 수단으로써 전쟁을 포함하는 자조(self-help)와 동맹을 적극 활용하였다. 평화주의의 국제관계론도 사실 무정부상태의 권력투쟁이 있다는 점을 부정하지 않으며, 다만 이런 어둡고 비합리성을 이를 인간이성의 합리성으로 극복해야 한다고 주장할 뿐이다.

유럽에서 만들어진 근대 국제체제는 2개 특징을 갖는다. 첫째, 국제체제는 국제질서를 규율하는 상위 권력이 부재하여 본질적으로 무정부 또는 홉스식의 "만인의 만인에 대한 투쟁"이 자행되는 자연상태이다. 둘째, 국제체제를 구성하는 개별 국가는 끊임없이 권력의 확장을 통해

자신의 안보를 보장하려고 한다. 따라서 국제체제 내에서 일부 강대국
은 끊임없이 패권을 추구하는 한편, 이를 반대하기 위해 여타 강대국
간 연대가 지속적으로 형성되어 패권국의 등장을 저지한다. 잠재적 패
권국과 패권국의 등장을 반대하기 위한 국가 간 경쟁 속에서 동맹의
이합집산이 계속되면서, 전면전을 억지하고 패권국의 등장을 저지하는
데 성공한다. 하지만 모든 국가들은 항상 전쟁의 위기에 시달린다.

유럽 국제정치와 외교사에 나타난 이런 현상을 '세력균형'라고 부르
고, 단일 패권국의 등장을 저지하기 위한 외교정책을 '세력균형정책'이
라고 한다. 무정부상태에서 국가 간 세력경쟁과 권력투쟁은 안보딜레
마를 초래하여 항상 불안정한 상태가 지속된다. 따라서 세력균형을 유
지하려는 의지와 능력을 가진 국가가 있다면 평화유지에 크게 도움이
된다. 일찍이 16세기부터 영국을 중심으로 세력균형론이 확산된 배경
에는 로마제국, 프랑스제국, 독일제국과 같은 패권적인 보편주의 제국
(Universalistic Empire)이 등장할 가능성에 대한 우려 때문이다. 특히 영
국은 유럽이 단일 제국의 통치에 들어갈 경우, 생존을 위협받게 된다.
또한 유럽 열강보다 일찍이 입헌군주제를 도입한 영국은 유럽식 절대
주의 왕정국가의 확산을 거부하기 위해 유럽을 분열시켜야 하는 정치
적 동기도 갖고 있었다.10)

19세기 유럽 국제체제에서는 영국, 프랑스, 오스트리아, 프러시아,
러시아 등 5개 강대국이 상호견제를 통해 세력균형을 모색하였다. 유
럽은 프랑스 또는 프러시아(독일)가 패권국가로 등장하는 것을 경계하

---

10) England adopted the balance of power as "a corner-stone of English
   policy, unconsciously during the sixteenth, subconsciously during the
   seventeenth, and consciously during the eighteenth, nineteenth and
   twentieth centuries, because for England it represented the only plan of
   preserving her own independence, political and economic." Sir Esme
   Howard, "British Policy and the Balance of Power," *The American Political
   Science Review*, Vol. 19, No. 2 (May 1923), p.261.

였고, 이를 위해 영국은 유럽대륙의 국제정치에서 탈피하여 자유로운 상태에서 적극적으로 균형자 역할을 수행하였다.

강대국 간 세력균형이 자연스런 균형 상태인지, 또는 의도적인 세력균형 정책의 결과인지에 대한 의견이 분분하다. 케네스 월츠(Kenneth Walts)로 대변되는 구조적 현실주의자들은 무정부상태의 국제관계에서 강대국이 각각 합리적인 권력정치를 추구하면 상호견제에 결과로 자연스럽게 세력균형이 만들어진다고 한다.[11] 공격적 현실주의를 표방하는 존 미어샤이머는 모든 강대국의 패권지향성으로 인해 세력균형의 안정성과 지속성에 의문을 제기한다.[12]

실제 유럽 국제정치를 본다면, 세력균형을 위한 의도적인 노력이 있을 때 비로소 평화가 유지되는 경향이 있다. 특히 균형자로서 영국의 역할이 주목받는다. 프러시아의 비스마르크는 통일을 위한 주변 강대국과 전쟁을 주저하지 않았지만, 통일독일을 달성한 이후에는 영토 확장을 자제하며 전략적으로 세력균형을 위해 노력하였다. 그 결과 그의 임기동안은 평화를 유지할 수 있었지만, 그의 후임 지도자들은 세력균형을 관리할 의지도 능력도 갖지 못했다. 유럽 세력균형 국제체제는 통일과 경제발전을 국력이 급격히 상승한 독일을 견제하는 데 실패하고, 결국 20세기 초 들어 유럽 전체가 전쟁에 말려들게 된다. 유럽식 국제정치의 결과 20세기에 2차례 세계대전을 치르게 되면서, 세력균형 개념과 권력정치가 크게 불신을 받았다. 2차 대전 후 미국은 유일 패권국으로 부상하자 유럽식 국제정치, 특히 세력균형 개념을 강력히 부정하고, 자신의 이상주의적 국제정치관에 따라 세계 차원의 집단안보체제를 도입하였다.[13]

---

11) Kenneth N. Waltz, *Theory of International Politics* (New York: McGraw-Hill, 1979).
12) John J. Mearsheimer, *The Tragedy of Great Power Politics* (New York: W.W. Norton, 2014).
13) Henry Kissinger, *Diplomacy* (New York: Simon & Schuster, 1995), "Ch. 16.

20세기 중반 이후 냉전기의 양극체제에서 강대국 전쟁이 없었는데 이를 세력균형이 작동한 것으로 보아야 하는가. 사실 냉전기 동안 미소를 대신한 대리전은 다수 있었지만, 강대국 간 세계대전은 없었다. 국제정치 역사에서 볼 때 45년간 대전이 없었다는 것은 장기 평화시대로 볼 수 있다. 그런데 미소 간 양극체제를 엄밀한 의미의 '세력균형'으로 보기는 어렵다. 특히 미소 간 전쟁의 부재는 세력균형 때문이 아니라, 전대미문의 폭발력을 가진 핵무기의 등장으로 인한 상호 '핵억지'가 작동하였기 때문이다. 세력균형체제가 상호견제로 균형을 유지하기 위해서는 최소한 3개 이상의 강대국이 필요하다.

세력균형이 비강대국 또는 약소국에게 어떤 의미가 있는가. 세력균형은 기본적으로 강대국 간 현상이며, 강대국이 외교정책이다. 더욱이 유럽식 세력균형체제를 본다면, 강대국들은 자신들의 세력균형을 위해, 약소국을 주고받는 거래의 대상으로 보았다. 19세기적 상황에서, 약소국에게는 자신을 보호하기 위해 중립을 선언하거나 동맹에 참여할 기회가 주어질 뿐이었다. 20세기 후반 들어 약소국이 선택할 수 있는 국제안보 조치가 대폭 늘었다. 유엔의 집단안보체제, NATO와 같은 지역 집단방위체제 또는 다자동맹, CSCE/OSCE와 같은 지역 공동안보체제, 한미동맹 같은 양자동맹 등이 있다.

억지

인류 전쟁사를 통해 억지(deterrence)는 잠재적 적국의 공격을 예방하고 저지하는데 효과적인 안보 개념으로 오랫동안 사용되어 왔다. 억지는 적국이 군사적 수단으로 전쟁 목적을 달성하려고 할 때 대응 군사적 수단의 사용을 위협하거나, 실제 전쟁 발발 시 군사적 응징을 위

Three Approaches to Peace: Roosevelt, Stalin, and Churchill in World War II" 참조.

협함으로써 상대의 공격을 사전에 저지시키는 것이다. 억제 개념은 적국에 대한 외교적 설득이 아니라, 충분한 정치군사적 억지력의 축적을 통해 상대국이 스스로 전쟁의 혜택보다 비용이 월등할 것이라고 판단토록 함으로써 성립된다.

억지 개념에서는 군사력 수단의 용도가 전쟁에서 이기는 것이 아니라, 상대의 전쟁 기도를 좌절시키는 데 있다. 따라서 상대국이 아국의 억지력을 오판하여 전쟁을 일으킨다면, 억지는 이미 실패한 국제안보 전략이 된다.

국제체제에서 억지가 성립하기 위해서 반드시 적국과 상응하거나 우월한 군사력이 있을 필요는 없다. 첫째, 세력균형 체제에는 동맹 결성, 또는 균형자 국가의 개입으로 인해 군사적으로 우월한 국가의 침략을 억할 수 있다. 둘째, 중립국 스위스의 경우, 2차 대전 초기 막강한 독일에 비해 보잘것 없는 군사력을 가졌지만 결사항전의 의지와 진지전 체제를 과시함으로써 독일의 침략을 예방할 수 있었다. 이를 위해 스위스가 필요한 것은 독일에 대한 응징 능력이 아니라, 독일 군사력의 진격을 지연시키거나 일부 손상시키는 수준이었다. 그렇지만 당시 영국, 러시아 등 다른 강대국과 결전을 앞둔 독일로서는 실리적 관점에서 스위스와 전투에서 전투력을 조금이라도 소모할 필요가 없다는 판단에서 침략계획을 철회하였다. 셋째, 20세기 후반 들어 민족주의 발흥과 유엔의 등장은 침략 강대국의 전쟁비용을 크게 증가시키고 약소국의 억지력을 강화시키는 효과를 초래하였다. 전쟁 부정과 집단안보의 유엔체제 하에서 민족주의가 충만한 국가를 상대로 하여 전쟁을 통해 과거와 같은 영토적 복속, 정치적 지배, 경제적 찬탈 등 전쟁목적 달성하는 것은 불가능에 가까운 과제가 되었다.

그런데 20세기 후반기 핵무기의 발명과 미국과 소련의 핵무기 독과점체제는 전통적인 억지 개념을 새로운 '핵억지' 개념으로 발전시켰다.

수 킬로톤 수준의 폭발력을 가진 원자폭탄에 이어 수십 메가톤의 폭발력을 가진 수소폭탄이 개발되고 배치되면서, 상호 핵선제공격에 대한 의구심과 우려가 증폭되었다. 냉전 시 배치된 핵무기의 총폭발력이 수만 메가톤까지 급증하였다가 수차례 핵군축을 거쳐 현재 약 7,000메가톤까지 줄었다. 2차 대전에 사용된 모든 폭발력(히로시마, 나가사끼 원폭 포함)의 규모가 약 3메가 톤에 불과한 점을 고려한다면 전면 핵전쟁의 파괴력을 감히 상상할 수 있다. 그렇지만 미국과 소련은 다양한 핵전쟁 시나리오를 상정하면서, 전쟁 억지뿐만 아니라 핵전쟁에서 이기기 위한 다양한 핵전략을 개발하였다. 상호확증파괴, 신뢰할만한 억지, 핵전력 삼각체제, 확장억지 등이 있다.

핵무기의 축적과 더불어 핵전쟁으로 인한 양 진영 간 상호공멸의 위기감도 커졌다. 재래식 억시가 실패할 경우, 관련국 간 전쟁으로 피해를 제한할 수도 있지만, 핵억지의 실패는 사실상 전 지구적인 파괴를 인류멸망을 초래할 가능성이 높아 국제사회도 우려의 목소리를 높였다.

우선 핵억지가 실패하거나, 작동하지 않은 시나리오에 주목하였다. 첫째, 핵국 지도부가 합리성을 유지하면서도 상대국의 핵능력, 상대의 선제공격 가능성, 전쟁 승리 가능성 등을 오판할 가능성이 있다. 승리를 위한 핵선제공격에 나서는 경우다. 둘째, 핵국 지도부가 비합리적이고, 모험적이거나, 일체의 현실적 고려를 무시한 이데올로기적 결정의 가능성이 있다. 핵테러, 핵자살공격이 이에 해당된다. 이런 경우에는 억지 개념이 작동하지 않는다. 셋째, 핵무기 지휘통제체제 및 핵발사 장치가 인위적으로, 또는 사고에 의해 훼손될 가능성이 있다. 핵국이 많을수록, 핵무기가 많을수록, 핵무기 통제가 하부에 위임될수록 사고의 가능성은 더 높다.

핵억지에 대한 도덕적, 평화주의적 비판도 많다. 이들에게는 무차별적이며, 과도한 살상을 초래하는 핵무기 자체가 비인도적, 비도덕적 무

기이다. 또한, 핵국의 핵무장은 필연적으로 핵확산과 핵무장 경쟁을 촉
발한다. 또한 핵무장은 정치외교안보체계의 안보화를 촉발하여, 모든
결정이 군사적 관점에서 내려진다. 핵무장에 과도한 비용이 들어, 경제
사회 발전을 저해하기도 한다.

따라서 핵경쟁과 핵보유를 지양하고 인류를 핵전쟁의 위험에서 구하
기 위한 다양한 아이디어가 제기되고, 정책과 운동으로 나타났다. '핵
무기 없는 세상' 구호가 광범위하게 확산되고, 미 정부도 마침내 안보
전략에서 핵무기의 가치와 의존도를 낮출 것을 약속하였다. 국제사회
와 시민사회에서도 핵실험금지, 핵물질생산금지, 비핵지대, 핵선제사용
금지, 핵군축 등에 대한 요구가 계속 증가한다.

21세기 핵억지의 가치는 무엇인가. 핵무기의 비도덕성과 핵억지의
위험성에 대한 지적에도 불구하고, 핵국들은 현 안보환경 하에서 핵전
력을 계속 유지하고, 핵억지를 주요 국제안보 개념으로 유지한다는 계
획이 변함이 없다. 2차 대전 종료와 일본 핵무기 투하 이후 지난 70년
간 강대국 간 대전이 없었다는 점에서 핵억지의 효용을 완전히 부정하
기 어렵다. 그동안 핵무기의 사용이 없었다는 점도 핵억지 작동의 반증
으로 볼 수 있다. 핵억지가 없었더라도 강대국 전쟁이 과연 없었을까.
유엔이 약속한 집단안보체제와 탈냉전기 국제사회가 추구하는 공동안
보와 협력안보 개념이 실효적으로 가동되기 전까지는 핵억지의 가치를
믿는 국가가 없어지지 않을 전망이다.

동맹과 집단방위

'동맹'은 전쟁의 역사와 같이 가장 오래되고 보편적인 국제안보 개념
중 하나다. 동맹은 그리스 도시국가, 북이탈리아 도시국가, 중국 제후
국의 상호관계에서 많은 사례를 찾을 수 있고, 특히 17세기 들어 유럽

국제체제에 가장 중요한 국제안보 개념이면 수단이었다. 동맹은 참가국의 수에 따라 양자동맹과 다자동맹으로 나뉜다. 양사동맹은 한미동맹, 미일동맹 등이 있고, 다자동맹으로 북대서양조약기구(NATO, 1949), 일명 바르샤바조약기구(WTO)로 불리는 동구권 국가 간 우호협력상호원조조약(Treaty of Friendship, Cooperation and Mutual Assistance), 동남아시아조약기구(Southeast Asia Treaty Organization, SEATO) 등이 있다. 바르샤바조약기구와 동남아시아조약기구는 냉전기에 설립되었다가 이미 해체되었다.

NATO는 '집단방위(collective defense)' 개념의 대표적인 사례이다. 방어적 성격의 다자동맹이 '집단방위'인데, 유엔헌장에서 침략전쟁이 부정되면서, 그 이후 만들어진 다자동맹은 '집단방위'를 위한 동맹이 된다. 참고로, 일본이 주장히는 '집단적 자위권(collective self-defense)'은 일본만이 주장하는 자위권 행사 요건의 하나로서, 집단방위와 관련이 없다.

국제안보 개념으로서 동맹은 독특한 의미와 양식을 갖는다. 법적 개념의 동맹은 두 개 이상 국가가 상호 군사적 지원을 제공하는 조건을 담은 동맹협정을 수반한다. 따라서 동맹협정에서 가장 중요한 요소는 군사지원을 발효시키는 '협정 요건(casus foederis)'이다. 군사적 동맹협정에 따라, 협정의 일방 당사국에 대한 외부의 군사적 공격이 발생할 경우, 이를 동맹국 전체에 대한 공격으로 간주하고 군사적 지원 의무를 발동시킨다. 한미상호방위조약 2조와 NATO 5조는 각각 군사적 지원 의무의 발동 조건을 담고 있다.14) 그런데 한미상호방위조약과 NATO의

---

14) 한미 상호방위조약(1953) 제2조. 당사국 중 어느 1국의 정치적 독립 또는 안전이 외부로부터의 무력 공격에 의하여 위협을 받고 있다고 어느 당사국이든지 인정할 때에는 언제든지 당사국은 서로 협의한다. 당사국은 단독으로나 공동으로 자조(自助)와 상호 원조에 의하여 무력 공격을 저지하기 위한 적절한 수단을 지속 강화시킬 것이며 본 조약을 이행하고 그 목적을 추진할 적절한 조치를 협의와 합의하에 취할 것이다. 제3조 각 당사국은 타 당사국의 행정 지배하에 있는 영토와 각 당사

경우, '협정 요건'에 있어 표현상 자동개입과 협의 절차의 차이가 있다.

역사적으로 볼 때, 수많은 동맹이 있었다. 특히 19세기 초 유럽의 세력균형을 유지하는 데 동맹은 핵심적인 역할을 수행했으며, 다수의 동맹이 중복적으로 가동되었다. 나폴레옹 전쟁 이후 1815년 구질서를 회복하는 차원에서 러시아의 주도로 절대왕정국인 프러시아와 오스트리아·헝가리가 참가하는 삼국 신성동맹(Holy Alliance)이 있었다. 이는 군사동맹 성격 보다는 상호 연대하여 구 정치질서를 유지하려는 정치동맹의 성격이 컸다. 이와 별도로, 본연의 군사동맹으로는 영국도 가담한 4자동맹(Quadruple Alliance)이 있었고, 프랑스도 참가한 느슨한 5자 협조체제(Concert of Europe)가 가동되었다.

이런 유럽의 동맹체제는 '긴 19세기'에서 걸쳐 강대국 간 전쟁을 저지하는 긍정적인 기능을 수행하는 동시에, 20세기 초 지역적 사건을 세계대전으로 확전시키는 데 부정적으로 기능하기도 했다. 20세기 초 유럽은 독일, 이탈리아, 오스트리아-헝가리가 참가하는 삼국동맹(Triple Alliance), 영국, 프랑스, 러시아가 참가하는 삼국협상(Triple Entente) 등 2개 경직된 진영으로 양분되었다. 이런 경직된 동맹체제는 원래 의도한 동맹의 유연성과 외교의 개입을 거부하여, 결국 세계대전으로 번지

국이 타 당사국의 행정 지배하에 합법적으로 들어갔다고 인정하는 금후의 영토에 있어서 타 당사국에 대한 태평양 지역에 있어서의 무력 공격을 자국의 평화와 안전을 위태롭게 하는 것이라 인정하고 공통한 위험에 대처하기 위하여 각자의 헌법상의 수속에 따라 행동할 것을 선언한다.

The North Atlantic Treaty(1949) Article 5. The Parties agree that an armed attack against one or more of them in Europe or North America shall be considered an attack against them all and consequently they agree that, if such an armed attack occurs, each of them, in exercise of the right of individual or collective self-defence recognised by Article 51 of the Charter of the United Nations, will assist the Party or Parties so attacked by taking forthwith, individually and in concert with the other Parties, such action as it deems necessary, including the use of armed force, to restore and maintain the security of the North Atlantic area.

는 배경이 된다. 독일의 후원을 업은 오스트리아-헝가리가 자신의 황태자 피살에 대해 세르비아에 보복을 추진하자, 러시아가 세르비아를 후원하기 위해 참전한다. 러시아와 삼국협상 관계에 있던 프랑스와 영국이 러시아를 후원하고, 독일은 동맹국인 오스트리아의 지원에 뛰어들었다. 전쟁의 배경에는 독일과 러시아 간 유럽 패권경쟁, 세계적 식민지와 자원 경쟁 등이 있었지만, 이런 다자동맹의 연결축이 전쟁의 확내에 기여했다는 점은 부인할 수 없다.

2차 대전 당시에는 추축국(Axis Power)으로 불리는 독일, 이탈리아, 일본이 군사동맹을 체결하였다. 이 삼국 군사동맹은 공격을 위한 군사동맹이며, 다른 군사동맹과 달리 같이 한 전선에서 공동적을 상대로 한 연합군을 만들지 않았다는 점에서 다른 역사적인 방어적 성격의 동맹과 차별성이 있다.

2차 대전 종전 후 국제연맹 실패의 교훈에 힘입어 미국은 고립주의를 끝내고 전쟁방지를 위한 세계적 역할에 나섰다. 2차 대전에 승리한 미국은 자신의 국제안보관에 따른 세계질서 창출을 목표로 유엔 창설을 주도하고, '집단안보'를 국제안보의 핵심 개념으로 도입하였다. 그러나 2차 대전 전승국의 협력을 전제로 한 유엔 집단안보체제는 미소 간 대립으로 제대로 가동되지 못했다.

미국이 세계적으로 자유민주체제의 확산을 추진하고, 소련이 이에 대항하여 자신의 영향권(sphere of interests) 구축을 추구함에 따라, 미소 간 대치 국면은 정치 군사 이념을 포함하는 전면적인 대결국면으로 치달았다. 결국, 미국은 소련의 확장을 저지하기 위해 세계적 차원에서 양자와 다자동맹의 광범위한 안보 네트워크를 구축하였다. 사실 군사동맹은 미국의 안보 철학에 반하는 것이었지만, 안보 현실을 감안할 때 불가피한 조처였다. 특히 소련의 군사정치적 위협에 직면한 많은 중소국가들도 미국과 동맹을 무능한 집단안보를 대신하여 유일한 국제안보

수단으로 간주하였다.

미국은 기 결성된 유럽국 간 동맹체제를 아울러 1949년 NATO를 결성하고, 1953년 한국과 한미상위방위조약을 체결하였다. 한편, NATO에 대응하여 1955년 결성된 동구권 집단방위체인 바르샤바조약기구는 동서 대결의 한 축으로 작동하다가, 탈냉전기 들어 1995년 해체되었다.

NATO의 경우, 잠시 정체성과 진로에 대한 논란이 있었지만, 구소련권 동구국가의 가입으로 인해 오히려 회원국이 확장일로에 있다. 소련 해체 당시 NATO 회원국은 16개국이었는데 31개국(2023년 현재)으로 늘었고, 참가를 희망하는 동구권국가들이 계속 느는 추세이다. 냉전을 위한 군사동맹체제는 적국의 소멸과 더불어 정체성 위기를 겪고, 새로운 임무를 모색했다. 미 뉴욕 9.11 테러(2001) 이후 테러가 주요 국제안보위협으로 부각되자 NATO는 테러와 같은 초국가적 안보위협에 대한 대응을 주요 임무로 추가되었다. 실제 미국은 9.11 테러에 대응하기 위한 테러와의 전쟁에서 NATO의 자동개입 조항을 발동하기도 했다. 그런데 2022년 2월 러시아의 우크라이나 침공을 계기로 NATO가 다시 활성화되었다.

한미동맹의 경우, 탈냉전기에도 북한의 군사적 위협이 엄연히 존재하고 오히려 핵위협이 증가함에 따라, 동맹의 의미는 조금도 퇴색하지 않았다. 그런데 미국이 자신의 세계적 안보 역할에 대해 한국의 참여를 요구하고, 한국도 세계적 국익이 증가함에 함에 따라 한미동맹이 한반도 중심의 군사동맹에서 세계무대에서 포괄적 안보협력을 추구하는 '전략동맹'으로 진화 중에 있다. 2020년대 들어 북한의 핵위협이 증대하고 미중 패권경쟁이 본격화되자, 한미동맹이 활성화되는 추세이다. 미국이 중국과 패권경쟁을 위해 한미일 안보협력의 강화를 추진함에 따라, 종래 북한에 집중했던 한미동맹이 미국의 대중 견제정책과 한미일 안보협력체제에서 어떤 역할을 담당하게 될지 그 귀추가 주목받고 있다.

북한도 냉전기 동안 안보를 위해 동맹을 활용했다. 북한은 1961년 소련과 '조소 우호협조 및 상호원조조약,' 중국과 '북중 우호, 협조 및 상호원조에 관한 조약'을 통해 군사동맹을 운영하였다. 그런데 탈냉전기 들어 1995년 러시아가 일방적으로 동 조약의 연장 중단을 선언함에 따라, 그 효력이 중단된 것으로 알려져 있다. 한편, 북중 상호원조조약은 아직 발효 중인데, 2조에서 일방의 피침 시 군사적 지원을 의무화한 자동개입 조항을 담고 있어 주목받는다.

세계적, 지역적, 국지적 안보위협이 존재하는 한 동맹에 대한 수요는 계속될 전망이다. 특히 NATO의 회원 확대에서 보듯이, 약소국의 경우 자체적으로 강대국에 대한 억지력과 방위력을 갖출 수 없기 때문에 동맹에 의존할 가능성이 높다. 또한 예외적으로 중립을 선택하기도 한다.

중립

세력균형과 동맹을 중심으로 하는 국제안보 개념과 대조적으로 일체의 세력균형과 동맹에서 벗어나서 안보를 지키고자 하는 '중립(neutrality)' 안보 개념이 있다.15) 사실 중립은 세력균형이나 동맹만큼 오랜 역사를 갖는다. 17세기 유럽식 국제체제와 빈발한 국제전쟁 속에서 탄생한 중립 개념은 점차 법적 지위를 갖게 되었고, 20세기 들어 각종 국제협정을 통해 중립국의 권리와 의무도 명문화되었다.16) 이에 따라 중립국이 전시 전쟁당사국에 대해 중립을 대가로(일체 전쟁당사국에 영토 및 편의 제공 거부), 전쟁당사국은 중립국을 침공하지 않고 영토 보전을 보장한다.

중립은 외교정책으로서 불관여 또는 고립주의와 다르다. 19세기 영

---

15) 여기서 '중립(neutrality)'은 국제법적 개념으로서, 일반적으로 통용되는 정치적 개념으로 '중립주의(neutralism)와 차별화하여 사용한다.

16) 파리선언(1856), 헤이그협정(1907) 등 참조.

국과 미국의 고립주의는 정치적 개념으로 자신과 직접적인 이해관계가 없어 보이는 국제관계에 개입하지 않으며, 자신에 대한 외부의 관여도 허용하지 않겠다는 정치적 선언 또는 정책에 불과하다. 그리고 이들 강대국은 국제법이나 협정보다는 자신의 힘으로 고립 정책을 강요할 수 있었다.

중립국이 순전히 타방의 선의만 믿는다면 강대국의 무력시위에 쉽게 무너지게 된다. 2차 대전 당시 스위스와 스웨덴만 중립을 유지할 수 있었을 뿐, 그 외 벨기에, 네덜란드, 노르웨이, 그리스, 아이슬란드 등 다수의 중립국들은 모두 침공당하거나, 강압에 못 이겨 전쟁 당사국에 전쟁 편의를 제공할 수밖에 없었다.

중립국으로서 가장 긴 역사를 갖고, 또한 성공적인 사례로 꼽히는 스위스의 사례를 간략히 살펴본다.[17) 캔톤 연합체인 스위스는 17초 초반 유럽을 휩쓴 30년 종교전쟁에서 벗어나기 위한 중립과 자위를 위한 무장을 결정하면서, '무장중립'을 본격적으로 추구하였다. 마침내 30년 전쟁을 종결짓는 1648년 웨스트팔리아 회의에서 유럽 강대국으로부터 중립을 승인받았다. 1800년대 초 스위스는 나폴레옹의 프랑스에게 일시적으로 복속되고 동맹을 강요당했지만, 나폴레옹 패퇴 이후 전후 유럽 질서를 구축하기 위한 비엔나회의(1815)와 파리선언(2015)에서 다시 '영세중립'을 보장받았다. 따라서 스위스는 주변 강대국의 지지와 국제법적 효력을 갖는 최초의 제도적인 영세중립국이 되었다. 이로써 스위스는 자위 이외는 전쟁을 추구하지 않고, 전쟁을 위한 동맹에 참가하지 않으며, 주변국들로부터 독립과 중립을 보장받게 되었다.

스위스 역사를 보면, 중립은 단순히 평화주의나 규범주의 기조에 기반한 것이 아니라, 철저히 국익의 필요성에 따라 제기되었고 군사력으

---

17) 스위스 중립의 역사와 한반도에 대한 함의 등은 장철균, "스위스 중립의 성격과 한반도 중립 논의," (JPI 정책포럼, No. 2011–33, 2011); 장철균, 『21세기 대한민국 선진화전략: 스위스에서 배운다』 (파주: 살림, 2013) 참조.

로 보장된다는 점에 주목해야 한다. 1, 2차 세계대전 당시, 스위스는 내부의 정치적 통합을 강화하고 전 국토를 요새화하는 전쟁준비를 했기 때문에 전쟁을 거부할 수 있었다. 독일이 스위스 침공 시 중립국에 대한 국제법을 위반하는 도덕적 부담이 있었지만, 더욱 중요한 것은 군사전력의 손실 부담이 전쟁을 피하는데 결정적이었다는데 정설이다. 스위스도 오랜 역사적 투쟁 속에서 무장 없는 중립은 불가능하다는 교훈을 잘 알고 있다.

또 다른 유럽의 대표적인 중립국가인 오스트리아, 스웨덴, 핀란드는 각각 다른 연원으로 중립국이 되었다. 2차 대전 당시 독일에 속했던 오스트리아는 1955년 '오스트리아국가조약(Austrian State Treaty)'에 따라 독립을 부여받자, 곧이어 '영세중립'을 선언하였다. 당시 점령국의 하나인 소련이 오스트리아의 서방 진영 가담을 우려하여 스위스 모델의 영세중립을 요구하였고, 오스트리아는 이를 수용하여 중립을 선택하였다.

스웨덴의 중립은 국제협정이 아니라 자신의 정책선언에 따라 추진된 것이며, 1800년대 초반까지 그 역사가 거슬러 올라간다. 스웨덴은 2차 대전 당시에도 중립을 선언하였고, 종전 이후에도 소련의 침공 가능성으로 인한 안보의 취약성을 감안하여 중립을 유지하고 있다.

소련과 접경한 핀란드도 소련으로 인한 안보 취약성을 감안하여, 1948년 소련과 우호친선 및 상호원조조약을 체결하고 각각 상대방에 대한 중립을 약속하였다. 이에 따라, 핀란드는 소련을 겨냥한 동맹에 참가하지 않고, 소련을 공격하는 데 영토를 제공해서도 안 된다.

핀란드와 오스트리아의 중립 사례는 국제법적으로 보장된 중립주의가 아니고 소련의 직간접적인 영향력 행사에 따라 만들어진 협정, 또는 정책선언의 결과이다. 스웨덴의 경우도, 자신의 정책지침에 따라 중립국가로서 행동할 뿐 국제협정이 이를 보장하고 있지는 않다.

근대 유럽 국제체제의 형성과 더불어 생성된 '중립' 국제안보 개념은 오늘 어떤 의미를 갖는가. 우선 유엔이 전쟁을 불법화함에 따라, 중립국이 과거와 달리 전쟁의 공포에서 벗어나는 계기가 되었다. 더욱이 중립국의 평화주의와 자위 노선은 유엔이 표방하는 평화주의 및 국제법 지향과 일치한다. 또한 중립국은 전쟁을 거부하며 평화주의적 성향을 보이고, 분쟁의 평화적 외교적 해결을 주창하기 때문에 각종 분쟁 상황에서 비당사자로서 중재자 역할을 수행하는 데 독특한 기여를 할 수 있다. 스위스와 스웨덴이 한반도에서 중립국감독위원회(Neutral Nations Supervisory Commission)의 회원국으로 활동하는 것도 이런 중립국 지위 탓이다.[18]

근대 국제정치체제에서 중요한 국제안보 개념으로서 자리 잡았던 '중립'은 20세기 들어 크게 부침을 겪는다. 2차 대전을 즈음으로 세계적 규모로 적대적인 규모로 적대적인 동맹체제가 구축되면서 20여 개 이상 국가들이 중립주의를 표방하며 이를 적극 실천하였다. 그러나 2차 대전이 종결되고, 유엔이 가동되기 시작하면서 더 이상 중립에 대한 열기가 식었다. 특히 종전 후 유엔이 창설되어 전쟁을 부인하고, 집단안보를 표명함에 따라 중립의 의미가 크게 퇴색하였다. 현재 중립주의를 표명하며 이를 적극 실천하며, 또는 그렇게 인정받는 국가는 스위스, 스웨덴, 핀란드, 오스트리아 등 소수에 불과하다.

최근 탈냉전기 국제정세와 비전통 안보적이며, 탈국가적인 새로운 국제안보 위협은 중립국에게 새로운 고민을 제공한다. 중립국이 과연 유엔의 집단안보를 위한 군사활동에 참여할 것인가. 유엔안보리의 군사적 활동 결의에 대한 유엔회원국으로서 중립국의 태도는 무엇인가.

---

18) 한국전 정전협정(1953)에 따라 정전의 감시를 위해 중립국감독위원회를 구성하고, 전쟁 양 당사자가 한국 전쟁에 가담하지 않은 국가 중에서 각각 2개국씩 지명하기로 하였는바, 우리 측은 스위스, 스웨덴을 지명하였다. 90년대 들어 북한은 북미 평화협정 체결과 정전체제 훼손을 기도하였고, 이런 차원에서 북측이 지명한 중립국 감시국인 체코와 폴란드를 각각 1993년, 1995년에 추방했다. 한편, 스위스와 스웨덴 중립국감시단은 소수 인원의 활동을 지속하고 있다.

오늘 국제안보 현안과 각종 군사활동은 선악의 구분이 없는 국가 간 전쟁이 아니라, 평화파괴자와 평화수호자 간의 충돌로 해석된다. 이 상황에서 중립은 유엔 회원국의 의무를 회피하거나, 비도덕적이라는 비판을 받게 된다. 현대전의 전면전 성격도 중립의 공간을 크게 위축시킨다. 과거와 같이 정치군사적으로 중립을 지키면서, 경제사회적으로 전쟁당사자와 교류하는 것이 매우 어렵게 되었다.

이들 중립국은 원칙적으로 집단안보와 공동안보 체제에는 참가한다. 그러나 집단방위에는 불참하는 경향이다. 따라서 집단안보의 유엔과 공동안보의 OSCE에는 스위스, 스웨덴, 오스트리아, 핀란드 등 중립국들이 예외 없이 다 참여하고, 적극적으로 활동 중이다. 한편, 다자군사동맹 성격의 집단안보체제로서 28개 회원국이 있는 NATO에 스위스, 스웨덴, 핀란드, 오스트리아 등 중립국이 모두 불참했었다. 참고로, 2021년 2월 우크라이나 전쟁을 계기로, 핀란드와 스웨덴이 중립정책을 포기하고 NATO에 가입을 추진 중이다. 유럽국가 중에서 2차 대전 당시 중립을 선언하였던 벨기에, 덴마크, 노르웨이, 라트비아 등 다수의 중립국들은 2차 대전 후 중립을 포기하고, 집단방위체제에 참여하였다.

한편, 냉전의 진영 간 대결이 심화되면서 이를 거부하는 '비동맹'이 새로운 국제안보 개념으로 부상하였다. 비동맹은 중립과 일부 유사한 점이 있지만, 그 참여국의 성격과 구체적인 행동에서 큰 차별성을 보인다. 비동맹주의는 다음 절에서 토론한다.

비동맹

'비동맹(nonalignment)'은 비동맹운동(Non-aligned Movement, NAM) 국가들의 핵심 국제안보 개념이며 정책이다. 또한 비동맹은 비동맹국 국민들의 운동으로 볼 수 있다. 1961년 벨그라드에서 열린 1차 비동맹

정상회의를 계기로 비동맹운동이 공식적으로 결성되었다. 당시 벨그라드 회의에는 25개 회원국, 3개 옵저버국이 참가하였다.

1955년 인도네시아 반둥에서 열린 아시아-아프리카 회의가 비동맹 그룹을 결성하는 촉매제가 되었다. 여기서 채택된 반둥 10대 원칙은 아직 비동맹국가의 정체성을 확인하고 결속시키는 외교안보 원리가 된다. 특히 비동맹 국제안보 노선은 군사진영 및 강대국 정치 거부, 군사적 긴장 완화, 평화 촉진, 인종차별 반대, 핵군축 요구, 정의로운 국제질서 창출 등을 지향하였다. 초기 비동맹국들은 반핵, 반강대국, 반제국주의, 반식민주의 등을 통해 강력한 내부 결속력을 유지하면서도, 강대국의 진영정치를 반대하기 위해 스스로 블록화하는 것을 거부하였다.

비동맹국 그룹은 회의체로서 운영되는 느슨한 조직으로서 현재 약 120여 개 국가가 참가하고 있으며, 비동맹 장관회의와 정상회의를 통해 결속을 다지고 비동맹정책을 조정한다.

비동맹운동은 초기에 유고슬라비아, 인도, 인도네시아, 이집트 등이 창설을 주도하고 미소 간 진영 경쟁에 대응하는 제3세력으로서 활약하였다. 비동맹국들의 비동맹 국제안보 개념은 강대국의 개입을 거부하며 독립을 보존하고, 세계평화와 지역평화를 위해 핵군축과 분쟁의 평화적 해결을 압박하는 데 의미 있는 기여를 하였다. 또한 세계평화와 발전을 위한 명분에도 항상 다수의 목소리를 내어 강대국과 선진국의 양보를 받아내기도 했다.

그러나 냉전이 끝나고 회원국이 증가하고 의제가 다원화되면서 내부 결속이 어렵게 되었고, 국제정치의 탈이념과 탈정치 추세가 진행되면서 국제무대에서 영향력도 축소되었다. 특히 탈냉전과 세계화 시대 들어 비동맹의 명분이 약해졌다. 특히 개도국의 당면과제인 개발과 발전 문제에 있어서는 비동맹 원리가 효과가 없을 뿐 아니라, 오히려 경제발전과 세계화에 지장을 초래하기도 한다.

3. 국제안보를 위한 '신안보' 개념

집단안보

'집단안보(collective security)'에서는 집단 내의 국가들이 개별적인 안보이익을 집단전체의 안보이익과 동일시한다. 따라서 집단안보에서는 "일국에 대한 공격은 전체에 대한 공격" 원칙에 따라 집단대응이 가능하다. 1, 2차 세계대전 이후 만들어진 국제연맹과 유엔은 모두 이 집단안보 원칙을 도입하였다.[19] 특히 20세기 집단안보 개념은 전쟁방지와 평화유지의 공동이익을 위해 전통적인 안보 수단인 세력균형, 전쟁, 동맹을 부정하는 특징이 있다.

집단안보는 다른 다자 국제안보 개념(공동안보, 협력안보 등)에 비해 역사가 깊고, 다양한 역사적 실험이 있었으며 현재 유엔의 집단안보체제를 통해 실행 중이다. 다만 전쟁방지와 평화유지를 위한 이상이 강대국정치의 현실에 부닥쳐 양 기구 모두 집단안보의 구상을 충분히 구현하지는 못했다.

집단안보 개념의 기원을 1815년 비엔나회의로 등장한 유럽협조체제(Concert of Europe)에서 찾기도 한다. 유럽협조체제는 유럽질서의 현상변경 세력인 나폴레옹 보나파르트의 프랑스를 격퇴한 4자 동맹(오스트리아, 프러시아, 러시아, 영국)이 주도하여 만든 강대국 중심의 다자협력체제이다. 유럽협조체제는 곧 프랑스가 참가하여 5자 강대국 협력체로 가동되었는데, 유럽 구질서의 복구를 주창하는 메테르니히 오스트리아 외상의 지도적 역할에 따라 '메테르니히 체제'로 불리기도 한다. 그런데

---

19) 이 양대 기구는 집단안보 원칙에 기반하여 만들어졌으나, 강대국 현실정치를 감안하지 않을 수 없었다. 그 결과, 국제연맹은 공격에 대한 대응을 개별 회원국에게 미루었고, 유엔은 거부권 제도를 도입하여, 상임이사국에게 집단안보 조치에 대한 거부권을 행사할 권리를 부여하였다.

상당 기간 유럽협조체제가 가능했던 것은 강대국 간의 협의 때문만이 아니라, 강대국 간의 '세력균형'에 그 국제정치적 기반을 제공했기 때문으로 볼 수 있다.

유럽협조체제는 명문화된 조약이 없이 강대국간 비공식적인 협의체제로 작동하였으며, 일방의 제안에 따라 협의체를 가동하였다. 19세기 유럽은 전쟁과 혁명과 민족주의로 격변의 시대를 겪었지만, 그래도 그 이전과 20세기에 비해서는 상대적으로 높은 수준의 평화와 번영시대를 구가하였다. 유럽협조체제의 반시대성과 강대국 중심에 대한 지적은 있지만, 이로 인해 장기 평화가 가능했다는 점을 부정할 수 없다.

세력균형체제는 강대국 간 대규모 전쟁방지를 목표로 현상유지와 세력균형을 위한 끊임없는 미세 조정이 있어야 가능하다. 그런데 프러시아(독일)의 부상, 민족주의 발흥, 사회질서의 변화 등은 현상유지를 불가능하게 만들었고, 구 국경과 정치질서에 기초한 유럽협조체제는 설 땅을 점차 잃었다. 영국은 일찍이 1818년 유럽의 세력균형에 대해 독자적인 입장을 유지하기 위해 '영광스러운 고립(splendid isolation)'을 주창하며 유럽협조체제에서 탈퇴하였다. 유럽은 크림전쟁, 프러시아의 통일전쟁, 이태리의 통일전쟁 등 강대국 간 전쟁을 거치고, 독일이 중유럽의 패권국으로 등장하면서 협조체제가 점차 해체되었다. 유럽협조체제는 마침내 1차 대전에 즈음하여 독일, 오스트리아-헝가리. 이태리가 참가하는 3국동맹, 그리고 프랑스, 러시아, 영국이 참가하는 3국협약(Triple Entente)의 2개 진영으로 분열되었다.

유럽협조체제에 나타난 집단안보 구상은 1차 대전 이후 만들어진 국제연맹에서 일부 제도적으로 구현되었다. 그러나 국제연맹의 집단안보는 당초 미국의 불참과 국제위기 관리 실패로 인해 실패한 실험으로 끝나고 말았다.

유엔헌장은 처음으로 구체적으로 전쟁을 중심으로 하는 무력행사를 불법화하고(2조 4항), 유엔의 집단안보(7장)와 한시적인 자위권(51조)에 의한 무력사용만을 법적으로 인정하였다.[20] 유엔헌장은 전문에서 호소하듯이 "우리 일생 중에 두 번이나 말할 수 없는 슬픔을 인류에 가져온 전쟁의 불행에서 다음 세대를 구하기" 정치외교적 수단으로서 무력사용과 전쟁의 금지를 결정하였다. 또한 유엔헌장은 세력균형과 권력정치의 발호의 막기 위한 장치로서 집단안보에 대한 높은 기대감을 반영하고 있다.

현 유엔을 중심으로 한 집단안보에 평가는 크게 엇갈리지만, 우선 20세기 중반 이후 전쟁방지에 기여한 긍정적인 역할을 평가하지 않을 수 없다. 첫째, 특히 17세기부터 시작된 근대 국제정치가 전쟁을 정당한 정책수단으로써 인정한 것에 비해, 21세기 집단안보는 침략전쟁을 불법화함으로써 전쟁을 어지하는 성과를 거두었다. 둘째, 근대 국제정치가 국제사회를 무정부 상태로 상정하고 국가 간 무한 권력투쟁을 용인하였다면, 21세기 집단안보 체제는 유엔헌장에서 보듯이 불충분하나마 유엔안보리에 평화와 질서를 관리하고 집행하는 권한을 부여 국제사회에 법질서 개념을 도입하였다. 따라서 전통적인 세력균형 개념에 의한 불안정한 국제질서가 아니라, 국제법 규범에 따른 국제질서를 모색하였다. 셋째, 실제 전쟁의 불법화와 국제법 규범에 기반한 국제질서의 모색은 과거에 비해 전쟁의 규모와 빈도를 획기적으로 줄이는 성과

---

20) 유엔헌장 제2조 4항: 모든 회원국은 그 국제관계에 있어서 다른 국가의 영토보전이나 정치적 독립에 대하여 또는 국제연합의 목적과 양립하지 아니하는 어떠한 기타 방식으로도 무력의 위협이나 무력행사를 삼간다.
제7장(평화에 대한 위협, 평화의 파괴 및 침략행위에 관한 조치) 제39조: 안전보장이사회는 평화에 대한 위협, 평화의 파괴 또는 침략행위의 존재를 결정하고, 국제평화와 안전을 유지하거나 이를 회복하기 위하여 권고하거나, 또는 제41조 및 제42조에 따라 어떠한 조치를 취할 것인지를 결정한다.
제51조: 이 헌장의 어떠한 규정도 국제연합회원국에 대하여 무력공격이 발생한 경우, 안전보장이사회가 국제평화와 안전을 유지하기 위하여 필요한 조치를 취할 때까지 개별적 또는 집단적 자위의 고유한 권리를 침해하지 아니한다.

를 거두었다. 결국, 집단안보의 제도화는 평화와 안정을 지향하는 국제
정치와 인류사회를 위한 획기적인 진전으로 볼 수 있다.

집단안보의 정착과 성과에 대한 부정적인 평가도 많다. 첫째, 현재
국제정치에서 강대국 간 전쟁이 발발하지 않은 배경에는 집단안보보다
는 핵 억지가 주요 동인으로 작용했다. 둘째, 집단안보가 성공하기 위
해서는 모든 구성원이 높은 수준의 공동책임감과 병력 동원 능력을 가
져야 하는데, 현 체제에서는 그렇지 못하다. 따라서 결국 대외적 이해
관계가 많고 군사적 동원능력이 높은 일부 강대국이 집단안보를 주도
하게 된다. NATO와 같은 지역 집단방위체제도 유엔의 집단안보체제에
비해 높은 결집력과 집행력을 갖는다. 집단방위체제가 때로는 유엔의
집단안보 체제를 우회하여 다자동맹의 집단이익을 우선 추구함으로써
전체 이익을 위한 집단안보를 저해한다. 셋째, 유엔의 집단안보는 상임
이사국의 거부권 인정으로 인해 제한적인 운용이 불가피하다. 결국 집
단안보는 강대국의 이익에 좌우되고, 강대국 정치의 연속선상이 있다
는 비판을 받는다.21)

세계평화를 위한 집단안보의 이상에도 불구하고, 현재와 같은 개별
국가의 주권을 핵심으로 하는 유엔체제에서는 구성원의 능력과 이해관
계의 차이로 인해집단안보가 제한적으로 작동할 수밖에 없는 한계가
있다.22) 그러나 집단안보 규범으로 인해 개별국가의 행위를 도덕적으
로, 정치적으로 억지하는 효과는 상당히 작용하는 있다는 점도 인정하

---

21) 집단안보의 배경과 효용에 대한 토론은 아래 보고서를 참조. 신범식, "다자 안보협
　력체제의 개념과 현실: 집단안보, 공동안보, 협력안보를 중심으로," (JPI 정책포럼,
　No.2015 – 9, 2015); UN Department of Disarmament Affairs Report to the
　Secretary – General, Concepts of Security (1986).
22) 오간스키는 집단안보가 작동하는 데 필요한 5개 조건을 제시하였다(1960); 1) 침략
　자 규정에 대한 집단안보 구성원 전체의 합의, 2) 침략행위 저지를 위해 모든 구성
　원가 공약, 3) 침략자 격퇴를 위한 모든 구성원의 행동 자유와 능력, 4) 집단안보
　참여국의 총합 능력이 침략자의 능력보다 우월, 5) 집단안보 총합의 능력으로 인해
　잠재적 침략자 억제, 또는 침략 발생 시 격퇴.

지 않을 수 없다.

유엔의 집단안보가 작동한 유일한 사례는 한국전(1950)에 유엔군이 참전한 것이다. 북한의 남한 침공 후 유엔 안보리는 즉각 북한을 침략자로 규정하였고, 유엔군을 동원하여 반격에 나섰다. 한편, 한국에 적용된 집단안보 장치가 반복되기는 어려운 특이한 사례로 꼽히기도 한다. 첫째, 소련의 안보리 불참으로 거부권의 행사가 없었는데, 만약 소련이 참석하였다면 거부권을 행사했을 가능성이 높았다. 둘째, 한국전에 참가한 유엔군은 당초 유엔헌장 43조가 상정한 유엔상비군은 아니었으며, 일회성으로 동원되었다. 또한 미군은 자신의 군대를 외국군의 지휘하에 두지 않는 전통에 따라 미군 사령관이 유엔군 사령관을 겸하는 편의가 제공되었다. 유엔군의 한국전 참전은 유엔 집단안보체제의 가능성과 한계를 동시에 보여준다.

공동안보

'공동안보(Common Security)'는 냉전기 미소 핵대결과 핵전쟁이라는 공멸의 안보위협에 직면한 유럽국들이 주도적으로 제시한 안보 개념이다. 공동안보 개념은 일명 '팔머 보고서'로 불리는 "공동안보: 생존을 위한 청사진(Common Security: A Blueprint for Survival, 1982)"에 체계적으로 기술되어 있다.[23]

팔머 보고서는 당시 미소 간 핵무장 경쟁과 핵전쟁 가능성은 국가의 안전뿐만 아니라 생존 자체를 위협한다고 보고, 핵군축, 핵경쟁 완화, 관계 개선 등을 제시하면서, 이런 갈등 해소와 협력의 기본 원리로서 '공동안보' 개념을 제시하였다. 팔머 위원회는 공동안보의 작동을 위한 6개 원칙을 제시하였다. 첫째, 모든 국가는 정당한 안보에 대한 권리를

---

23) Independent Commission on Disarmament and Security Issues, *Common Security: a Blueprint for Survival* (New York: Simon and Schuster, 1982).

갖는다. 둘째, 군사력은 국가 간 분쟁 해소를 위한 정당한 수단이 아니다. 셋째, 국가정책의 표현에 있어 절제가 필요하다. 넷째, 공동안보를 위한 군비 감축과 질적 제한이 필요하다. 다섯째, 군사적 우위로서 안보를 얻을 수 없다. 여섯째, 군비 협상과 정치적 사안의 연계는 피해야 한다.[24]

따라서 공동안보 개념은 냉전 당사국들의 기본 국제안보 개념이었던 핵억지와 집단방위를 거부하는 것이었다. 공동안보 주장에 따르면, 일국의 안보는 상대방에 대한 일국의 억지력 강화로 달성되는 것이 아니라, 상대방과 같이 핵군축과 긴장완화를 통해 달성할 수 있다는 입장을 강하게 제시하고 있다.

공동안보 개념이 가장 잘 구현된 사례로 유럽안보협력회의(CSCE)와 유럽안보협력기구(OSCE)가 있다. CSCE는 1975년 헬싱키협정에 의해 설립되었으며, 냉전 종식 이후 1995년 OSCE로 발전하였다. 사실 CSCE는 냉전 시기에 동서진영의 유일한 안보대화체로서 큰 역사적 가치를 지녔다. 탈냉전기 들어 회의체에서 기구체로 바뀌면서 조직으로 더욱 발전하였으나 그 임무는 오히려 퇴색한 것으로 보인다. 탈냉전기에 재탄생한 OSCE가 '포괄안보' 기구를 표방하면서, 수많은 정치, 경제, 환경, 사회, 인간안보 과제를 총괄적으로 다루는 것도 그 존재이유와 성과의 초점을 흩트리는 배경이 된다.

냉전기인 70년대에 CSCE가 결성된 것은 참여국들의 이해관계가 일시적으로 일치하였기 가능했다. 1972년 대화를 시작하면서, 소련은 동유럽 공산위성국가의 국경선을 현상유지 하는 기회로, 핀란드는 중립정책을 강화시키는 기회로, 서유럽국은 동서긴장 완화, 동구권과 경제협력 추진 및 인권 개선의 기회로 보았다. 따라서 CSCE는 냉전기 동안 핵전쟁 위험을 완화시키는 공동안보, 그리고 경제협력 확대, 인권 개선의 비전통안보 안건을 포함하는 포괄안보의 주체로서 활동하였다.

한편, OSCE는 1996년 "21세기 유럽을 위한 공동안보·포괄안보 모델에 대한 리스본 선언"을 채택하고, 동 안보 개념의 주창자로서 활동 중이다.[25] 리스본 선언은 '공동안보'를 최고 목표를 내세우고, 이를 위한 군사안보, 정치인권, 경제사회환경의 3개 분야의 같이 추구하는 포괄안보 개념을 재확인하였다.[26] 또한 다른 지역기구 및 국가와 공동으로 안보를 추구하는 '협력안보' 개념도 제시하고 있다.

CSCE와 OSCE가 공동안보에 포괄안보를 동시에 추구함에 따라, 공동안보 개념에 종종 포괄안보 개념을 포함시키기도 하는데 이를 구분할 필요가 있다. CSCE는 이 두 안보 개념을 병행하면서도, 개념적으로는 구분하여 접근하였다. 즉 공동안보는 핵전쟁방지라는 최우선적인 공동목표를 향한 구성원 간의 핵군축, 군사적 신장완화 등 조치에 제한적으로 사용된다. 포괄안보는 군사안보와 경제, 인간, 환경 등 비군사안보를 포괄하는 복합안보과제를 추구한다는 개념이다. 한편, 팔머 보고서의 공동안보 개념은 개념적으로 군사안보와 비군사안보 부분을 통합적으로 접근한다는 점에서 CSCE의 공동안보 개념과 다소 차이가 있다.

마지막으로, 집단안보와 공동안보를 비교해 보자. 구성원 내부의 공동선(평화, 전쟁방지)을 추구한다는 점에서 두 개념은 유사하다. 그런데 차이점을 본다면, 첫째, 집단안보가 불법행위국을 처벌하는 국제법적

---

25) OSCE 리스본 선언, <http://www.osce.org/mc/39539?download=true>.

26) 리스본 정상선언 1조 및 리스본 안보 및 협력 모델 선언의 1조는 공동안보 개념을 아래와 같이 재확인하고 있다. 정상선언 1조. We, the Heads of State or Government of the participating States of the OSCE have met in Lisbon to assess the situation in the OSCE region and to establish a co-operative foundation for our common security; 리스본 안보 및 협력 모델 선언의 1조 1. (...) Freedom, democracy and co-operation among our nations and peoples are now the foundation for our common security.

행위라면, 공동안보는 각 진영의 안보경쟁을 정당한 것으로 보고 양진영의 대치를 완화시키는 정치적 행위이다. 즉 집단안보가 유엔 집단안보체제에서 보듯이 규범과 절차를 갖춘 개념이라면, 공동안보는 공감대를 모색하는 정치적 개념이다. 둘째, 공동안보가 불특정 내부 침략자를 전제로 한다면, 공동안보는 이미 알려진 동서진영의 대치관계를 인정하고 양측의 긴장완화를 모색한다. 셋째, 집단안보는 침략이 발생하면 가동되는 사후적 대처 개념인 데 비해, 공동안보는 핵전쟁의 발발을 방지하는 예방적 대처방안이다.

포괄안보

'포괄안보(Comprehensive Security)'는 탈냉전기 들어 통용되는 새로운 국제안보 개념 중 하나이다. 포괄안보 용어가 일반적으로 통용되기는 하나, 아직 안보 '개념화' 되었다고 보기는 어렵다. 종종 포괄안보를 말할 때, 안보 개념의 포괄성을 강조하면서, 안보와 직간접적으로 관련되는 모든 활동을 열거하는 수준에 그치고 있기 때문이다.

OSCE는 포괄안보를 전면에 내세웠다. OSCE가 지향하는 포괄안보는 안보의 대상을 정치군사 뿐만 아니라, 경제, 환경, 인간 분야를 포함 한다는 차원에서 전통적인 군사안보 중심의 안보 개념과 다르다.[27] 유럽, 중앙아시아와 미주의 57개국이 참가하는 안보기구인 OSCE는 '협력안보 및 포괄안보 기구'로 불린다. 여기서는 '협력안보'는 회원국 간 협력 방식, 협력 필요성을 말하고, '포괄안보'는 안보 대상의 포괄성을 말한다. 이와 관련, OSCE는 자신이 추구하는 안보 개념은 정치군사, 경제환경, 인간 등 '3개 차원(three dimensions)'을 포괄한다는 점을 강조한다. OSCE가 내세우는 활동의 영역을 본다면 이 기구가 지향하는 안보

---

27) James C. Hsiung, *Comprehensive Security: Challenge For Pacific Asia* (Westpoint: Praeger Publishers, 2004).

개념의 포괄성을 쉽게 알 수 있다. OSCE의 홈페이지에 활동영역으로 군비통제, 국경관리, 인간매매(human trafficking) 격퇴, 테러 격퇴, 갈등예방과 해결, 민주화, 경제협력, 기후변화, 법치, 교육, 선거, 환경, 양성 평등, 인권, 언론자유, 소수자 인권, 법치, 경찰활동, 선정(good governance) 등이 열거되어 있는데, 이는 국가의 모든 정치경제사회적 활동을 다 포괄하고 있다고 해도 과언이 아니다.28) 이렇게 포괄안보는 서술적이거나, 국가의 대외활동을 모두 포함하여 안보 개념의 엄밀성이 약하다는 지적이 가능하다. 그렇지만 실제 최근 주요국들의 국가안보전략 보고서를 보면, 모두 국가안보를 제한적인 군사안보가 아니라, 정치, 경제, 환경 등을 포함하는 포괄안보 개념으로 사용한다는 것을 알 수 있다.

협력안보

‘협력안보(cooperative security)’는 아직 발전 중에 있는 안보 개념인데 이에 대한 정의나 공감대가 충분치 않다. 공동안보는 기구 또는 회의체와 같은 제도적 기반이 구비되고, 또한 집단 구성원간에 공동안보의 필요성과 목표에 대한 공감대가 있는 반면, 협력안보는 아직 개별국가의 정책 지침으로 남아있는 경향이 있다. 심지어 일반적인 관념의 협력을 추구하는 식으로 해석도 가능하며, 안보 개념으로서 엄밀성과 작동원리에 대한 설명이 결여되어 있다.

따라서, 국가나 안보기구가 특정 대상국과 또는 내부구성원 간 협력을 추구할 경우, 협력안보를 추구한다고 기술한다. 미 국무부 홈페이지의 ‘협력안보(Cooperative Security)’ 설명도 이런 사례이다. 이에 따르면 ‘협력안보’의 제하에서 미국은 NATO 회원국 또는 NATO 평화파트너국가

---

28) OSCE 홈페이지, <http://www.osce.org/what> (검색일: 2015.11.23.).

와 양자, 또는 다자적으로 안보와 방위에 대한 협력을 지속할 것이며, 협력 의제는 반테러, 대량살상무기 비확산, 국경안보, 지역 안보위협 등을 포함한다고 기술하고 있다.[29) 또한 OSCE가 이런 미국과 유럽국 간 확장된 협력(extended cooperation)을 위한 귀중한 포럼이라고 한다. 이 설명에 따르면, '협력안보'는 해당국과 협력을 강화한다는 뜻이며, 다만 협력의 범위가 확대된 안보 의제를 포함하고 있다.

국제안보 환경의 변화에 따라 새로운 안보 개념과 역할을 모색하던 NATO도 '협력안보(cooperative security)' 개념을 적극 수용하였다.[30) 2010년 리스본 NATO 정상회의에서 채택한 신 안보개념은 기존의 집단방위에 더해 협력안보를 기구의 새로운 핵심 과제로 도입하였다. NATO는 또한 협력안보 실행의 핵심 요소로서 1) 파트너관계 강화, 2) 군비통제, 비확산, 군축에 기여, 3) 새로운 잠재 회원국의 나토 참여 지원 등을 내세운다. 이런 설명을 볼 때, '협력안보'를 새로운 국제안보 개념을 제시하기보다는 NATO 외부의 국가들과 협력을 추진하는 '안보협력'를 대체한 용어에 불과한 느낌이다.

한편, NATO는 협력안보 추진방침에 대한 내부 합의에도 불구하고, 협력안보의 대상국 범위, 협력의 심도와 방법, 정보 공유 범위, 비용 부담 등을 고민하고 있다. NATO로서는 일차적인 안보 대상인 소련과 동구권의 안보위협이 사라진 상황에서 새로운 안보위협의 전지구화와 네트워크화 현상에 대응하기 위해 비유럽국과 안보협력을 위해 '협력안보'를 계속 추진한다는 입장이다.

협력안보에 특별한 의미를 부여하기 위한 시도가 있었다. 예를 들면, 미하엘 미할카 박사는 협력안보를 특히 2001년 9.11 뉴욕 테러사건에

---

29) 미 국무부 홈페이지, "Coopeartive Security," <http://www.state.gov/p/eur/rt/e pine/c10610.htm> (검색일: 2015.11.23.).

30) NATO 홈페이지, "Cooperative Security as NATO's Core Task: Building security through military cooperation across the globe," <http://www.nato.int/cps/en/natohq/topics_77718.htm> (검색일: 2015.11.23.).

대한 대응과 관련하여 "비국가행위자에 대응하기 위한 국가들의 안보협력"으로 정의한다.31) 전통적인 안보 행위는 모두 국가의 국가에 대한 행위인데, 비국가행위자의 안보위협은 9.11 테러사건으로 인해 처음으로 주요 국제안보 과제로 급부상하였다. 유엔안보리 결의안 1540(2004)도 처음으로 비국가행위자에 의한 국제안보위협 행위를 대상으로 채택되었다. 그러나 이런 협력안보 개념 정의가 아직 일반적으로 수용되고 있지는 않다.

초보적인 개념화 단계에 있는 협력안보 개념을 잘 이해하기 위해서는 다른 다자적 국제안보 개념과 비교할 필요가 있다. 신범식 박사는 탈냉전기에 등장한 다자 안보협력 체제를 비교하면서, 협력안보와 공동안보 간 차이점과 특징을 아래와 같이 설명하고 있다.32)

우선 협력안보는, 첫째, 현실에 존재하는 양자관계와 세력균형을 인정하면서 이들을 다자제도에 엮어보려고 한다. 따라서 다자안보레짐의 창출을 위해 공동안보보다 점진적으로 접근한다. 협력안보는 결과물이나 새로운 안보레짐 틀을 중시하기보다는 상호이해를 증진하고 불신을 극복하기 위해 대화를 중시하는 과정 중심의 접근법이다. 둘째, 공동안보가 안보딜레마 해소와 상대에 대한 위협 완화를 추구하지만, 협력안보는 현상유지를 인정하여 보수적, 현실적 접근법으로 접근한다.

공동안보와 협력안보의 차이점을 부연설명하면, 첫째, 공동안보는 공동의 목표를 중시하는 목표 지향적이지만, 협력안보는 목표에 대한 합의보다는 대화와 협력을 추진하는 과정 지향적이다. 둘째, 따라서 공동안보는 미래지향적이고 획기적인 성향을 보이지만, 협력안보는 현실지향적이고 점진적인 성향을 보인다. 셋째, 공동안보는 기구와 합의문

---

31) Michael Mihalka, "Cooperative Security in the 21st Century," <mercury.ethz. ch/.../Files/.../91_Mihalka_cooperativesecurity.pdf> (검색일: 2015.11.23.).

32) 신범식, "다자 안보협력체제의 개념과 현실: 집단안보, 공동안보, 협력안보를 중심으로," pp.9~10.

의 제도화를 중심으로 활동하지만, 협력안보는 제도적 기반 없이 임시적이다. 넷째, 공동안보는 기구 내 구성원 간의 안보 제고를 추구하지만, 협력안보는 구성원의 공감대가 없는 상황에서 안보협력을 추구한다. 마지막으로, 안보 개념의 발전 단계로 볼 때, 공동안보는 구성원의 집단적인 활동이 수반되어야 하나, 협력안보는 종종 일방의 활동이나 정책을 지칭한다.

제3부

동북아 신지정학 시대
한국의 선택

제10장

한국의 지속가능 신외교전략

1. 기로에 선 한국 외교

새로운 국제정치 질서는 새로운 외교전략을 요구한다. 특히 한국과 같은 중소국가, 끼인 국가, 통상국가의 경우는 더욱 그렇다. 미중 패권경쟁 시대 들어, 한국이 미국 패권과 세계화 시대에 추진했던 '안미경중' 외교, 미중의 상충되는 요구에 대한 시간벌기의 임기응변 외교가 더 이상 유효하지 않게 되었다. 앞으로 미중 패권경쟁의 세기적 '롱 게임'이 지속되고 더욱 치열해질 것으로 예상됨에 따라, 한국은 동북아 신지정학에 대응하기 위한 외교전략을 재정립해야 한다.

한국 외교를 이끌고 보호망이 되었던 미국은 더 이상 과거와 같이 자유주의 진영의 솔선수범 지도국가도, 관대한 세계적 패권국도 아니다. 미국 정치인에게는 국내 일자리 창출과 선거 승리가 어떤 임무보다 중요하다. 대외적으로는 신흥 패권도전국인 중국에 대한 견제가 어떤 외교안보 과제보다 앞선다. 중국도 인구만 많고 정치·경제·군사적으로 허약한 대국이 더 이상 아니다. 이미 동아시아에서 미국의 패권적 지위에 경제적, 군사적으로 도전하는 지역 초강대국이 되었다. 일본도 경제 대국이지만 과거사로 인해 한국에게 계속 미안한 마음을 갖고 사과를 반복하는 국가가 더 이상 아니다. 지역 초강대국 중국과 핵무장한 북한에 대한 정치군사적 대응에 집중하느라, 한일관계는 뒷전이다. 일본은 한국에 무관심할 뿐 아니라, 오히려 자신의 경제력과 기술력을 이용하여 부상하는 한국을 견제하고 통제하려 든다. 제국 부활을 꿈꾸던 러시아는 우크라이나 침공으로 유라시아 최강의 불량국가가 되었다. 북한도 더 이상 정권 붕괴, 체제 붕괴를 목전에 둔 시대착오적 약소국이 아니다. 김정은 정권의 정치적 장악은 확고하다. 핵개발에 성공하여 9번째 핵무장국이 되었고, 대남 공세는 더욱 심해졌다. 만약 북한이 경제위기, 체제위기로 국가위기에 빠진다면, 핵무장한 북한은 더욱 위험한 국가가 될 가능성이 크다.

이런 상황에서 한국은 어떤 외교전략을 선택해야 하는가? 미중 전략경쟁이 '뉴노멀'로 정착할 것으로 전망됨에 따라, 한국 외교가 시험대에 들었다. 한국이 미중 양쪽으로부터 '러브콜'을 받고 가교역할을 하는 중추국이 될 수도, 또는 양쪽에서 공격받는 동네북과 같은 파쇄국이 될 수도 있다. 그야말로 한국의 운명이 흥망의 갈림길에 섰다. 그 선택에 따라 한국의 흥망성쇠가 정해질 것이므로 매우 중대한 선택의 순간이 아닐 수 없다. 손자는 손자병법에서 "전쟁은 국가의 중대사이다. 백성의 생사와 국가의 존망이 달린 길이니 깊이 살피지 않을 수 없다"라고 말했다. 전쟁과 외교가 동전의 양면이라고 할 때, 사실 오늘 한국 외교가 절감하는 경구이다.

국제정치 석학인 하영선 교수는 오늘 우리가 처한 상황을 미중이 세기사적 국제질서 재건축을 위해 경쟁하는 "문명사적 변환기"로 규정했다.[1] 그는 향후 수년간 한국의 선택이 향후 100년간 한국의 국운을 좌

---

1) 하영선, "문재인 정부 후반기 4대 외교역량 강화책," (EAI 정책토론회 문재인 정부 중간평가: 여론조사 및 후반기 정책과제 발표, 2019.11.5.).

우할 것이라고 단언하며, 현시대의 한국 정부가 풀어야 할 최대 외교 과제로 "미중 주도의 아태 신질서 재건축에서 제대로 된 내 삶터 마련하기"를 제기했다. 그런데 국내 전문가들은 "제대로 된 한국의 삶터"를 찾기보다는 냉전적 '줄서기' 논쟁에서 빠져있다. 이런 줄서기 논쟁을 따르면, 중소국의 운명은 항상 강대국의 손에 달려있을 뿐 제대로 된 안정적인 삶터란 없다.

중소국은 과연 국제정치에서 설 자리가 없는가? 동서고금의 역사를 보면, 강대국 사이의 중소국과 '끼인 국가' 중에서 생존하고 번영한 사례가 많다. 이들은 강대국 정치와 줄서기를 운명으로 받아들이는 피동적 외교에 만족하지 않았다. 오히려 자신의 역량과 정체성에 맞는 다양한 헤징 전략을 적극적으로 구사했다. 특히 성공한 중소국과 중간국들은 강한 자율 의식, 저항성, 회복력을 갖고서 다양한 생존 전략을 구사했다.

한국은 어떤가? 근대, 현대 한국은 자율 외교의 역량과 의지가 약했다. 한미동맹에 의존하는 '미국 편승'이 항상 대세였다. 그 배경에는 한미동맹의 성공 경험, 남북 분단과 제로섬 안보경쟁, 한중관계와 한일관계의 역사적 구원(舊怨) 등이 있다. 또한 근현대 한국은 일본의 강점, 냉전기와 탈냉전기 미국 중심 국제질서 속에서 살았기 때문에 다른 중소국과 달리 치열하게 생존을 고민하는 '전략 외교'와 '자율 외교'의 기회를 갖지 못했다. 2000년에 걸친 한국의 치열한 동북아 투쟁사가 조선의 패망과 일제 강점기를 거치면서 우리 기억에서 소실된 탓도 크다. 그 결과, 현대 한국에서는 전략 외교와 자율 외교에 대한 인식과 방법론이 취약하다. 미중 경쟁 시대를 맞아, 한국 외교가 극복해야 할 숙제이다.

2010년대 들어 학계와 언론을 중심으로 한국의 관성적, 관행적 외교 행태를 비판하면서, 새로이 국익 기준에 따른, 원칙에 의한, 전략적인 외교를 하자는 요구가 수시로 제기되었다. 매우 타당한 지적이다. 그런데 아직 해묵은 이념적 주장만 반복될 뿐, 국익 외교, 원칙 외교, 전략 외교의 내용이 무엇인지, 어떻게 하는지에 대한 구체적인 제안도 토론도 별로 보이지 않는다. 아래에서는 이런 숙제에 대한 해답의 일단을 제시하고 토론했다.

2. 신외교전략 대강

정체성 기반 국익과 국가 비전

한국 정부는 미중 패권경쟁, 중국의 부상, 북한 핵무장, 한일 갈등, 기후변화·감염병·대형재난 등 각종 전통, 비전통 안보위협의 복합 안보위기 시대를 맞아, 국익을 보호하고 국가 비전을 달성해야 하는 막중한 임무를 띠고 있다. 그런데 이런 임무를 효과적으로 실행하려면, 상위의 국가 또는 통치 차원에서 국익과 국가 비전이 정립되어야 한다. 여기서 국익은 국가의 항구적인 목적으로서 높은 수준의 국민 합의가 필요하고 해당 정부마다 임의로 쉽게 바꿀 수 있는 것이 아니다. 국가 비전은 해당 정부가 자신의 임기 동안에 달성하고자 하는 국가 미래상을 제시하는 관행이 있어 수시로 변경되기도 한다.

국익과 국가 비전이 국가가 지향하는 방향과 목표지점으로서 역할을 제대로 수행하려면, 무엇보다 이들이 국가의 정체성과 가치를 반영해야 한다. 이때 국익과 국가 비전에 대한 국민의 지지와 수용성도 높아지고, 외교전략을 실행하는 추동력도 제고될 것이다. 국익과 국가 비전에 대한 국내적 수용성뿐만 아니라 국제사회와 주변국의 수용성을 높이려면, 국제사회가 지향하는 보편적 가치를 반영해야 한다. 이런 보편적, 세계적 가치로서 세계평화와 번영, 동북아의 평화와 공영, 한반도의 비핵평화, 자유교역, 포용성, 개방성, 인권 등이 있다.

한국의 국익으로 국가안전보장, 자유민주주의와 인권 신장, 경제발전과 복리 증진, 한반도의 평화적 통일, 세계평화와 인류공영에 기여 등이 있다. 이 5개의 국익은 노무현 정부의 국가안보 전략보고서가 처음 정리한 것인데, 동 전략보고서는 이를 헌법에서 도출했다고 밝혔다.

본고는 한국이 추구할 대외적인 '국가 비전'으로 '글로벌 평화·교량 국가'를 제안한다. 본고는 앞에서 한국이 안보 취약성과 통일 목표를 가진 분단국, 강대국 사이에 끼인 지정학적 중간국, 중상의 국력 수준을 가진 중견국, 자원 부족과 높은 경제적 의존도를 가진 통상국가 등의 국가 정체성을 갖는다고 분석했다. 이때 한국의 평화와 번영을 보장하기 위해 평화국가, 통상국가, 교량국가 등이 한국이 지향하는 국가 비전의 일부를 구성한다. '글로벌 평화·교량국가' 국가 비전은 이런 한국의 정체성과 국가이익을 반영했다.

참고로, 윤석열 정부는 외교안보 부분의 국가 비전으로 "(자유·평화·번영에 기여하는) 글로벌 중추국가"를 제시했다. 그런데 '중추국가'의 의미가 다의적이어서 이 비전에 대한 해석이 다소 분분하다. 윤석열 정부가 의미하는 '중추국'의 의미, 국제정치의 학술적 의미 등에 관해서 앞에서 토론했었다. 이와 별도로 윤석열 정부는 국내 정치도 총괄하는 국가 비전으로 "다시 도약하는 대한민국, 함께 잘 사는 국민의 나라"를 제시했다. 통일 분야에서는 추가로 '비핵·평화·번영의 한반도'를 국가 비전으로 제시했다.

문재인 정부의 경우, 국가안보 전략보고서(2018)에서 외교안보통일 분야 국정목표로 '평화와 번영의 한반도'를 제시했었다. 그런데 '평화와 번영의 한반도'는 모든 국가가 모든 상황에서 선택할 수 있는 너무 일반적인 국가 비전으로서 특별히 미중 패권경쟁 시대를 준비한다는 문제의식에 부합하지 않는다. 문재인 대통령은 2019년 8.15 경축사에서 "아무도 흔들 수 없는 나라"의 국가 비전을 새로이 제시했다. 그리고 이를 달성하기 위해 책임 있는 경제강국, 대륙과 해양을 아우르며 평화

와 번영을 선도하는 교량국가, 평화로 번영을 이루는 평화경제 등을 국
가목표로 제시했다. "아무도 흔들 수 없는 나라"도 국가 비전이 될 수
있지만, 이 비전이 국제사회에 던지는 이미지는 별로 긍정적이지 못하
다. 이는 한국이 지향하는 바를 밝히기보다는 주변국의 압력에 반응한
다는 점에서 소극적이다. 반면에 여기서 제안한 '글로벌 평화교량국가'
는 국내뿐만 아니라 국제사회에도 긍정적이고 적극적인 메시지를 던지
고 있다.

국가안보 전략목표와 정책과제

본고는 '글로벌 평화교량국가' 국가 비전을 달성하는 데 필수적인 7개
전략목표를 제시하고, 이를 위한 구체적인 징책과제를 열거했다. 구체
적으로, 첫째, 한반도 차원에서 비핵평화국가를 비전(지향점)으로 하여,
이를 달성하기 위한 전략목표로 한반도 비핵평화체제 구축, 자강 국방
력과 대북 억제력 구축 등 2개를 제시했다. 둘째, 동북아 차원에 평화교
량국가를 비전으로 제시하고, 이를 달성하기 위한 전략목표로 한미동맹
과 한중 동반자관계의 확대 발전을 통한 국익 보호와 동북아 평화협력
진전, 지역협력과 유사국 연대를 통한 세계평화 공영 추진 등 2개를 제
시했다. 셋째, 세계 차원에서 선도적 세계국가를 비전으로 제시하고, 이
를 달성하기 위한 전략목표로 세계평화와 공영을 위한 규범 기반 국제
질서 정착을 제시했다. 넷째, 경제통상 분야에서 개방통상국가를 비전
으로 제시하고, 이를 달성하기 위한 전략목표로 경제통상 국익 증대를
제시했다. 다섯째, 외교역량 분야에서는 강한 중견국과 중추국을 비전
으로 제시하고, 이를 달성하기 위한 전략목표로 외교역량 강화 및 국민
합의 기반 외교체제 구축을 제시했다. 여기서 제시한 한반도와 동북아
의 평화공영을 위한 한국의 양자적 외교 지침은 "미국과 동맹, 중국과
화친, 북한과 화해, 일본과 교류, 유럽과 연대"로 요약할 수 있다.

표 10-1 | '글로벌 평화교량국가'를 위한 전략목표와 정책과제

분야-지향점	전략목표	주요 정책과제와 액션플랜
한반도 -비핵평화국가	① 한반도 비핵평화체제 구축 ② 자강 국방력과 대북 억제력 구축	– 대북 군사 억제력 강화: 국방력 강화, 한미동맹 발전, 전시작전통제권 환수, 한미일 안보협력체제 유지(반중 군사안보 협력과 군사적 태세 반대) – 북미 간 북핵 동결을 위한 '잠정합의' 체결 – 한반도 평화체제 구축: 남북기본협정 체결, 북미 및 남북관계 정상화를 위한 수교협상 개시, 한반도 군비통제 추진, 북한 핵안보와 핵위험 감소를 위한 CTR(협력적위협감축) 프로그램 추진, 남북 연락사무소 개설, 북미 연락사무소 개설 – 남북관계 개선: 대북 인도적 지원 제공, 북한 개발지원 제공, 남북 철도도로 및 동북아 수송망 연결
동북아 -평화 교량국가	③ 한미동맹과 한중 동반자관계의 확대발전을 통한 국익 보호와 동북아 평화협력 진전 ④ 지역협력과 유사국 연대를 통한 세계평화 공영 추진	– 한미동맹과 한중 전략적 협력동반자관계의 확대발전 – 한미 전략동맹 확대발전: 지역·세계평화를 위한 협력 확대, 첨단기술 협력, 원자력협력 – 동북아(동아시아) 평화협력: 역내 소다자대화 추진, 동북아 평화협력포럼 정례화, 동북아 원자력협력 추진, 신남방정책 지속기반 구축 – 중간국 협력 확대: 중간국 네트워크 구축, 중간국그룹 결성, 중간국(+중견국) 국제회의(1.5트랙) 개최, 유라시아 평화번영지대 국제회의 개최, 지역기구·지역협력체 국제회의 가동

세계 −선도적 세계국가	⑤ 세계평화와 공영을 위한 규범 기반 국제질서 정착	− 중견국 네트워크 구축: 믹타 활 성화, 미중경쟁 빈대의 중견국 그룹 결성, 중견국(＋중간국) 국 제회의 개최 − 세계평화와 공영 기여: 다자주의 와 규범기반 국제질서 유지, 유 핵군축·핵비확산·핵안보 강화, NPT와 수출통제 국제레짐 참여, PKO 참여, 국제수송로 보호, 비 전통안보·신기술안보·포괄안보 대응체제 강화
경제통상 −개방통상국가	⑥ 경제통상 국익 증대	− 자유무역 국제규범 유지: 자유무 역질서 유지 − 통상 네트워크 확장: 신흥시장 확 대, 첨단기술 보호, 자원에너지외 교 강화, 원전수출
외교역량 −강한 중견국과 중추국	⑦ 외교역량 강화 및 국민 합의 기반 외교체제 구축	− 외교·전략·정보역량의 획기적 증강 − 국민합의를 위한 정치대화와 국 민외교 확대

3. 외교 가치와 외교 원칙

외교 가치

본고는 미국 패권경쟁 시대에 한국이 추구하고 고수해야 할 외교 가치로서 평화, 공영, 포용, 개방을 제시한다. 특히 이 외교 가치들은 한국이 자원빈국, 끼인 국가, 분단국가, 안보취약국의 내재적 제약을 극복하고, 세계국가, 통상국가, 비핵평화국가, 중추국가, 교량국가를 지향하는 데 부합한다.

첫째, '평화'는 모든 국가의 주요 외교 가치이기도 하지만, 특히 한국에게 최우선의 외교 가치이다. 한국은 세계 유일의 분단국으로 북한과 항구적인 제로섬 안보경쟁의 구조적 함정에 빠져있다. 북핵문제도 분단과 이로 인한 남북 간 제로섬 안보경쟁에서 파생된 문제이다. 또 한국은 세계 4대 강대국에 둘러싸여 안보 취약국가이자, 대륙세력과 해양세력 간 지정학적 경쟁의 한복판에 놓인 '끼인 국가'로서 어떤 나라보다 평화가 절실히 필요하다.

둘째, '번영' 또는 '부국'은 동서고금의 보편적인 국익이자 가치이다. 그런데 여기서 '번영' 대신 '공영'을 제시했다는 점을 강조하고자 한다. 한국은 자원빈국이자 통상국가로서 경제적 대외 의존도가 매우 높은 경제 취약국가이다. 따라서 일국 번영이 아니라, 지역과 세계가 같이 번영하는 '공영'이 외교의 핵심 가치가 되어야 한다.

셋째, '포용'은 한국이 중소국, 끼인 국가로서 추구하는 중요한 외교 가치이다. 미중 패권경쟁과 더불어 자유주의와 규범 기반의 국제질서가 약해지고 강대국 세력정치가 만연하면서, 한국 같은 중소국은 강대국의 강압에 휘둘리기 쉽다. 따라서 한국은 배제와 차별을 거부하고, 포용적 국제질서를 추구한다.

넷째, '개방'의 외교 가치를 추구한다. 한국은 통상국가이며, 세계국가이다. 우리 국민은 다른 어떤 국민보다 해외 거주와 여행이 많다. 그리고 자유무역과 자유항행의 혜택을 누구보다 많이 누리고 있다. 따라서 한국은 열린 국제질서, 열린 통상체제를 추구한다.

외교 원칙의 필요성과 자격

외교 원칙은 국가안보 전략을 수행하는 데 적용되는 보편적인 운영 원칙이며, 특정 방법과 옵션을 선택할 때 이를 판단하는 기준을 제공한다. 이는 '외교 가치'가 국가안보가 지향하는 비전과 궁극적인 목적을 판단하는 기준을 제시하는 점에서 차별화된다. 그렇다면 외교 원칙은 왜 필요하며, 좋은 외교 원칙이 되려면 어떤 요건을 충족해야 하나?

2010년대 들어 미중 경쟁이 가시화되면서, 한국은 미중 양측의 눈치를 보기 시작했다. 미국은 공공연히 '줄서기'를 요구했고, 중국은 자신의 국익이 침해당했다고 생각했을 때 경제보복을 서슴지 않았다. 한국 정부는 어떤 선택을 하더라도 한미관계, 한중관계, 국내 정치 등에 미칠 충격과 반발이 적지 않을 것이므로 미중 양국에 영향이 미치는 상황에 대해서는 매우 신중할 수밖에 없었다. 따라서 2010년대 내내 한국의 대응책은 결정 지연과 애매한 입장이 주조를 이루었다. 그리고는 상황 논리와 일방의 요구에 따라 떠밀려서, 임시방편적으로 결정을 내리곤 했다. 이런 대응이 한국의 외교 원칙과 부합 여부, 또는 중장기적이고 전략적인 손익 계산이 따른 것이 아니었다는 점에서 바람직한 대응은 아니었다.

예를 들면, 사드 배치가 불가피했고 충분한 전략적 손익 계산에 따라 결정되었다고 하자. 정부는 이런 결정을 할 때 그 후과를 예견했어야 했고, 또한 자율적인 결정이라면 그에 따른 비용과 손실을 감당할 각오가 되어 있어야 했다. 그런데 우리 정부는 그렇지 못했다. 따라서 사드 배치가 진행되었으나, 미국도 중국도 각자의 이유로 불만스러워하고 추가 요구와 보복이 이어졌다. 한국 정부도 사드 배치 결정의 집행 과정에서 계속 허둥대었고, 미중 양측으로부터 비판받는 사태에 빠졌다.

결정 지연, 결정 거부, 애매한 입장 견지 등도 숙고한 전략적 판단의 결과일 수 있다. 심지어 국민 합의의 부재를 이유로 결정을 미루거나 거부할 수도 있다. 단 이때 그런 입장은 미리 정해진 원칙에 따르거나, 또는 신중한 전략적 계산 끝에 내린 결정의 결과라는 점에서 단순히 결정을 미루거나, 결정을 내리지 못하고 우왕좌왕하는 것과 다르다.

미중 패권경쟁과 복합 안보위기 시대를 맞아, 한국은 딜레마적 상황에 더욱 자주, 깊게 빠질 것이다. 이런 상황은 한국만의 문제가 아니라, 현시대에 살고 있는 모든 중소국, 끼인 국가의 공통된 애로 사항이다. 보편적으로 말하면, 동서고금의 모든 중소국, 끼인 국가는 항상 이런 딜레마적 상황 속에서 생존해왔다고 해도 과언이 아니다. 한국을 포함한 모든 중소국, 끼인 국가의 국제정치적 비극이다. 이런 상황에서 '외교 원칙'은 주어진 상황에 효과적으로 대처하는 데 필요한 판단 기준과 지침을 제공하게 된다. 또한 '외교 원칙'은 특정 외교 조치 시 그 선택의 필요성과 명분을 제공하는 효과가 있다. 이런 필요성과 명분은 특정 조치의 대상국뿐만 아니라, 국내 청중과 국제사회 전체를 향한 설득 논리가 된다.

따라서 이런 '외교 원칙'이 되려면, 엄격한 요건이 요구된다. 특히 좋은 외교 원칙은 국민 수용성, 국제정치적 현실성, 미래 지향성, 지속성, 일관성 등의 기준을 충족시켜야 한다. 만약 그렇지 못한 외교 원칙이라면 상대 국가에 의해 무시될 수밖에 없다. 외국의 압박에 외교 원칙을 굽히는 일도 발생할 것이다. 또한 상황의 변화 또는 국내정치의 변동에 따라, 금방 버려질 것이다. 그렇다면 어떤 외교 원칙이 이런 기준을 만족시킬 수 있을까?

첫째, 국가비전, 국가목표, 국익을 반영해야 한다. 이에 대한 국민과 정치권의 명시적인 합의 또는 정부의 명확한 지침이 있으면 이를 반영하면 된다. 매 신정부는 국민의 동의를 획득했다고 생각하는 바를 반영한 국가안보전략 보고서를 발간하고 있어, 이를 참고할 수 있다. 만약 그렇지 못하면 헌법에 제시된 국가목표·국가 가치·국가이익을 반영하면 된다.

둘째, 해당 국가가 처한 역사적·문화적·지정학적·전략적 환경 및 그로 인한 국가 정체성을 반영해야 한다. 국가 정체성을 반영하지 못한다면, 무엇보다 그 외교 원칙에 대한 내부 합의를 만들기 어렵다. 또한 외부 압박에 대한 국가와 국민의 저항성과 회복성도 보장하기 어렵다.

셋째, 세력 관계와 자신의 역량을 고려해야 한다. 세력 관계를 무시했거나, 또는 자신의 역량으로 감당할 수 없는 원칙이라면 결국 상대방에 의해 무시되기 쉽다. 그렇다고 세력 관계와 자신의 역량에 지나치게 구속될 필요는 없다. 국제관계는 힘의 논리가 지배하지만, 힘의 논리가 모든 관계를 결정하는 것은 아니기 때문이다. 중소국은 국제사회의 보편적 규범인 주권 존중, 영토 불가침, 침략전쟁 금지 등의 보호를 받을 수도 있다. 또한 중소국가 특유의 저항성을 발휘한다면 강대국에 과도한 비용을 치르게 함으로써 공격적 행동을 억제시킬 수도 있다.

넷째, 국제사회의 보편성 기준을 충족시켜야 한다. 특히 한국과 같은 중소국가이자 끼인 국가는 강대국의 압박에 휘둘리기 쉬워, 다른 중소국가와 국제사회의 지지를 확보하는 것이 필수적이다.

다음, '외교 원칙'의 형식요건을 보면, 지나치게 추상적이어도 구체적이어도 안 되고 중간 수준의 추상성을 가져야 한다. 외교 원칙이 지나치게 추상적이라면 다양한 해석이 가능하여, 실제 딜레마적 상황에서 결정을 내릴 때 별 도움이 되지 않을 것이다. 다른 한편, 외교 원칙은 구체적인 행동을 위한 '조치'나 '액션플랜'과 차별화된다. 조치나 액션플랜이 선택할 특정 행동을 지칭한다면, 외교 원칙은 왜 그런 액션플랜을 선택해야 하는지를 설명하는 기준과 명분을 제공해야 한다.

마지막으로 외교 원칙의 진정한 가치는 어려운 결정을 내리는 데 필요한 지침과 기준을 제공하는 데 있다. 따라서 특히 한국이 미중 경쟁시대에 유효한 외교 원칙을 만들려면, 한국이 직면할 현재와 미래의 안보·경제적 위협요인에 대응하는 데 실제 도움이 되는 지침과 시사점을 제공해야 한다.

예를 들면, 현시대 한국이 직면한 외교안보의 최대 난제는 대북정책과 미중관계인데, 그중에서도 중국과 미국의 일방적 요구에 대해 한국

외교의 자율성과 유연성을 확보하는 문제이다. 한미 간에 미국의 대중
견제에 대한 참여가 난제이다. 한중 간에는 중국의 초강대국 부상과 영
향권 확대, 중국의 한미동맹 약화 시도 등에 대비한 한국의 위험 분산
이 난제이다. 따라서 현시대에 유효한 외교 원칙이라면, 미중 경쟁에
대비한 한국의 대응책 마련에 유효한 지침 또는 판단기준을 제공해야
한다.

역대 정부의 외교 원칙 사례

노무현 정부는 한국 정부로서는 처음으로 '평화번영과 국가 안보
(2004.3)'의 제목으로 국가안보 전략보고서를 발간했다. 동 전략보고서
는 '기조'로 평화번영정책 추진, 균형적 실용 외교 추구, 협력적 자주국
방 추진, 포괄안보 지향 등 4개를 제시했다. 동 보고서는 별도로 외교
원칙을 제시하고 있지 않은데, '기조'가 사실상 '원칙'에 해당된다. 그런
데 노무현 정부의 4개 원칙 중 '평화번영정책 추진'은 기조 또는 원칙
이라기보다는 전략목표 또는 정책과제로 보인다.

다음 이명박 정부는 국가안보 전략보고서로 '외교안보의 비전과 전
략: 성숙한 세계국가(2009.3)'를 발간했다. 여기서 핵심 가치로 정의와
평화, 공동번영, 세계주의 등 3개를 제시했다. 그리고 실천 원칙으로
'창조적 실용주의'를 제시하고, 그 하부 항목으로 국민통합, 실용적 성
과, 국제협력 등 3개를 제시했다. 이 실천 원칙과 세부 항목은 이 보고
서가 말하는 '외교 원칙'에 해당된다고 볼 수 있다.

박근혜 정부는 '희망의 새 시대－국가 안보전략(2014.7)' 보고서에서
'국가안보전략 기조'로 튼튼한 안보태세 구축, 한반도 신뢰 프로세스 추
진, 신뢰 외교 전개 등 3개를 제시했다. 그런데 이 기조들은 외교 원칙
이라기보다는 전략목표를 제시한 것으로 보인다.

문재인 정부는 '국가안보전략(2018.12)'에서 '국가안보전략 기조'로 한반도 평화번영의 주도적 추진, 책임 국방으로 강한 안보 구현, 균형 있는 협력외교 추진(다변화 외교, 외교지평 확장, 초국가위협 공동대응, 기여외교, 국익과 국민 중심 외교), 국민 안전 확보 및 권익 보호 등 4개 기조를 제시했다. 여기서 평화번영의 주도적 추진, 균형 있는 외교 등은 외교 원칙을 제시한 것으로 볼 수 있다.

문재인 정부 임기 동안에 미중 경쟁이 가시화되면서, 이에 대한 정부의 대응 원칙이 주목받았다. 2019년 미국 정부가 한국에게 중국 화웨이 5G 통신장비를 구매하지 말 것을 요청했는데, 당시 외교부가 한 기자회견에서 "기업 자율성을 존중하면서, 군사 통신보안에 영향을 주지 않는 방안을 강구"한다는 대응 원칙을 발표했다.[2] 이후 문재인 대통령은 6월 27일 시진핑 중국 국가주석과 정상회담에서 "미국과 중국은 한국의 1, 2위 교역국으로 모두 중요하므로 한 나라를 선택하는 상황에 이르지 않길 바란다"라고 말했다.[3] 그리고 "한국은 대외 의존도가 큰 나라인 만큼 다자주의 개방주의 무역 체제에 대해 적극 지지한다"라고 덧붙였다. 이로써 문재인 대통령은 미중 경쟁에 대해 양자택일을 거부하고, 다자주의와 자유무역 원칙을 지지한다는 외교 원칙을 명확히 했었다.

문재인 대통령은 2019년 6월 30일 한미 정상회담 후 가진 기자회견에서 "우리는 개방성·포용성·투명성이라는 역내 협력 원칙에 따라 한국의 신남방정책과 미국의 인도-태평양 전략 간 조화로운 협력을 추진하기로 했다"고 발표했다. 문재인 대통령은 2019년 11월 4일 동아시아 정상회의(East Asia Summit, EAS) 모두발언에서 미중 경쟁에 대한 좀 더

---

2) "외교부, 화웨이관련 '기업자율 존중…보안 영향 없는 방안 강구'," 『연합뉴스』, 2019.6.13.

3) "文, 미중, 한국 교역에 모두 중요…어느 한 나라 선택 상황 안 되길," 『뉴시스』, 2019.6.27.

명료한 대응 원칙을 제시했다. "한국은 올해 6월 아세안 정상들이 채택한 '인도-태평양에 대한 아세안(ASEAN Outlook on the Indo-Pacific, AOIP)의 관점'을 환영하고 아세안 중심성, 개방성, 포용성, 투명성과 국제규범 존중 원칙을 지지합니다. …… 해양에서의 평화를 위해 역내 핵심 해상교통로인 남중국해가 비군사화되고, 자유로운 항행과 상공비행이 이뤄지는 것이 중요합니다."

해외 외교 원칙 사례

한국의 외교 원칙에 대한 토론과 제안에 앞서, 다른 나라들의 외교 원칙 사례를 몇 가지 소개한다. 미중 경쟁에 대비한다는 차원에서 중소 국가와 끼인 국가의 외교 원칙에 주목했다.

첫째, 외교 원칙을 천명한 국가 중에서 싱가포르의 사례가 눈에 띈다. 싱가포르는 자국의 '소국(small state)' 정체성과 국제정치적 세력경쟁 본질에 대한 명확한 인식을 바탕으로 외교 원칙을 제시하고 있기 때문이다.[4] 특히 여기서 참고한 싱가포르 외무장관의 2017년 '소국 외

---

4) Vivian Balakrishnan 싱가포르 외무장관 연설, "Small State Diplomacy," 2017.7. "Small states are inconsequential unless we are able to offer a value proposition and make ourselves relevant. Singapore's economic success, our political stability and our social harmony and unity has attracted attention from others to do business with us, and to examine our developmental model. Our diplomacy is only credible, if we are able to maintain a domestic consensus on Singapore's core interests and our foreign policy priorities. And if our politics does not become fractious, or our society divided. We have safeguarded our international position by building a successful economy and a cohesive society; making clear that we always act in Singapore's interests, and not at the behest or the bidding of other states. ⋯ Colleagues, geopolitics will become more uncertain and unpredictable. But we need to ensure that our foreign policy positions reflect the changing strategic realities whilst we maintain our freedom, our right to be an

교' 연설은 싱가포르가 타고난 '소국' 정체성의 한계와 주변 지정학과 세력경쟁의 위험성을 솔직히 토로하고, 이를 극복하기 위해 자강 군사력, 튼튼한 경제, 국민 합의, 정치 단합, 국익 제일주의, 자기 목소리 내기, 희생 감내 등을 요구하고 있다.

싱가포르 정부는 외교 목표로 첫째, 독립과 주권 보호, 둘째, (소국의) 지리적 한계 극복을 위한 기회 확대를 제시했다. 이 목표를 달성하는 데 적용하는 원칙으로서 다음과 같이 '외교 정책 5원칙'을 제시했다. 첫째, 번성하는 경제, 안정된 정치, 통합된 사회를 유지하며, 둘째, 자위 군사력 확보로 속국 지위를 거부하며, 셋째, 모든 국가에 우호적이며, 누구에게도 특히 이웃국과 적국이 되지 않으며, 넷째, 법치와 국제규범의 세계 질서를 지지하며, 다섯째, 타국의 신뢰를 받고 일관된 동반자 국가가 되어야 한다. 여기서 셋째 원칙은 동남아국의 보편적인 외교 원칙 중 하나인 "모두와 친구 하기, 누구와도 적대 않기(friend to all, enemy to none)"를 차용한 것이다.

둘째, 유럽연합은 지역 비전으로 "강한 유럽(Stronger Europe)"을 제시하고 있다. 특히 '강한 유럽'의 비전을 위해 "내부 통합"을 강조하고 있다. 동 보고서는 유럽의 이익으로 평화와 안보, 번영, 규범 기반 국제질서, 민주주의 가치 등 4개를 제시하고 있다. 이는 미국의 국가 안보 전략보고서가 제기한 국가이익과 유사하다. 마지막으로, 동 보고서는 외교 원칙으로 "원칙적 실용주의(principle pragmatism)"를 제시하고, 그

---

independent nation, with our own foreign policy. But we need to also remember that some aspects remain consistent. We need to advance and protect our own interests. We must be prepared to make difficult decisions, weather the storms, if they come. We must be prepared to speak up, and if necessary, disagree with others, without being gratuitously disagreeable. We may always be a small state, but all the more reason we need the courage of our convictions and the resolution to secure the long term interests of all our citizens."

구체적 내용으로 내부 통합, 외부와 연계, 세계적 책임감, 국제 파트너십 등 4개를 제시했다.

셋째, 아세안 국가는 '아세안 헌장'의 2장에서 다음과 같은 다수의 행동 원칙을 열거했다. 아세안의 행동 원칙은 독립·주권·평등·영토통합·국민 정체성의 존중, 지역 평화·안보·번영 신장에 대한 공동 공약과 책임, 국제법을 위반한 어떤 무력의 사용과 위협, 공격을 거부, 분쟁의 평화적 해결, 내정 불간섭, 외부간섭·전복·강압에서 자유로운 국가 생존권 존중, 아세안 공동이익이 영향받을 시 협의 강화, 법치·굿 거버넌스·민주주의·헌정 준수, 인권·자유·정의 존중, 유엔헌장·국제법·인도법 준수, 아세안 국의 주권·영토·정치경제안정을 침해하는 행동 참여 금지, 다양성 가치 존중과 상이한 문화·언어·종교 존중, 아세안의 대외활동 시 아세안 중심성 유지 등이 있다.

'한국 외교 5원칙' 제안

미중 패권경쟁 이전의 한국은 냉전기 자유 진영과 탈냉전기 미국 패권 질서에 전적으로 소속되었기 때문에 한미동맹 일치, 적응적 대응 등 2개의 외교 원칙을 암묵적으로 운영했다. 하지만 오늘 한국은 미중 경쟁의 사이에서 딜레마적 상황에 빠지고, 수시로 원치 않은 선택을 강요받고 있다. 이런 상황에서 한국 외교가 국익 추구의 목표성과 일관성을 잃지 않도록 외교적 선택의 기준과 지침을 제공하는 외교 원칙이 과거 어느 때보다 절실하다.

이런 문제의식을 배경으로 본고는 5개의 외교 원칙을 제기한다. 이는 미중 경쟁 시대에 대비하기 위한 것이지만, 사실 모든 시대에 보편적으로 적용되는 한국의 일반적인 외교 원칙이 될 수 있다. 한국이 국제사회의 구성원과 공존과 공영을 위해 최대한 조화로운 관계를 추구한다는 목표에 따라, 국제사회에서 보편적으로 통용되는 외교 원칙을 최대한 활용했다. 특히 모든 중소국가와 중추국이 주목할 외교 원칙을 염두에 두었다.

첫째, '주권과 영토 존중'의 외교 원칙이 있다. 모든 중소국가, 특히 강대국 사이에 낀 중간국에게 주권·독립·영토 보존만큼 중요한 것이 없다. 이 원칙에 따라 주권침해·영토변경·침략전쟁을 반대하고, 강대국의 강압도 단호히 거부한다. 이 외교 원칙을 지키려면, 명분뿐 아니라 실제 자신을 지키는 데 필요한 힘을 축적해야 한다. 보통 자신을 지키는 힘은 자강, 동맹, 국제연대 등 3개로 구성된다. 따라서 한국도 우선 경제력과 군사력을 길러 자강해야 한다. 자연 동맹으로서 국가이익이 상당 부분 서로 일치하고 혈맹으로서 이미 신뢰가 축적된 한미동맹을 최대한 활용한다. 다만 일방적인 동맹관계에서 벗어나기 위해 호혜성을 더욱 강화해야 한다. 마지막으로 가치 공유국, 중소국, 중견국, 지정학적 중간국, 같은 지역 등 갖가지 유사성과 공동이익을 찾아 국제연대를 확장한다.

둘째, 평화공존 외교 원칙이 있다. 한국은 분단국이자, 강대국에 둘러싸인 안보 취약국가로서 한반도의 평화정착, 주변국과 평화공존이 절대 필요하다. 또한 한국은 교량국가이자 통상국가로서 모든 국가와 선린우호하며, 적대국을 만들지 않는다. 그리고 한반도 및 동북아의 평화와 번영을 위해 한미동맹과 한중 전략적 협력 동반자 관계를 조화롭게 확대 발전시켜 나간다. 또한 한국은 유엔의 모범 회원국이자 평화애호국으로서 평화공존을 적극적으로 실천한다.

셋째, 지역주의와 국제협력 원칙이 있다. 한국은 평화와 번영을 위해 지역협력과 국제협력을 적극적으로 추구한다. 지역협력은 동북아, 동아시아, 유라시아, 세계 등 다양한 공간에서 동시 병행적으로 추구한다. 지역의 안보협력을 위해 공동안보와 포괄안보 개념을 적극 지지하고 동북아와 동아시아 지역에 도입하기 위해 노력한다. 그리고 유럽, 아프리카, 라틴아메리카, 노르딕카운슬, 중앙아시아, 비세그라드그룹, 아세안 등 다른 지역의 크고 작은 지역협력체와 협력관계를 구축한다. 다른 지역의 비핵무기지대와도 협력하여, 동북아에서 비핵무기지대 도입 가능성을 탐색한다.

넷째, 다자주의와 국제규범의 원칙이 있다. 한국은 중소국가로서 강대국 세력정치의 폭력에서 벗어나기 위해 유엔과 국제법의 보호막이 필요하다. 따라서 다자주의와 국제규범을 적극 지지하고, 이를 중시하는 국가들과 연대를 강화한다. 한국은 통상국가이자 세계국가로서 자유무역과 자유항행의 규범도 적극 지지한다. 그리고 투명성·개방성·포용성·법치에 기반한 국제규범을 지지하고 적극적으로 실행한다.

마지막으로 다섯째, 국민 통합의 원칙이 있다. 한국은 외교안보의 남남갈등 현상이 심각하여 외부 압력에 대한 저항성이 약하다. 국론 분열은 곧 국력 분산으로 연결되어, 외교정책의 추진력도 약하다. 따라서 우리는 반드시 국민합의에 기반을 둔 외교를 추진해야 한다. 이때 남남갈등이 해소되고 국력도 결집되는 효과가 있다. 또한 외부세력으로부터 국익에 부합하지 않는 선택을 강요당할 때 이 원칙을 외부 압박을 거부하는 명분으로 이용할 수도 있다.

제11장

미중 패권경쟁에 대한
한국의 중추국 외교

1. 중소 중추국의 경쟁 전략

현실주의 국제정치이론, 강대국 정치론, 현대 지정학 등 현대의 보편적인 국제정치이론에 따르면 국제정치에서 중소국가, 특히 강대국 사이의 '끼인 국가'는 설 자리가 없다. 중소국가는 강대국 간 지정학적 세력경쟁과 흥정의 대상에 지나지 않는다. 근현대 유럽 역사를 보면 중소국가는 강대국의 어느 한 편에 줄을 서거나, 또는 강대국이 합의한 완충국 또는 중립국이 되어 국가 안위를 연명해 왔다. 그런데 실제 동서고금의 세계사를 보면, 많은 중소국가들이 강대국 사이에서 명맥을 유지하고 번성했다. 중소국가가 세계사의 주인공이 된 적은 없지만, 그렇다고 쉽게 소멸하지도 않았다. 그렇다고 중소국가, 끼인 국가의 안위가 저절로 보장되었던 것은 더욱 아니다. 오늘 한국은 미중 전략경쟁 시대를 맞아 다시 세기적 초강대국 패권경쟁의 최전선에 떠밀리면서, 다시 자신의 운명과 운신을 고민하지 않을 수 없게 되었다.

국가들에게 보통 최선의 국가보존 전략은 국력 증강, 그중에서도 쉽게 측정하고 비교하고 과시할 수 있는 '하드파워(경성국력)'의 증강이다. 현실주의 국제정치이론은 국력 증강의 대표적인 방법으로 '내적 균형 (internal balancing)'과 '외적 균형(external balancing)'을 제시한다. '내적 균형'은 자신의 인구·경제력·과학기술력·군사력 등 주로 경성국력 요소를 증대시켜 경쟁국에 대해서 경성국력의 상대적 우위를 추구하는 전략이다. 전통적인 자강(自强)과 부국강병(富國强兵)이 이에 해당된다. '외적 균형'은 외부에서 국력 증강의 방법을 찾는데, 동맹과 국제연대가 대표적인 방법이다.

여기서 가장 확실한 국력 증강 방법이 내적 균형, 즉 자강이라는 데 이견이 없다. 실제 국가들은 제각기 자신의 군사력, 경제력, 인구를 증대시키기 위해 매진한다. 그런데 중소국의 경우, 그런 노력이 성과를 거두는 데 한계가 있다. 대다수 중소국가가 주변 강대국과 세력균형 관계를 역전시킬 정도로 인구, 경제력, 군사력을 단기간 내 증강시키기란 불가능하다. 역사적으로 그런 경성국력의 역전 사례는 드물다. 혹시 중소국가가 국가혁신과 과학기술혁명으로 단기간 내 경제력과 군사력을 증대시켜 일시적으로 초강대국 지위를 확보한 사례는 있다. 그렇더라도 작은 국가 규모로 장기간에 그런 지위를 지키기란 거의 불가능하다. 네덜란드, 포르투갈, 영국, 일본 등 사례가 있다.

중소국가가 주변 강대국과 경성국력의 경쟁에 나선다면 백전백패할 것이 명약관화하다. 따라서 중소국가는 경성국력의 열위 속에서 적은 비용으로 성과를 낼 수 있는 '소프트파워(연성국력)'와 '스마트국력(smart power)'을 증강시키는 데 집중할 수밖에 없다.

연성국력의 경우, 특히 국력 결집이 중요하다. 국력이 결집되면 저항성과 회복성이 강화되어 강한 중소국가, 즉 강소국과 강중국이 될 수 있다. 강한 중소국가가 강대국에게 자신의 의지를 강요하기란 매우 어렵다. 하지만 강대국 간 세력경쟁과 거래의 대상이 되는 것을 거부하는 것은 충분히 가능하다. 2차 대전 당시 초강대국이었던 독일은 소국인 스위스 침공 시 소모전에 빠질까봐 침공을 포기했다. 군사 초강대국 소련은 1939년 겨울전쟁에서 소국인 핀란드에게 형식상 승리했지만, 몇 배나 되는 인명손실을 입었다. 동아시아 패권국인 수와 당은 중소 변방국인 고구려와 신라에 대한 정복전쟁에서 실패했다. 세계 최강국인 미국은 베트남 전쟁과 아프가니스탄 전쟁에서 결국 전쟁목표를 달성하는 데 실패하고 철수할 수밖에 없었다. 여기서 스위스, 핀란드, 고구려, 신라, 베트남, 아프가니스탄 등은 저항성이 강한 중소국가, 즉 강소국과 강중국을 대표한다.

강한 중소국가는 상대국에 비해 경성국력의 큰 열세에도 불구하고, 예외 없이 강한 저항성과 결집력을 과시했다. 그 배경에는 국가 독립과 자율에 대한 국민들의 강한 열망, 그리고 국가 지도부의 탁월한 정치력이 있었다. 중소국가는 원래 강대국에 비해 경성국력이 열등하므로, 국력 결집이 안 되고 저항성이 떨어진다면 '약소국'의 운명을 피할 수 없다. 강대국 정치의 홍정물이 되고, 식민지나 위성국가가 된다. 그런데 대부분 중소국가, 특히 강소국과 강중국은 오랜 기간 주변 강대국과 충돌하고 대항하면서 저항성을 기르고 무엇보다 국가전략에 대한 국민 합의를 내재화했다.

한국도 통일신라 이후 1500년에 달하는 동북아 국제정치사 속에서 민족적 동질감을 바탕으로 강한 저항성과 회복성을 가진 '강중국(強中國)'으로서 진화했다. 그 결과, 동아시아 최강 제국인 중국과 접경했지만 중국에 정복되거나 동화되지 않고 독자적인 국가성과 문화적 정체성을 지킬 수 있었다. 한때 내부 분열 또는 문약화(文弱化)로 인해 국력이 크게 쇠약했을 때는 주변국의 공략을 견디지 못한 적도 있었다. 하지만 1500년 역사 속에서 주변국에 완전히 정복당하거나 국가성을 상실한 경우는 드물었고, 그 기간도 다른 중소국가에 비하면 매우 짧았다. 이런 성과를 볼 때, 한국은 세계사 속에서 대표적인 '강중국'이라고 볼 수 있다. 지난 반세기 동안 한국의 급속한 경제성장과 중견국 부상에 대해, 우리는 종종 그 원인을 한국인의 근면성, 정치지도자의 선견지명, 기업인의 창의성 등에서 찾기도 한다. 그런데 한국의 뿌리 깊은 강중국 전통, 강력한 국가성, 중앙집권적 국가운영체제, 민족적 경쟁의식 등이 없었더라면, 오늘 한국의 중견국 부상이 가능했을지 의문이다.

　내적 균형을 위한 자강, 외적 균형을 위한 동맹 이외에 국력 증강의 방법은 없는가? 물론 자강과 동맹은 세력경쟁을 위한 가장 통상적이고 효과적인 방법이다. 그런데 이 방법들은 모든 국가가 시도하기 때문에 다른 국가와 차별화하거나, 더 좋은 성과를 내기가 쉽지 않다. 이때 다른 국가와 차별성을 위한 방법으로써 '연성국력'과 '스마트국력'이 있다. 예를 들면, 정치 지도력 또는 국민합의를 강화하여 국력을 결집시키거나, 좋은 외교안보 전략으로 주어진 국력을 효과적으로 운영하는 것도 국력 증대의 중요한 방법이다. 객관적인 국력의 규모를 넘어서는 경제적, 군사적, 외교적 성과는 내는 국가들의 비결은 바로 연성국력과 스마트국력에서 찾을 수 있다.

　전통적인 국제정치이론에 따르면, 보통 물질적 국력의 차이가 세력경쟁이나 전쟁의 결과를 결정한다. 하지만 전쟁과 외교의 현장에서는 전략의 우월성이 물질적 열등성을 극복하고 경쟁의 결과를 결정짓는 일이 다반사이다. 불과 수십만에 불과한 몽골군대가 유라시아 대륙을 점령했고, 요, 금, 몽골 등이 자신보다 인구와 경제력이 100배도 넘는 중국을 점령한 것도 바로 군사조직·병참의 연성국력, 전쟁 전략의 스마트국력에서 우월성을 가졌기 때문이었다.

　이런 비가시적이고 측정하기 어려운 연성국력과 스마트국력의 활용은 전통적인 국제정치학과 현실주의 국제정치이론의 연구대상에서 제외되었다. 대신 연성국력은 정치의 영역으로, 스마트국력은 외교와 전략의 영역으로 넘어갔다. 여기서는 국력의 요소 중에서도 외교와 전략의 영역에 속하는 스마트국력에 주목하고자 한다. 스마트국력이란 세력경쟁에서 비물질적인 외교전략을 통해 상대방에 비해 우월적 역량과 지위를 확보하는 방법을 말한다. 여기서 스마트국력은 외교안보전략 중에서도 낮은 차원인 외교관이나 군인에 의한 현장 외교와 전투를 위한 전술이 아니라, 거시적인 국가 차원의 외교전략을 말한다.

미중 경생시대에 중소 끼인 국가로서 강대국의 정치외교적 압박을 극복하고, 자신의 경쟁력을 증대시키며 외교적 자율성을 확보할 수 있는 스마트 외교전략은 과연 무엇인가? 아래에서는 다른 여러 외교전략 중에서도 미중에 대한 이중 편승, 중간국 국제연대, 공동안보의 지역협력 등 3개의 거시적 외교전략을 제시하고 그 의의와 구체적인 과제를 토론하고자 한다. 이 3개 외교전략은 득히 미중 경쟁에 대비하기 위한 외교전략이며, 이를 통해 미중 경쟁에서 오는 '줄서기' 압박을 완화시킬 뿐 아니라 미중 경쟁 자체를 완화하는 효과도 기대한다. 결국 미중 패권경쟁은 '편 가르기'를 통한 진영 구축을 추구하므로 중간국 국제연대와 공동안보의 지역협력을 통해 이런 '편 가르기' 현상을 완화할 수 있다. 오늘 미중 경쟁은 한국만의 문제가 아니라 전 세계의 모든 지정학적 중추국과 중소국가의 공통된 사활적인 외교 과제이다. 따라서 중소국가 간 연대와 지역협력은 한국뿐만 아니라 지역과 세계의 평화와 번영이 달린 숙제이다.

2. 전통 한국 외교의 교훈

미중 경쟁이 첨예화되면서, 동아시아와 서태평양에서 군사적 충돌이 발생할 가능성도 커졌다. 미중 간 직접적인 패권전쟁이 아니더라도, 우크라이나 전쟁과 같이 대만해협과 한반도에서 미중의 대리전쟁이 발생할 가능성이 열려있다. 현 미중 경쟁의 국제정치는 냉전적 양극체제와 탈냉전기 미국 패권의 단극체제에 비해 매우 유동적이고 불안정하다. 구한말 이후 오랜만에 강대국 패권경쟁의 한복판으로 떨어진 한국은 돌연 전략적 고민에 빠졌다. 한국은 이런 새로운 국제정치 현상을 어떻게 인식하고, 지속적인 안보와 번영을 보장하기 위해 어떻게 대응해야 하나?

알지 못하는 미래의 상황을 준비할 때 우리는 흔히 해외의 다른 국가 사례를 참고한다. 일본, 호주, 유럽국, 동남아국 등의 대응이 우리의 참조사례가 된다. 그런데 이들은 모두 제각기 자신들의 고유한 지정학적 환경, 역사적 경험, 지역주의 수준, 국가적 정체성, 동맹관계 등에 따라, 제각기 차별화된 일국적, 지역적 대책을 발전시켜왔다. 심지어 한국과 일본은 인접국이고 중소국가이지만, 역사적 경험, 국가 정체성, 지정학적 환경이 크게 달라 대응책도 차별화될 수밖에 없다. 따라서 해외의 사례를 한국이 참고하지만, 한국적 환경에 그대로 적용하려고 해서는 안 된다.

이 땅 위의 우리 선조들은 과연 동북아 세력경쟁과 지역전쟁에 당면하여 왕조와 영토를 보존하기 위해 어떤 고민을 하고, 어떻게 대응했을까? 혹자는 현대 국제정치와 전통적인 동북아 국제정치는 본질적으로 달라서, 오늘 한국이 대응책을 세우는 데 아무 도움도 안 된다고 주장할 수 있다. 지난 2천 년 동북아 국제정치에서 강대국 정치와 패권전쟁에 참여하는 국가는 중국 중원세력, 몽골세력, 만주세력, 일본세력, 구미세력 등이 흥망성쇠하며 계속 바뀌었다. 하지만 동북아에서 패권적 지위를 차지하기 위한 패권국과 도전국의 지정학적 경쟁 구조는 과거나 지금이나 유사하다. 특히 한국이 중간적인 지정학적 위치로 인해 동북아 세력경쟁과 패권전쟁에 수시로 끌려들고 선택을 강요받는 것은 과거나 지금이나 마찬가지다.

임진왜란 이전까지 한국이 끌려들었던 동북아 지역전쟁은 주로 중국 중원제국의 영토팽창을 위한 정복전쟁 또는 중원과 초원세력 간 패권 전쟁 때문에 발생했다. 특히 후자 전쟁의 경우, 한국은 중원세력과 초원세력 사이에서 전략적 선택을 고민해야 했다. 중원세력은 문명이 앞섰고, 약탈적이지 않아 한국으로서는 우선적인 편승과 연대의 대상이었다. 중원 중국과 한국은 상호 현저한 국력 차이에도 불구하고 약탈적인 북방세력에 대해 안보위협 인식을 공유하여, 자연동맹의 관계에 있었다. 이는 오늘 한미관계를 연상케 한다. 하지만 초원세력의 군사력이 막강하고 기동력도 높아 한중 군사협력은 별 효용이 없었고, 실제 북방세력에 대한 한중의 공동작전이 성공한 사례도 없었다.

한편 유목세력은 문명 수준이 낮고 약탈적이어서 한국은 최대한 접촉을 거부하려고 했다. 한국은 유목세력이 약할 때는 회유하고 제어하는 기미(羈縻)의 대상으로 삼았다. 유목세력이 결집하여 막강해지면 최대한 충돌을 피하려고 했지만, 대체로 불가항력적으로 당했다. 이렇게 과거 한국이 중국 대륙의 복수 강대국을 상대해야 했던 전략적 딜레마의 상황은 오늘의 그것과 외견상 달라 보이지만, 본질적으로 별반 다르지 않다.

임진왜란 때 한국은 처음으로 대륙이 아니라 해양에서 접근하는 적대세력을 상대했다. 이로써 전통적인 북방 전선에 남방 전선이 더해지자, 한국은 앞뒤로 2개 전선을 동시에 상대해야 하는 곤경에 처했다. 임진왜란과 병자호란을 계기로 동북아에서 중원 농경세력과 북방 유목세력 간 전통적인 경쟁 시대가 끝나고, 대륙세력과 해양세력이 경쟁하는 새로운 지정학적 경쟁 시대가 열렸다. 그 결과, 동북아 세력 간 지정학적 단층선이 종래 한반도 북방의 요동지역에서 한반도 내지로 바뀌었다. 이때 한국의 '지정학적 중간국' 속성은 바뀌지 않았고 오히려 더욱 선명해졌다. 동북아의 지정학적 단층선이 남하하자 한국은 대륙과 해양세력 간 경쟁에 더욱 깊이 끌려들었다. 양대 세력 간 중간지대인 한반도가 주 전쟁터가 되면서, 전쟁 피해도 한반도 전역에 걸쳐 더욱 광범위하게 발생했다.

오늘 한국은 미중 전략경쟁 시대를 맞아, 역내 강대국 정치에 어떻게 대응해야 할지 고민이 크다. 그중에서도 한일관계의 설정이 새로이 크게 주목받고 있다. 일본에 대한 역사적·감정적 구원이 여전하지만, 미중 경쟁에 효과적으로 대응하기 위해 일본과 안보협력이 요구되기 때문이다. 이때 500년 전 발생한 임진왜란의 기억이 주요 장애요인으로 남아있다. 조선은 임진왜란 이후 일본을 '불구대천지수(不俱戴天之讐)'로 규정했지만, 결국 대륙에서 오는 거대한 안보위협 때문에 조일관계의 개선에 나설 수밖에 없었다. 이런 당시 조선의 지전략적 고민에 대한 분석은 오늘 한국이 미중 전략경쟁과 한일관계를 어떻게 관리해야 할지에 대해 시사점과 교훈을 줄 수 있다.

2022년 2월 발생한 우크라이나 전쟁은 우리에게 유라시아 대륙에서 언제든지 전쟁이 발생할 수 있다는 현실을 일깨웠다. 전쟁은 국가뿐만 아니라, 이에 소속된 모든 개개인의 존망과 명운을 가르는 '진실의 순간'이다. 수시로 동북아 패권전쟁에 끌려들었던 우리 선조는 오늘 우리보다 훨씬 심각하게 국가와 왕조의 명운을 건 전략적 고민에 빠졌을 것이다. 투키디데스는 일찍이 "강대국은 할 수 있는 것을 하고, 약소국은 당해야 할 것을 당할 뿐이다"라고 국제정치의 속성을 설파했다. 이 경구는 세계사적으로 보편타당하지만, 과거 한국은 당하지만은 않았다.

전통적으로 한국은 동북아에서 불리한 세력 규모와 지정학적 위치에도 불구하고, 독자적인 지정학과 지경학적 생존 공간을 확보했고 끊임없이 자신의 정체성을 지키고 발전시켰다. 한국은 분리된 공간 속에서 일찍이 자연국가를 건설하고 공동체적 문화를 발전시킨 덕분에 강한 저항성과 회복력도 갖게 되었다. 이는 한국이 주변 강대국의 침공을 격퇴시키고, 외부세력의 점령 시도에도 불구하고 끈질기게 독립성과 자율성을 지키는 힘의 원천이 되었다.

오늘 한국은 남북 분단, 한일 갈등, 미중 전략경쟁의 복합적이고 구조적인 안보위협에 빠져있다. 한국으로서는 감당하기 어려운 지정학적 부채이다. 하지만 옛 한국은 어려운 환경 속에서도 대부분 시간을 독립국가로서 주변국과 평화공존 했다. 동북아 지정학의 구조와 동학의 연속성을 감안할 때, 우리 선조들의 지전략적 고민과 성공과 실패의 사례는 오늘 한국의 21세기 지전략을 모색하는 데 좋은 참조가 될 것이다.

3. 미중 경쟁에 대한 한국의 옵션과 선택

2010년 후반부터 국내에서 미중 경쟁에 대한 대응을 둘러싸고 논쟁이 가열되었다. 정책서클에서는 한미동맹 강화와 미중 균형외교 입장이 서로 대치하며, 각자 해묵은 주장을 반복했다. 하지만 이런 입장의 주장에 앞서 정리해야 하는 미중 경쟁의 지정학적 본질에 대한 분석과 판단, 미중 경쟁 시대에 한국의 국익과 국가전략에 대한 재검토, 국가가치와 외교원칙의 정립 등에 대한 논쟁은 별로 없었다. 미중 패권경쟁의 구조적인 영향을 받고 있는 남북문제와 한일 문제에 대한 재평가와 대응전략의 재정립도 미진했다. 한국 외교는 외교안보의 패러다임이 변환하는 국제질서의 전환기를 맞았지만, 관행적인 외교안보정책 프레임에서 벗어나지 못했다.

오늘 미중 경쟁 사이에 끼인 한국의 지전략 옵션은 개념적으로 첫째, 미국 줄서기가 있다. 한미동맹 제일주의, 안보 제일주의, 대중 균형론, 미국 편승론 등이 이에 해당한다. 유일한 동맹국이며 전통적인 우방인 미국의 선도를 따라 미중 경쟁에서 미국 편에 줄서야 한다는 당위론의 입장, 중국과 가치와 체제가 다르므로 한미의 자유민주주의 연대를 선택해야 한다는 명분론도 이에 해당한다. 둘째, 중국 줄서기가 있다. 한중 경제협력론, 중국 편승론, 아시아주의 등이 이에 해당한다. 셋째, 한미동맹과 한중 경제협력을 병행하는 헤징, 실용 외교가 있다. 미중관계에 대한 균형외교, 전략적 모호성, 선택 거부 등이 이에 해당한다. 넷째, 중립이 있다.

여기서 한미동맹의 성과와 제도화 수준, 국민여론의 강한 친미·반중 성향, 한중관계 역사, 남북 분단 등을 감안할 때, 중국 편승과 중립은 현실성이 없는 옵션이다. 따라서 한미동맹 강화, 미중 균형외교의 2개 옵션이 실제로 경합 중이다.

최근 이 2개 옵션 이외 제3의 옵션이 주로 전문가들 사이에서 제기되었다. 미중 경쟁에 따른 외교안보 환경의 구조적 변동을 감안하여, 한국이 국익에 근거한 외교, 원칙에 따른 외교, 전략적인 외교를 추진하자는 주장이다. 이는 한미동맹 중시 외교, 안미경중의 실용외교가 모두 시대적 소명을 다했다는 판단에서 출발하여, 미중 패권경쟁에서도 한국의 국익을 지킬 수 있는 새로운 국익외교, 원칙외교, 전략외교를 추진하자고 주장한다. 그런데 아직 이런 주장에도 불구하고, 어떤 국익을, 어떤 외교 원칙을, 어떤 전략을 지키고 추진해야 할지에 대한 정리된 입장은 없다.

사실 한국은 중소국가, 끼인 국가, 분단국가, 자원빈국 등 많은 구조적 취약점을 갖고 있기 때문에, 주변 강대국에 대해 매우 신중하게 사고하고 행동하지 않으면 안 된다. 주변 강대국들은 모두 한국에게 외교안보적, 경제통상적으로 감당하기 어려운 위해를 가할 수 있기 때문이다. 동시에 주변 강대국들은 한국에게 큰 외교안보적, 경제통상적 기회가 되기도 한다. 미국, 일본, 중국이 옆에 없었다면, 한국이 오늘같은 경제성장, 중견국 부상을 달성하기 어려웠을 것이다. 따라서 한국은 주변 강대국 누구와도 적대시할 여유도 이유도 없다. 미중 패권경쟁 시대에 대비한 한국의 지속가능한 외교전략, 외교 원칙을 수립하기에 앞서, 무엇보다 역사적 통찰력과 전략적 예지력을 발휘하여 한국 자신과 주변 정세에 대해 객관적인 상황 인식을 해야 한다.

　냉전기부터 한미동맹은 안팎으로 매우 열악한 상황에 있었던 신생 한국에게 안보와 경제를 보장함으로써 오늘 한국이 정치·경제·안보적 중견국으로 도약할 수 있게 만든 최고의 자산이며 성공 요인이었다. 사실 20세기 한국 외교의 성공은 냉전기와 탈냉전기에 한국이 속했던 서방진영과 한미동맹에 대한 편승 외교의 성공이었다. 최근 중국의 부상, 북한의 핵무장, 일본의 재무장과 보통국가화 등 새로운 외교안보 환경을 감안할 때, 한국이 군사·외교·경제·과학기술의 전 분야에서 세계 최강국인 미국과 동맹을 포기하거나 약화시킬 이유가 없다. 미중 경쟁과 각자도생 시대에도 한미동맹은 여전히 한국에게 최선의 외교안보·경제통상 자산이기 때문이다. 한미동맹의 도움 없이 한국이 대북, 대일, 대중 관계를 어떻게 감당하고 관리할 것인가를 생각하면, 한미동맹의 가치를 쉽게 알 수 있다.

　동시에 우리는 역내국들의 역량과 성격이 크게 변화했다는 점에 잊지 말아야 한다. 미국·중국·일본·러시아·북한 모두 30년, 10년 전의 그들이 아니다. 과거 한국이 냉전기와 미국 패권기에 전적으로 의존하고 편승했던 한미관계는 이미 변질했다. 미국에게 경제통상과 외교안보 정책을 전적으로 맡기고 동조하며 무임승차하는 시기는 끝났다. 미국은 최대 경쟁국으로 부상한 중국과 지역 패권경쟁, 그리고 국내의 일자리 창출에만 집중할 뿐 한국의 외교안보와 경제통상 문제를 대신 해결해 줄 여유도 역량도 없다. 북한 비핵화와 북핵에 대한 군사적 억제, 한일 갈등의 관리와 해소, 한중관계 정상화와 발전, 한러 관계 관리 등 모두 한국 외교가 주도적으로 해결책을 모색하지 않으면 안 된다. 따라서 미중 경쟁의 지속과 중국의 초강대국 부상을 염두에 두고, 한미동맹 및 한중 전략적 협력동반자관계의 이익과 가치를 재규정하고 미중관계에 대한 지속가능한 외교전략을 만들어야 한다.

2010년대 후반부터 미국이 중국을 '전략적 경쟁국'으로 규정하고 전면적 경쟁을 추진함에 따라 미국발 외교안보·경제통상 리스크가 급증했다. 미국이 중국의 경제성장과 과학기술 발전을 견제하면서, 동맹국과 우방국에도 미국의 대중 견제에 보조를 맞출 것을 요구하기 시작했다. 중국의 군사력 증강과 외교적 팽창에 대비하여 한미일 군사안보협력도 요구했다. 바이든 행정부는 트럼프 행정부보다 더욱 강하게 미중 경쟁에 대비한 한미일 군사안보 및 민주주의 연대를 요구했다. 2010년대 후반 미국 주도의 미중 경쟁에 한국이 소극적으로 참여하자, 미국 내에서 한국의 '중국 경사론'을 비난하는 목소리가 커졌다. 문재인 정부가 일본의 수출규제에 대한 보복 조치로 한일정보보호협정 지소미아(General Security of Military Information Agreement, GSOMIA)의 연장을 반대하자, 미국은 이를 한미일 안보협력을 훼손시키는 것으로 인식하고 한국 정부를 비판했다.

한국은 한미동맹을 중시하면서도 이런 미국의 외교안보 구상을 마냥 그대로 추종하기 어렵다. 한국의 지정학적 위치와 경제통상 구조 때문이다. 중국은 신흥 초강대국이며 한국의 최대 교역상대국으로서 한국에 강력한 정치·외교·경제적 지렛대를 갖고 있다. 따라서 한국은 미국 리스크와 중국 리스크를 동시에 고려해야 하는 상황에 있다.

상기 인식을 바탕으로 본고는 한국의 안보·평화·번영·통일 국익을 보호하고 증대시키기 위한 외교전략으로 '한미동맹 플러스' 또는 '미중 이중 편승' 전략을 제시한다. 이는 한미동맹을 한국 외교의 기본 축으로 하되 한중 전략적 협력동반자관계를 병행하고 확대 발전시키자는 전략이다. 이는 한국의 지정학적 위치, 동북아 전쟁의 역사적 경험, 국민 여론, 국력 규모, 경제발전 요구 등에서 도출한 한국의 정체성인 끼인 국가, 통상국가, 분단국가를 감안할 때, 가장 현실적인 방안이다.

'한미동맹 플러스'의 '이중 편승' 전략을 위한 구체적인 외교정책 과제로 한미 전략동맹의 확대 발전, 동북아에서 지역주의와 지역협력, 열린 다자주의, 유사국 국제연대, 글로벌 거버넌스 참여 등을 제시한다. 한미동맹과 각종 소다자·다자·지역협력을 강화하고 활성화해야 하지만, 대중 견제를 명시적 목표로 하는 배타적인 국제협력에는 상당 기간 참여하지 말아야 한다. 한국이 나서서 중국을 적대시하거나, 견제하고 봉쇄한다는 인상을 주어 중국의 직접적인 보복을 자초하는 행동을 삼가야 한다.

미국은 한국에게 대중 견제를 위한 최대한의 안보·경제협력을 요구하지만, 사실 미국 자신도 대중 관계에서 이슈별로 대결·경쟁·협력(Confrontation, Competition, Cooperation, 3C)을 구분하는 복합적 접근 전략을 실행 중이다. 따라서 한국도 고유한 국익과 지정학적 여건을 감안하여, 미국의 대중 정책과 일체화할 필요가 없으며, 한국의 고유한 국익과 외교원칙에 따른 유연하고 복합적인 대중 전략을 추진해야 한다.

4. 미중에 대한 이중 편승

21세기 한미동맹의 공동이익 재확인과 확대 발전

한미동맹은 매우 열악했던 신생 한국에게 안보와 경제를 보장함으로써 오늘 한국이 중견국으로 도약할 수 있게 만든 최고의 정치·경제·안보적 자산이자 성공 요인이다. 오늘 신냉전 환경에서도 한미동맹은 여전히 한국에게 최고의 경제·외교·안보 자산이라는 데 국민의 공감대가 크다.

최근 미국이 중국을 '전략적 경쟁국'으로 규정하고 전면적 경쟁을 추진하면서, 미국 발 외교·안보·경제 리스크가 커졌다. 미국이 중국의 경제성장과 과학기술 발전을 견제하면서, 동맹국과 우방국에도 미국의 대중 견제 조치에 보조를 맞출 것을 요구하기 시작했다. 중국에 대비하기 위해 한미일 군사안보협력과 경제안보협력을 요구한다. 한국은 미국의 충실한 동맹국이지만, 이런 미국의 안보 구상을 모두 수용하기 어렵다. 한국의 지정학적 위치와 경제통상구조 때문이다. 한국은 국가 규모, 내수시장 규모, 중국과 거리, 남북문제 등에서 일본과 이해관계가 다르다. 중국은 지역 초강대국인 동시에 한국의 최대 교역상대국으로서 한국에게 강력한 외교·경제적 지렛대를 갖고 있다. 따라서 한국은 미국 리스크와 중국 리스크를 동시에 심각하게 고려해야 한다.

이런 상황에 대처하기 위해, 한국은 우선 21세기적 상황에서 한미동맹의 가치와 이익을 재정의하고 재확인해야 한다. 앞에서 토론했듯이, 동서고금의 세력정치론과 전략론의 교훈을 따르면 한미동맹은 자연동맹임에 틀림없다. 더욱이 지금까지 성공한 동맹이며, 아직도 그 가치는 매우 크다. 그렇다면 향후 한미동맹의 리스크를 어떻게 최소화하고, 상호 혜택을 극대화하여 성공적인 동맹으로 만들 것인가? 우선 한미동맹의 임무와 역할을 재정의해야 한다.

첫째, 한미동맹의 최우선적 임무가 북한의 전쟁 도발 억제, 핵무기 사용 억제에 있다는 점을 재확인한다. 이를 위해 한미 간 긴밀한 정치군사 협력이 계속되어야 한다. 한미동맹은 한반도의 평화정착과 교류협력 프로세스를 지지하고 촉진해야 한다.

둘째, 한미동맹을 중국을 겨냥한 지역 동맹으로 확장시키는 것을 반대한다. 다만 중국이 한국에 군사적으로 적대적인 태도를 보일 때만 한미동맹을 점차 지역 동맹화하도록 한다. 이때에도 중국의 공세적 입장에 상응하여 신중하게 단계적으로 그 임무를 확장하도록 한다. 사실 주한미군은 한국에 주둔하는 것 그 자체만으로도 중국의 군사력이 한반도를 넘어 해양으로 팽창하는 것을 견제하는 효과가 있다. 또한 강력한 한국군도 중국의 군사력이 동북아로 팽창하는 것을 막는 방파제의 기능을 충분히 수행하고 있다. 전통적으로 동북아에서 대륙세력 대 해양세력 간 지역대전이 드물었던 주요 원인 중 하나가 중일 간, 미중 간에 한반도가 있었기 때문이었다는 점을 인식해야 한다. 미국도 이런 한국의 역할을 인식하고 평가해야 한다.

셋째, 북한 대상을 넘어서는 한미일 군사협력은 중국의 반발과 보복을 초래할 것이므로 매우 신중해야 한다. 이때 중국의 보복 조치는 한미일 관계 중 약한 고리이며 대중 경제 의존성이 높은 한국에 집중될 가능성이 높다. 사실 강대국들은 실제 피해가 없더라도 예방조치로서 과도히 반응하는 경향이 있는데, 한미일 군사협력 시 한국이 표본으로 피해를 볼 가능성이 크다. 중국은 한국에 배치된 사드가 대중 군사적 효용이 없거나 매우 제한적이라는 것을 알고서도 다른 주변국에 교훈을 주기 위해 한국에 과도히 보복한 선례도 있다.

중국은 도전 국가로서 기득권 국가인 미국과 경쟁의식이 크고, 따라서 피해 의식도 크다. 중국의 도전은 미국뿐만 아니라 미국의 시역 농맹국을 향하고 있다. 중국은 자신의 핵심 안보 이익이 직접 노출되어 있는 한국까지 진출한 주한미군에 높은 경각심을 갖고 있다. 따라서 한미동맹과 주한미군의 동향에 매우 민감하게 반응할 가능성이 높다. 만약 중국이 한국을 과도히 견제하고 적대시한다면 한국은 한미동맹의 힘을 빌려 자신을 보호해야 한다. 하지만 한국이 미리 중국을 도발할 이유는 없다. 미국과 일본만 하더라도 지리적 위치나 경제구조로 인해 중국의 보복을 견디는 내구성이 있지만, 한국은 그렇지 못하다. 일부 안보전문가들은 대중 견제를 위해 한국도 일본과 같이 행동해야 한다고 주장한다. 하지만 중국과 관계에서 한국과 일본은 지리적으로나 역량 면에서 큰 차이가 있다. 지정학과 역량을 무시한 외교정책은 성공할 수 없다는 점은 강대국 세력경쟁에 노출되었던 수많은 국가가 겪었던 흥망성쇠의 역사가 말해 준다.

넷째, 미국은 세계국가이므로, 한국이 한미동맹의 지역동맹화를 거부하더라도 다른 지역과 영역에서 미국과 협력하여 호혜적인 한미동맹을 만들 여지가 많다. 특히 신흥기술 위협, 사이버안보, 환경안보, 핵비확산, 핵안보, 인공지능 등 비전통 및 신기술 안보문제에 대해서는 한미가 같은 위협에 노출되어 있기에 한국도 적극적으로 협력하도록 한다.

한중 전략적 협력동반자관계의 확대 발전

중국은 한국의 최인접국 중 하나이며, 지역 초강대국이다. 그리고 한국의 경제에 가장 중요한 나라라는 데 이견이 없다. 중국은 북한과 접경 국가이자 동맹국으로 남북관계에 누구보다 큰 영향력을 갖고 있다. 이런 특성으로 인해 중국은 한국에게 대체될 수 없는 경제적 기회를 제공하는 동시에 감당하기 어려운 경제통상적·외교안보적 위해를 가할 수도 있다. 따라서 한국은 중국의 강대국 지위를 존중하고, 최선의 관계를 유지하는 데 최선을 다해야 한다. 그리고 중국이 먼저 한국에 적대적 정책을 취하지 않는 한 한국은 결코 중국에 적대적인 태도를 보여서는 안 된다.

일부 논자는 한국이 미국과 중국 중 양자택일해야 한다고 주장하는데, 한국은 그런 위치에 있지 않다. 만약 한 강대국이 한국에 적대적인 정책을 강요하여 생존의 위협을 느낀다면, 한국은 마지못해 다른 강대국에 의존하며 생존을 도모해야 한다. 현재는 그런 상황이 아니며, 앞으로도 중국이 한국을 미국으로 밀어내는 조치를 취하지는 않을 것으로 보인다. 이런 상황에서 한국은 스스로 중국의 반발과 보복을 초래할 상황을 초래하지 않도록 신중해야 한다.

나아가 한국은 중국과 연계를 확대하여 역내에서 한중 간 평화와 번영의 공통 이익을 확장해야 한다. 이를 위해 경제협력뿐만 아니라 중국의 국정과제, 지역평화, 지역공영 부분에서 공통 이익을 찾아 참여를 확대해야 한다. 구체적으로 아래와 같은 정책을 추진할 수 있다. 첫째,

한국의 북방정책과 평화경제 구상, 중국의 일대일로와 동북 3성 개발 등이 중복되고 연결되는 사업을 찾도록 한다. 남북중의 철도·도로·에너지 인프라 연결은 공동이익이 되는 사업이다. 현재 우크라이나 전쟁으로 인해 불가능하지만, 향후 상황이 개선되면 러시아를 포함하는 남북중러의 협력사업도 추진토록 한다.

둘째, 한중 군사대화와 교류협력을 확대한다. 상호 군사적 투명성을 확보하기 위해 군사 부분의 대화는 많을수록 좋다. 그리고 재난 대응, 원자력 안전, 핵안보, 해상탐색과 구조, 해공상 우발적 충돌 등 세계평화, 비전통 분야 지역안보를 위한 군사적 협력에도 적극적으로 참여한다. 남중국해 문제도 유엔과 보편적인 해양법 원칙에 따른 입장을 표명하고 동남아 국가와 공조하되, 굳이 중국을 자극할 필요는 없다.

셋째, 중국의 인권·신장·티베트·대만 문제 등에 대해서는 유엔 또는 국제사회의 보편적인 입장 표명에 참여하는 수준에서 대응한다. 중국은 서방국가와 달리 비자유주의적 권위주의 체제로 인해 종종 과잉 반응을 보이므로, 미국이 주도하는 집단 대응에 참여하는 데는 신중해야 한다. 앞서 토론했듯이, 중국이 인접국에 대해서는 더욱 민감하게 반응하는 경향이 있다는 점도 유의해야 한다.

넷째, 한국은 자신의 국익과 핵심 안보 이익에 대해서는 원칙적 입장을 수시로 반복하여 우리의 입장을 중국에 주지시키도록 한다. 만약 이런 이익이 침해되었을 때는 국제법과 국제사회의 보편적인 규범을 인용하여 강하게 항의하고, 필요하면 행동에 옮길 준비가 되어있어야 한다. 실제 한국에 대한 군사적 행위가 발생하면 한미동맹에 대한 공격으로 간주하고, 미국에 공동 대응을 요구하도록 한다. 한국은 한중관계가 극도로 악화되는 데 대비한 플랜 B를 갖고 있어야 한다. 평소 어떤 우발사태에도 대비하기 위해 자강의 원칙에 따라 군사력과 국력을 강화하고, 교역 다변화를 더욱 촉진하여 대중 경제 의존도를 낮추도록 한다. 한국의 입장에 대한 폭넓은 국제적 지지 세력을 확보하기 위해 중견국, 중추국, 자유민주국가 등 각종 유사국과 국제연대를 확장하도록 한다.

5. 유사국 국제연대 추진

동북아 평화공영을 위한 한일 간 중간국 · 중견국 연대

일본은 2000년을 대륙세력 중국과 경쟁하고 대치하며 해양을 근거로 발전해온 해양세력이다. 오늘 일본은 세계 3위의 경제 ·대국이며, 국제적 영향력이 큰 외교 강국이다. 비록 군사 강국은 아니지만, 미일동맹으로 대륙세력에 맞서며, 방어에 한정된 비교적 소규모 군대를 유지하고 있다. 그 여력으로 경제력과 외교력에 투자하여 전 세계 모든 나라로부터 환영받는 아시아의 대표 국가가 되었다.

그런데 일본은 유독 이웃 한국 및 북한과 관계가 좋지 못하다. 20세기 전반기에 한반도를 침공하고 점령한 역사를 아직 제대로 청산하지 못한 결과이다. 한국전쟁 후 한국 정부는 일본의 경제지원이 절대적으로 필요했기 때문에 불분명한 과거 정리를 받아들였지만, 경제발전과 민주화에 성공하면서 이에 대한 불만의 목소리를 높이고 있다. 일본은 다른 2차 대전 패전국가와는 달리 구체제의 청산에 실패했고, 그 결과 한반도 침탈에 대한 반성과 정리도 소극적이다. 미국은 한일 갈등을 해소하려고 노력하기보다는 한미동맹과 한일동맹으로 구성되는 바큇살 동맹체제에 만족했다. 미국은 대륙 공산세력의 팽창에 맞서기 위해서 유럽의 나토와 같은 한미일 군사동맹을 최선책으로 선호했지만, 한일 간 과거사 문제가 지속되자 중간에서 한일 양자를 관리하는 차선책에 안주했다.

2010년대부터 중국의 부상이 현실화되고, 또한 일본의 경제력을 추월한 데 이어 급속히 그 차이를 벌리고 있다. 중국은 이미 지역 강대국을 넘어 전 세계적으로 영향권을 확장 중이다. 사실 미 정부는 냉전기 뿐만 아니라 탈냉전기 들어서도 한 번도 중국에 대한 군사안보적 경계를 완전히 풀은 적은 없었다. 특히 미일동맹은 기본적으로 소련(러시아)과 중국에 대응하기 위한 군사동맹이다. 탈냉전기 들어 미국은 중국에 대해 체제 변화를 기대하는 관여와 군사적 억제를 병행하는 이중전략을 유지했다. 그런데 21세기에 중국이 군사력 현대화와 팽창이 계속되지, 미국은 중국을 경계하며 아태지역의 군사력을 증강하기 시작했다. 마침내 트럼프 행정부는 2017년 말 발간된 국가 안보전략 보고서에서 중국을 '수정주의국가'로 규정하고, 군사·경제·체제·가치의 모든 전선에 걸쳐 전략경쟁을 선포했다.[1]

중국의 부상은 동아시아 지역의 세력균형에 충격을 주었다. 중국과 안보경쟁을 지정학적·역사적 필연으로 간주하는 미국과 일본은 본격적인 군비증강에 나섰다. 일본은 2015년 안보 법제를 정비하여 종래 전쟁을 하지 않는 '전수방위' 정책에서 벗어나, 소위 '집단적 자위권'을 행사할 수 있는 나라로 탈바꿈했다. 중국뿐만 아니라, 북한의 핵·미사일 역량 증강도 일본이 미일동맹을 더 강화하고 안보 법제를 정비하는 주요 원인이었다.

동아시아에서 미중 경쟁이 격화되자, 그 사이에 끼인 모든 중소 국가들은 심각한 외교안보·경제통상 리스크에 노출되었다. 이때 한국과 일본도 그 리스크를 완화하기 위해 협력하는 것이 전략 계산에 따른 정상적인 반응이 되어야 했다. 실제 지구상 모든 중추국, 중소국가들은 국제협력과 지역협력을 통해 대응책을 마련하고 있다. 그런데 동북아에서는 한일관계가 정상화되지 못하는 문제가 있다. 한일의 전략적 계산이 다른 탓이었다.

우선 한국은 한반도와 동북아의 평화와 안정을 최고의 안보 국익으

---

1) 트럼프 행정부의 국가 안보전략보고서에 대한 내용은 전봉근, "트럼프 국가 안보전략과 한국안보에 대한 함의," 국립외교원 외교안보연구소 IFANS FOCUS (2017.12.29.) 참조.

로 본다. 남북 충돌과 미중 충돌은 한국의 안보와 경제를 파탄시킬 것으로 본다. 따라서 남북관계 개선과 미중 경쟁의 완화를 추구한다. 한미동맹이 중요하지만, 미중 경쟁에서 미국 편을 들기 위해 한중관계를 완전히 포기하기 어렵다. 한국의 대외교역에서 미국이 15% 수준인 반면, 중국은 약 25%(2022년)를 차지할 정도로 한국의 대중 경제의존도가 높다. 또한 중국은 북한의 동맹국, 배후국가, 최대 교역국가로서 북핵, 평화체제, 통일 문제 등에도 직간접적인 당사국으로서 큰 영향력을 행사할 수 있다. 따라서 한국이 지역 초강대국인 중국과 충돌한다면, 평화와 경제 모두를 잃게 된다.

한편, 오늘 일본은 미중관계와 남북관계에 대해 우리와 크게 다른 외교안보적 관점과 이익을 갖고 있다. 이런 관점과 이익이 전통적인 한일 갈등에 더해 오늘 한일관계를 더욱 악화시키는 요인이 된다. 즉 일본은 한국과 달리 미중관계, 남북관계, 북미 관계의 급속한 개선을 오히려 우려한다. 이들 양자관계의 악화와 대치 국면이 현재로서는 자신의 이익에 부합한다고 본다. 아베 정부가 당시 문재인 정부의 남북관계 개선 시도를 방해했다는 것은 잘 알려져 있다. 일본은 동북아의 열악한 안보 환경이 미일동맹에서 자신의 존재감과 전략적 가치를 증대시킨다고 본다. 또한 일본 보수 정부가 추구하는 평화 헌법 개정, 보통국가화와 재무장에 도움이 된다고 보기 때문이다.

일본은 남북관계, 북미관계가 개선되면, 일본만이 북한 핵미사일의 타깃이 될 것을 우려한다. 또한 과거사·영토 문제에 대해 남북한이 공조할 가능성도 일본의 골칫거리다. 북미 관계와 남북관계가 개선되면, 평화 헌법과 재무장의 명분도 크게 약화된다. 미중 관계 개선도 일본은 같은 이유로 꺼린다. 특히 미중관계가 개선되고, 미국이 중국의 역내 주도권을 인정하게 될 가능성을 결단코 피하고자 한다.

오늘 한국의 딜레마는 일본이 과거를 반성하지 않고 남북관계 개선을 싫어한다고 일본과 마냥 갈등할 수만 없다는 데 있다. 한일 분쟁이 단순히 양국 문제에 그치지 않고, 한국이 한반도와 동북아 정책을 추진하는 데 결정적인 장애 요인이 되기 때문이다. 더욱이 일본은 경제 대국이며 지역 강대국이다. 그리고 미국에 대한 영향력도 크다. 따라서 과거사 문제에도 불구하고, 일본과 공동 이익의 공간을 찾고 이를 확대하는 것이 한국 외교의 숙제이다.

우선 한국과 일본은 같이 미중 경쟁 사이에 끼인 처지가 되었다. 한국은 한미동맹에 연루되어 원치 않은 군사적·경제적 선택을 하게 되고, 이로 인해 중국의 보복을 받을 것을 두려워한다. 한편, 일본은 미일동맹에 연루되는 것보다 방기되는 것을 더 두려워한다. 미중 간 타협으로 일본이 원치 않는 상황에 빠지게 되는 것을 우려하는 것이다. 예를 들면, 미일동맹 약화, 미국의 핵 일차 불사용(no first use) 원칙 선언, 북한의 핵무장 묵인, 남북통일 허용, 일본의 재무장 불용 등 시나리오가 이에 해당된다. 트럼프 대통령의 반동맹적 언동에서 일본인들은 1971년 '닉슨 쇼크'를 상기했을 것이다.

한국 외교가 미중 경쟁 시대에 대외적으로 외교역량을 발휘하려면 우선 국론이 통합되고 국력을 결집해야 한다. 그런데 이를 방해하는 3개 요인이 있다. 바로 남남갈등, 남북갈등, 한일갈등이다. 이 3개 요인은 그 갈등의 민감성과 폭발성으로 인해 한국 정치와 사회를 통째로 삼켜 합리적인 대외 결정과 대외 집행을 사실상 불가능하게 한다. 사실 이 세 개 중 한 개만이라도 심각한 갈등상태에 있으면, 이에 대응하느라 전 국력이 소모된다. 이런 한국은 외부의 개입에 쉽게 노출되고 휘둘리기 마련이다.

남남갈등은 내부 문제로써 우리가 잘하면 해소할 수도 있다. 남북갈등 문제는 사실 우리의 완전한 통제밖에 있다. 하지만 다행스럽게도 주변국이 편드는 성향이 거의 정해져 있어서 우리를 힘들게 하지는 않는다. 하지만 한일갈등은 다르다. 일본은 우리보다 국력과 외교력이 크고 국제사회의 호감도도 높기 때문에 반한(反韓) 캠페인을 할 때 우리가 대응하기 어렵다. 그리고 주변국 미국과 중국이 한일 중 누구 편을 들지 결정권을 갖게 되고, 만약 일본을 편들게 되면 한국은 엄청난 정치·외교적 피해를 입게 된다.

동아시아·남태평양 중간국 국제협력

한국을 포함한 동아시아와 남태평양의 대부분 중소국가들은 오랜 기간 동안 강대국 세력경쟁과 지정학적 충돌의 위험에 노출되어 있었다. 특히 미중 전략경쟁 시대에 들어, 미중 사이에 낀 지정학적·지경학적 중간 위치로 인해 다른 어떤 지역 국가보다도 미중 전략 경쟁의 위험에 더 많이 노출되어 있다. 따라서 양자 차원에서, 그리고 다자차원에서 자연스럽게 이런 유사입장(like-situated) 국가 간 의견을 교환하는 대화가 빈번하다. 하지만 미중 경쟁을 염두에 두고 그 위험성에 대한 공동 인식과 공동 대응을 본격적으로 모색하는 전략대화는 별도로 운영되지 않고 있다.

따라서 유사한 외교안보위협인식, 외교 가치, 외교안보 및 경제통상 목표 등을 공유하는 동아시아와 남태평양 지역의 모든 중간국들과 유사국 다자 전략대화를 제안한다. 이들과 전략대화를 통해 위협인식과 공동 대응 방안을 협의하고, 필요에 따라 행동에 옮길 수도 있다. 2010년대 중반 한국은 신남방 정책을 추진하며, 동남아·아세안 국가와 본격적인 정치안보 대화를 시작했다. 이는 과거 동남아 정책이 경제협력에 집중한 것과 차이가 있다. 30년 전 아세안과 처음으로 대화 관계를 수립한 이래 양측 관계는 크게 발전했다.

한국은 80년대 초부터 아세안과 대화 관계의 수립을 원했으나, 당시

아세안은 별 관심이 없었다. 아직 개도국이었던 한국과 경제협력의 실익이 없고, 남북 경쟁에서 한국 편들기를 꺼렸기 때문이었다. 마침내 한국의 고속 경제발전, 1988년 서울 올림픽 개최, 한·아세안 교역 확대 등에 힘입어 1989년 한국은 아세안과 정치 부분을 제외한 '부분 대화 동반자 관계(Sectoral Dialogue Partner)'를 수립하는 데 성공했다. 그이후 한·아세안 관계는 급팽창하여, 1991년에 '(완전한) 대화 동반자 관계,' 2010년에는 '전략적 동반자 관계'로 발전했다. 한국은 아세안과 대화 상대국이라는 지위를 기반으로 APEC, ARF, 아세안＋3(한·중·일), 동아시아 정상회의(EAS)에 창립 멤버로 참여하여, 외교 지평을 확대했다. 오늘 우리에게 동남아는 단순히 교류 협력의 대상이 아니라, 경제성장과 외교안보의 핵심 대상 지역이 되었다.

특히 양측의 경제협력은 서로 가장 주목하는 분야이며, 실제 공영의 윈－윈 효과가 큰 분야이다. 심지어 한국경제의 미래가 아세안과 협력에 달려있다고 해도 과언이 아니다. 우리에게 아세안은 이미 중국 다음으로 제2위 교역과 투자 대상지이다. 한－아세안 간 2021년 한 해 교역액은 1,765억 불로서 한국에게 중국에 이어 제2의 교역 대상이다, 아세안은 세계 3위 인구를 가진 아세안은 6억 6천 명의 거대 시장이며, 국내총생산 3조 1천억 달러(2020년 기준)의 거대 경제권이다. 아세안은 5% 이상 고속 경제성장을 계속하고, 젊은 인구와 디지털 경제로 미래 성장성도 커서, 21세기 중반까지 세계 경제의 한 중심축이 될 전망이다. 아세안이 계속 성장하려면 한국 기술과 자본이 필요하며, 성장잠재력이 거의 소진된 한국은 성장을 지속하기 위해 아세안의 생산기지와 시장이 필요하다.

미중 경쟁 시대를 맞아 한·아세안 관계가 새로운 협력 확대의 전기를 맞았다. 미중 전략 경쟁의 악화에 대비하여, 한국과 해외자본은 중국 내 생산기지를 동남아와 인도로 이전하고 있다. 단순히 생산기지로서 역할뿐만 아니라, 동남아의 경제성장에 따른 내수시장 확대도 그 시설 이전의 배경이 된다.

한국과 아세안의 공통점과 상호협력 필요성은 경제 분야를 넘어선다. 아세안 국가들은 국력이 작은 '중소국'이자 강대국 세력경쟁 사이에서 '끼인 국가'의 정체성과 고통의 역사를 공유한다. 역사적으로 볼 때, 강대국의 세력경쟁 사이에 끼인 국가들은 중추적 교량국가가 되거나, 또는 파쇄국가가 되어 분열되고 점령당하는 처지에 처하게 된다. 한국과 동남아도 과거 한때 후자의 운명을 겪었지만, 이를 극복하고 전자의 운명을 개척했다. 이때 한국과 아세안은 역내 최대의 안보·통상 리스크인 미중 경쟁을 완화하고, 지역 평화와 공영을 추구하는 데 서로 최상의 파트너가 된다. 특히 미중 경쟁의 직접적인 영향권에 놓인 한국으로서는 아세안과 협력이 더욱 필요하다.

다음, 한반도 문제 해결에 아세안의 독특한 건설적인 역할이 기대된다. 1, 2차 북미 정상회담이 싱가포르와 베트남 등 아세안 국가에서 개최된 것은 우연이 아니다. 이들은 비동맹외교, 실용외교의 전통에 따라, 남북한과 동시 수교했다. 따라서 이들은 북한의 개방개혁을 유도하고, 남북대화 및 북미대화를 중개하는 데 유리한 위치에 있다.

결론적으로, 한국이 동북아 공간을 뛰어넘어 외교 다변화와 동아시아 지역협력을 추진할 때 아세안은 최상의 협력 파트너가 된다. 양측이 협력하여 미중 경쟁을 완화시키는 '동아시아 평화번영지대'를 만들 수도 있다. 여기에 호주, 뉴질랜드 등 남태평양 국가도 동참할 가능성이 크다. 이들도 미중 경쟁 사이에서 연루와 방기의 딜레마를 겪고 있기 때문이다.

미래에 한반도 비핵화가 진행되면, 남북한과 비핵 3원칙을 천명했던 일본이 '동북아 비핵무기지대'를 논의할 수도 있다. 이때 '동남아 비핵무기지대(Nuclear-Weapons-Free zone)'를 이미 구축한 아세안과 협력하여, 동북아와 동남아를 연결한 '동아시아 비핵무기지대'도 상상할 수 있다. 여기에 이미 가동 중인 '남태평양 비핵평화시대'를 연결한다면, 거대한 '동아시아·남태평양 비핵무기지대'가 만들어질 것이다. 이는 동아시아 평화뿐만 아니라, 세계평화를 고양하는 데도 크게 기여할 것이다.

글로벌 중추국 국제연대

한국은 미중 경쟁의 최전선 지대에 있어 미중 경쟁을 완화하거나 미중과 협력관계를 지속하기 위한 대응책 마련에 고민이 누구보다 크다. 그나마 다행스런 것은 '미중 경쟁의 세계화'로 인해 전 세계 곳곳에서 많은 국가가 유사한 곤경에 처했고, 유사한 대응책을 모색한다는 점이다. 미중 경쟁에 대한 대응전략을 수립하는 데 있어서 이들은 한국은 협력 대상국이다. 아래에서는 한국과 국제정세에 인식을 공유하여 협력 가능성이 높은 2개 국가그룹을 중심으로 이들과 협력 방안을 제시했다. 첫째 그룹은 유라시아 대륙의 주변부에 위치하여 역사적으로 대륙세력과 해양세력의 중간에 끼어 고통받았던 중추국들을 포함한다. 둘째 그룹은 미중 경쟁과 미국의 자국제일주의에 직면하여 자유주의와 규범 기반의 글로벌 거버넌스를 지키기 위해 '다자주의'를 표방하는 친서방 중견국을 포함한다.

'중추국 국제연대'를 위해 유라시아 주변부의 지정학적 지진 지대에 놓인 모든 중추국가들은 우선적 협력 대상국이다. 동남아, 중앙아, 동·중유럽국이 이에 해당된다. 유라시아에서 강대국 세력경쟁에 끼였던 이들은 수시로 전쟁·점령·분할의 고통을 겪었다. 소위 지정학적 '파쇄지대(shatter zone)' 국가들이다. 따라서 유라시아에 산재한 지정학적 중추국들과 함께 '유라시아 평화협력 전략대화'를 시작해야 한다. 전략대화의 진전에 따라 다음 단계로 전략적 협력체제를 구축한다. 2022년 2월 우크라이나가 소련으로부터 침공 당한 것은 동유럽 지대의 지정학적 특성을 다시 증명한다. 우크라이나 전쟁 이후 폴란드 등 동·중유럽국가에 대한 한국의 방산 수출이 급증했다. 이런 군사협력은 반드시 여기서 말하는 '중추국 국제연대'는 아니지만, 한국과 다른 중추지대 국가 간 전략적 협력의 필연성을 보여주는 사례이다.

유라시아 주변부는 역사적으로 분쟁지역에 해당하여 일상적인 경제활동이 종종 중단되었다. 하지만 유라시아 주변국가 간 평화협력은 동지역의 지정학적 부채를 자산으로 전환시켜 '교량지대'로서 지속가능한 평화번영을 위한 정치안보적 기반을 제공하게 될 것이다. 미중은 지정학적 경쟁을 위해 각각 인도-태평양전략과 일대일로 구상(Belt and Road Initiative)을 추진하며 동아시아·서태평양·인도양에서 충돌하고 있다. 이때 '유라시아 평화협력 지대'는 미중의 지정학적 경쟁을 완화하는 완충지대가 될 것이다.

다음으로 미중 경쟁을 완화시키기 위해 다자주의를 표방하는 유럽의 친서방국들이 주도하는 '다자주의 동맹(Alliance for Multilateralism)'과 연대하는 방법이 있다. '다자주의 동맹'은 미 트럼프 대통령의 미국우선주의와 세계적인 민족주의 부흥 추세에 대한 대응책으로 2018년 하이코 마스(Heiko Maas) 독일 외상이 주창했다. '다자주의 동맹'의 초기 핵심그룹으로 일본·캐나다·프랑스 등이 참가했다.

탈냉전기 미국이 주도했던 자유주의적 글로벌 거버넌스에 적극 참여했던 대다수 친서방 국가들도 미중 경쟁으로 인한 군사충돌 가능성, 양자택일 압박, 세계시장 분절 등을 거부하는 입장이다. 전통적으로 친미 또는 친중적인 성향을 보이는 국가라고 하더라도 완전한 선택과 편들기를 거부하기는 마찬가지다. 이를 배경으로 독일·프랑스·호주·캐나다 등 전통적인 다자주의와 국제협력 지지국들이 다자주의 회복을 모색

중이다. 일본도 중국과 대결적인 입장을 취하면서도 중국과 협력 가능성을 모색하는 이중적인 태도를 보이고 있다. '디자주의 동맹' 주창국들은 2019년 9월 유엔총회 기회에 국제회의를 개최하고 참여국을 확대하고 있다. 이 그룹은 '동맹'이라는 표현에도 불구하고, 다자주의와 규범 기반의 자유주의적 글로벌 거버넌스를 지지하는 친서방 국가들의 느슨한 국제연대이다. 한편, 일방주의를 반대하고 다자주의를 수호하지는 취지에 공감하면서도 '동맹'이란 강한 표현에 거부감을 느껴 '다자주의 동맹'에 참가를 유보하는 국가도 있다.

한국도 미중 경쟁에 대비하기 위해 다른 다자주의 지지국과 자유주의적 규범 기반 국제질서를 유지하기 위한 협력을 적극 추진한다는 입장이다. 한국은 2019년 7월 미국이 중국 화웨이사의 5G 통신장비를 사용하지 말 것을 요구한 사건을 계기로 미중 경쟁에 대한 대응전략을 본격적으로 검토하기 시작했다. 당시 한국 외교부는 일련의 검토회의를 거쳐 미중 경쟁에 대한 대응책으로 원칙기반 외교, 확대협력 외교, 전략적 경제외교를 새로운 외교원칙으로 제시했었다.

한편, 2020년 초 시작된 코로나19 팬데믹은 미중 경쟁을 더욱 첨예화시키고 모든 국가가 기존 국제협력 레짐을 무시한 채 제 갈 길을 찾는 소위 '각자도생 시대'를 열었다. 코로나19 사태에 대한 국가들의 대응 실패는 초국가 안보위협에 대한 국제협력 필요성을 부각시키는 반면교사가 될 수도 있다. 유럽연합도 초기의 대응 실패에 대한 반성에서 출발하여 다시 다자주의와 국제협력 필요성을 더욱 강조하고 있다. 유럽연합은 2020년 5월 4일 우르슬라 폰데어라이엔(Ursula Gertrud von der Leyen) 집행위원장 주재로 '코로나19 글로벌 대응(Coronavirus Global Response)'을 위한 국제공약 화상회의를 성공적으로 주최했다. 동 국제회의는 한국을 포함한 40개 국가와 UN·WHO·세계은행(World Bank) 등이 참가했다. 동 국제회의는 코로나19 백신·진단키트·치료제의 공동개발·생산·분배 목표에 공감대를 조성하고, 1단계로 80억 달러를 모금(한국도 5천만 달러 기여 약속)하는 데 성공했다. 영국도 2020년 6월 '세계 백신 정상회의 2020' 화상회의를 주최했는데, 이런 국제협력 양상은 직전의 마스크·치료제·백신개발 등을 둘러싼 국가 간 쟁탈전과 크게 대조되었다.

트럼프 행정부는 반다자주의·반UN·반WHO 기조에 따라 이 국제회의에 불참했다. 미국이 포기한 글로벌 리더십의 공백을 유럽연합, 특히 독일과 프랑스 등 서유럽국과 한국 같은 중견국들이 대체했다. 하지만 과연 초강대국으로서 막강한 재정력과 의료보건 역량을 보유한 미국의 리더십과 지원 없이 소기의 성과를 거두기 어렵다. 다행히 2021년 바이든 행정부가 출범하며 WHO에 복귀하고 리더십 역할을 재개하면서 세계적 보건협력도 본궤도에 올랐다. 하지만 미국 내 정치·경제·보건위기가 상당기간 계속되어 미국이 국제협력을 선도할 여유가 있을지 의문이다. 더욱이 트럼프 이후에도 일국주의적 '트럼피즘' 추세가 지속되어 바이든 행정부의 국제적 기여와 참여에 적지 않은 제동이 걸릴 전망이다. 코로나19의 발원을 두고 미중 충돌이 반복되는 것은 보건방역과 같은 초국가적 문제도 강대국의 지정학적 대결에서 결코 자유로울 수 없다는 것을 보여준다.

대다수 중소국가들은 코로나19 사태에 대한 국제사회의 대응 실패를 반추하면서 다자주의와 지역주의 필요성을 절감하고 있다. 따라서 한국의 평화번영을 위한 국가전략의 핵심도 다자주의와 지역주의의 확장이 되어야 한다.

중추국 협력의 일환으로 이미 가동되고 있는 믹타(MIKTA)를 활성화하도록 한다. 믹타에 참여하는 한국·호주·멕시코·튀르키예·인도네시아 등 5개국은 국력 규모로 국제사회의 중상위 중견국이며, 일부는 지역 강국이다. 이들은 해당 지역 내에서 강대국 세력경쟁을 거부하는 중추국이기도 하다. 한국에게 믹타는 우리 외교가 주도했던 보기 드문 국가협의체라는 의미가 있다. 미중 경쟁 시대에 믹타 중견국 간 공통된 정체성과 공동 목표가 약화되어 그 활동이 예전 같지 않다. 하지만 한국이 그 창설을 주도했던 만큼 새로운 외교안보 환경에서 공통의 국가이익을 재규정하여 믹타를 재활성화 할 책임이 있다. 특히 과거 믹타는 기존 글로벌 거버넌스 내에서 상호이익을 증진하기 위한 협력을 모색했었다. 오늘 미중 경쟁으로 글로벌 거버넌스가 위협받는 상황에서 믹타는 글로벌 거버넌스 자체를 보호하기 위한 협력을 모색해야 한다. 현규범 기반의 자유주의적 글로벌 거버넌스가 약화되거나 해체된다면 믹타 참여국들이 활동하는 국제적 기반 자체가 훼손되기 때문이다.

제12장

공동안보 기반의 동북아 지역 전략

1. 동북아의 지정학적 특성과 역사적 유산

동북아는 만성적이고 소모적인 역내 갈등에 시달리고 있다. 따라서 역내국들이 개별적으로, 집단적으로 평화와 발전의 잠재력을 최고로 발휘하려면 지역 안보협력을 통해 갈등구조를 해소하고 극복해야 한다. 동북아에서는 한국전 종전 이후 오늘까지 열전도 적극적 평화도 없는 상태가 지속되고 있다. 오늘 동북아 지역 평화는 핵억제, 세력균형, 군사적 대치 등으로 인한 소위 '안보를 통한 평화,' '힘을 통한 평화'로서 매우 낮은 수준의 평화이다. 세력경쟁과 군비경쟁이 상시화된 상태이다. 그런데 이런 안보갈등 구조는 언제라도 군사적 충돌과 전쟁으로 비화할 위험성을 내포하고 있다. 이런 불안정한 세력균형과 개별국의 절제에 의존하기보다는 보다 안정적이고 지속가능한 역내 위기관리와 평화체제가 필요하다.

첫째, 오늘날 동북아의 불안정한 안보구도의 배경에는 샌프란시스코 체제가 전후처리를 불완전하게 봉합했다는 역사적, 구조적 요인이 있다. 그 결과, 대다수 역내국들은 단기간 내 해결되기 어려운 영토분쟁, 역사분쟁, 분단, 독립, 과거사 치유 등과 같은 매우 민감한 정치안보적 갈등에서 벗어나지 못하고 있다. 대다수 동북아국들은 불완전한 주권의 비정상 국가에서 벗어나 영토통일, 영토분쟁 종결, 과거사 정리, 보통국가화 등을 통해 정상적인 국가가 되려는 강력한 욕망을 갖고 있다. 하지만 현실적으로 전쟁을 동반하지 않고서는 현상변경이 불가능하다. 따라서 동북아에서 장기간 갈등적 요소를 내포한 비정상적인 상태가 지속될 가능성이 높다. 또한 미국은 미소 냉전에 대응히기 위해 한국, 일본과 양자동맹을 체결하여 동북아에서 '바큇살' 동맹 체제를 견고히 했다. 이런 미국 동맹체제가 고착되면서, 역내 미국 동맹국들은 자국과 지역의 안보문제를 해결하기 위한 별도의 안보협력을 필요로 하지 않게 되었다.

둘째, 21세기에 미중 전략경쟁이 역내국에게 최대의 안보적·경제적 리스크 요인으로 등장했다. 따라서 미중 경쟁으로 인한 역내 진영화 추세를 극복하기 위해 지역안보협력이 더욱 절실해졌다.

미국은 20세기 초부터 유라시아 대륙에서 지역 패권세력의 등장을 거부하는 지전략을 일관되게 추진했다. 이런 지전략의 전통에 따라 동아시아와 서태평양에서 중국의 지역 패권국 부상을 저지하기 위해 미일동맹, 한미동맹, 쿼드, 인도-태평양구상 등을 통해 중국을 견제하고 있다. 그 결과, 역내에서는 군사적 긴장이 고조되고 진영화 현상이 부활하고 있다. 미국은 '국가안보전략보고서(2017.12)'와 '중국에 대한 미국의 전략적 접근 보고서(2020.5)'에서 중국을 '전략적 경쟁국'으로 규정하고 전면적인 전략경쟁을 선포했다. 2021년 출범한 바이든 행정부는 대중 견제를 더욱 확장하고 강화했다. 특히 트럼프 행정부와 달리 동맹국들을 대중 경쟁 전선의 선두에 내세우면서, 한국에 대한 미중 간 선택의 압박도 증대하는 추세다.

한편, 중국은 미국의 봉쇄적인 지전략에 대항하여, 이를 타파하기 위한 대응 지전략을 추구하고 있다. 미국 미사일방어체계(사드)와 전략무기의 한국 반입 반대, 한미동맹 강화 반대, 북한에 대한 북핵불용과 체제안전의 이중적 입장, 벨트로드구상(BRI) 확장, 남중국해의 내해화, 서태평양 도련선 설정 등이 대응 지전략에 해당된다. 동시에 중국은 '중국의 부상'에 대한 주변국의 경계심을 낮추고, 미국의 대중 포위망을 타개하기 위해 경제적·인도적 지원을 증대하고, 인류운명공동체, 유교적 평화(Confucian peace) 등과 같은 평화적 담론도 전파하고 있다.

미중 경쟁이 점차 영합적 패권경쟁으로 정착하면서, 일방에 동조하는 중소 중간국들은 타방으로부터 정치·안보·경제적으로 감당키 어려운 보복을 받을 가능성이 커졌다. 그런데 미중 경쟁의 사이에 놓인 대다수 중추국들은 일방에 올인하기보다는 '헤징전략'을 모색할 가능성이 크다. 이때 한국외교도 동병상련하는 국가들과 지역협력과 다자협력을 확대할 필요가 있다.

셋째, 2020년 초부터 시작된 코로나19 팬데믹의 결과, 동북아에서 민족주의·국가주의·각자도생 추세가 더욱 심화되어, 역내국들의 발전과 안녕을 위한 지역협력을 저해하고 있다. 타 지역도 세계화의 폐해와 코로나19 팬데믹의 충격으로 지역협력이 큰 타격을 입었지만, 이들은 코로나19의 초기 충격에서 벗어나자, 점차 코로나19 팬데믹과 경제위기를 극복하기 위해 점차 지역협력을 회복하고 확장하고 있다. 하지만 동북아에서는 코로나19로 인한 국내위기를 극복하기 위한 각자도생 성향이 더욱 심화되고, 지역협력의 동력은 더욱 떨어졌다. 그 결과, 역내의 만성적인 한일, 중일 갈등이 21세기에 더욱 악화되었다. 동북아 역내국들은 진정한 지역주의 경험과 인식이 일천하다. 타 지역에서는 위기 국면이 지역협력을 촉발하는 경향이 있지만, 동북아에서는 오히려 반대로 움직이는 경향마저 있다.

일본의 사례를 보면, 1990년대 초 승승장구하던 세계 2위 경제대국인 일본은 미국의 '일본 배싱'에 반발하며 '동아시아 지역주의'의 기치를 내건 적이 있다. 하지만 미국의 견제로 자율적인 지역 강국의 꿈이 좌절되었다. 사실 당시 동북아 역내국들도 일본의 지역주의정책을 신뢰하지 않았다. 일본은 21세기에 '중국의 부상'이 지속되자 지역주의를 전면 포기하고 미일동맹 중시로 급선회했다. 일본 자민당 정부는 '중국의 부상'과 북한 핵위협 증가에 대비하여, 2010년대 중반에 미일동맹을 더욱 강화하며 안보법제 개정을 통한 '보통국가'로 전환을 촉진했다. 이런 상황에서 일본은 과거사 문제를 더욱 외면했고, 동북아 안보협력은 더욱 멀어졌다.

2. 공동안보 기반의 동북아 지역 안보협력

'동북아 평화·번영·안전 공동체' 비전과 한국의 '동북아 국익'

본고는 동북아 지역 안보협력의 목표와 가치로 평화·번영·안전의 3개를 제기한다. 이 3개 목표와 가치는 역내 국가가 추구하는 공통된 국익이자 국가목표이다. 동시에 역내 주민 개개인이 추구하는 가치이자 실질적 이익에 해당된다. 부국강병, 국태민안(國泰民安)과 같은 통치목표를 지칭하는 고사성어(故事成語)에서 보듯이 평화, 번영, 안전은 동서고금의 모든 국가가 추구해야 하는 보편적인 국가목표와 가치를 대표한다. 이 중에서도 '안전'은 오늘 개개인의 안녕을 보장하는 '인간안보' 시대를 맞아, 역내 주민 개개인이 공히 추구하는 핵심 목표이자 가치로 주목 받았다.

냉전기 국가안보전략에서 국가목표는 주로 국가 행위자와 군사안보 중심으로 정의되었었다. 하지만 탈냉전기에 국제기구·지역지구·NGO·개인과 같은 비국가행위자가 주요 행위자로 등장하고, 환경·기후변화·인권·보건·빈곤과 같이 초국가적이며 개인적인 '인간안보'가 국가안보의 주요 이슈로 부각되었다. 특히 동북아에서 발생한 코로나19 팬데믹, 일본 후쿠시마 원전사고와 오염처리수 방류, 해양쓰레기, 기후변화 등 신종 초국가적 · 지역적 안보위협은 개별국가가 홀로 대응하기 어렵다. 개별적인 접근은 비효율적이며 비효과적이다. 지역협력을 한다면, 개별국가가 보유한 제한된 자원을 지역 공동체 차원에서 훨씬 효율적으로 이용하고, 그 효과도 극대화하는 결과를 거둘 것이다.

그런데 사고의 원인도 그 파장도 초국가적이고 지역적인 성격을 갖는 문제를 종래의 군사안보 제일주의, 일국주의, 영합적 세력경쟁 등의 안보관으로는 효과적으로 대응하기 어렵다. 따라서 '평화 · 번영 · 안전의 동북아 공동체'를 추진하려면, 새로운 안보 개념의 도입이 필수적이다. 이때 앞에서 소개한 공동안보와 포괄안보의 개념이 유용하다.

오늘 한국이 당면한 최대 국가안보 과제로 북핵 위협 대응, 한반도 핵사용 방지, 평화정착, 미중 전략 경쟁 등이 있다. 그런데 이 문제야말로 우리가 왜 일국주의와 군사주의 안보관을 극복하고, 초국가적 · 지역적 공동안보와 협력안보를 추구해야 하는지 잘 보여준다.

종래 북핵문제는 전형적인 군사안보 문제이자, 남북 또는 북미 간 양자적 문제로 간주되었다. 그런데 이런 접근법을 채용한 지난 30년 북핵외교의 결과는 참담하다. 오히려 북핵문제는 훨씬 악화되어, 북한은 핵무기를 50기나 보유하게 되었다. 북한 핵무장의 결과, 한반도와 동북아에서 군사적 긴장이 고조되고 군비경쟁이 한창이다. 이때 북한 비핵화를 위한 대안적 접근법으로 '지역적 접근'을 적극 고려할 필요가 있다. 사실 북한 핵개발의 배경에는 남북분단으로 인한 '한반도 냉전체제' 뿐만 아니라, 이보다 훨씬 근본적으로 동서 냉전이 있었다. 오늘 냉전은 끝났지만, 동북아에서는 냉전의 잔재가 남아 남북 간, 북미 간, 북일간 적대관계가 지속되고 있다. 그런 갈등 구조의 저변에는 전통적인 역내국 간 상호 경쟁과 갈등이 있고, 이에 또 미중 전략경쟁이 보태어졌다. 동북아에서 이런 중층적인 갈등 구조가 한반도에서 집중적으로 드러나고 있고, 이를 그대로 두고 한반도 비핵화와 평화체제를 구축하는

게 과연 가능할지 의문이다.

북한 비핵화를 촉발하고 진전시키는 정치안보적 환경을 조성하려면 남북관계 정상화뿐만 아니라, 북미관계와 북일관계도 정상화하는 '동북아 평화체제'의 구축이 필수적이다. 사실 한미 정부는 지난 30년간 북한과 비핵화와 관계 개선을 위한 대화를 꾸준히 추진했었다. 하지만 남북 분단, 북미 적대관계의 본질상 신뢰구축이 불가능했다. 조그만 사건 사고에도 어렵게 만든 대화와 합의체제가 깨어지고 후퇴하는 현실이 반복되었다. 양자적 접근법의 불안정성을 보완하기 위해 보다 안정적이고 지속성이 높은 지역적 접근법을 적극 활용해야 한다.

2003년부터 6자회담을 가동하면서 '동북아 안보협력체제'를 추진했던 배경에는 불신이 깊은 남북 및 북미 양자관계를 지역적 접근으로 보완하려는 의도가 있었다. 하지만 이런 지역안보협력 시도는 결국 북미 적대관계의 벽을 넘지 못하고 좌절되었다. 바이든 행정부는 미중 전략경쟁에 대한 대응을 최우선 국가안보과제로 추진하고, 대중 견제 차원에서 한미동맹과 미일동맹을 특별히 강조하고 있다. 미중 경쟁이 심화되면, 동북아가 미중 경쟁 속에 말려가게 되고, 이때 한반도 비핵평화 프로세스는 부정적인 영향을 받을 수밖에 없다. 따라서 대북정책을 안정적으로 추진하고, 한반도 비핵평화 프로세스를 진전시키기 위해서는 지역안보협력이 전제되어야 하고, 이는 다시 역내에서 공동안보에 대한 공감대를 기반으로 가능할 것이다.

이런 남북관계와 동북아의 연관성은 향후 한국 정부가 한반도 비핵평화체제 로드맵을 작성할 때, '한반도 평화체제 구축'에 더하여 '동북아 평화체제 구축'도 추진해야 하는 이유가 된다. 동북아 평화체제와 안보협력을 목표로 동북아 6자 외교장관 회담, 실무급 동북아 다자안보대화 가동 등을 가동한다면, 한반도 비핵평화가 촉진될 것이다. 특히 동북아 지역안보협력은 북핵문제가 지난 30년에 걸친 '북핵협상의 악순환'에서 벗어나, 비핵화가 안정적이며 불가역적으로 진행되는 지역 환경을 제공할 것이다. 탈냉전기 한국 정부가 일관되게 지역안보협력을 주창했던 것은 동북아와 한반도의 평화가 불가분의 관계에 있다는 것을 알았기 때문이었다. 박근혜 정부와 문재인 정부가 '동북아 평화협력'을 추진하며, "동북아지역의 평화와 협력 없이는 우리 안보와 번영도 생각할 수 없다"고 설명했다. 이 입장은 바로 한국의 '동북아 국익'을 잘 대변하고 있다.

동북아 지역 안보대화의 모색과 평화협력포럼의 가동

동북아 역내 국가들은 1990년대부터 수시로 동북아 지역 안보대화의 가능성을 모색하여 왔지만 그 성과가 미미했다. 동북아 국가 중에서는 한국이 유일하게 80년대 말부터 동북아 다자안보협력에 대해 일관되게 관심을 보였다. 한국은 지역안보협력을 통해 북한의 위협을 완화하고 동북아 틀 속에서 북한의 개혁·개방을 유도하려고 했다. 또한 한미동맹에 의존하면서도 방기와 연루의 동맹 리스크에서 벗어나기 위해 한미동맹에 대한 군사안보적 보완책으로 지역 안보협력을 모색했다.

사실 대부분 외교안보전문가들은 동북아 지역 안보협력이 이상적이고 필요하다고 보면서도, 그 실현성을 매우 낮게 본다. 특히 유럽의 안보협력 경험을 동북아에 적용하기 어렵다는 입장이다. 그 이유로 유럽과 달리 동아시아지역의 정치체제·역사·종교·문화적 동질성 결여, 국력 규모와 경제발전의 격차, 공통의 위협인식 결여, 미국 바큇살 동맹체제의 우세, 중일 간 역사적 지역 경쟁의식, 한일 갈등 등을 들고 있다. 이런 어려움을 반영하듯 수많은 지역 안보대화 시도가 모두 무산되었다.

대표적인 사례가 6자회담이 추진했던 지역안보대화였다. 역내 다자안보 대화의 필요성에 대한 공감대를 배경으로 하여, 동북아 6개국은 9.19 공동성명(2005)에서 "동북아시아의 안보협력을 증진하기 위한 방법과 수단을 모색하기로 합의"하였다. 또한 2.13 합의(2007)에서는 '동북아 평화안보체제 실무그룹'을 설치하고 "6자 장관회담에서 동북아 안보협력을 증진"하기로 합의하여 구체적인 행동조치까지 제시하였다. 이에 따라 2007년 3월 16일 북경 러시아 대사관에서 열린 1차 '동북아 평화인보세세' 실무회의는 동북아 지역 최초의 정부 간 다자안보협력대화로 기록된다. 이후 북핵문제의 악화와 북한의 거부로 역사적인 동북아 다자안보협력 시도는 무산되었다.

또 다른 동북아 지역안보협력의 시도는 박근혜 정부(2013~2017)의 동북아 평화협력 구상('동평구')이다. 동평구가 박근혜 정부의 '신뢰외교'를 실행하는 하나의 방편으로 출범했디는 짐에서 이상주의적 요소를 갖고 있다. 동평구는 전통 안보이슈를 다루는 지역 안보대화가 어려운 현실을 감안하여, 역내 국가에게 공동의 위협이 되는 '비전통 연성안보 의제'에서 시작하기로 했다. 중국은 2013년 6월 27일 채택된 '한중 미래비전 공동성명'에서 한국의 동북아 협력 구상을 지지했다. 2015년 11월 1일 열린 한중일 정상회의에서도 정상들은 '동북아 평화협력을 위한 공동선언문'을 채택하고, "항구적인 지역의 평화·안정과 공동번영을 구축하기 위해서는 경제적 상호의존과 정치안보상의 갈등이 병존하고 있는 현상을 극복해야 한다는 데 인식을 같이"하고, 이를 위한 3국의 협력을 다짐했다.

이런 정상 간 합의에도 불구하고, 동평구 회의는 막상 동북아국의 소극적인 태도로 인해 순탄하지 못했다. 2010년대 들어 미중, 중일, 한일 관계가 긴장되었고, 특히 일본은 중국을 포함하는 지역안보대화에 대해 거부감이 컸다. 그렇지만 한국 정부의 주도로 역내 다자회의가 계속 가동된 것은 역사적 의의가 있다.

문재인 정부는 이 동북아 정책을 계승하여 '동북아 평화협력 플랫폼' 사업을 추진했다. '동북아플러스 책임공동체 형성'이라는 국정과제의 한 과제로 추진된 동북아 플랫폼 사업은 다음과 같은 하부 목표를 제시했다. 첫째, 역내 평화와 협력을 위해 관련 이해당사자들이 자유롭게 모여 다양한 협력 의제를 논의하는 장을 만든다. 둘째, 국가 간 이견과 갈등을 다룰 다자협력체제를 구축한다. 셋째, 대화와 협력의 관행을 지속적으로 축적함으로써 대립과 갈등의 구도를 대화와 협력의 질서로 전환시킨다. 넷째, 전염병, 테러, 자연재난, 사이버범죄 등과 같은 초국가 안보위협에 대해 지역적으로 공동 대응한다. 마지막으로 지역협력을 통해 줄어든 안보 비용을 경제에 투자하여 공동번영을 추구한다.

동 플랫폼에는 한국, 중국, 일본, 미국, 러시아, 몽골 등 동북아 지역국이 우선 참여하도록 하고, 북한의 참여도 확보한다는 목표를 세웠다. 여기에는 역내국뿐만 아니라, 호주, 뉴질랜드, UN, EU, OSCE, ASEAN, NATO 등 동북아 평화협력에 관심과 의지가 있는 국가, 국제기구, 지역기구 등과도 동반자 관계를 추진하고 참여를 독려했다. 하지만 미중 경쟁과 중일 경쟁의 동북아 정세를 반영하듯, 동북아 플랫폼 사업도 그 진행이 순탄치 못했고, 성과도 기대에 못 미쳤다.

이런 지역협력 사업의 경험을 배경으로 본고는 동북아 지역안보협력의 실현을 위해 아래와 같이 제안하고자 한다. 우선 박근혜 정부부터 문재인 정부까지 우여곡절 속에서 가동되었던 '동북아 평화협력포럼'을 계속 가동할 것을 제안한다. 이때 아래와 같은 동북아 포럼의 비전과 미션을 제정하고, 동 사업의 추진체계를 재정비해야 한다. 동 포럼의 비전으로서 "동북아의 공동 평화와 번영을 추구하는 지역적 플랫폼을 추구하며, 공동 목표에 공감하는 개인·NGO·지방자치단체·시민사회·정부 등 모든 지역행위자들이 참가하고 교류하는 지역협력대화체"로 제안한다.

동 포럼의 미션으로 다음을 제안한다. "동북아 평화협력포럼은 역내 평화와 공영과 안전을 위한 대화와 협력의 플랫폼을 제공함으로써 역내 평화와 협력에 기여하고자 한다. 동북아는 역내의 다양한 갈등 요인에도 불구하고, 한중일 삼국 정상이 합의했듯이 "항구적 역사와 무한한 미래를 공유"하고 오랜 교류협력과 평화공존의 역사도 갖고 있다. 따라서 동북아 평화협력포럼은 역내 평화와 공영을 추구하는 개인, NGO, 정부인사 등 모든 이해관계자들이 모여, 대화와 협력의 방안을 모색하는 지역대화와 플랫폼을 제공하고자 한다. 동북아 포럼은 평화공존, 개방과 포용, 열린 지역주의 원칙에 따라 모든 참석자들이 평화와 공영을 위한 방안을 자유롭게 토론하고 공유하는 온라인, 오프라인 플랫폼을 제공한다. 포럼은 역내 국가뿐만 아니라, 개인, 지식공동체, NGO, 미디어, 지방자치, 시민사회, 지역기구, 국제기구의 참석을 적극 환영한다."

동 포럼 사업을 내실화하고 활성화하기 위한 구체적인 조치로서 '동북아 평화협력기금'과 '동북아 평화협력 연구센터'를 설립할 것을 제안한다. 동북아 평화협력기금은 한국국제교류재단과 유사한 사업을 수행하며, 그 대상을 역내 교류협력 사업, 타 지역기구와 협력 사업으로 한정한다. 동북아 평화협력포럼에는 정부와 외교안보전문가뿐만 아니라, 의회·지자체·시민사회·사업가·NGO·개인도 참여하는 기회를 확대하여 지역주의 정신을 확산시키도록 한다. 동북아 평화협력 연구센터는 역내 다자협력에 대한 정책연구, 타 지역의 지역연구센터와 협업 및 교류협력 등을 수행하며, 동북아 다자협력 연구와 네트워크를 위한 허브 기능을 수행토록 한다. 그리고 동북아 연구센터를 한중일 삼국협력사무국(Trilateral Cooperation Secretariat, TCS)에 한국의 거점 동북아 연구센터로 등록한다. 동북아 연구센터는 국내에서 지역협력의 연구 거점이 되고, 한국뿐만 아니라 동북아 연구자의 네트워크 허브 기능을 수행한다.

역내 불신과 갈등이 팽배한 상황에서 지역협력을 진작하려면 무엇보다 동북아의 공통된 비전과 전략을 공유해야 하는데, 연구센터가 주도하여 동북아 비전과 전략을 개발한다. 이때 김대중·이명박 정부의 동아시아비전그룹(East Asia Vision Group, EAVG), 동아시아연구그룹(East Asia Study Group, EASG) 사례를 참조하여, 후속 동아시아비전그룹과 동아시아연구그룹을 가동토록 한다. 동 연구센터 연구진을 역내 출신의 다국적 연구자로 구성한다. 또한 다국적 공동연구를 원칙으로 하게 되면, 연구센터 자체가 지역협력과 인식공동체의 상징이자 성과가 될 것이다. 이런 작업은 역내에서 지역주의와 지역협력을 지향하는 '인식공동체'를 만들고 확산하는 효과도 있다.

마지막으로 동북아 포럼의 틀 내에서 한국 정부가 제안했거나 또는 역내국과 주민들의 관심이 높은 소수의 사업을 선택하여, 동북아 평화협력 시범사업을 추진토록 한다. 시범사업으로 역내 각종 대형 재난재해 또는 원자력사고에 대비하는 동북아 재난재해 공동체, 동아시아 철도망을 연결하는 동아시아 철도공동체, 코로나19와 같은 감염병에 대응하는 동북아 방역보건 공동체 등을 제안한다.

'동북아 비핵평화지대' 모색

한반도와 동북아에서 임박한 최대 안보위협 요인이 북한 핵무기라는 데 이견이 없다. 한국과 미국, 국제사회는 지난 30년간 북핵외교를 추진했지만 북한 비핵화에 실패했다. 그 결과, 북한은 약 50기 핵무기 또는 이에 상당하는 핵분열물질을 확보했고, 매년 핵무기 5기 이상을 만들 수 있는 핵물질을 계속 생산한다는 것이 전문가들의 일반적인 평가이다. 그렇다면 북핵문제를 어떻게 통제하며, 한반도에서 비핵평화체제를 구축할 것인가. 이에 대한 해법의 하나로 '동북아 비핵지대' 아이디

어가 있다. 사실 역내 정부 누구도 '동북아 비핵지대'를 제안하지도, 추
진하지도 않고 있다. 그렇다면 '동북아 비핵지대'가 왜 필요하며, 이를
위해 무엇을 해야 하나.

우선 핵확산에 대한 이론과 사례연구를 보면, 국가들은 무엇보다 안
보적, 정치적 동기 때문에 핵무장하고, 이런 동기가 해소되면 핵을 포
기하는 경향이 있다. 북한은 탈냉전기에 들어 국가 붕괴의 실존적 위기
를 맞았고, 이를 극복하는 방법으로서 핵무장했다. 그런데 북한이 수령
제와 폐쇄경제를 고수함에 따라 체제위기와 경제위기에서 좀처럼 벗어
나기 어렵다. 따라서 핵무장 동기가 여전하여, 핵포기를 선택할 가능성
은 매우 낮다. 하지만 핵무장으로 인해 경제제재를 집중적으로 받고 있
어, 북한에게는 핵무장의 지속도 쉬운 일은 아니다. 따라서 만약 북한
에게 안전보장을 확실히 제공할 수 있다면, 북한도 점진적이나마 핵포
기를 선택한 가능성이 있다. 김정은 위원장이 2018년 3월 방북한 한국
특사에게 "북에 대한 군사적 위협이 해소되고 북 체제 안전이 보장된
다면 핵을 보유할 이유가 없다는 점을 명백히 했다"고 말했다. 바로 이
발언은 핵무장과 핵포기 동기에 대한 전문가들의 연구결과에 부합한
다. 필자는 북핵문제 대해 장기간 연구한 결과, "한반도 평화체제가 북
한 비핵화를 위한 필요조건"이라는 잠정적인 결론에 도달했다. 다시 말
해 한반도 평화체제를 구축하여 남북 간, 북미 간 적대관계가 종식되고
정상화될 때, 비핵화도 촉진될 것이라는 판단이다.

그런데 미국과 한국이 북한에게 아무리 적대시 정책이 없고, 공격의
사가 없다고 약속해도 북한은 이를 믿지 못한다. 이런 한미의 약속은
정치적 이유로 쉽게 변한다고 보기 때문이다. 만약 이런 약속이 법제화
되고 다자화 되면 그 약속에 대한 신뢰도 커질 것이다. 이때 '동북아
비핵지대'를 한반도에 도입하면, 관련국의 핵포기 약속, 안전보장 약속
을 국제법제화하고, 이를 다시 유엔과 국제사회가 정치적으로 보장하

는 효과가 발생한다.

동북아 비핵지대가 실행되면, 한국이 지향하는 동북아 안보협력체제를 구축하는 동시에 북한 비핵화도 진전시키는 이중의 목표를 달성하는 효과가 있다. 이런 긍정적인 효과에도 불구하고, 동북아 비핵지대가 조만간 실현될 것으로 믿는 사람은 찾기 어렵다. 현재 북한, 미국, 일본이 이에 동의할 가능성도 낮다. 중국은 동북아 비핵지대에 중국의 핵무기는 해당되지 않는 조건에서 북한 비핵화뿐만 아니라 한국과 일본의 핵무장 방지, 그리고 미국의 역내 핵무기 도입 금지를 보장하는 효과가 있어 지지할 가능성이 크다. 최근 미중 전략경쟁의 악화, 중일 경쟁의 심화 등도 동북아 비핵지대에 대한 중대한 장애요인이다.

그렇다면 왜 동북아 비핵무기지대 또는 비핵지대가 가능할 것으로 보는가? 첫째, 남과 북은 1991년 '한반도 비핵화 공동선언'에서 어떤 핵무기의 제조와 반입도 금지하기로 합의한 적이 있다. 물론 북한이 이 합의를 반복적으로 위반하여 사실상 무효화시켰다. 2018년 남북 정상은 판문점선언에서 "완전한 비핵화를 통한 핵 없는 한반도" 목표에 다시 합의했다. '핵 없는 한반도' 목표는 북미 정상 간 싱가포르 공동성명에서 재확인 되었다. 2022년 북한의 중장거리미사일 발사 도발에 재개된 이후에도 판문점 선언과 싱가포르 공동성명이 계속 유효한지 불투명하다. 하지만 아직 누구도 이를 폐기하거나 부정하지 않고 있어, 되살릴 가능성도 열려있다. 남북미 삼국 정상이 서명한 '핵 없는 한반도' 약속은 향후 동북아 비핵지대를 추진할 때 활용할 수 있는 정치적 합의가 될 것이다.

일본 정부는 NPT 가입을 앞두고 1967년에 핵무기를 제조하지도, 보유하지도, 반입하지도 않는다는 '비핵 3원칙'을 채택했었다. 일본 원자력기본법도 원자력의 군사적 사용을 전면 금지했다. 그럼에도 불구하고 과연 일본 정부가 핵 잠재력 보유정책을 포기하면서까지 비핵지대에 참여할 것인지는 의문이다. 일본에는 핵무기 피폭의 경험으로 인해 뿌리 깊은 반핵평화 운동이 있다는 점을 감안할 때 일본의 비핵지대 참여가 반드시 불가능하다고 보기 어렵다. 일단 표면상 남과 북, 일본 등 삼국은 모두 비핵정책을 지향하므로 '동북아 비핵지대'를 위한 기본 요건을 충족하고 있다. 물론 북한의 비핵지대 참여는 현재로서 불가능하며, 핵무기를 완전히 포기한 상태에서 비로소 가능하다.

둘째, NPT 상 핵보유국은 비핵지대 국가에게 "핵무기 사용 또는 사용 위협을 하지 않는다"는 '소극적 안전보장(Negative Security Assurance, NSA)'을 국제법적으로 제공한다. 더욱이 유엔과 국제사회가 '동북아 비핵지대'를 법적으로, 정치적으로 보장한다. 이때 북한은 미국에 대해 강력히 요구하는 적대적 정책 포기와 핵위협 금지를 자동적으로 확보하는 효과가 있다. 또한 동북아 비핵지대를 창설하는 과정에서 상호 군사적·정치적 신뢰가 축적되고, 지역안보대화가 절로 가동되는 효과도 있다. 나아가 비핵지대를 설치하게 되면, 동북아 평화공동체를 구축하는 효과도 기대된다.

참고로, 비핵무기지대는 핵확산방지조약(NPT) 제7조와 유엔총회 결의 3472B(1975)를 그 국제법적 근거로 하며, 현재 남극, 남태평양, 중남미, 동남아, 중앙아시아, 몽골 등 총 7개가 설치되어 있다. 아시아와 서·남태평양을 보면, 중국과 러시아 2개 역내 핵보유국 및 동북아 지역을 제외한 중앙아시아, 동남아시아, 몽골, 남태평양 등 전 지역에 비핵지대가 설치되어 있다.

셋째, 동북아 비핵지대 구축에 대한 최대 장애요인의 하나로 한미동맹과 미일동맹을 든다. 사실 대부분 비핵지대국가들은 비동맹권 국가로서 동맹에 참여하지 않고 있다. 또한 미국의 동맹국들은 대체로 미국의 핵우산 하에 있어 비핵지대에 참여하지 않는다. 하지만 호주와 뉴질랜드, 그리고 태국과 필리핀은 미국과 동맹국이지만 각각 남태평양 비핵지대와 동남아 비핵지대에 참가했다. 따라서 비핵지대 참가와 핵보유국과 동맹이 상충한다고 보기 어렵다.

실제 비핵지대 참여국은 핵보유국의 핵우산을 거부한다. 따라서 한국도 동북아 비핵지대에 참여하려면, 핵우산 문제가 쟁점이 될 것이다. 사실 북한이 완전히 비핵화하고 NPT 회원국이 된다면, 우리가 북한의 핵위협에 때문에 미국 핵우산에 의존할 이유는 사라진다. 하지만 중국과 러시아라는 핵강대국이 있어, 이로부터 군사위협과 핵위협을 당할 때 과연 미국으로부터 핵우산이 필요 없는가에 대한 문제가 남아 있다.

미중 경쟁이 치열해지고 동북아에서 진영화와 신냉전 추세가 강화된다면 동북아 비핵지대는 기론조차 기대하기 어렵다. 다른 한편 미국이 중거리 핵전력 조약(Intermediate-Range Nuclear Forces Treaty, INF)을 탈퇴한 후 동북아 지역이 중거리 핵미사일을 도입할 가능성을 배제하기 어렵다. 중국은 종래 최소억제전략과 '핵 일차 불사용' 원칙에서 점차 탈피하여, 핵전력을 크게 강화하려는 움직임을 보이고 있다. 이런 역내의 강대국 세력경쟁과 군비경쟁 추세는 동북아 비핵지대 논의를 어렵게 한다. 역내의 핵경쟁과 핵전쟁 위험성은 역내 군사적 긴장완화와 군축 차원에서 비핵지대에 대한 관심을 촉발할 수도 있다. 강대국 경쟁 사이에 끼인 한국은 다른 중소국가와 마찬가지로 영토의 안전과 통상 국익을 보호하기 위해 군사적 긴장완화와 이를 위한 지역안보협력이 더욱 필요하다. 이런 차원에서 전문가그룹은 비핵지대에 대한 연구를 지속하고, 역내 시민사회 및 타 지역의 비핵지대 지지자들과 함께 '동북아 비핵지대'에 관심을 계속 유지해야 한다.

동북아에서 비핵지대 구상은 일찍이 간헐적으로 제기되었지만, 관련 정부나 정책공동체의 관심을 끌지 못했다. 그렇지만 나가사키대학의 핵무기폐기연구센터(Research Center for Nuclear Weapons Abolition, RECNA)가 지속적으로 동북아 비핵지대를 연구하고, 이를 확산하기 위해 노력하고 있다. 스즈키 다츠지로 RECNA 센터장에 따르면, 2015년 동 센터가 제창한 동북아비핵무기지대구상은 우메바야시 히로미치 교수가 제창한 '3+3'구상과 모턴 핼퍼린(Morton Halperin) 박사가 제창한 '비핵화를 포함한 동북아시아의 포괄적 안전보장에 대한 접근'을 기초로 했다고 한다. RECNA 초대 센터장인 우메바야시 히로미치 교수는 1996년 남·북·일 등 3자의 비핵지대화와 미·중·러 등 3개 핵보유국에 의한 소극적 안선보장을 엮은 '3+3'(안)을 제안했다. RECNA의 비핵지대구상의 구체적 내용은 아래와 같다.

동북아 비핵지대를 만들기 위해서는 우선 최소한 남북한 및 일본이 비핵정책을 확인하고, 이를 검증받아야 한다. 검증장치로는 IAEA의 보편적인 핵비확산 사찰을 받는 방법, 그리고 보완적으로 유럽의 유라톰 및 남미의 ABACC(Brazilian-Argentine Agency for Accounting and Control of Nuclear Materials, 1991)와 같이 관련국이 자체 검증하거나 상호 검증하는 방법도 있다. 다음 비핵지대의 법제화가 필요하다. 이를 위해 유엔이 만든 비핵지대 조건을 충족하고, 유엔이 이를 확인해야 한다. 셋째, 핵보유국이 비핵지대 내 국가를 핵무기로 공격 또는 위협하지 않는다는 '소극적 안전보장(Negative Security Assurance)'을 법적으로 제공해야 한다.

결론적으로, 오늘 북한이 핵무장을 완성한 상황에서 비핵화 가능성은 매우 낮지만, 비핵화 전략의 하나로서 비핵지대에 대한 관심을 유지할 필요가 있다. 특히 비핵지대 속에서 북한에게 제도적으로 안전보장을 제공하고, 북미 수교도 가능해서, 북한 비핵화를 촉진하는 효과가 있다. 동시에 동북아 지역안보협력과 지역주의를 촉진하는 방안으로서 비핵지대에 대한 연구가 필요하다.

한중일 삼국 협력체제 활성화

동북아 평화협력을 확대하기 위해 이미 가동 중인 한중일 삼국 협력체제를 지역협력의 핵심 축으로 활용하도록 한다. 한중일 3국은 2008년부터 '한중일 정상회의'를 동북아의 최고위급 지역대화로 가동하기 시작했다. 한중일 외무장관회의도 거의 연례적으로 열린다. 역내 양자관계 악화로 때로는 열리지 않은 적도 있지만 3국 정상회의와 외무장관회의는 이미 제도화되었다. 2011년 '한중일 3국 협력사무국'을 서울에 개설한 것도 2010년 한중일 정상회의의 결과이다.

한중일 정상회의는 2015년 11월 '동북아 평화협력을 위한 공동선언문'을 채택하고 "항구적인 지역의 평화·안정·공동번영을 구축하기 위해서는 경제적 상호의존과 정치안보상의 갈등이 병존하고 있는 현상을 극복해야 한다는 데 인식을 같이"하였다. 또한 3국 정상들은 "3국 협력의 심화가 3국 간 안정적인 양자관계 및 동북아 지역의 평화·안정·번영에도 기여한다는 점을 확인"했다. 그런데 이런 정상 합의에도 불구하고, 2010년대 중반 이후 미중 경쟁과 중일 경쟁 탓에 한중일 삼국협력은 순탄치 못했다. 따라서 아래에서는 한중일 삼국 주도의 지역협력을 활성화하는 방안을 제안한다.

첫째, 한중일 정상회의와 외교장관회의를 정례적으로 개최하여 지역협력과 평화협력의 대원칙을 반복적으로 재확인하고 전파하도록 한다. 동북아의 강한 국가주의적·민족주의적 전통을 감안할 때 지역협력을 진전시키기 위해 국가의 주도적 역할이 불가피하다. 예를 들면, 한중일 정상회의는 2011년 제4차 정상회의에서 후쿠시마 원전사고 대응을 위한 '원자력안전 협력문서'와 '재난관리 협력문서' 채택, 2015년 제6차 정상회의에서 '동북아 평화협력을 위한 공동선언문' 채택, 2019년 제8차 정상회의에서 '향후 10년 삼국 협력 비전' 채택 등 각종 계기마다 미래지향적이고 평화협력을 강조하는 각종 문서를 채택했었다. 하지만 이런 합의가 실행되지 못하는 사례가 비일비재하고, 양자적 갈등으로 인해 정상회담도 종종 연기되었다.

둘째, 역내에서 이미 가동 중인 한중일 3국 협력사무국(TCS)과 '한중일 3국 협력 싱크탱크 네트워크(Network of Trilateral Cooperation Think‒Tanks, NTCT)'의 역량을 강화하고, 기능을 더욱 활성화한다. 2011년 서울에서 설립된 3국 협력사무국은 아직 활동이 미미하지만 동북아에서 유일한 정부 간 다자협력기구이다. 그런데 3국 협력사무국이 자신의 잠재력을 충분히 발휘하지 못하고 있고, 3국간에도 동 기구를 어떻게 활용한 것인지에 대해 견해차가 있다. 따라서 우선 동북아 3국 간 TCS의 활용과 활성화 방안에 대한 합의가 필요하다. TCS를 활성화하기 위한 방안으로서 TCS의 사업 기금 확대, 독자적인 지역협력 사업 추진, 지역기구로서 TCS의 자율성 확대, 지역협력정책의 연구개발 역량 확대 등이 거론되고 있다.

셋째, 동북아 3국 정부 간 동북아 협력에 관심과 참여 수준에 차이가 있는 상황에서 지역주의와 다자안보협력을 위한 인식공동체의 확산을 위해 NTCT를 적극 활용하도록 한다. NTCT의 설립은 2015년 3월 제7차 한중일 외무장관회의에서 결정되었다. 같은 해 8월 말 TCS가 주최한 '제2회 한중일 인문교류포럼'에서 국립외교원 외교안보연구소, 일본 국제관계포럼, 중국외교학원 등이 3개 기관이 각각 3국의 대표기관으로 참여하는 NTCT가 발족했다. TCS가 NTCT의 사무국 역할을 담당하고 있다. 동북아 지역협력정책에 대한 연구를 활성화하기 위해, NTCT의 한국 측 대표기관인 국립외교원에도 동북아 평화협력 연구센터를 설치할 것을 제기한다. 2020년 연례 NTCT 회의는 3개 분야의 삼국 공동연구를 실시하기로 결정하고, '지역안보협력' 분야의 공동연구를 위해 국립연구원을 연구 실무그룹 의장국으로 지명했다. 이는 지역안보협력에 대한 삼국 간 초유의 공동연구 작업으로서 의미가 크다.

동북아시아는 지구상 지역주의가 미발달되고 지역 안보협력체가 부재한 유일한 지역이다. 탈냉전기 들어 일부 지역협력의 성과가 있었지만, 동북아 안보협력은 아직 미미한 수준이고 지역 안보협력의 관행과 제도도 정착되지 못했다. 역내국들은 공동안보와 포괄안보 개념을 공유하며 지역안보협력을 추구하기보다는 여전히 상호 깊은 불신과 경쟁의식에 사로잡혀있다고 해도 과언이 아니다. 21세기 들어 동북아 안보 상황은 계속 악화되고 군사적 긴장도 증가했다. 동북아 지정학적 특성 탓에 한반도, 대만해협, 동중국해 등이 오늘 전 세계에서 가장 군사적 충돌 가능성이 높은 지역으로 손꼽히고 있다. 한국은 평화번영의 국익을 보호하기 위해 과거 어느 때보다 과감한 지역안보전략이 필요하다.

제13장

북한 핵무장 이후
북핵 외교와 억제 전략

1. 북한의 핵무장 현실화와 안보 위험 평가

김정은의 핵역량 증강

　탈냉전기 들어 실존적 체제위기와 국가위기를 맞았던 김정일 국방위원장과 김정은 국무위원장은 각각 선군정치와 병진노선을 제시하고, 국가와 체제 생존을 도모했다. 김정일과 김정은은 국가안전뿐만 아니라 체제안전과 정권안전을 보장하기 위한 최고 수단으로서 핵무장을 선택하고, 김일성 시대부터 시작된 핵개발을 본격화했다. 김정일 정권 하에서 두 차례의 핵실험(2006.10, 2009.5)이 있었다. 김정은은 3차(2013.3), 4차(2016.1), 5차(2016.9), 6차(2017.9) 핵실험을 연이어 실시하며, 핵개발을 가속화했다. 2017년 9월 6차 핵실험에서는 소위 '수소폭탄'을 실험하고, 이어서 화성 14호, 15호 장거리미사일의 시험발사에 성공함으로써 핵무장 노력은 최고조에 달했다. 북한의 2012년 개정 사회주의헌법은 서문에서 "(김정일은) 우리 조국을 불패의 정치사상 강국, 핵보유국, 무적의 군사강국으로 전변시켰으며, 강성국가 건설의 휘황한 대통로를 열어놓았다"고 기술하여, 이때부터 '핵보유국'을 자칭했다.

김정은은 2013년 3월 31일 노동당중앙위원회 전원회의에서 "경제건설과 핵무력 건설을 병진시킬 데 대한 새로운 전략노선(이하 '병진노선')"을 발표했다. 병진노선에 대해, 김정은은 "핵무력을 중추로 하는 나라의 방위력을 철벽으로 다지면서 경제건설에 더욱 박차를 가하여 번영하는 사회주의강국을 하루빨리 건설하기 위한 가장 정당하고 혁명적인 노선"이라고 규정했다. 김정은은 병진노선을 통해 주민에게 '핵보유국'으로서 자긍심을 고취하고, 내부 정치세력에 대해 자신의 세력우위를 보장하는 정치적 용도로 활용했다. 북한은 2013년 4월 1일 최고인민회의에서 "자위적 핵보유국의 지위를 더욱 공고히 할 데 대하여" 법(이하 "핵보유국법")을 채택하여 핵보유를 법제화하였다. 김정은 정권에서 핵무기는 단순히 군사력의 일부가 아니라, 김정은 정권과 북한국가를 상징하는 정체성으로 부각되었다. 마침내 김정은은 2018년 1월 신년사에서 "국가 핵무력 완성의 역사적 대업"을 이미 이루었으며, 그 결과 "강력하고 믿음직한 전쟁 억제력"을 보유하게 되었다고 선언했다.

북핵문제 전문가들은 북한이 현재 약 50개 내외의 핵무기 또는 이에 상당하는 무기용 핵분열물질을 보유하고 있다고 추정한다.[1] 그리고 매년 추가로 핵무기 5~7개를 만들 수 있는 핵분열물질을 생산하는 것으로 추정한다. 이런 추세를 따르면 북한은 2030년까지 100기 이상 핵무기를 보유하게 된다. 참고로, 저명한 핵비확산 연구그룹인 '핵분열물질 국제패널(International Panel on Fissile Materials)'은 북한이 핵탄두를 최대 60개 제조할 수 있는 핵분열물질을 보유한 것으로 추정했다.[2] 지그프리드 해커(Siegfried Hecker) 스탠포드대 교수는 2017년 말까지 30

1) Hans M. Kristensen, Matt Korda, "Nuclear Notebook: How many nuclear weapons does North Korea have in 2021?," July 21, 2021, <https://thebulletin.org/premium/2021-07/nuclear-notebook-how-many-nuclear-weapons-does-north-korea-have-in-2021/>.
2) International Panel on Fissile Materials, "Countries: North Korea," <https://fissilematerials.org/countries/north_korea.html>.

개 핵탄두를 만들 수 있는 핵분열물질을 보유했고, 매년 6개 분량의 핵물질을 추가로 생산할 수 있다고 평가했다. 한 언론 보도에 따르면, 미국방정보국(Defense Intelligence Agency, DIA)은 북한이 2019년까지 65개 핵탄두를 만들 수 있는 무기용 핵물질을 확보했고, 매년 최대 12개 분량의 무기용 핵물질을 생산할 수 있다고 분석했다.

2021년 현재 핵무기 초강대국인 미국과 러시아는 핵무기를 5,000·6,000기를 보유하고 있다. 하지만 중소 핵무장국은 현저히 적은 수의 핵무기를 보유했다. 중국은 350~400, 프랑스는 290, 영국은 225, 파키스탄은 165, 인도는 160, 이스라엘은 90기를 보유한 것으로 추정된다. 중소 핵무장국들의 핵보유 동향을 감안할 때, 북한도 필요충분한 핵억제보복력 구축을 위해 최소한 100~200기 수준의 핵무기 보유를 목표로 핵무기를 계속 생산할 것으로 전망된다. 국제원자력기구(IAEA)가 2021년 8월 27일 발표한 『북한 안전조치 적용(Application of Safeguards in the Democratic People's Republic of Korea)』 보고서는 북한이 계속 핵시설을 가동하여 무기용 핵물질을 생산하고, 핵무장력을 증강시키고 있다고 평가했다.[3]

지금도 북한은 매우 강력한 경제제재를 받고 있지만, 위 IAEA 보고서가 보여주듯이 실제로 별 정치외교적 제약 없이 자신의 역량껏 핵탄두와 미사일의 연구개발과 생산에 매진하고 핵역량을 증대시키고 있다. 김정은은 2018년 일시적으로 대외적인 핵·미사일 활동을 동결했다가, 2019년 2월 소위 '하노이 노딜(no deal)'을 변곡점으로 다시 핵무력 증강을 가속화했다. 그 결과, 2020년 10월 10일 노동당 창건 75주년 기념 열병식과 2021년 1월 14일 8차 당 대회 기념 야간 열병식에서 온갖 신형 전략, 전술 핵무기를 전시하고, 이를 국내외에 과시했다. 이런 북한의 핵미사일 증강 추세가 지속되면, 2030년까지 한국과 일본뿐

---

3) 전봉근, "IAEA 북핵 보고서 평가와 대응방안," 국립외교원 외교안보연구소 IFANS FOCUS, 2021.9.7.

만 아니라, 한국·일본·서태평양 주둔 미군에 대해 충분한 선제적 핵타격력과 핵 보복억지력을 구축할 것으로 전망된다.

북한의 '핵무력정책법'과 공세적 핵교리

종래 북한의 핵교리는 '핵 일차 불사용'과 '핵 보복억제'로 알려져 있다. 그런데 이런 핵교리는 북한이 대외적으로 핵보유를 정당화하기 위한 명분용에 불과하고, 적국으로 간주하는 한국과 미국에 대해서는 처음부터 '핵 선제공격'을 주장했었다. 북한은 2013년 4월 공포한 일명 '핵보유국법'에서 핵무기의 사용지침, 즉 핵전략을 처음으로 공개했다. 당시 핵무기의 용도를 명시한 2조에 따르면, "핵무장력은 (세계의 비핵화가 실현될 때까지) 우리 공화국에 대한 침략과 공격을 억제·격퇴하고, 침략의 본거지들에 대한 섬멸적인 보복타격을 가하는 데 복무"한다.[4] '비핵국'에 대한 핵사용 원칙을 규정한 5조에서 북한은 "적대적인 핵보유국과 야합하여 우리 공화국을 반대하는 침략이나 공격행위에 가담하지 않는 한 비핵국가들에 대하여 핵무기를 사용하거나 핵무기로 위협하지 않는다"고 선언했다. 여기서 북한은 한국에 대해 핵사용과 핵위협 가능성을 시사했다. 북한이 보기에 한국은 핵보유국인 미국과 동맹국이며, 자신을 향한 "핵전쟁연습"을 수시로 실시하므로 일반적인 '비핵국'의 범주에서 제외된다. 따라서 한국은 핵무기 불사용, 불위협 대상에서 제외된다.

북한은 2013년부터 한국에 대해서 '핵 선제공격'을 명시적으로 위협

---

4) 북한은 2016년 5월 7차 당대회 결정서에서도 "책임 있는 핵보유국으로서 침략적인 적대세력이 핵으로 우리의 자주권을 침해하지 않는 한 이미 천명한 대로 먼저 핵무기를 사용하지 않을 것"이라고 재천명하였다. 북한이 이렇게 '일차 불사용(No First Use)' 원칙을 반복하여 주장하는 배경에는 자신의 핵무장을 자위용으로 정당화하고, 국제사회의 제재압박을 완화시키려는 의도가 있었다.

했다. 북한은 3차 핵실험(2013.2.12.) 이후 북한에 대한 남한과 국제사회의 제재와 압박이 강화되자, 2013년 3월 27일 인민군최고사령부 명의 성명을 통해 '1호 전투근무태세'를 발표하여 "(대남) 군사적 행동은 우리의 자주권 수호를 위한 강력한 핵 선제타격"을 포함한다고 주장했다. 북한 국방위원회는 2016년 3월 7일 성명에서도 "적들이 강행하는 합동군사연습이 우리 공화국의 자주권에 대한 가장 노골적인 핵전쟁 도발로 긴주된 이상 그에 따른 우리의 군사적 대응조치도 보다 선제적이고 보다 공격적인 핵 타격전으로 될 것이다"고 위협했다. 이 성명은 한미 연합훈련을 "핵전쟁 도발"로 간주하고, 자신의 핵 선제 사용을 정당화했다.

2018년 일련의 남북 및 북미정상회담이 개최되면서 북한의 핵공격 주장은 자취를 감추었다가, 2022년 5월 윤석열 정부가 출범하사 핵위협이 재등장했다. 김정은은 2022년 4월 25일 열린 조선인민혁명군 창건 90주년 열병식 연설에서 "핵무력의 기본 사명이 전쟁 억제"에 있지만, "어떤 세력이든 우리 국가의 근본 이익을 침탈하려 든다면 우리 핵무력은 의외의 자기의 둘째가는 사명을 결단코 결행하지 않을 수 없을 것"이라고 주장했다. 여기서 "둘째가는 사명"이란 핵무기를 선제적으로 사용하거나, 재래식 전쟁에도 핵무기를 투입한다는 의미로 해석된다.

북한은 2022년 9월 8월 기존의 '핵보유국법(2013)'을 대체하는 '핵무력정책법'을 제정하고 핵 선제공격 원칙을 법제화했다. 과거 북한은 적의 핵공격에 한하여 핵으로 대응하는 '일차 불사용' 원칙을 부각시켰지만, 핵무력정책법은 5개 핵사용의 조건(6조) 및 지휘통제권 조항(3조)에 따라 적극적, 선제적, 임의적 핵무기 사용을 선언했다. 특히 정치적·체제적 국가위기 상황에서도 핵사용을 규정하고, 핵 지휘통제체제가 위험할 때 "사전에 결정된 작전방안에 따라 자동적인 핵 반격"을 규정한 것은 다른 어떤 핵무장국에도 없는 매우 위험한 핵무기 사용조건이다.

핵무력정책법이 제시한 5개 핵사용의 경우를 보면, 사실상 상상할 수 있는 모든 정치군사적 상황에서 자의적인 핵무기 사용이 가능하다.[5] 더욱이 핵사용 조건을 적대적 행동의 실행뿐만 아니라 '임박했다고 판단되는 경우'로까지 확대하여 '핵사용 문턱'을 크게 낮추었다.

북한의 선제적, 적극적, 자동적 핵사용 규정으로 인해 의도적인 핵사용 위험뿐만 아니라, 예상치 못한 사고·오산·오인으로 인한 핵사용 위험(nuclear risk)도 크게 증가했다. 특히 핵무력정책법은 "임의의 조건과 환경에서도 즉시 핵사용 명령을 집행하기 위한 경상적인 핵사용 태세를 유지"를 요구했다. 북한의 이런 핵태세는 핵사용 위험성을 더욱 증가시키는 부작용이 있다. 또한 북한의 선제적·자동적·임의적 핵사용 원칙과 한국의 북핵 위협에 대응하기 위한 선제공격(킬체인) 원칙이 충돌할 때, 의도치 않은 군사적 충돌의 가능성은 더욱 커질 것으로 예상된다.

한반도 전쟁과 핵사용 위험성

냉전기에 남북 간 군사적 대치가 극심했고, 탈냉전기에 북핵위기와 전쟁위기가 주기적으로 반복되었다. 하지만 실제 한반도에서 전쟁이 발발할 것으로 전망하는 사람들은 많지 않았다. 그런데 최근 발생한 2개의 사건, 즉 2017년 한반도 전쟁위기와 2022년 2월 우크라이나 전쟁은 이런 한반도정세에 대한 인식을 완전히 바꾸었다. 한반도 전쟁을 단순

---

5) 1) 핵무기, 기타 대량살상무기 공격이 실행 또는 임박했다고 판단되는 경우, 2) 국가지도부와 국가 핵무력 지휘기구에 대한 적대세력의 핵, 비핵공격이 실행 또는 임박했다고 판단되는 경우, 3) 중요 전략적 대상에 대한 치명적 군사적 공격이 실행 또는 임박했다고 판단되는 경우, 4) 전쟁 확대 및 장기화를 막고 전쟁의 주도권을 장악하기 위한 작전상 필요가 불가피한 경우, 5) 국가 존립과 인민의 생명안전에 파국적인 위기를 초래하는 사태로 핵무기로 대응할 수밖에 없는 불가피한 상황의 경우.

히 미래와 상상의 문제가 아니라, 내일이라도 발생할 수 있는 현실로 인식하게 된 것이다. 2017년 김정은 정권과 트럼프 행정부 간 오간 '말의 전쟁'은 종래 양국 간 빈번했던 상호 비난전과는 차원이 달랐다. 북한은 트럼프 대통령을 "늙다리 미치광이"라고 비난하고, 미국에게 "사상 최고의 초강경 대응조치"와 핵 선제공격을 위협했다. 미국은 북한을 기습적으로 선제 공격하는 "코피 작전" 검토, 트럼프 대통령의 북한 "완전 피괴"와 "화염과 분노" 발언으로 대응했다. 국내 언론도 "김정은 참수작전," "대북 스텔스 선제타격" 등을 보도하여, 한반도 전쟁위기에 고조시켰다.

대다수 안보전문가들은 2017년 한반도정세를 6.25 전쟁 이후 최대의 전쟁위기로 평가했다. 심지어 2017년 10월 존 브레넌 전 미 CIA 국장은 북미 충돌 가능성을 20% 이상이라고 주장했다.[6] 2019년 2월의 소위 '하노이 노딜' 이후 남북 및 북미관계가 계속 악화되고 있어, 앞으로 2017년의 전쟁위기가 반복될 가능성이 있다. 이렇게 군사적 긴장이 극도로 높은 상황에서는 사건사고로 인한 군사적 충돌이 발생할 가능성이 크고, 사소한 군사적 충돌도 전면전으로 확전될 위험이 높다. 예를 들면, 공해상 한미 연합훈련에 대해 북한이 총격이나 미사일을 발사하는 경우, 북한이 괌 인근해역에 미사일을 포위 발사하고 미군이 이를 요격하는 경우, 북한의 미사일 발사 징후 시 한미가 미사일 발사대 선제 공격하는 경우, 북한이 공언한 태평양 수소탄 실험과 ICBM 실거리 시험발사에 대해 미국이 요격 또는 선제타격하는 경우 등이 있다.

2022년부터 남북 간에 미사일 시험발사와 훈련발사가 부쩍 증가했는데, 이런 미사일 발사가 자칫 기계적 오작동으로 인해 상대방 영토에

6) Wall Street Journal, "Ex-CIA Chief Sees at Least 'One in Five' Chance of War with North Korea," October 19, 2017, <https://www.wsj.com/articles/ex-cia-chief-sees-at-least-one-in-five-chance-of-war-with-north-korea-1508422624>.

떨어지거나, 심지어 인명 피해가 발생할 가능성도 배제하기 어렵다. 미사일 발사 횟수가 늘어날수록 그 위험성은 더욱 증가할 것이다. 또는 북한이 남향이나, 동향으로 중장거리 미사일을 발사할 때, 북한과 군사적 소통채널이 없는 상황에서 한국, 미국, 일본이 미사일의 요격을 시도할 수도 있다. 심지어 북한의 핵위협과 전쟁위협이 최고조인 상황에서 북한이 미사일 시험발사 또는 훈련발사를 시도할 때, 미사일 발사대에 대한 선제공격을 고민해야 하는 상황이 발생할 수도 있다. 이런 상황들은 자칫 확전의 위험성이 크다. 사실 북한의 핵무장이 현실화된 이상 위기 국면에서 북한의 미사일 시험발사와 실제 공격을 구분하기 어렵고, 더욱이 위기 시 소통 채널마저 없기 때문에 확전 위험성이 크다.

김정은은 2022년 7월 27일 열린 '전승절(정전협정 체결일) 69주년 기념사'에서 한국군의 대북 선제타격 전략을 언급하며, "그러한 위험한 시도는 강력한 힘에 의해 응징될 것이며, 윤석열 정권과 그의 군대는 전멸될 것"이라고 협박했다. 최근 북한의 핵개발 도발 동향과 공세적인 대남 태도를 본다면, 앞으로 더욱 강도 높은 핵위기가 전쟁위기가 발생할 가능성이 있다. 그런데 이때 북한의 핵무기 사용위협과 미국의 강력한 확장억제가 충돌하여 '핵전쟁위기'가 발생할 가능성이 우려된다.

북한은 전통적으로 자신을 한미동맹에 비해 군사적 약자로 보아 미군의 본격적인 증원 이전에 전쟁 목표를 달성하는 선제공격, 기습공격을 중시하는 군사전략을 채택했다. 이런 공세적인 군사전략의 전통은 북한의 핵전략에도 이어졌다. 북한은 핵개발을 추진하면서 대미 핵 억제보복력을 구비하지 못한 상태에서 자신의 핵무기가 미국의 선제공격에 의해 완전히 무력화될 것을 우려하여 매우 공격적인 핵전략을 선언했다.[7] 한국군도 이런 북한의 불시적, 선제적 핵무기 사용 가능성에 대

---

7) 비핀 나랑(Vipin Narang) 미 MIT 교수는 중소 핵무장국의 핵전략 유형으로 제시했던 촉매형, 확증보복형, 비대칭확전형 등 3개로 분류했는데, 이 중에서 비대칭확전형이 가장 공격적인 핵전략이다.

해 핵미사일 발사 징후를 탐지하여 발사 이전에 선제공격으로 무력화
시키는 '전략표적 타격'의 소위 '킬체인' 군사전략을 채택할 수밖에 없
다. 이런 북한의 비대칭확전, 핵 선제공격 교리와 이에 대한 한국의 선
제적 핵미사일 무력화 전략이 첨예하게 대치하는 상황에서는 남북 간
어떤 군사적 충돌도 전쟁의 발화점이 될 가능성이 크다.

사실 한반도에서 누구든 전쟁을 촉발하면 치명적인 정치·경제적 비
용을 치르게 되겠지만, 전쟁 목표를 달성할 가능성은 낮다. 따라서 미
국이든, 북한이든 실제 계획된 전면전을 시작할 가능성은 낮다고 보는
것이 타당하다. 하지만 고도의 위협적 언동과 군사적 긴장상태에서 사
고와 오산에 의한 우발적 사고와 충돌이 발생하고, 확전될 가능성은 높
다고 하겠다.

북한이 '핵보유국'이 될 수 없는 이유

북한이 핵보유국법(2013)에 이어 핵무력정책법(2022)을 제정하고, 더
욱이 핵무장을 사실상 완성함에 따라 북한의 '핵보유국' 지위에 대한
논란이 끊이지 않고 있다. 여기서 불필요한 논란과 오해를 불식하기 위
해, 북한의 핵무장 또는 핵보유에 대한 객관적 사실의 기술과 '핵보유
국' 지위 문제를 명확히 구분할 필요가 있다.

핵확산금지조약(NPT)이 인정하는 '핵보유국(nuclear-weapon state,
NWS)'은 고유명사로서 '핵보유국' 5개국 이외에는 누구도 이 명칭을 사
용할 수 없다. 핵무기 보유의 합법성 여부를 떠나서, 미국, 북한과 같이
현재 핵무기를 가진 국가를 뭐라고 부를 것인가? 해외 군축비확산 전문
가들은 단순히 핵무기를 가진 국가를 지칭할 때는 일반명사로서 '핵무
장국(nuclear-armed state)'이라고 부른다. 이때 "세상에는 9개 핵무장
국이 있다"는 표현은 타당하다. 우리가 북한을 '핵무장국'이라고 부른다

면, 이는 북한의 핵무장에 대한 객관적 기술에 지나지 않는다. 북한을 '핵무장국'이라고 부른다고 하여, 북한의 핵무장에 대한 불법성과 범죄성이 조금도 경감되지 않는다. 다만 북한을 다른 핵무장국과 차별화하고, 그 불법성을 부각하기 위해 '불법 핵무장국'으로 부르는 방안도 있다.

그렇다면, 북한이 스스로 주장하고 요구하듯이 '핵보유국'으로 인정받을 수 있는가. 결론부터 말하면, 그것은 정치적으로도, 국제법적으로도 불가능하다. 현재 핵무장국은 모두 9개국인데, 이들 핵무장의 법적 지위는 서로 확연히 다르다. 핵무장한 9개 국가를 핵확산금지조약과 관계에 따라 3개 그룹으로 분류할 수 있다.

첫째, 핵확산금지조약이 합법적인 '핵보유국'으로 인정한 유엔안보리 상임이사국 5개국이 있다. 이들은 NPT의 '핵보유국' 인정 기준인 1967년 이전에 이미 핵무장하여 합법적 지위를 인정받았다. 동시에 이들은 NPT 6조에 따라 핵무기를 감축하고 폐기해야 하는 핵군축의 의무도 지고 있다.

둘째, 처음부터 NPT에 가입하지 않고, NPT의 틀 밖에서 핵무장에 성공한 인도, 파키스탄, 이스라엘 등 3개국이 있다. 편의상 이들은 '사실상(de-facto) 핵보유국'으로 불리지만, 어떤 '핵보유국'의 합법적 지위도 갖지 못한다. 오히려 이들은 NPT의 비회원국으로서 국제사회로부터 각종 불이익과 제재를 받고 있다. 특히 수출통제 국제레짐은 NPT 비회원국을 원자력물자와 전략물자의 국제통상에서 배제시킨다. 만약 한국이 핵무장을 위해 NPT를 탈퇴한다면, 한국도 각종 국제규범과 국내법에 따라 원자력 국제시장에서 배제되어 원전을 팔 수도, 핵연료를 살 수도 없다.

셋째, 북한은 NPT 회원국이었다가 불법 핵개발 활동이 탄로 나자 NPT를 탈퇴하여 핵무장한 나라이다. 따라서 북한은 합법적 '핵보유국' 5개국뿐만 아니라, NPT 틀 밖에서 핵무장한 3개 '사실상 핵국'과도 법적 지위가 다르다. 북한은 핵무장의 불법성과 위험성 때문에 세계에서 가장 강도 높은 유엔 안보리의 제재를 받고 있다.

북한이 국제사회에 '핵보유국'으로 인정해 달라고 요구하는데 가능할까? 시간이 흐르면 북한은 '핵보유국'이 될까? 국제법적으로 북한을 '핵보유국'으로 새로이 인정하려면 NPT를 개정해야 하는데, 어떤 나라도 이에 동의하지 않아 영원히 불가능한 작업이다. 북한을 정치적으로 '핵보유국'으로 인정하는 것도 불가능한 작업이다. 공식적인 5개 핵보유국은 국제정치적으로 강대국이자 유엔 안보리 상임이사국으로서 세계평화를 위한 책임을 지고 있다. 이들이 자신의 독점적 핵보유국 지위에 도전하고, 핵을 확산하여 세계평화를 파괴하는 국가를 새로이 '핵보유국'으로 인정한다는 것은 상상하기조차 어렵다. 당초 NPT에 가입하지 않은 채 '핵무장국'이 된 인도, 파키스탄, 이스라엘에 대해서도 국제사회는 '핵보유국'의 법적 지위를 전적으로 거부할 뿐 아니라, 정치적으로도 전혀 인정하지 않는다. 요약하면, '핵보유국' 지위는 오로지 NPT만 부여할 수 있는데, 이것은 이미 닫힌 시스템이다. 따라서 새로운 '핵보유국'이란 영원히 있을 수 없다. 심지어 NPT 밖에서 핵무장한 나라도 합법적인 '핵보유국'이 될 가능성이 전혀 없다.

2. 북핵외교 30년의 비판적 평가

북핵협상의 악순환 패턴과 특징

지난 30년간 한반도에서 전쟁위기와 핵위기를 초래했던 북핵문제는 아직 진행형이다. 직전 북핵위기와 전쟁위기는 2017년에 발생했고, 2022년부터 북한의 중장거리 탄도미사일 발사를 계기로 새로운 북핵위기가 진행 중이다.

2017년에 한국은 한국전쟁 이후 최악으로 평가되는 전쟁위기와 북핵위기를 경험했다. 그런데 2018년 초 돌연 반전이 발생했다. 문재인 한국 대통령, 김정은 북한 국무위원장, 트럼프 미국 대통령 등 3인의 정치지도자 사이에 일련의 남북 정상회담, 북미 정상회담, 남북미 정상회담이 연이어 열렸다. 일시적이나마 한반도 비핵화와 평화정착에 대한 기대도 있었다. 하지만 실질적인 비핵화와 평화정착의 진전에 대한 전문가들의 생각은 비관적이었다. 지난 30년간 큰 기대를 모았던 북핵협상과 북핵합의가 어떻게 끝났는지 수차례나 반복하여 보았기 때문이다. 필자의 계산에 따르면, 지난 30년간 크고 작은 북핵위기가 8번 발생했고, 같은 횟수만큼의 크고 작은 북핵합의가 깨어졌다. 이런 북핵협상과 북핵위기의 악순환은 지금도 반복되고 있다.

지난 30년 북핵협상 역사를 돌이켜보면, 북한의 핵도발, 북핵위기 발생과 핵협상 개시, 핵합의 타결, 핵합의 붕괴 등이 거의 규칙적으로 반복되는 '북핵협상의 악순환' 현상이 발생했다. 그렇다면 이런 '북핵협상 악순환' 주기의 특징은 무엇이며, 왜 그런 현상이 발생하는가. 이런 북핵협상 구조와 패턴을 이해하게 되면, 향후 북핵 협상의 전개 과정을 예측하거나 대비하고, 나아가 이런 악순환을 차단하고 비핵화를 실제 진전시키는 데 도움이 될 것이다. 아래 표는 지난 30년 간 발생했던 북핵 관련 일련의 사건을 '북핵 협상 악순환' 주기에 따라 도식화한 것이다.

표 13-1 | 북핵협상 악순환 주기

회수	발단	북핵위기	북핵협상과 핵합의	핵합의 붕괴
1	북 80년대 후반 영변핵시설 건설 북미 북경 비공식 접촉	북 IAEA 안전조치협정 체결의무 지체(88.12), 남북 고위급회담 중단(1991)	북 비핵화 공동선언 합의, IAEA 안전조치 협정 체결 합의 미 뉴욕 북미 고위대화 개최, T/S 훈련 중단	북 IAEA사찰 비협조, 남북 상호사찰 불이행 IAEA 불일치 발견
2	북 미신고시설 사찰 거부 한미 특별사찰 요구	북 준전시 선포, NPT 탈퇴(93.3) 한미 T/S훈련 재개 발표(92.10)	북미 공동성명(93.6) −미 대북 안전보장 대화지속 −북 사찰 수용	북 IAEA사찰 거부
3	북 사찰 거부 한미·IAEA 안보리 회부	북 폐연료봉 무단 인출(94.5), IAEA 탈퇴, 5MW 재가동 위협 미 영변 폭격설	북미 제네바 기본합의(94.10): −북 핵동결·폐기약속 −미 중유·경수로 제공, 관계정상화 약속	북 사찰 거부 미 경수로공사·중유제공 지체
4	북 핵동결 해제 선언(02.12) 미 "악의 축" 발언(02.1), 농축 의혹 제기(02.10), 중유 공급중단	북 5MW 재가동, IAEA 사찰관 축출(02.12), NPT 탈퇴(03.1) 미 경수로 중단(03.12), 제네바 합의 파기선언	6자 공동성명(05.9.19)	북 선경수로, 후핵폐기 주장 미 BDA 금융제재
5	북 6자회담 거부 미 양자회담 거부	북 미사일 발사(06.7), 1차 핵실험(06.10) 한미·안보리 1718 제재결의	2.13, 10.3 6자 합의(2007)	북 신고, 검증방안 논란, 6자회담 거부(2003)

6	북 검증의정서와 6자회담 거부 미 6자회담 거부	북 은하2호 발사 (09.4), 2차 핵실험(09.5), 천안함 폭침(10.3), 연평도 포격(10.11) 미 UNSC1874 (09.6) 경제제재	북 2.29 북미합의 (2012), 핵·미사일활동 중단, 우라늄활동 IAEA 감시 미 24만 톤 영양식 제공	북 은하3로켓 시험발사(02.4) 미 2.29 합의 파기
7	북 은하3호 발사 성공(12.12), 3차 핵실험(13.2), 흑연로 재가동(13.4)	북 4차(16.1), 5차(16.9) 핵실험, 6차 수폭실험(17.9) 광명성 4호 발사(16.2), ICBM 시험발사(17.7, 11) 미 안보리제재결의, 최대압박, 군사공격 위협	남북정상회담, 판문점선언(18.4) 싱가포르 북미정상회담, 공동성명(18.6)	하노이 북미정상회담 하노이 '노딜'(19.2), 북미대화 중단
8	북 단거리미사일 시험(2019.5-), 북미 대화 거부	북 김정은의 연말 시한 제시(2019.4), 연말 크리스마스 선물 위협; 2022년 중장거리 탄도미사일 발사재개		

북핵외교 실패의 원인 분석

위에서 북핵협상의 독특한 패턴과 특징을 살펴보았다. 그렇다면 왜 북핵협상의 악순환 현상이 발생하는가? 북핵협상이 핵위기와 핵협상을 오가는 동안에 북한의 핵능력은 지속적으로 증가했는데, 한국과 미국은 왜 북한의 핵무장을 저지하는 데 실패했는가?

첫째, 미국과 한국은 북한체제의 내구성, 핵개발 의지와 역량을 과소평가했다. 90년대에 미국은 탈냉전의 분위기 속에서 핵비확산의 도덕성과 명분을 과신하고, 북한의 핵개발 의지와 능력, 그리고 협상능력을 과소평가했다. 또한 탈냉전기 들어 구공산국가의 붕괴 필연성을 과신한 나머지, 북한의 체제 내구력을 과소평가하는 오류도 저질렀나. 90년대 초 유행하였던 북한 '붕괴론'도 이러한 미국의 성급한 판단에 기여하였다. 사실 미국이 북한의 조기 붕괴를 과신한 나머지, 시간을 벌기 위해 제네바 합의와 경수로 제공에 동의했다는 주장도 있다.

한국과 미국에서는 북한 발 정치위기와 경제위기 소식이 들릴 때마다 북한 붕괴에 대한 기대가 급속히 확산되었다. 심지어 한미 정부가 북한과 대화 또는 경제협력을 추진할 때마다 북한의 생명을 연장시키고 북한 비핵화 노력을 저해한다는 비판도 쏟아졌다. 예를 들면, 미국이 2002년 제네바 합의를 파기하고, 2005년 6자 공동성명을 상당 기간 '방치'한 것도 북한의 핵개발 능력과 의지를 과소평가했기 때문으로 보인다. 오바마 행정부와 이명박·박근혜 정부가 채택했던 '전략적 인내' 정책의 배경에는 북한이 제재압박에 몰려서 붕괴되거나, 또는 자발적으로 핵포기 할 것이라는 전략적 판단이 있었다. 그런데 북한은 붕괴되지도 핵포기 하지도 않았다. 오히려 '전략적 인내' 정책은 북한이 핵개발을 위한 시간을 버는 데 이용되었다. 만약 북한의 핵능력과 의지를 정확하게 판단하였다면, 북핵문제를 그렇게 방치하지 않았고 2017년의 북핵위기와 전쟁위기를 방지했을 수도 있다.

둘째, 북핵 해결을 위한 미국 측의 외교적 노력은 선제적이고 전략적인 구상에 따른 것이 아니라 북한의 외교공세와 북핵위기에 대한 반응적인 대응조치로 나타나는 경향이 있다. 미 정부는 북핵문제의 완전하고 신속한 해결을 위한 전략과 로드맵을 갖고 체계적으로 접근하지 못했다. 오히려 북한의 벼랑끝 전술과 위기조장 전술에 말려들어 뒤늦게 위기 해소 차원에서 최소한의 반응을 보였다. 그 결과 마지못해 타결한 핵합의는 결국 그 내재적 결함으로 인해 합의의 해체와 새로운 핵사태의 반복을 초래했다. 또한 과거 미국의 대북 협상팀은 대북 협상 자체와 합의의 창출에 집착한 나머지, 합의의 실질적 이행 또는 이행 보장 장치를 마련하는 데에는 소홀했다. 2018년 싱가포르 북미정상회담이 채택한 합의문도 같은 맹점을 갖고 있다.

사실 합의 내용을 구체적으로 만들고, 합의 이행보장 장치를 강화하려는 노력도 성과를 거두기 어렵다는 데 문제가 있다. 이에 대한 북한의 거부감이 높아, 합의 자체가 불가능할 가능성이 높다. 사실 이런 점이 북핵 협상과 합의의 내재적인 한계이며, 오늘까지 북핵사태가 계속 악화된 배경이기도 하다. 결국 합의문 작성에는 성공하였으나 합의 이행체제를 확보하고 보장하는 데 실패하였다.

북핵위기가 발생한 후에야 핵협상이 열리는 배경에는 북한에 대한 미국의 강한 불신과 북미대화에 대한 거부감이 있다. 초강대국이자 자유진영의 지도국 미국은 '불량국가' 북한과 협상테이블에서 동등하게 마주하는 것이 자신의 국제적 지위에 부합하지 않는다고 보았다. 미국에는 전통적으로 양자대화를 상대방에 대한 인정과 보상으로 간주하는 경향이 있는데, 이런 전통도 북한과 대화하는 데 중대한 장애요인이 되었다. 북한은 이런 미국을 상대로 '벼랑끝 외교' 전술을 효과적으로 구사하면서 미국을 협상장으로 끌어들였다.

북한의 핵능력이 증강되면서 북미 핵협상의 필요성은 더욱 커졌다. 동시에 북한이 반복적으로 핵합의를 위반했기 때문에 미국 내에서 북한에 대한 불신과 북미대화에 거부감은 더욱 커졌다. 2018년 초유의 북미 정상회담이 개최된 것도 워싱턴 정치의 아웃사이더인 트럼프 대통령이 워싱턴에 만연한 북한에 대한 불신과 북미대화에 대한 거부감을 무시했기 때문에 가능했다.

셋째, 북미 간 근본적인 이해관계의 충돌과 뿌리 깊은 적대감이 파행적인 협상의 주요 원인이 되었다. 북한은 미국의 궁극적인 대북정책 목표가 북한의 체제전환과 정권교체라는 의구심을 항상 갖고 있다. 한국의 대북정책 목표도 결국 체제변화와 흡수통일이라고 믿고 있다. 미국도 북한이 핵을 포기할 것이라고 생각하지 않는다. 역설적이지만, 이런 적대감과 불신 속에서 북한과 미국은 각각 상대가 수용하기 어려운 과도히 높은 협상 목표를 요구했다. 미국은 줄곧 북한의 완전한 비핵화, 또는 핵무기와 핵프로그램의 '완전하고 검증가능하며 불가역적인 해체(Complete, Verifiable, Irreversible Dismantlement, CVID)'를 북한이 수용할 것을 요구했다. 반면에 북한은 미국의 대북 적대시 정책 중단, 평화협정 체결, 경수로 지원, 경제제재 해제, 경제지원, 관계 정상화 등을 요구했다. 더욱이 미국과 북한은 서로 상대를 믿지 못하므로 상대에게 선 이행을 요구했다. 그런데 상호신뢰 없이는 이런 요구를 결코 만족시킬 수 없었다.

특히 탈냉전기 들어 복합적 국가위기를 겪고 있는 북한으로서는 핵옵션을 전면적으로 포기하기 어렵다. 한 지도부는 핵무장을 안전보장, 체제보장, 내부통제를 위한 핵심 수단으로 보기 때문이다. 동구국가의 체제전환, 그리고 이라크와 리비아의 지도자 처형, 러시아의 우크라이나 침공, 우크라이나에 대한 미국의 전투기와 탄도미사일 공급 자제 등도 북한에게 핵포기를 하면 안 된다는 반면교사의 교훈을 주었다.

넷째, 우리 북핵정책의 혼선을 들 수 있다. 한국과 미국에서 정권교체에 따라, 대북 접근법이 포용론에서 붕괴론까지 극단적으로 바뀌면서 대북정책의 일관성을 상실했다. 또한 국내에서 다양한 접근법이 서로 경쟁하면서 적지 않은 정책혼선을 초래하고, 심지어 정책마비를 초래하기도 했다. 한미는 각각 국내적으로, 그리고 양국 간에 이러한 접근법의 혼선을 해소하는 데 실패함으로써, 대북관계에서 협상 추동력과 집행의 일관성을 상실했다.

지난 30년간 한국 정부의 북핵정책은 보수와 진보의 폭넓은 정책스펙트럼을 오갔다. 탈냉전기 대북정책을 개념적으로 분류하면 북한 붕괴론, 방치론, 외교론, 포용론 등 4개가 있다. 한국은 정권교체 때마다 이런 대북 접근법을 오락가락하며, 대북정책의 일관성과 지속성을 상실했다. 더욱이 정부 안팎에서 다양한 접근법이 서로 경쟁하면서 적지 않은 정책 혼선을 초래하고, 심지어 정책 마비를 초래하기도 했다. 그 결과, 북핵협상의 추동력과 핵합의 집행의 지속성을 잃었다. 이런 북핵 정책의 변동과 혼선은 위에서 설명한 '북핵협상 악순환' 현상을 초래한 주요 원인의 하나가 되었다.

3. 북핵외교 재가동 전략

북핵문제의 '불편한 현실'

2018년 4월 남북 정상회담과 6월 싱가포르 북미 정상회담이 열렸을 때, 우리 국민은 한반도 비핵화와 평화정착의 길이 열렸다고 기뻐했다. 그런데 2019년 2월 2차 북미 정상회담이 소위 '하노이 노딜'로 끝나고 스톡홀름 실무협상이 결렬되면서, 새로운 북핵 위기의 전조가 시작되었다. 이런 한반도 정세는 지난 30년간 반복되었던 북핵 위기의 기시감(旣視感)을 불러일으켰다. 그렇다면 한반도에서 왜 북핵위기와 전쟁 위기가 계속하여 재발하는가? 왜 비핵화 외교가 반복적으로 실패했는가? 여기에 쉽고 편한 해답과 어렵고 불편한 해답이 있다.

쉬운 해답은 모든 문제를 북한 탓으로 돌리는 것이다. 사실 북한은 불법으로 핵을 개발했고, 기만적으로 핵 합의를 불이행했다. 이 답변은 사실이고 타당하다. 그런데 이 해답은 우리에게 별 위안이 되지도, 비핵화 전략에 도움이 되지도 않는다. 북한을 비난하고 제재하고 고립시키는 내내 우리는 북핵 위기와 북핵 위협에 시달렸고, 북핵 능력은 더욱 증가했기 때문이다. 불편한 해답은 우리 북핵 외교가 실패했고, 비핵화 전략에 오류가 있었다는 것이다. 보고 싶은 것만 보아서는 결코 북핵 외교전에서 이길 수 없다. 그렇다면 직시해야 하는 북핵문제의 불편한 현실은 무엇인가?

첫째, 위에서 설명한 북핵 협상의 악순환 패턴이 있다. 필자의 계산에 따르면 이미 여덟 번이나 북핵 위기가 재발했다. 더욱 불편한 것은 현재와 같은 비핵화 외교를 계속하면 이런 악순환이 반복될 가능성이 크다는 점이다. 또 불편한 것은 북핵협상의 악순환이 반복되는 동안 북한 핵능력은 대체로 8년마다 2배씩 증가했고, 지금도 그런 추세가 지속되고 있다는 점이다.

둘째, 우리는 북한의 저항성과 내구성을 곧잘 잊는다. 우리는 북한의 경제위기와 체제위기를 이용하여 더욱 강력한 제재압박으로 북한을 굴복시켜 핵문제를 일거에 해결하려는 유혹에 쉽게 빠진다. 그런데 세계 어디에도 제재압박만으로 핵개발을 포기시키거나, 국가안보 노선을 변경시키거나, 체제와 정권을 교체시켰다는 사례는 없다. 경제논리가 안보논리를 이긴다는 이론도 사례도 없다. 북한식 수령체제, 주체사상, 자립경제에서 그럴 가능성은 더욱 낮다. 미중 경쟁으로 동북아에서 신냉전 구도가 만들어지면서, 제재 압박의 효과는 더욱 약해질 전망이다.

셋째, 기만적이고 공격적이고 불량한 북한과 대면하고, 합의하는 것은 불편하다. 북한의 불법적 핵 개발을 중단시키기 위해 보상을 제공하는 것은 더욱 불편하다. 하지만 주고받는 거래 없이 북핵협상은 불가능하다는 점을 인정하지 않을 수 없다. 2018~19년 동안에 북한이 일부나마 선제적 비핵화 조치를 취했고, 남북, 북미 정상회담을 개최했지만, 결국 한미 정부는 내부의 비판을 의식하여 보상에 인색했다. 이때 북한의 반발은 충분히 예상할 수 있는 일이었다.

넷째, 북핵 위기의 역설이 있다. 통상 정치권과 국민은 대북 보상보다 제재압박을 선호한다. 하지만 막상 북핵위기와 전쟁위기가 발생하면, 대화와 거래를 수용한다. 만약 북핵 위기가 발생하기 이전에 선제적이고 예방적으로 대화를 시도한다면 적은 비용으로 비핵화가 가능할 수도 있을 것이다. 북한의 핵역량이 지속적으로 증가하는 추세를 볼 때, 내일을 기다리기보다는 오늘 북한과 거래하면 비핵화 비용을 줄일 수도 있다. 사실 90년대 북한 핵 개발 초기에 호미로 막을 수 있었던 것을 오늘은 가래로도 막기 쉽지 않다. 만약 내일을 기다린다면 가래보다 더한 것으로도 막기 어려울 것이다.

마지막으로, 북핵위기가 발생할 때마다 우리는 비핵화 해법에 대한 논쟁에 곧잘 빠졌다. 북핵 대응 옵션으로 북핵시설에 대한 군사 조치, 북한 정권교체와 체제 붕괴, 전략적 인내, 북핵과 동거, 자체 핵무장, 비핵평화 프로세스 등을 두고 논쟁을 벌였다. 그런데 북한 붕괴, 제재를 통한 북한 굴복, 군사적 조치, 비핵화 일괄타결, 완전한 신고와 검증 요구 등을 추구했지만 모두 실패했다. 리비아식, 우크라이나식, 이란식 비핵화 모델도 모두 실패했다. 북한의 저항성, 북중 순치(脣齒) 관계, 미국의 낮은 북핵문제 집중도와 반북 감정, 한국의 제한된 대북 제재압박 역량 등 현실을 외면한 탓이다. 우리는 '빅딜'을 선호했지만, 항상 '노딜'로 끝났다.

북핵협상 재개 전략과 전망

한반도 정세는 2019년 2월 '하노이 노딜' 사태를 변곡점으로 시작하여 악화일로에 있다. 북한은 '하노이 노딜' 이후 북미관계 개선과 경제 제재 완화에 대한 기대를 접고, 정면 돌파와 자립경제를 위한 '고난의 행군'에 나섰다. 2020년 초 코로나19 팬데믹이 발생하자 북한은 스스로 대외관계를 단절하고 완전 봉쇄 상태에 들어갔다. 2022년 내내 중장거리 미사일을 발사하며 한미 정부의 금지선을 넘었다. 그리고 '핵무력정책법'을 발표하고, 핵포기와 핵협상 가능성을 완전히 차단했다.

김정은은 2022년 9월 최고인민회의 시정연설에서 대미 강경책으로 전환한 이유를 다음과 같이 미국의 불순한 의도에서 찾았다. "미국이 노리는 목적은 궁극적으로는 핵을 내려놓게 하고 자위권 행사력까지 포기 또는 열세하게 만들어, 우리 정권을 어느 때든 붕괴시켜버리자는 것입니다. 사상 최대의 제재봉쇄로써 우리에게 간고한 환경을 조성하고 진맥이 나게 하며 우리로 하여금 국가의 안정적 발전환경에 대한 불확실성과 위협을 느끼게 함으로써 우리가 핵을 선택한 대가에 대하여 생각해보게 하고 당과 정부에 대한 인민들의 불만을 유발시켜 스스로 핵을 내려놓지 않으면 안 되게 만들어보자고 기도하고 있습니다." 이렇게 김정은이 미국의 궁극적인 대북정책이 제재, 봉쇄, 정권붕괴, 체제변화, 민중봉기를 추구한다고 믿는다면, 향후 남북대화, 북미대화, 북핵협상에 진심으로 호응할 가능성은 매우 낮다.

이런 북핵협상 재개에 대한 어두운 전망에도 불구하고, 현재 북한의 핵·미사일 증강 속도를 볼 때 북핵문제의 방치와 현상유지는 옵션이 아니다. 북한의 군사적 도발이 반복되고, 이에 대한 한미의 정치군사적 대응조치가 충돌하면, 한반도는 또 북핵위기와 전쟁위기의 악순환에 빠지게 될 것이다. 상상하기 싫지만 새로운 북핵 위기는 북한이 핵무기 사용을 위협하는 핵전쟁 위기로 비화할 가능성도 있다.[8) 따라서 북핵협상 재개와 비핵화 진전을 위해 기회요인을 적극적으로 찾고, 활용해야 한다.

북한 지도부는 핵무장에 성공했지만, 병진노선의 한 축인 경제발전에 실패했고 '삼중고(경제제재, 자연재해, 코로나19)'의 고통이 지속되면서, 봉쇄와 고립을 지속해야 할지 고민이 깊을 것으로 보인다. 따라서 북한의 경제난·경제난·보건방역위기를 대북 협상 레버리지로 활용할 수 있을 것이다. 예를 들면, 김정은은 2020년 10월 당 창건 열병식 연설에서 주민들의 생활고를 언급하며 눈물을 흘렸다. 김정은은 2022년 9월

---

8) 전봉근, 『2022년 북핵 동향 평가와 북핵협상 재개 전략: 북핵 동결을 위한 '잠정합의' 추진 방안』 주요국제문제분석 2022-4(서울: 국립외교원 외교안보연구소, 2022).

최고인민회의 시정연설에서 '핵보유국'을 자축하면서도 "(주민의) 고통"
을 강조했다. 동 시정연설에서 "미국은 사상 최대의 제재봉쇄로서 우리
에게 간고한 환경을 조성하고," "미국의 야수적인 대조선 적대시 정책
으로 하여 우리 인민에게 들씌워지는 고통의 시간이 길어지는데," "최
대의 방역위기 상황에 자연재해까지 겹쳐 들었지만," "지금 우리 앞에
조성된 경제적 난관은 엄혹하지만," "날로 심각해지는 재해성 이상기후
영향으로 인한 막대한 인적, 물적 피해는 지금 세계적인 난문제로 되고
있으며 우리나라에서도 해마다 재난이 발생하고" 등 반복적으로 주민
의 고통을 언급하고 미안한 마음을 표시했다. 하지만 김정은은 막상 어
떤 뾰족한 대책도 제시하지 못했다.

북한은 2021년 7월 유엔에 『지속가능개발목표(SDG) 이행 국가검토
보고서(Democratic People's Republic of Korea Voluntary National Review
On the Implementation of the 2030 Agenda)』를 제출했다. 동 보고서에
따르면, 북한의 곡물생산량은 2018년에 10년 내 최저 수준인 495만 톤
을 기록했다. 2019년에 10년 내 최고 수준인 665만 톤을 생산했지만,
2020년에 수해로 다시 552만 톤을 생산하는 데 그쳤다. 동 보고서는
북한이 탈냉전기 이후 국제사회에 처음으로 경제사회 통계를 공개한
것인데, 외부 지원과 국제사회 재진입을 기대하는 시그널로 해석할 수
있다.

한편, 2021년 출범한 바이든 행정부는 북한 비핵화 접근법으로 "조
율되고, 실용적인 접근"을 채택하여 사실상 단계적 비핵화를 수용하고,
조건 없는 북미대화를 제안했다. 당초 바이든 행정부는 오바마 행정부
식의 대북 '전략적 인내'를 추진할 것이라는 전망이 많았었는데, 이런
미국의 열린 대북 접근 방침은 북핵협상 재개의 기회요인이다.

북핵위기의 재발을 방지하고 핵역량 증강을 저지하기 위해 이란핵합
의(Joint Comprehensive Plan of Action, JCPOA) 모델에 따른 북미 '잠정

합의'를 추진할 것을 제안한다. 블링컨 미 국무장관은 2018년 뉴욕 타임스지에 두 차례나 칼럼을 기고하여, 이란핵협상의 2단계 비핵화 접근법을 참고하여 우선 첫 단계로 '잠정합의'를 북한과 체결할 것을 제안했다. 사실 한반도 현실을 볼 때, 우리가 바라는 완전한 핵 신고와 핵사찰 수용, 일괄 핵폐기의 진전 등과 같은 '꿈의 시나리오'가 실현될 가능성은 매우 낮다. 남북 간, 북미 간 뿌리 깊은 상호불신 속에서 실현가능한 유일한 핵합의는 낮은 단계의 비핵화와 상응조치를 교환하는 '잠정합의'이다. 이를 위해 우리가 원하는 초기 비핵화 조치와 북한에 제공할 수 있는 상응조치를 담은 '비핵화 로드맵'을 미리 준비해야 한다.

이때 미국과 대면하기를 거부하는 북한을 어떻게 협상장에 끌어내는가가 문제이다. 북미대화 재개를 위한 아이디어로 바이든 대통령이 김정은 위원장에게 친서를 보낼 것을 제안한다. 친서 한 장으로 북핵 협상이 재개되고 북한이 핵·미사일 실험 모라토리움을 다시 준수한다면, 미국도 시도할 가치가 있을 것이다. 북한의 일인지배체제 성격과 이란 핵합의 사례를 보더라도 핵협상의 진전을 위해 정상 간 소통이 필수적이다.

지난 수년간 북한은 핵무장에 집중하면서도, 한반도의 군사적 균형과 안정성, 전쟁 반대를 수시로 언급하여 관심을 끌었다. 이런 북한식 담론을 북한과 정치군사대화를 추진할 때 활용하는 방안을 찾아야 한다. 예를 들면, 김정은은 2021년 10월 국방발전전람회 연설에서 "우리 주적은 전쟁 그 자체이지, 남조선이나 미국 등 특정 국가가 아니다"라고 언급했다. 김정은은 2021년 9월 최고인민회의 시정연설에서 "국방부문에서 조선 반도 지역의 불안정한 군사적 상황을 안정적으로 관리"하겠다는 목표를 제시했다. 여기서 핵무장을 전제로 했지만 "한반도 정세의 안정적 관리"라는 한국적 표현을 사용하여, 이를 위한 정치군사대화의 가능성을 시사했다. 북한이 공격적인 핵태세와 핵교리를 채택했

고, 내부의 핵무기·핵기술·핵물질의 안전한 관리와 방호체제가 의문시
됨에 따라, 핵사용 및 핵관리 리스크가 심각한 문제이다. 따라서 핵전쟁
방지, 핵사용 리스크 감소를 위해 북한과 정치군사대화가 필요하다.

마지막으로 지속가능한 북핵정책을 추진하려면 무엇보다 국민합의에
기반을 둔 대북정책을 추진할 것을 제안한다. 사실 한국같이 외교안보
정책을 둘러싼 국론 분열과 갈등, 정부 교체마다 외교안보정책 기조가
바뀌는 사례는 세계에서도 유례를 찾기 어렵다. 미국 같은 초강대국이
라면 모를까, 특히 한국같이 분단 상황과 강대국에 둘러싸인 지정학적
여건은 그런 사치를 허용치 않는다. 5년마다 바뀌는 대북정책, 대외정
책으로는 어떤 성과도 내기 어렵다. 심지어 기업에서 5년마다 최고운영
자가 바뀐다고 운영 기조가 바뀌면 어떻게 될까. 과연 어떤 성과를 거
둘 것이며, 상대 거래 기업과 소비자는 그 기업을 어떻게 생각할까. 지
난 30년간 북핵외교에서 시행착오를 겪었다면 이제는 우리도 좀 더 안
정되고, 지속가능하고 실현성이 높은 대북정책을 추진할 때가 되었다.

비핵화 촉진을 위한 한반도 평화공존체제 구축

북한 핵무장의 근원에는 남북, 북미, 북일 간 3개 적대관계로 구성된
한반도 냉전체제가 있다. 만약 남북, 북미, 북일 수교가 완성되어 3개
양자관계가 정상화되면 한반도 평화체제가 완성된다. 평화체제 구축으
로 북한이 적대할 국가가 없다면 엄청난 외교경제적 비용을 지불하면
서까지 핵무장할 이유가 없을 것이다. 실제 어떤 국가도 실존적 안보위
협을 초래하는 적대관계가 없는 상태에서 비싼 비용을 들어 핵무장한
사례는 없다.

그런데 북한의 불법적 핵개발과 공세적 행동을 감안할 때, 북한과 양
자관계를 정상화하여 평화체제를 완성하고, 이로써 북한 비핵화를 견

인하는 작업이 현실적으로 불가능하다. 따라서 절충적으로, 양자관계 정상화, 평화체제 구축, 비핵화의 3개 축을 각각 단계화하여 각 조치를 조화롭게 병행시켜야 한다. 예를 들면, 잠정합의에서 북한이 영변핵시설 폐기를 포함하는 초기 비핵화조치에 동의한다면, 미국은 '북미관계 정상화'를 위한 초기 조치로서 '수교협상 개시'와 인도적 지원을 제공한다. 이는 싱가포르 공동성명 1조의 "새로운 북미관계 수립"을 위한 구체적인 조치이며, 북한이 강력히 요구하는 '미국의 적대시정책 폐기'의 가시적인 조치이다. 북미 간 '수교협상 개시'는 평화체제 구축을 위한 의미 있는 이정표가 된다.

남북관계 정상화를 위해서는 '남북기본협정'을 체결할 것을 제안한다. 남북기본협정은 남북기본합의서를 현 상황에 맞춰 업데이트하고, 남북 평화공존체제를 제도화하는 데 그 목적이 있다. 따라서 기본합의서에서 규정되었던 상호 체제 인정과 존중, 내정불간섭, 상호 중상비방 중지, 상대방 파괴·전복 행위 금지, 불가침, 분쟁의 평화적 해결, 상호 경계선 존중 등을 재확인한다. 또한 서울과 평양에 상주대표부 설치 규정을 포함하여, 남북관계를 국제법적 관계로 관리한다. 이는 남북관계를 민족 중심에서 향후 통일이 될 때까지 잠정적으로 국제관계로 전환하는 효과가 있다.

마지막으로, 남북 평화공존을 촉진하는 조치로 'DMZ(비무장지대) 평화공원'을 설치할 것을 제안한다. DMZ는 정전협정에 따르면 비무장 상태가 유지되어야 하나, 남북 모두 DMZ 내 군 초소와 장비를 배치하여 군사적 충돌 위험성이 높은 위험지대가 되었다. 따라서 일찍이 1988년 노태우 대통령은 DMZ 내 '평화시' 건설 구상, 김영삼 정부는 'DMZ 자연공원,' 노무현 정부는 'DMZ 평화공원' 구상을 제시했으나, 북한의 비협조로 아무 진전이 없었다. 이명박 정부도 '비무장지대의 평화적 이용'을 제시했고, 박근혜 정부도 'DMZ 세계평화공원 조성'을 제시했지만 성과가 없었다. 2018년 4월 남북 정상은 판문점선언에서 "첨예한 군사적 긴장상태를 완화하고 전쟁 위험을 실질적으로 해소"하기 위해 "비무장지대를 실질적인 평화지대"로 만들기로 또 합의했지만 진전이 없었다. 만약 'DMZ 국제평화공원'이 만들어지면, 남북 간 군사적 긴장완화, 한반도 평화체제 구축, DMZ를 통한 남북 및 동북아 교류협력 증대 등 실질적인 평화와 경제 효과가 기대된다. DMZ에 국제기구를 초치한다면, 한반도의 평화와 안정을 국제기구가 보장하는 효과도 발생한다. 동 사업에 한반도 평화에 관심이 큰 반기문 전 유엔사무총장과 안토니오 후테레스 유엔사무총장를 참여시키도록 한다.

4. 북핵 대응을 위한 한국의 핵 옵션 평가

한미동맹의 핵우산과 확장억제 활용

북핵에 대한 한국 정부의 군사적 대비책은 크게 한국군 자체의 방위력과 한미동맹에 따른 미국의 핵우산을 포함하는 확장억제 등 2개 축으로 구성된다. 우선 한국군을 중심으로 '한국형 3축 체제'를 구축하여, 북한의 임박한 핵공격에 대한 선제공격, 미사일 방어, 대량보복응징 역량을 강화하는 것이다. 다음 한미동맹을 통한 대북 억제력을 구축한다. 2022년 5월 서울 한미 정상회담과 7월 한미 국방장관회담을 계기로 한미동맹 차원의 대북 억제력 제공을 다음과 같이 재확인했다.

첫째, 한미 정부는 한미상호방위조약에 따른 한국 방어와 한미 연합방위태세에 대한 상호 방위공약을 재확인했다. 둘째, 미국 정부는 한국에게 핵·재래식·미사일 방어역량을 포함하여 가용한 모든 범주의 군사 역량을 사용하는 확장억제를 제공하는 공약을 확인했다. 이를 위해 한미 양국은 고위급 확장억제전략협의체(Extended Deterrence Strategy and Consultation Group, EDSCG)를 가동하기로 합의했다. 또한 양국은 연합방위태세를 더욱 강화하기로 약속했다. 셋째, 미국은 필요시 미군의 전략자산을 시의적절하고 조율된 방식으로 전개하고, 억제력 강화를 위한 추가적 조치를 식별해 나가기로 공약했다.

그렇다면 한국의 자체 군사력, 그리고 미국의 확장억제 공약과 이에 부합하는 군사적 대비 태세로 과연 북한의 재래식 및 핵 공격을 억제하고, 격퇴할 수 있을까? 사실 냉전기 내내 미국이 한국에게 강력한 방위 공약과 핵우산 제공을 수시로 약속했지만, 북한의 공격을 충분히 억제할 수 있을지에 대한 의문은 반복적으로 제기되었다. 따라서 오늘 북한이 핵무장을 완성하고, 더욱이 미중 경쟁과 우크라이나 전쟁으로 인해 국제질서가 혼돈에 빠지고 핵위협이 난무하는 상황에서 과연 한미의 대북 억제력이 충분한가에 대한 의문이 재차 제기되는 것은 당연하다.

핵무장국으로부터 직접적인 핵위협을 받는 비핵국에게는 대체로 두 개의 안전보장 옵션이 있다. 첫째, 스스로 핵무장 하거나, 둘째, 핵무장국과 동맹을 맺어 핵우산의 보호를 받는 방법이 있다. 그런데 자체 핵무장 옵션은 1970년대부터 가동된 핵확산금지조약(NPT)체제하에서 매우 어렵다. 엄청난 외교적 고립과 경제제재의 정치경제적 비용을 치러야 하기 때문이다. 인도, 파키스탄, 이스라엘 3개국은 북한과 달리 원래 NPT에 가입하지 않았고 NPT 체제 밖에서 핵무장 했기 때문에 대체로 낮은 수준의 제재를 받고 있다. 북한은 NPT 회원국으로서 불법 핵활동이 탄로 나자 NPT를 탈퇴하고 핵개발에 나섰기 때문에 유엔안보리가 부과하는 최고 수준의 경제제재를 받고 있다. 자체 핵개발은 한국과 같이 경제적 대외의존도가 높은 통상국가, 모범적인 중견국이 쉽게 선택할 수 있는 옵션은 아니다. 따라서 한국은 둘째 옵션을 선택했고, 핵보유국인 미국과 동맹을 체결하고 핵우산의 보호를 받고 있다. 냉전기에 미국의 핵우산은 주로 북한과 공산국가의 우월한 재래식 공격을 억제하는 데 사용되었지만, 북한 핵무장 이후에는 주로 핵공격을 억제하는 데로 핵우산이 확장되었다.

국제사회에서 핵무기 확산 역사를 보면 '핵확산의 연쇄반응' 추세를 발견할 수 있다. 이에 따르면, 핵무장국과 적대관계에 있는 국가는 핵무기에 대응하기 위해 핵개발에 나서게 된다. 비핵국은 핵무장국에 비해 군사력이 절대적으로 열등하므로 항상 군사적 침공과 외교적 강압을 당할 처지에 있기 때문이다. 최근 우크라이나 전쟁에서 보듯이, 침공당해도 핵공격이 두려워 제대로 반격하고 보복할 수도 없다. 따라서 핵무장국의 핵위협에 직면한 비핵국은 결국 스스로 핵무장을 선택하거나, 핵보유국의 핵우산을 찾는다. 북한은 전자를, 한국은 후자를 선택했다.

2017년 이후 북한이 핵무장을 완성하고 공공연히 한국에 핵위협을 가하자, 국내에서 미국이 제공하는 핵우산의 역할과 효과를 둘러싼 논쟁이 재연되었다. "미국이 과연 서울을 지키기 위해 로스엔젤레스 또는 뉴욕을 희생할 것인가?"라는 질문을 둘러싼 논쟁이다.9) 1960년대 미국은 유럽 동맹국에게 핵우산을 제공하며, 핵개발을 포기할 것을 요구했다. 1961년 드골 프랑스 대통령은 "미국이 파리를 위해 뉴욕을 희생할 것인가?"라는 핵우산에 대한 근본적인 의문을 제기하고, 결국 독자 핵무장을 선택했다. 한국은 미국의 핵우산에 의존하면서도 그 실효성에 대해서 계속하여 의문을 제기하는 중이다.

미국은 한미동맹 협정에 따라 한국이 침공 받을 때 절차에 따른 군사지원 의무를 지고 있다. 협정 이외에도 미국은 한국을 안심시키기 위해 수시로 안보공약을 정치적으로 재확인했다. 실제 한미 정부는 수시로 고위급 한미 군사회담, 한미 연합군사훈련, 한미 고위급 확장억제전략협의체(EDSCG) 등을 개최하고, 미국은 수시로 각종 전략자산을 한반도와 인근에 파견하거나, 배치하고 있다. 오바마 행정부에 이어, 바이

9) 김민석, "'서울 지키려 뉴욕 희생할 수 있나?' 한반도판 드골의 의심,"『중앙일보』, 2022.6.16.

든 행정부도 핵무기를 결코 먼저 사용하지 않는 '일차 불사용(no first use)' 원칙을 채택하려다가, 동맹국들의 반대로 포기했다.[10] 미국은 본토와 동맹국을 보호하기 위해 종래와 같이 재래식전쟁의 환경에서도 필요시 핵무기를 먼저 사용할 수도 있다는 '일차 사용' 원칙을 견지하고 있다.

이때 미국의 핵우산 제공 약속을 믿을 수 있는가 하는 문제가 남아 있다. 아마 한국이 실제 핵무기를 자체적으로 보유하기 전까지는 그런 의구심이 해소되지 않을 것이다. 그런데 미국도 핵우산을 제공해야 하는 이유가 있다. 만약 미국 핵우산에 대한 신뢰가 없다면 미국 동맹국들은 생존을 위해 어떤 대가를 치러서라도 핵개발에 나설 가능성이 높다. 일부 국가는 미국과 동맹을 포기하고, 유라시아의 대륙국가에 편승할 수도 있다. 이런 상황은 미국의 국익과 배치된다. 실제 미국은 냉전기부터 동맹국을 어떤 비용이 들더라도 보호해 왔다. 이는 동맹을 보호하는 취지도 있지만, 자신의 안보이익을 위한 것이기도 하다. 이런 상황을 감안한다면, 현재로서는 한미동맹과 미국의 핵우산이 가장 현실적이고 합리적인 대북 억제력 구축방안이다. 최근 북한의 핵역량이 증강되었지만, 한국이 현실적으로 다른 핵 옵션을 찾기 어렵다. 미국이 나토 동맹국을 소련(러시아)과 같은 핵무기 초강대국의 핵위협으로부터 보호할 수 있었는데, 한국을 북한과 같은 소규모 핵무장국으로부터 보호하지 못할 이유가 없다.

한편, 최근 북한이 전술핵무기를 개발함에 따라, 국내에서도 북한이

---

10) 전봉근, "바이든 행정부의 핵무기 '일차 불사용' 논쟁 동향과 한국안보에 대한 함의," 국립외교원 외교안보연구소 IFANS FOCUS, 2021.11.9. 미국 핵전략에서 등장하는 '일차 불사용' 또는 '일차 사용' 논쟁은 북한이 주장하는 '핵 선제공격(nuclear preemptive strike)'과 다른 개념이다. 미국의 경우, 전쟁이 발발한 상황에서 상대방이 핵무기를 사용하지 않아도 미국이 핵무기를 일차적으로 사용하느냐, 마느냐의 문제이다. 북한식 '핵 선제공격'이란 전쟁이 발발하지 않아도 공격의 징후가 있는 경우에 핵을 선제적으로 사용하는 개념이다.

핵무기를 전쟁 억제용이 아니라 전쟁 수행용으로 사용할 가능성에 대한 우려가 급증했다. 미국이 전략핵무기 중심의 대량 응징보복 전략을 운영함에 따라, 북한이 미국의 대량 응징보복 위협을 허풍으로 간주하고 전술핵 사용을 감행할 가능성이 있다고 보기 때문이다. 2018년 제임스 매티스 국방장관도 적국의 전술핵무기 사용 가능성에 대해 "나는 전술핵무기라는 것이 있다고 생각지 않는다. 어떤 주어진 상황에서 사용된 어떤 핵무기도 전략적인 게임 체인저이다"라고 언급했다. 여기서 미 정부의 입장은 일단 적국이 핵무기를 사용하면 그 종류에 관계없이 핵 대응을 한다는 것으로 해석된다.

핵무장론과 핵주권론

2022년에 북한의 미사일 시험발사 강도와 횟수가 급증하고 7차 핵실험이 임박했다는 전망이 제기되면서, 국내에서 핵 옵션에 대한 요구도 커졌다. 2022년 4월 5일 김여정 노동당 중앙위 부부장이 담화에서 당시 서욱 국방부장관의 대북 선제공격 관련 발언에 대해 "남조선이 우리와 군사적 대결을 선택하는 상황이 온다면 부득이 우리의 핵 전투무력은 자기의 임무를 수행해야 하게 될 것"이라고 주장했다. 이 발언을 두고, 일부 언론은 북한이 처음으로 남한에 핵무기 사용을 위협했다고 평가했다.[11]

2022년 4월 25일 조선인민혁명군 창건 90주년 열병식에서 김정은은 "우리 핵 무력은 의외의 자기의 둘째가는 사명을 결단코 결행하지 않을 수 없을 것"이라고 발언하여, 대남 핵사용 위협을 재확인했다. 특히 이 발언은 핵무기를 전쟁 억제를 위한 정치적 무기가 아니라, 전쟁에서 사용하는 일반적인 무기로 간주한다는 의미로 해석되었다. 2022년 내

---

11) "김여정 '南, 군사대결 선택하면 핵무력 사용' 위협… 南 향한 핵 사용 첫 언급," 『조선일보』, 2022.4.5.

내 북한의 전술핵무기 개발설과 이를 위한 7차 핵실험설이 확산되면서, 북핵에 대한 경각심은 더욱 고조되었다. 북한은 2022년 9월 핵무력 정책법을 제정하여 한국에 대한 자의적, 선제적, 적극적 핵사용 원칙을 공포했다.

북한이 핵무기를 언제라도 사용할 수 있는 전쟁 무기로 간주하여 핵무기 사용의 문턱을 낮춘다면, 한국도 이에 대한 대응책이 있어야 한다. 한미동맹의 핵우산과 확장억제 강화, 자체 핵무장, 핵주권 회복과 핵 잠재력 확보, 주한미군의 전술핵무기 재반입, 나토식 핵공유 등이 그런 대응책으로 제시되었다. 이 중에서 자체 핵무장은 미 정부가 강력하게 반대하는 데다 한국의 보수, 진보 정부를 막론하고 원칙적으로 반대하고 있어 실현성이 거의 없다.[12] 그렇지만 북한의 핵위협이 증대함에 따라 국민의 핵무장 지지도는 계속 증가했다.

핵무장에 대한 국민여론을 장기간 추적했던 아산정책연구원의 여론조사(2022.5)에 따르면 2022년에 핵무장 지지가 70.2%에 달하여, 지난 20년 내 최고를 기록했다.[13] 동 여론조사에 따르면, 핵무장 지지도는 2010년 55.6%, 2018년 54.8%, 2020년 69.3%, 2022년 70.2%를 기록했다. 이 수치를 보면, 핵무장 지지도가 2020년대 들어 대체로 감소하는 추세를 보이는 한편, 남북관계의 진전 여부에 따라 크게 출렁거렸다. 2018년 남북대화기에 핵무장 지지도가 급감했다가, 2019년부터 남북관계가 다시 악화되고 북한의 핵위협이 증가하면서 국민의 핵무장 지지도도 계속 증가했다. 제재 가능성에도 불구하고, 핵무장을 지지하는가라는 질문에 대해서도 여론이 63.6%를 기록한 것을 보면, 국민 다수의 핵무장에 대한 지지도는 상당히 공고한 것으로 보인다. 전술핵 도입에

---

12) "도마 위 오른 '한국 핵무장론'…워싱턴 부정적 기류 압도적," 『VDA Korea』 2020. 12.4., <https://www.voakorea.com/a/korea_korea‒politics_korea‒nuclear‒armed /6049826.html>.

13) 제임스 김, 강충구, 함진희, "한국인의 한미관계 인식," 아산리포트, 2022.5.31.

대한 지지도가 59%로서 자체 핵무장 지지도 보다 낮은 것도 그런 해석을 가능케 한다.

한편, 동 여론조사의 다른 항목을 보면, "북한 핵위협 때문에 핵무장을 해야 한다," "미국의 핵우산을 믿을 수 없어 자체 핵무장 해야 한다" 등과 같은 핵무장의 주된 이유에 대해 의문이 생긴다. 자체 핵무장 하는 이유에 대해서, 국민들은 주권국가로서 핵 주권을 확립하기 위해서가 33.7%, 핵보유국으로 국제사회에서 영향력을 증대하기 위해서가 33.4%, 북핵 위협에 대응하기 위해서가 32.1%로 각각 답변했다. 북핵에 대한 대응이 3개 이유 중에서 가장 지지도가 낮은 것은 의외의 결과이다. 흔히 국가들이 핵무장 하는 이유는 안보, 국내정치, 위신 등 3개가 거론된다. 이 중에서도 안보가 가장 우선적인 동기로 손꼽힌다. 그런데 한국민은 의외로 핵주권 회복, 핵보유국으로 영향력 확보 등 '위신' 동기를 더욱 중시했다.

국내에서 제기되는 핵무장론은 대략 3개 부류로 나뉜다. 첫째, 가장 강경하게는 자체 핵개발 주장이 있다. 임박한 북핵 위협 하에서 누구도 우리를 안전하게 보호해 줄 수 없기 때문에 유일한 북핵 억제책은 자체 핵개발과 핵무장뿐이라는 입장이다. 둘째, 미군의 전술핵을 국내로 재반입하자는 주장이다. 이는 핵에 대한 억제는 핵으로만 가능하다는 전제에서 출발하여, 우리가 자체 핵무장하는 것은 각종 장애요인으로 인해 불가능하니 차선책으로 국내에 배치된 미군의 전술핵에 의존하자는 입장이다. 셋째, 핵무장론 중 가장 온건하게는 농축재처리 역량을 보유하여 잠재적인 핵능력을 갖자는 주장이 있다. 이는 자체 핵개발이나 전술핵 재반입이 현실적으로 불가능하다는 점을 수용하면서도, 민수용 농축재처리 역량을 우선 확보하여 비상시 단기간 내 핵무장으로 전환할 수 있도록 핵잠재력을 갖추자는 입장이다. 이는 90년대부터 계속되는 '핵주권론'의 연장선 상에 있다.

적대적이고 제로섬적인 정치안보경쟁을 하고 있고, 세계에서 가장 공격적이고 위험한 국가인 북한의 핵위협을 머리에 이고 사는 국민으로서 핵무장 주장은 자연스러운 현상이다. 그렇지만 실제 정책을 다루는 전문가나 정치인들은 이를 주장하기에 앞서, 한국의 현실과 대외적 환경을 객관적으로 돌아보고 핵무장의 효과와 비용을 냉철히 분석해야 한다. 그렇지만 현실은 그렇지 않은 것 같다. 핵무장론은 "핵은 핵으로서만 막을 수 있다"는 막연한 가정에서 핵무장의 효용을 과대평가하고, 핵무장의 비용과 불이익에 대해서는 과소평가하거나 무시하는 경향이 있다.

핵무장이 한국의 옵션이 되기 어려운 이유는 아래와 같다. 첫째, 비핵국의 핵개발은 국제법상 '불법'이며, 국제법, 유엔안보리결의 등의 비확산 의무를 위반한다. NPT에 따라, 1967년까지 핵무기를 개발한 5개국만 합법적 '핵국'으로 인정받지만, 기타 모든 나라는 '비핵국'으로서 핵비확산 의무를 진다. 따라서 북한, 이란과 같은 비확산의무 위반국은 안보리에 회부되어 각종 제재를 받는다. 우리나라도 2004년 국내 연구자가 몰래 극소량 핵물질을 분리한 '미신고사건'이 발생했을 때, 외교총력전을 통해 겨우 안보리 회부를 저지했지만 이 사건은 70년대 핵개발 의혹과 더불어 지금까지 한국의 낙인으로 남아있다.

둘째, 우리나라는 다른 어떤 나라보다 개방되고 경제제재에 취약하여 현실적으로 핵개발 시도 자체가 불가능하다. 한국은 경제 대외의존도 85%, 에너지 대외의존도 97% 등 수치에서 보듯이 세계 최고 수준의 개방국가, 통상국가이다. 그런데 한국이 핵무장을 하려면 북한이나 이란과 같이 통상을 거의 포기해야 한다. 우리가 과연 식량·석유·가스·핵연료의 수입 없이 반도체·TV·자동차·선박의 수출 없이 얼마나 견딜 수 있을까. 우리 경제의 취약성을 감안할 때 제재 위협만 하더라도 우리 경제를 수십 년 뒤로 돌려놓을 가능성이 크다. 이스라엘, 인도,

파키스탄 등 '사실상 핵국'은 당초 NPT에 가입하지 않아 핵비확산 의무를 지지 않지만, 그래도 수출통제 국제레짐에 따라 전략물자와 원자력의 거래에 대해 엄격히 통제받는다. 미국이 예외적으로 인도의 핵무장을 인정하였는데, 이는 거대 강대국으로서 인도의 국제적 지위를 인정하고 또한 중국 견제를 위한 세계전략 차원에서 가능했다.

셋째, 핵무장 시도는 한미 간 갈등을 초래하고, 미국의 핵우산을 후퇴시키고, 한미동맹에 회복하기 어려운 신뢰의 손상을 초래할 것이다. 한미동맹과 핵우산은 한국의 비핵화를 전제로 유지되기 때문이다. 또 한미 정부는 핵비확산 정책과 법령에 따라 온갖 수단을 동원하여 핵개발을 저지할 것이다. 중국도 동북아에서 핵독점을 유지하기 위해 한국 핵무장을 강하게 반대할 것이다.

따라서 핵무장을 주장하기에 앞서, 우리의 현실인 개방국가, 통상국가, 분단국가, 중견국가, 안보 취약국으로서의 특성, 그리고 대외환경인 한미동맹과 국제비확산체제에 대한 객관적인 평가가 있어야 한다. 하지만 핵무장론과 핵주권론은 현 국제정치질서에서 핵심 규범로 뿌리내린 핵비확산 체제에 대한 현실적인 인식이 부족하다. 현 핵비확산 국제레짐은 단순히 국제법적 규범에 그치지 않고, 유엔 안보리이사국을 중심으로 한 강대국 세력정치의 뒷받침을 받고 있다.

요약하면, 필자는 "현 상황에서" 핵무장을 불가능하고, 비현실적이며, 불법적이며, 한국의 안보와 경제국익을 훼손하는 옵션으로 본다. 현 국제정치와 한국의 현실을 감안할 때 핵무장론의 공론화도 우려된다. 실제 핵무장이 초래할 제재의 폐해는 막론하고, 핵무장론 주장만으로 적지 않은 국가적 손실을 초래할 가능성이 있기 때문이다. 한미동맹의 신뢰 수준이 하락하고, 우리가 그동안 힘들게 쌓은 국제사회의 모범적인 중견국가, 핵비확산 규범의 모범 준수국, 세계적인 통상국가 등의 높은 지위와 이미지가 크게 훼손될 수 있다.

따라서 핵무장 요구에 앞서, 우선 핵무장 옵션에 대한 정책연구를 개시할 것을 제안한다. 핵 옵션의 정책연구는 핵무장의 비용과 혜택에 대해 보다 체계적이며 심도 있는 분석을 통해 국민과 전문가들이 국익에 도움이 되는 선택을 하도록 하는 효과가 있을 것이다. 이렇게 국가적으로 중차대하고 장기적 파장을 미친 정책 사안이라면, 국민들에게 설익은 주장을 내어놓고 감정과 애국심에 호소하기에 앞서 좀 더 깊은 전문가적 연구와 토론이 필요하다. 이런 연구와 토론을 통해 '핵무장 국익'과 '핵비확산 국익'에 대한 객관적인 평가가 내려지기를 기대한다.

한국은 국제사회에서 대표적인 경제·정치·외교·안보의 성공사례로 알려져 있다. 그 성공은 우리의 국가적 단점과 불리한 여건을 극복하고, 장점을 최대한 활용한 데서 나온다. 한국의 약점은 바로 안보 취약, 자원 빈곤, 남북분단, 높은 대외적 경제의존 등이 있다. 이런 단점을 보완하는 동시에 우리의 장점이 된 것이 바로 세계적 통상, 한미동맹, 국제규범 준수, 중견국가로서 세계적 기여, 실용외교 등이다. 한국의 핵무장은 일거에 이런 한국의 장점을 무력화하고, 약점을 오히려 노출시킬 가능성이 크다.

극단적으로 북한의 핵위협 하에서 한미동맹과 미국의 확장억제가 작동하지 않고 한국 안보가 국가존망의 기로에 선다면, 우리는 핵무장의 모든 비용과 불이익을 무시한 채 이를 추진할 수밖에 없을 것을 것이다. 그러나 한국의 막강한 재래식 군사력, 비핵정책의 도덕적 우위, 한미동맹과 확장억제력, 국제사회와 북핵 반대 연대 등으로 우리 안보와 경제를 안전하게 유지할 수 있다면 현 단계에서는 비핵정책을 지속하는 것이 외교·안보·경제적 국익에 부합한다.

일부 전문가들은 즉각적인 핵무장의 현실적인 어려움을 감안하여, 무기용 핵물질을 확보하기 위해 우선 농축재처리 역량을 보유하여 '핵잠재력'을 확보하자고 주장한다. '핵주권' 주장이 이 옵션에 해당한다.

일견 신중하고 합리적으로 보이지만, 이 주장도 현 상황에서는 실현성이 낮고 위험하다. 우리가 핵잠재력을 갖기 위해 한미 원자력협력협정에 따른 한미협상을 추진하면, 미 정부는 한국의 요구를 일거에 거부하고, 국제사회도 한국을 비난할 것이다. 만약 미국의 동의 없이 일방적으로 농축재처리를 추진하면, 한국은 북한과 같은 수준의 제재압박은 아니더라도, 최소한 이란 수준의 제재압박을 받게 될 것이다. 이때 원자력의 평화적 이용을 위한 우리의 정당한 농축재처리에 대한 권리와 요구마저 거부될 것이다. 평화적 원자력 활동의 일부로서 한국의 농축재처리는 그 가능성이 조금이라도 열려있지만, 만약 '핵 잠재력'을 위한 농축재처리를 모색한다면 철저히 봉쇄당하게 된다. 이때 그 후과로 한국이 필요한 원자력의 과학기술적 연구, 국내 원전 가동을 위한 핵연료 수입, 원전 수출마저 제재를 받아 불가능하게 될 가능성이 크다. 이런 부작용과 비용을 감안할 때, 과연 '핵 잠재력' 확보를 추진할 가치가 있는지 의문이다.

대안적 핵 옵션 평가: 전술핵, 핵공유

한국의 핵무장론에 대해 미 정부와 주류 외교안보 전문가들이 비판하자, 국내 외교안보 전문가와 정치권이 전술핵무기 재반입과 핵공유를 대안으로 제시했다. 아래에서 이 2개 옵션에 대해 그 실현성과 안보적 효과를 토론한다.

우선 '전술핵무기의 재반입'은 대북 군사적 억제방안으로 1990년대부터 수시로 거론되었고, 외교안보전문가와 국민의 수용성과 지지도도 대체로 높은 편이다.[14] 상기 아산정책연구원 여론조사에 따르면, 전술

---

14) 최강, "美 전술핵, 한반도 배치 필요하다,"『조선일보』, 2021.8.2.; 전성훈, "핵에는 핵으로, 전술핵 재배치하자,"『주간동아』, 2019.6.28., < https://post.naver.com/viewer/postView.nhn?volumeNo=21759349 >.

핵에 대해 국민의 59%는 지지하고, 38%는 반대했다. 이렇게 지지가 높은 것은 북한의 핵위협이 고조되는 상황에서 "핵에는 핵으로만 대응이 가능하다"는 주장을 다수 국민이 받아들인 탓으로 보인다. 사실 전술핵무기의 재반입은 한국에 대한 미국의 핵우산과 안보공약을 가시적으로 보여주는 긍정적인 효과가 있다.

하지만 미국 정부와 외교안보 전문가들은 거의 예외 없이 전술핵무기 재반입의 안보석 효과와 실현성에 대해 매우 부정적이다.15) 2021년 9월 윤석열 당시 국민의힘 대통령후보는 대선 안보공약에서 "한미 확장억제가 더 이상 국민의 생명과 재산을 보호할 수 없다고 판단되면 미국에 전술핵 배치나 핵공유를 요구하겠다"고 발표했다. 그런데 동 내용에 대한 기사가 논란을 일으키자 안보공약에서 동 조항을 삭제했다.16) 이런 입장 변경은 미 정부의 반대와 실현 불가능성을 감안한 결과로 보인다. 그렇다면 왜 한국민과 정치인들의 요구에도 불구하고, 미 정부와 전문가들은 전술핵무기의 재반입을 반대할까?

첫째, 미국의 냉전 초기 핵억제정책이 전술핵무기의 사용을 포함하는 유연반응전략이었는데, 냉전 후기에 전략핵무기를 사용하는 대량보복전략으로 전환된 점을 들 수 있다. 냉전기에 미국과 소련은 서로 핵 역량의 우위를 차지하기 위한 핵경쟁에 나섰고, 그 결과 60~70년대에는 각각 최대 3~4만 개의 핵무기를 보유했었다. 하지만 냉전 말기에 핵군축이 시작되어, 현재 미소는 각각 5~6천 개 내외 핵무기를 보유하고 있다. 탈냉전기 들어 미국은 전략핵무기를 이용한 대량보복억제 전략에 집중함에 따라 불필요한 전술핵무기를 대거 폐기했다. 그 결과 현재 약 200기만 보유하고 있다. 그중에서 현재 약 100기를 유럽 5개국

15) "미국에서 바라본 '전술핵 재배치'…실현 가능성 '제로(0%)'," 『KBS』, 2017.9.21., <https://news.kbs.co.kr/news/view.do?ncd=3551162>; "전술핵: 한국에도 배치 가능할까?…주미대사 '미국이 안된다는 입장'," 『BBC News 코리아』, 2021.10.14., <https://www.bbc.com/korean/news-58800911;>.
16) "[팩트체크] 윤석열은 전술핵 배치·핵공유 주장한 적 없다?," 『연합뉴스』, 2022.2.26.

(이탈리아, 독일, 튀르키예, 벨기에, 네덜란드) 6개 미군기지에 배치 중이다.[17] 미국은 주한 미군기지에 1959년부터 전술핵무기를 배치했지만, 1991년에 완전히 철수했다.

미국이 냉전기에 유럽에 최대 7,000개의 전술핵무기를 배치했다가 대거 폐기하고, 현재는 100기만 남겨둔 이유는 무엇일까? 냉전기에 소련과 바르샤바조약기구는 나토 유럽국에 비해 월등한 재래식 군사력을 보유하고 있었다. 만약 소련이 우월한 재래식 역량을 동원하여 서유럽을 전면적으로 침공한다면, 미국도 이를 저지하기 위해 핵무기를 사용했을 것이다. 하지만 미국이 소련의 '국지적인' 재래식 공격에 대해서도 전면적인 핵전쟁을 무릅쓰고 전략핵무기로 대응할 가능성은 낮았다. 소련이 이런 핵억제의 빈틈을 악용할 것을 우려하며, 미국도 전쟁에서 실제 사용가능한 전술핵무기를 대거 유럽에 투입했다. 냉전기 한국에 전술핵무기를 도입한 것도 이와 같은 전략적 고려 때문이었다.

그런데 탈냉전기 들어 소련이 해체되고, 공산권 경제체제가 붕괴하면서, 러시아, 북한 등 공산국가의 재래식 군사력이 급격히 위축되었다. 반면에 미국의 재래식 군사력은 경제력과 과학기술력의 발전에 힘입어 더욱 강력해졌다. 그 결과, 미국은 종래 전술핵무기로만 억제하고 격퇴할 수 있었던 공산권의 대형 재래식 침공을 막강한 재래식 군사력으로 충분히 억제하고 격퇴할 수 있다고 판단하게 되었다. 또한 탈냉전기 들어 '핵무기 없는 세상'을 요구하는 국제사회와 시민사회의 목소리가 커짐에 따라, 미국도 안보정책에서 핵무기의 역할을 축소하지 않으면 안 되었다. 1945년 이후 핵무기 불사용의 관행이 누적되면서 점차 '핵금기(nuclear taboo)' 원칙이 확산된 것도 핵무기의 역할을 축소하는 배경이 되었다.

---

17) Center for Arms Control and Non-Proliferation, "Fact Sheet: U.S. Nuclear Weapons in Europe," August 18, 2021, < https://armscontrolcenter.org/fact-sheet-u-s-nuclear-weapons-in-europe/ >.

소련(러시아)은 전술핵무기를 전쟁터에서 사용하는 무기로 간주했기 때문에 대량 생산했고, 실제 군사 전술에서 전술핵무기의 역할을 부여했다. 하지만 미국은 아무리 작은 폭발력의 전술핵무기라도 일단 사용되어 '핵금기'가 깨어지고, 이때 전략핵무기를 교환하는 무한 핵전쟁으로 확전이 불가피할 것으로 보았다. 따라서 전술핵의 증강 또는 재반입을 반대하는 입장이다. 대신 막강한 재래식무기는 '핵금기'의 제약 없이 언제든지 사용가능하므로 적의 군사적 공격에 대한 억제효과가 더욱 크다고 보았다. 이런 미국의 핵전략과 핵사용에 대한 시각을 감안할 때, 전술핵무기를 재반입하는 것은 앞으로도 실현되기 어려운 옵션이다.

국내 사정도 전술핵 재반입에 쉽지 않을 전망이다. 사실 미국이 1991년에 한국에서 전술핵을 철수하기로 한 배경에는 핵무기의 안전과 방호문제도 있었다. 당시 국내에서는 주한미군과 핵무기를 반대하는 강한 반미, 반핵 정서가 있었고, 일부 과격분자에 의해 핵무기가 훼손 또는 탈취당할 우려도 있었다. 최근 고고도 미사일방어체계(THAAD) 도입, 원자력발전소 부지 및 사용후핵연료 처분 부지를 둘러싼 반핵 및 환경단체의 반대를 감안할 때, 전술핵 배치에는 더욱 강한 지역주민의 반대가 예상된다.

미국은 왜 유럽에는 전술핵무기를 배치하면서, 한국에 전술핵 반입은 반대할까? 유럽 전선에서 나토 유럽국은 핵무기와 재래식 무기를 대거 보유한 군사적 초강대국인 러시아를 상대해야 한다. 러시아는 약 2,000기 전술핵무기를 보유한 것으로 추정되는데, 이는 미국이 보유한 전술핵무기의 10배, 미국이 유럽에 배치한 전술핵무기의 20배에 해당한다. 만약 러시아가 유럽 나토국에게 전면적인 재래식 공격 또는 전술핵무기 공격을 가할 경우, 유럽국은 속수무책으로 밀릴 가능성이 크다. 그렇다고 미국이 세계 멸망을 초래할 전면적인 핵전쟁을 무릅쓰고 전략핵무기를 사용하기도 어렵다. 이때 유럽에 전진 배치된 미국 전술핵무기의 사용 위협은 가용한 군사적 대응책이다. 만약 억제에 실패하더라도 전술핵을 사용한다면, 전면적인 핵전쟁을 피하면서도 적을 격퇴시킬 수 있다.

북한은 핵무장에 성공했지만, 아직 러시아와 같은 핵 강대국, 재래식 강대국으로 보기 어렵다. 북한의 재래식 역량은 한미동맹뿐만 아니라 한국군에 비해서도 열악하다. 따라서 북한의 재래식 공격은 한국 또는 한미동맹의 재래식 역량으로도 충분히 억제와 격퇴가 가능하다. 북한이 한국 또는 미국에게 핵공격을 추진한다면, 이는 미국의 압도적인 핵 역량을 포함한 확장억제 역량으로 대응할 수 있을 것이다.

북한이 핵사용을 위협하면서 서해 도서와 휴전선 인근에서 제한적인 군사공격을 가하거나 점령을 시도한다면 어떻게 대응해야 할까? 한국과 한미동맹은 북한의 핵사용 위협에 대해서는 핵우산을 통한 보복응징을 위협하면서 맞대응할 수 있다. 동시에 북한의 재래식 공격 가능성에 대해서는 우월한 재래식 군사력을 동원하여 북한의 공격을 억제하거나, 격퇴할 수 있을 것이다. 상기 다양한 시나리오를 감안할 때, 미국은 러시아를 상대해야 하는 유럽 전선과 북한을 상대해야 하는 한반도 전선에 같이 대응해야 할 필요성을 느끼지 못할 것으로 보인다.

한국의 핵옵션으로 계속 제기되었던 자체 핵무장 또는 전술핵 재반입이 미 정부의 반대와 한국 정부의 거부로 난관에 부닥치자, 최근 대안으로 '나토식 핵공유' 방안이 급부상했다.[18] 그렇다면 '핵공유'의 안보적 필요성과 실현성을 어떻게 평가할 것인가? 과연 미국은 한국과 '핵공유'를 추진할 가능성과 의사가 있으며, 이때 대북 억제가 더욱 강화될 것인가? 국내에서 '핵공유'를 제안하는 배경에는 무엇보다 '전술핵 재배치'를 지지하는 이유와 마찬가지로 "핵은 핵으로만 억제 가능하다"라는 명

---

18) "'핵공유 협정' 체결로 강력한 핵우산 보장," 『KBS』, 2017.10.10., < https://news.kbs.co.kr/news/view.do?ncd=3557045 >; 박휘락, 『북핵 외통수 – 비핵화에서 핵 균형으로』 (성남: 북코리아, 2021).

제가 있다. 그리고 동맹국에 대한 미국의 '핵우산'과 '확장억제' 제공 공약만으로 핵우산의 적시 전개에 대한 근본적인 의문이 해소되지 않기 때문에 '핵공유'를 통해 핵우산 제공을 더욱 확실히 하자는 입장이다.

유럽에서 '전술핵무기 배치'와 '나토식 핵공유'가 실현된 데에는 역사적 배경과 현실적 필요성, 그리고 이를 위한 제도가 뒷받침되었다. 우선 유럽에서 '핵공유'가 수립된 배경에는 미국의 핵우산 제공을 디욱 확실히 하려는 의도 놋지않게 미국의 일방적인 핵무기 사용 결정을 저지하려는 의도도 있었다. 또한 유럽에서의 전술핵 배치와 핵공유는 냉전 초기의 유산으로서 1970년 NPT가 발효하기 이전부터 있었다. NPT 협상 당시에 나토 비핵국에 핵무기 배치가 NPT와 상충한다는 주장도 있었지만, 해당국에 핵무기가 기배치 되었기 때문에 현실을 수용할 수밖에 없었다. 더욱이 전술핵 배치를 통해 유럽국의 추가 핵개발을 방지할 수 있다는 주장도 설득력이 있었다. 미국이 유럽국과 핵공유를 위해서는 미 상원이 '핵협력 프로그램'을 비준해야 하는 절차가 있는데, 한국의 경우 미 상원의 비준 가능성이 매우 낮다는 평가도 있다.[19]

나토식 핵공유를 통한 핵무기 사용은 미군이 전적으로 소유하고 관리하는 전술핵 중력탄(gravity nuclear bomb)을 현지 유럽국의 전투기에 탑재하여 적 상공에서 투하하는 방식이다. 엄격히 말하면 '핵공유'는 핵무기를 공유하는 것이 아니다. 미국과 나토 유럽국이 핵사용에 대해서 공동 기획을 하지만, 미국 대통령만이 핵무기 사용 결정을 내리며 이때 유럽국은 핵탄두의 운반수단을 제공하는 역할을 담당한다.

상기 방식을 한국에 적용하려면 다수 장애요인이 예상된다. 우선 나토식 핵공유를 위해서는 한국에 전술핵무기를 사전에 배치해야 한다. 전술핵무기의 한국 배치는 위에서 토론했듯이 불가능하지는 않지만 현상황에서는 현실성이 매우 낮다. 또한 국제사회에서 오늘과 같이 핵비

---

19) 문정인, "'핵 공유'는 없다,"『한겨레』, 2021.3.21., <https://www.hani.co.kr/arti/opinion/column/987621.html>.

확산과 핵군축 요구가 높은 상황에서 미국이 사실상 핵확산에 상응하는 전술핵 재반입과 핵공유 조치에 취할지 의문이다. 핵비확산을 국제 안보의 핵심 가치로 강조하는 미국 민주당 정부가 한국에 전술핵 반입 또는 핵공유를 허용할 가능성은 더욱 낮다.

나토식의 전투기를 이용한 전술핵 중력탄 사용 개념도 한반도에서는 적용하기 어렵다. 전통적인 핵공유에 따른 핵사용은 소련(또는 러시아)의 대규모 재래식 공격에 대응하기 위해 전술핵을 전투기에서 투하하는 방식이었다. 그런데 북한의 경우, 대남 공격 시 열악한 재래식 역량을 사용할 가능성이 거의 없고, 핵미사일을 사용할 가능성이 크다. 이에 대비한 한미의 대북 억제 또는 격퇴 조치도 즉각적인 대응이 가능한 핵미사일이 되어야 할 것이다. 나토의 경우, 전투기 탑재용 핵공유는 있지만, 핵미사일 공유체제는 없다. 만약 한국에서 핵미사일을 공유해야 한다면, 새로운 핵공유 체제를 만들어야 하는데 미국이 이에 동의할지 의문이다.

마지막으로 중국의 반발도 전술핵 재반입, 핵공유를 어렵게 하는 장애요인이다. 미중 경쟁 국면에서 중국이 사드 사태에서 보았듯이 주한미군의 전략무기 도입을 허용하지 않을 것이다. 유럽의 경우, 러시아는 적국이므로 러시아의 어떤 반발도 무시하면 된다. 만약 중국이 한국의 적국이거나, 한중 간 교역이 적다면 중국의 반발을 무시할 수 있다. 그런데 한중 간 넓고 두터운 정치·외교·경제·통상 관계를 볼 때, 한국이 중국의 입장을 완전히 무시할 처지에 있지 않다.

전술핵무기의 역내 보관을 전제로 한 '나토식 핵공유'를 한국에 적용할 때 현실적으로 장애요인이 많다는 점을 감안하여, 전술핵을 미국 영토인 괌에 보관하는 한미 핵공유 방안도 있다.[20] 위에서 토론했듯이

---

20) "괌에 전술핵 배치, 유사시 F-35로 한반도 옮겨놓고 사용할 가능성," 『조선일보』, 2019.7.31., <https://www.chosun.com/site/data/html_dir/2019/07/31/2019073100120.html?utm_source=naver&utm_medium=original&utm_campaign=news>.

핵미사일 기반의 북한 핵공격을 억제 또는 격퇴하려면, 한미도 미사일 기반 역량을 활용하는 것이 불가피하다. 변형된 나토식 핵공유에 따라, 평소 한국의 F-35에 핵무기를 탑재하는 시스템을 구축했다가, 유사시 괌에서 한국으로 이송된 핵무기를 탑재한다는 방식은 북한의 핵미사일에 대응하기에 너무 느리다.

오히려 한반도 인근 해역, 서태평양, 괌, 미 본토 등에 배치된 미국의 핵미사일을 직접 활용할 수 있다면 보다 즉각적인 대응이 가능하여, 더욱 효과적인 억제력을 발휘할 수 있을 것이다. 이를 위해 한미 정부는 2023년에 가동 중인 '고위급 확장억제전략협의체'에서 핵사용을 포함하는 확장억제의 공동 기획과 실행 프로그램을 채택할 것을 제안한다. 이런 '한국형 핵공유'를 통해 한국에게 '강화된 핵우산'을 제공한다면, 한반도에서 전략성 안정성을 유지하는데 기여할 것이다. 이때 한국의 자체 핵무장, 전술핵 재반입 주장도 잦아들고, 한미 군사협력과 원자력협력에서 마찰요인도 제거하는 효과가 기대된다.

맺음말

한국은 누구인가? 한반도, 동북아, 지구에서 한국은 어떤 존재인가? 한반도, 동북아, 나아가 지구 지정학에서 한국의 위상, 임무, 역할은 무엇인가? 한국 외교안보통일정책의 기본 지침이 되는 대전략은 무엇인가? 이 책은 이 질문들에 대한 필자의 연구 결과를 담고 있다.

혹자는 이런 질문에 대해 너무 당연한 것을 왜 묻느냐고 반문할 것이다. 심지어 "당신은 한국이 누구인지, 한국의 대전략이 무엇인지도 모르면서 국립외교원에서 외교안보 전문가인 양 연구하고, 교육했단 말인가"라며 필자를 책망할지 모른다. 그런데 과연 우리는 한반도, 동북아 국제정치에서 한국의 위상, 국익, 가치, 임무, 역할을 알고 있을까?

사실 이 질문에 대한 개인의 주장과 견해는 차고 넘친다. 하지만 한국의 역사적 경험과 교훈에 부합하고, 동북아와 지구 지정학에 조응(照應)하며, 한국의 안녕을 보장하고, 국민 다수가 공감하는 그런 대답이 있는지는 회의적이다. 만약 있다면 우리 외교안보통일 정책 기조가 정권이 교체하는 5년마다 180도로 뒤바뀌는 일은 발생하지 않았을 것이다. 대북정책과 북핵정책도 이렇게 오락가락하지도, 남북관계와 북핵문제도 이렇게 나빠지지도 않았을 것이다. 미중 관계와 한일 관계에 대한 대응도 정권교체시마다 오락가락하지 않고, 훨씬 체계적이고 성과적이었을 것이다. 결국 현대 한국은 국민 다수가 공감하는 지속가능한 국가 정체성도, 국가 비전도, 대전략도, 외교 원칙도 갖지 못했다.

왜 이렇게 되었을까? 나라를 이끄는 정치, 정책을 실행하는 행정부, 정책을 자문하는 전문가그룹 등 3개 행위자 모두 책임이 없다고 볼 수 없다. 그중에서도 국가 운영의 정점(頂点)에 있는 정치의 책임이 크다. 선출직인 대통령과 국회만이 외교안보의 정치적 이견을 조율하고 결정하는 권위와 권한을 갖기 때문이다. 전문가의 책임도 있다. 평소 외교안보에 대한 국민합의를 주창했지만, 막상 자신들의 정책공동체 내에서 합의를 만드는 노력을 등한시했다. 이에 앞서 국가 정체성, 국가 비전, 대전략, 외교 원칙을 찾고 정리해서, 이를 정치와 국민 앞에 제시하는 노력이 부족했다. 필자도 전문가로서 공동 책임이 있기 때문에 일단 이 책으로 부족하지만 필자의 숙제를 대신했다.

탈냉전기에 김대중 정부가 대북 햇볕정책을 추진하면서 남남갈등 현상이 발생했다. 냉전기부터 지속된 한국 안보와 한미동맹을 중시하는 기성 한반도관과 한반도 평화와 남북대화를 중시하는 탈냉전적인 신형 한반도관이 충돌한 결과였다. 이후 한국 정부가 반복적으로 대북정책을 위한 국내합의 절차를 경시하고 정파적으로 대응하면서, 결국 남남갈등이 해소되지 못한 채 오늘에 이르렀다. 미중 경쟁이 발생하자, 남남갈등의 전선이 대북정책을 넘어 대미, 대중, 대일 정책 등 외교안보 전체로 확산되었다. 사실 주변 강대국과 북한을 상대할 때, 국력을 총집결하고 한마음이 되어도 소기의 목표를 달성하기 쉽지 않을 것이다. 하물며 남남갈등으로 자중지란(自中之亂)을 반복하면서, 외교안보적 성과를 거두는 것은 기대난망이었다.

최근 다시 북한 핵무장, 미중 전략경쟁, 미국의 자국 우선주의, 중국의 초강대국 부상, 러시아의 우크라이나 침공, 기후변화, 에너지 위기,

일본의 재무장, 자유무역의 후퇴 등으로 국제정치경제 환경이 급변하자, 국내에서 외교안보에 대한 경각심이 급상승했다. 이에 대한 대응으로 언론과 학계에서는 국익에 충실한 외교, 원칙 있는 외교, 전략적인 외교를 추진하자는 요구가 빈번했다. 한국의 대전략을 찾는 주문도 많았다. 이런 요구는 매우 타당하고, 오히려 때늦은 감이 있다.

그런데 막상 '국익 외교'를 위한 국익의 내용이 무엇인지, '원칙 외교'를 위해서 어떤 원칙을 준수해야 하는지, '전략 외교'를 위해서 어떻게 전략을 수립하고 실행하는지에 대한 토론은 실종되었다. 이런 총론과 기본에 대한 토론과 수렴을 도외시한 채 각론에 대한 무한 논쟁을 반복하면서, 남남갈등 현상도 재생산되었다.

아래에서는 필자가 왜 이런 문제를 고민하게 되었는지, 대답을 찾기 위한 여정이 어떠했는지, 어떤 대답을 찾았는지 간략히 회고함으로써 맺음말을 대신하고자 한다.

필자는 1993년부터 4년여 동안 김영삼 정부(1993~97)의 청와대 외교안보수석실('국가안보실'의 전신)에서 근무했다. 당시 외교안보수석실은 통일부, 외교부, 국방부, 안기부('국정원'의 전신)의 연락관 체제로 구성되었다. 따라서 각 부처가 만든 외교정책, 통일정책, 국방정책이 외교안보수석을 통해 대통령에게 보고되고 재가를 받아 국가정책으로 채택되었다. 당시만 해도 범부처적, 국가적 정책조정 메커니즘이 없었다. 1993년 3월 북한이 핵확산금지조약(NPT) 탈퇴를 선언하는 초대형 외교안보위기가 발생한 것을 계기로 1994년 4월 처음 주례(週例) 장관급 '통일안보정책 조정회의'를 운영하기 시작했다. 하지만 여기서도 여전히 탈냉전 한국의 비전과 국익, 국가안보전략, 대전략, 외교 원칙 등과 같은 외교안보 총론에 대한 심각한 토론이나 결정이 있었다는 얘기는 듣지 못했다.

필자는 이런 초기 문제의식에 따라, 1998년 "통일안보정책 결정체제

연구: 북핵 대응을 중심으로(성남: 세종연구소, 1998)"를 발표했다. 이 보고서는 정부의 중장기 정책 수립, 정책 조정, 정세 판단 기능이 미흡함을 지적하고 개선방안을 제안했다. 이 보고서는 기존의 부처 연락관 체제를 대신하여 미국식 국가안보회의(NSC) 체제를 도입할 것을 주장했다. 이런 요구는 후일 노무현 정부에서 구현되었다.

당시 필자의 두 번째 프로젝트는 국방연구원에 의뢰하여, 통일연구원, 외교안보연구원, 세종연구소의 다수 연구자들을 동원하여 대북전략을 수립하는 것이었다. 그 결과, "북한 체제의 변화 전망과 대북 전략 추진 방향(1998.1)" 보고서가 작성되었다. 김영삼 정부의 외교안보는 탈냉전기 대북정책의 첫 단추를 잘못 꿴 사례였다. 탈냉전기 대전략과 한반도 비전, 외교 원칙 등이 정립되지 않은 채, 북한과 주변국의 행동에 반응하는 데 급급했다. 위의 국방연구원 보고서는 이런 상황에서 대한 필자와 다른 연구자들의 자성에서 나온 연구물이었다.

노무현 정부부터 이런 문제를 해소하기 위해 미국의 국가안보실 체제를 도입하고 국가안보전략 보고서도 발간했다. 국가안보전략 보고서는 한국이 처한 정세를 평가하고, 한국이 추구할 비전, 국익, 정책기조, 외교 원칙 등을 제시했다. 하지만 이런 형식적인 성과에도 불구하고, 전략보고서의 발간 취지까지 충족했는지는 의문이다. 국가안보전략의 내용에 대한 국민적, 정치적 공감대가 낮은 상태에서 동 보고서를 발간한 결과, 그 이후 정부가 교체될 때마다 동 보고서의 내용도 완전히 바뀌는 것이 관행화되었다. 이렇게 정권 교체마다 국가안보전략의 대강에 대한 수정보완 수준이 아니라, 크게 뒤집어지는 것이 과연 정상인가? 필자가 보기에는 비정상적이다.

이 세상에 초강대국 미국 말고는 정권 교체에 따라 국가안보전략이 크게 바뀌는 나라는 별로 없다. 미국도 트럼프 행정부에서 바이든 행정부로 교체에서 보듯이, 최대 정책과제인 미중 경쟁과 산업 부흥 정책은 그대로 계승되었다. 특히 오랜 역사 속에서 국가 생존을 수시로 위협받았던 중소국가, 강대국 사이의 끼인 국가들은 국가안보전략과 대전략을 매우 귀하고 신중하게 다룬다. 따라서 정권이 교체되었다고 국가안보전략을 급전환하는 경우는 찾기 어렵다. 특히 국가 규모에 비해서 국제적 존재감이 큰 이른바 '강소국,' '강중국(강한 중견국)' 등은 국가전략에 대한 국민적, 정치적 합의 수준이 매우 높다. 혹시 주요 정책노선에 대한 논쟁이 있더라도 내부적으로 토론하고, 일단 결론이 내려지면 내부 합의를 따른다. 한국과는 매우 다른 광경이 아닐 수 없다. 동북아, 동남아, 유럽, 중동의 어떤 주요 국가도 한국같이 대외정책으로 심각한 내분을 겪거나, 정권교체에 따라 외교정책을 급전환하는 경우는 없다.

필자가 한국의 비전과 국익을 크게 고민한 적이 또 있다. 2012년 이명박 정부가 '서울 핵안보정상회의'를 주최할 때였다. 서울 핵안보정상회의는 50여 명의 주요국 정상과 국제기구 대표가 대거 참가하는 역대 최대의 안보 관련 정상회의였다. 참석 정상의 규모뿐만 아니라, 한국 대통령이 좌우 양옆으로 오바마 미국 대통령과 후진타오 중국 주석을 세우는 전무후무한 역사적인 정상회의였다. 당시만 해도 한국은 경제 발전에 성공한 '중진국'으로 불렸다. 하지만 서울 핵안보정상회의의 성공적인 개최를 계기로 한국은 처음으로 국제사회로부터 국제안보 질서의 룰메이킹에 참가하는 '중견국(Middle Power)'으로 인정받게 되었다.

그런데 '서울 핵안보정상회의'를 보는 우리 국민과 외교안보 전문가의 시선은 무심하다 못해 싸늘했다. '핵안보' 이슈가 자신들의 관심사와 국익의 범위 밖에 있다고 보았기 때문이었다. 국내 언론과 국민뿐만 아니라, 심지어 외교안보 전문가의 관심도 한반도 문제(북핵, 한미동맹)와 경제문제에만 집중되어 있었다. 필자는 국내의 이런 편협한 국가 비전과 국익 관점에 실망했다. 한국의 존재 이유, 국가 비전, 국제정치적 임무와 역할은 한반도를 훨씬 넘어선다고 보았기 때문이었다. 필자는 핵

테러를 방지하기 위한 국제사회의 핵안보(nuclear security) 노력이 왜 한국의 국익에 해당되는지 설득하기 위해 한국의 '세계적 국익'이라는 용어까지 만들었다.[1] 왜 한국은 북한문제뿐만 아니라 먼 지역에서 발생하는 핵 테러에도 관심을 갖고, 마치 자신의 일처럼 이를 방지하기 위해 국제노력에 참가해야 하는가?

　필자는 한국의 정체성에서 그 이유를 찾고자 했다. 대다수 국민은 한국은 '분단국가'로서 아직도 북한과 사실상 전쟁상태에 있으므로 남의 일에 신경 쓸 여유가 없다고 생각했다. 필자의 생각은 달랐다. '분단국가'가 한국의 중대한 정체성이기는 하나, 그 외에도 통상국가, 세계국가, 중견국가의 정체성도 있다. 한국이 북한에 대응하려면 부국강병(富國强兵)해야 하는데, 그 부국강병의 원천은 바로 세계와 통상하고 협력하는 데 있었다. 한국은 자원빈국, 에너지빈국이므로 수입도 수출도 다다익선이다. 그런데 중동에서 전쟁과 테러가 발생하고, 미국과 유럽에서 (핵)테러가 발생하면 어떻게 될까? 보호무역이 만연하고, 수출통제가 남용되면 어떻게 될까? 세계평화와 국제안보가 훼손되면, 다른 어떤 나라보다 경제의 대외의존도가 높은 한국이 더 큰 경제적 타격을 입게 된다. 경제 약화는 즉각 국내정치적 혼란과 국가안보의 약화를 초래한다. 따라서 국력과 국방력의 기반이 되는 순탄한 통상과 강력한 경제를 유지하려면, 한국은 중견국 외교, 국제안보 외교를 통해 세계평화를 지키고, 통상 외교를 통해 개방적, 자유무역체제를 유지해야 한다. 한국은 서울 핵안보정상회의를 성공적으로 개최함으로써 국위를 선양시켰고, 세계평화도 진작시켰다. 사실 대북정책은 주로 국익에 마이너스

---

[1] "한국은 경제적 대외 의존도 100%, 에너지 수입 의존도 97%, 재외동포 100만 명, 해외여행자 연 1,200만 명 등 수치가 보여주듯이 세계화와 개방 수준이 가장 높은 통상대국이므로, 핵테러가 발생하면 그 발생지를 막론하고 국민의 생명과 재산, 국민경제가 막대한 피해를 입게 되므로 핵테러 방지는 우리의 글로벌 국익을 지키기 위한 핵심적인 국제안보 조치이다." 전봉근, "2012 서울 핵안보정상회의: 한국의 핵안보 국익과 세계적 책임," 『주요국제문제분석』, 봄호(2012).

(−) 요인이 발생하는 것을 방지하는 데 그친다. 하지만 우리의 세계외교와 통상외교는 국익의 플러스(+) 요인을 진작시켜 부국강병에 직접 기여하는 효과가 크다. 안타깝지만 당시 이에 대한 국민과 전문가의 인식은 낮았다. 과연 오늘 이런 현상이 얼마나 개선되었는지 의문이다.

2010년대 들어 '중국의 부상'에 이어 미중 경쟁이 시작되자, 한국의 또 다른 정체성이 부각되었다. 잠시 잊었던 강대국 사이의 지정학적 중간국, 즉 '끼인 국가' 정체성이었다. 사실 통일신라 이후 1500년 역사에서 한국은 중소국가이자 중간국으로서 수시로 주변 강대국의 패권경쟁에 말려들어 고초를 겪었다. 단일 패권국이 있을 때는 엄청난 국력 차로 인해 편승과 사대 이외 다른 옵션이 없었다. 단일 제국이 통치하는 국제질서가 아니라면, 중소규모 국력의 한계를 지닌 한국으로서는 언제나 주변 강대국과 관계를 의식하며 살 수밖에 없는 운명이었다. 한국의 이런 지정학적 운명은 지난 1500년뿐만 아니라 앞으로도 장기간 지속될 것이다. 그것이 바로 '한반도 국제정치의 비극'이다.

필자가 이 책의 제목을 '한반도 국제정치의 비극'으로 구상하고 주변에 의견에 구했을 때, "지정학적 결정론이 과하다," "한국의 정치·외교·경제적 성과를 과소평가한다" 등 부정적 의견이 꽤 있었다. 하지만 필자는 이 제목을 유지하기로 했다. 한반도를 둘러싼 강대국 국제정치의 본질이 변하지 않았고, 미중 경쟁 시대를 맞아 동북아에서 지정학적 충돌의 역사가 반복된다고 보았기 때문이었다.

사실 과거와 현재 한국의 외교안보 환경을 보면 비극적인 면이 있다. 한국은 2천 년 동안 지역 초강대국인 중국이 만든 천하(天下) 질서 안에서 조공국(朝貢國)으로 살았고, 북방 세력에게 수시로 침공당했고, 급기야 20세기 초 일본에 나라를 강탈당했다. 해방과 동시에 미소 초강대국에게 분단당하고, 전쟁까지 발생하여 나라 전체가 파괴되었다. 한때 한국은 미국의 군사 지원과 식량 원조로 연명해야만 했다. 냉전기

내내 한반도는 미소 냉전이 치열하고 전쟁 위험성이 가장 높은 지역이
었다.

지난 탈냉전 30년 동안에 모든 국가가 소위 '평화배당(peace
dividend)'을 누렸지만, 한국은 오히려 북핵 위기와 전쟁 위기로 계속
가슴 졸이며 살았다. 다른 분단국들은 다 통일했지만, 한국은 아직 세
계 유일한 분단국으로 남아있다. 남과 북은 분단국이기 때문에 서로
'먹고 먹히는' 제로섬 안보 경쟁을 벌이며, 오늘도 전쟁 불사를 외치고
있다. 북한은 한국에 핵 선제타격을 위협하고, 한국은 북한 핵공격을
제거하기 위해 '킬체인(Kill Chain)'으로 불리는 선제타격 원칙을 견지하
고 있다. 이 세상 어디에도 마주한 두 나라가 서로 선제 공격을 위협하
고 전쟁 불사를 외치는 사례는 없다. 이런 상황을 볼 때, 해외 외교안
보 연구기관들이 매년 전쟁 위험성이 가장 높은 지역으로 한반도를 지
목하는 것도 당연하다.

이런 한반도 국제정치의 비극적 요소에도 불구하고, 필자가 한반도
의 운명에 대해 꼭 비관적인 것은 아니다. 역사 속 한국은 자신의 선택
과 의지로 위기를 기회로 바꾼 사례가 적지 않다. 따라서 과거 한국의
외교안보적 투쟁과 성취를 재발견하고 실패와 성공의 경험에서 교훈을
찾는다면, 앞으로도 새로운 운명을 개척해 나갈 수 있을 것이다. 사실
다른 유라시아 대륙의 중소국가, 끼인 국가와 비교할 때 한국처럼 국가
와 영토를 잘 보존해온 나라도 별로 없다. 세계적인 제국을 옆에 두고
도 국가를 상실한 시기는 단기간에 불과했다. 또한 지난 반세기 동안에
한국은 경이로운 국가발전을 이루었다. 경제발전과 정치 민주화에 성
공한 결과, 국력으로는 세계 10위권의 '중견국,' 정치·경제적으로는 '선
진국'으로 성장했다. 특히 19세기 말부터 연이은 국권 상실, 일제의 약
탈, 남북 분단, 전쟁 등에 이르는 민족 수난사를 돌이켜 보면, 오늘 한
국의 정치경제적 발전상은 대단한 성취가 아닐 수 없다.

　2010년대 들어 미중 경쟁으로 국제안보 환경이 급변하면서, 한국은 갑자기 국가안보전략에 대한 고민이 깊어졌다. 탈냉전기에 미국 패권이 주도하는 자유주의 국제질서하에서 잘 작동했던 안미경중의 국가전략에 급제동이 걸렸기 때문이었다. 미중 경쟁에 대한 대응을 둘러싸고 국내에서 백가쟁명(百家爭鳴)식 논쟁이 벌어졌다. 이 논쟁은 탈냉전기 대북정책을 둘러싼 혼란을 연상시켰다. 정치권에서도 외교안보 정책공동체에서도 미중 경쟁에 대한 옵션과 선택에 대한 범(凡)정파적, 범이념적 심의와 합의 절차는 없었다. 문재인 진보 정부는 미중 간 양자택일을 거부하는 균형 외교노선을, 윤석열 보수 정부는 미국에 편승하는 동맹 외교노선을 선택했다. 소속 정당의 이념적 성향과 정책적 선입견에 따른 선택이었다.

　미중 경쟁으로 인해 반세계, 탈동조화, 진영화가 진행되자, 한국은 다른 중소국가보다 더 크게 경제적, 안보적 리스크에 노출되었다. 한국은 급속한 국가발전에도 불구하고, 여전히 자원빈국이고 경제의 대외의존도가 과도히 높은 '경제 취약국'이기 때문이었다. 또한 분단된 북한과 항구적인 안보 경쟁에 빠진 데다, 세계 4대 강대국에 둘러싸인 '안보 취약국'이기 때문이었다. 투자의 기본 원칙이 "달걀을 한 바스켓에 담지 말라"는 것이다. 국가안보와 국가경제에도 같은 교훈이 있고, 대다수 국가들은 이를 따른다. 하지만 과거 우리 안보는 한미동맹과 자강에 집중하고 지역안보협력, 국제안보협력, 주변 적대관계 해소를 등한시했다. 경제도 소수 국가와 소수 품목에 수출입이 집중되었고, 정부도 기업도 눈앞의 경제적 편익을 위해 경제 다변화 전략을 외면했다.

　국제정치 석학인 하영선 서울대 명예교수님이 몇 해 전 이런 한국의 곤경을 예견하며, 오늘 한국의 선택이 향후 100년 한국의 운명을 좌우할 것이라고 경고했다. 그리고 이에 대비하기 위해 탈탈냉전 시대를 위한 국가안보전략과 대전략의 '재건축'을 촉구했다. 그런데 국가안보전략을 재건축하려면, 우선 재건축을 위한 개념도가 있어야 한다. 그것도 한 개가 아니고 다수의 개념도를 놓고 국가적 대논쟁을 벌여서 최선의 방안을 선택해야 한다.

필자는 국립외교원 연구생활을 마무리하면서, 그동안 고민하고 토론하고 연구했던 관련 주제의 보고서와 논문을 한 권으로 묶었다. 이 책이 21세기 한국 외교의 '재건축'을 위한 한 장이 밑그림, 한 장의 벽돌로 이용되기를 바라 마지않는다.

참고문헌

고재남. "옛 소련 국가들의 대 강대국 외교전략 발제문." 국립외교원 외교안보연구소 중소국 외교전략 세미나, 2018.2.27.

구대열. 『삼국통일의 정치학』. 서울: 까치글방, 2010.

국가안보실. 『(희망의 새시대) 국가안보전략』. 서울: 국가안보실, 2014.

_____. 『문재인 정부의 국가안보전략』. 서울: 국가안보실, 2018.

국가안전보장회의. 『평화번영과 국가안보 : 참여정부의 안보정책 구상』. 서울: 국가안보보장회의 사무처, 2004.

국사편찬위원회. 『(신편)한국사 시리즈』. 과천: 국사편찬위원회, 1993~2002.

김계동. 『한반도 전쟁과 분쟁』. 서울: 서울대학교 출판부, 2000.

김명기. 『임진왜란과 한중관계』. 서울: 역사비평사, 1999.

_____. 『정묘병자호란과 동아시아』. 서울: 푸른역사, 2009.

김신규. "중동부유럽 국가 사례 발제문." 국립외교원 외교안보연구소 중소국 외교전략 세미나, 2018.2.27.

_____. "안보의 진공을 타개하기 위한 약소국의 선택." 『동유럽발칸연구』. 제32호, 2012.

김양규. "중간국 한국의 여론지형 변화: 부정적 대중국 인식 확대 요인과 정책적 함의." 2022년 한국국제정치학회 연례학술회의, 2022.12.2.

김영수·김종헌 외. 『동북아시아의 갈등과 대립: 청일전쟁에서 한국전쟁까지』. 서울: 동북아역사재단, 2008.

김진호. "핀란드의 편승적 중립정책." 『세계정치 11』. 봄여름호, 2009.

_____. "핀란드의 대 강대국 외교전략과 배경 발제문." 국립외교원 외교안보연구소 중소국 외교전략 세미나, 2018.2.27.

김태현. "한국 외교정책 50년의 검토와 평가: 중소국 외교론의 관점에서." 『한국과 국제정치』. 제38권 1호, 2022.

_____. "혼돈 시대 대한민국의 대전략." 『국가전략』. 25(3), 2019.

김태환. 『정체성 정치와 중견국 공공외교의 유형비교: 한국에 대한 함의』. 국립외교원 외교안보연구소 정책연구시리즈 2017－19, 2018.

김용구. 『세계외교사』. 서울: 서울대학교출판문화원, 2006.

_____. 『임오군란과 갑신정변』. 서울: 도서출판원, 2005.

김흥규 엮음.『신국제질서와 한국외교전략』. 서울: 명인문화사, 2021.

동북아역사재단.『동북아 관계사의 성격』. 서울: 동북아역사재단, 2009.

_____.『한국의 대외관계와 외교사: 고대편/고려편/조선편』. 서울: 동북아역사재단, 2018, 2019.

동아시아연구원. "문재인 정부 중간평가: 여론조사 및 후반기 정책과제." EAI 정책 토론회 여론조사 발표 자료, 2019.11.5.

문정인.『문정인의 미래 시나리오』. 서울: 청림출판, 2021.

배긍찬. "아세안 국가들의 대 강대국 외교전략 발제문." 국립외교원 외교안보연구소 중소국 외교전략 세미나, 2018.2.27.

배기찬.『코리아 생존 전략; 패권경쟁과 전쟁위기 속에서 새우가 아닌 고래가 되기 위한 전략』. 서울: 위즈덤하우스, 2017.

_____.『코리아, 다시 생존의 기로에 서다』. 서울: 위즈덤하우스, 2005.

배리 부잔, 레네 한센, 신욱희 등 역.『국제안보론: 국제안보 연구의 형성과 발전』. 서울: 을유문화사, 2010.

서울대학교 국제문제연구소편. "안보위협과 중소국의 선택."『세계정치 11』. 봄여름호, 2009.

신범식. "다자 안보협력체제의 개념과 현실: 집단안보, 공동안보, 협력안보를 중심으로."『JPI 정책포럼』. No. 2015 – 9, 2015.

신범식 엮음.『아시아의 지정학적 중간국 외교』. 서울: 사회평론아카데미, 2022.

신봉길.『한중일 협력의 진화: 3국 협력사무국(TCS) 설립과 협력의 제도화』. 서울: 아연출판부, 2015.

신종호·정성윤 외. 『2030 미·중관계 시나리오와 한반도』. KINU 연구총서 18 – 26, 서울: 통일연구원, 2018.

아산정책연구원. "한국인의 한미관계 인식."『아산리포트』. 서울: 아산정책연구원, 2022.

역사학회.『전쟁과 동북아의 국제질서』. 서울: 일조각, 2006.

외교부.『동북아 평화협력 구상: 아시아 패러독스를 넘어 평화협력의 동북아로』. 서울: 외교부, 2014.

위성락. "한·소 수교 과정의 회고."『외교』. 제136호, 2021.

윤영관.『외교의 시대: 한반도의 길을 묻다』. 서울: 미지북스, 2015.

이대우.『동북아플러스 책임공동체 구상』. 세종연구소 세종정책총서 2019 – 1, 2019.

이삼성.『동아시아의 전쟁과 평화 1, 2권』. 서울: 한길사, 2009.

이상신 편.『KINU 통일의식 조사 2021: 요약 보고서』. 서울: 통일연구원, 2021.

이완범.『한반도 분할의 역사: 임진왜란에서 6·25전쟁까지』. 성남: 한국학중앙연 구원출판부, 2013.

장철균. "스위스 중립의 성격과 한반도 중립 논의."『JPI 정책포럼』. No. 2011-33, 2011.

_____.『21세기 대한민국 선진화전략: 스위스에서 배운다』. 파주: 살림, 2014.

장페이페이 외. 김승일 역.『한중 관계사』. 파주: 범우, 2005.

전병곤 외.『뉴노멀 시대 미중 전략 경쟁 관계와 한반도에의 함의 1부, 2부』. 통일 연구원 KINU 연구총서, 2017.

전봉근.『21세기 한국 국제안보 연구: 개념과 실제』. 국립외교원 외교안보연구소 정책연구시리즈 2015-03, 2016.

_____. "동북아 세력정치의 귀환과 한국 안보."『외교』. 제121호, 2017.

_____. "트럼프 국가안보전략과 한국 안보에 대한 함의." 국립외교원 외교안보연 구소 IFANS FOCUS, 2017.

_____.『동북아 세력정치와 한국 안보』. 국립외교원 외교안보연구소 정책연구시 리즈 2017-14, 2018.

_____.『중소 중추국 외교전략과 한국 외교』. 국립외교원 외교안보연구소 정책연 구시리즈 2018-04, 2018.

_____.『국가 안보전략의 국익 개념과 체계』. 국립외교원 외교안보연구소 주요국 제문제분석 2019-24, 2019.

_____.『미중 경쟁 시대 정체성 기반 국익과 신 외교원칙 모색』. 국립외교원 외교 안보연구소 주요국제문제분석 2019-24, 2019.

_____.『미중 경쟁시대 한국의 중간국 외교전략 모색』. 국립외교원 외교안보연구소 정책연구시리즈 2019-03, 2019.

_____.『비핵화의 정치』. 서울: 명인문화사, 2020.

_____.『동북아 지정학과 한국 외교전략: 강중국과 중추국 정체성을 중심으로』. 국립외교원 외교안보연구소 정책연구시리즈 2020-07, 2021.

_____.『동북아 신 지정학 시대 공동안보를 위한 지역안보협력 추진전략』. 국립외 교원 외교안보연구소 정책연구시리즈 2021-09, 2022.

_____.『2022년 북핵 동향 평가와 북핵협상 재개 전략: 북핵 동결을 위한 '잠정합 의 추진 방안』. 국립외교원 외교안보연구소 주요국제문제분석 2022-04, 2022.

_____. "IAEA 북핵 보고서 평가와 대응방안." 국립외교원 외교안보연구소 IFANS FOCUS, 2021.

_____. "바이든 행정부의 핵무기 '일차 불사용' 논쟁 동향과 한국안보에 대한 함의." 국립외교원 외교안보연구소 IFANS FOCUS, 2021.

_____. 『동북아 전생과 한국의 지전략』. 국립외교원 외교안보연구소 정책연구시리즈 2022-09, 2023.

전재성. 『동북아 국제정치이론: 불완전 주권국가들의 국제정치』. 서울: 한울아카데미, 2020.

조동준. "안보위협을 대처하는 중소국의 선택."『세계정치 11』봄여름호, 2009.

진창수. 『동북아 평하협력구상』. 서울: 오름, 2014.

차혜원. "16세기 국제질서 변화와 한중관계." 동양사학회 학술대회 발표논문집, 2017.

청와대. 『이명박 정부 외교안보의 비전과 전략: 성숙한 세계국가』. 서울: 청와대, 2009.

최은미. 『동북아평화협력플랫폼 활성화를 위한 추진과제』. 주요국제문제분석 2018-54, 2018.

하영선. "문재인 정부 후반기 4대 외교역량 강화책" EAI 정책토론회 문재인 정부 중간평가: 여론조사 및 후반기 정책과제 발표, 2019.11.5.

한명기. 『병자호란』. 서울: 푸른역사, 2013.

한용섭. 『국방정책론』. 서울: 박영사, 2012.

NEAR 재단. 『미·중 사이에서 고뇌하는 한국의 외교·안보: 연미화중으로 푼다』. 서울: 매일출판, 2011.

Baldwin, David A. "The concept of security." *Review of International Studies*. Vol. 23, 1997.

Brzezinski, Zbigniew. *The Grand Chessboard: American Primacy and its Geostrategic Imperatives*. New York: Basic books, 2016.

Buzan, Barry. *People, States and Fear: the National Security Problem in International Relations*. Chapel Hill: The University of North Carolina Press, 1983.

_____. "New Patterns of Global Security in the Twenty-First Century." *International Affairs*. Vol. 67, No. 3, 1991.

Edmunds, Timothy, Jamie Gaskarth and Robin Porter. (ed.). *British Foreign Policy and the National Interest: Identity, Strategy and Security*. London: Palgrave Macmillan, 2014.

Green, Michael. *By More Than Providence: Grand Strategy and American Power in the Asia Pacific Since 1783.* New York: Columbia University Press, 2017.

Freedman, Lawrence. *Strategy: A History.* Oxford: Oxford University Press, 2013.

Hey, Jeanne AK. ed. *Small states in world politics: Explaining foreign policy behavior.* Colorado: Lynne Rienner Publishers, 2003.

Hsiung, James C. *Comprehensive Security: Challenge For Pacific Asia.* Indiana: University of Indianapolis Press, 2004.

Ikenberry, G. John. "Between the Eagle and the Dragon: America, China, and Middle State Strategies in East Asia." *Political Science Quarterly.* Vol. 131, Issue. 1, 2016.

Independent Commission on Disarmament and Security Issues. *Common security: a Blueprint for Survival.* New York: Simon and Schuster, 1982.

Kaplan, Robert D. *The Revenge of Geography: What the Map Tells Us About Coming Conflicts and the Battle Against Fate.* New York: Random House, 2012.

Kissinger, Henry. *Diplomacy*, New York: Simon & Schuster, 1994.

Ledyard, Gari. "Yin and Yang in the China−Manchuria−Korea Triangle." in *China Among Equals: The Middle Kingdom and Its Neighbors, 10th−14th Centuries* edited by Morris Rossabi. California: UC Press, 1983.

Liddel, B. H. Hart. *Strategy−Second Revised Edition.* New York: Plume, 1991.

Mackinder, Halford J. "The Geographical Pivot of History." *The Geographical Journal.* Vol. 23, No. 4, 1904.

_____. *Democratic Ideals and Reality: A Study in the Politics of Reconstruction.* New York: Henry Holt and Company, 1942.

MacMillan, Margaret. "The Rhyme of History: Lessons of the Great War." *The Brookings Essay,* Washington D.C.: Brookings Institution Publication, 2013.

Marshall, Tim. *Prisoners of Geography: Ten Maps That Explain Everything About the World.* New York: Scribner, 2016.

Mead, Walter Russell. "The Return of Geopolitics: The Revenge of the

Revisionist Powers." *Foreign Affairs.* Vol. 93, No. 3, 2014.

Mearsheimer, John J. "Back to the future: Instability in Europe after the Cold War." *International Security.* Vol. 15, No. 1, 1990.

_____. The Tragedy of Great Power Politics. New York: W.W.Norton, 2001.

_____. "The Rise of China Will Not Be Peaceful at All. The Australian. November 18, 2004. <https://www.mearsheimer.com/wp−content/uploads/2019/06/The−Australian−November−18−2005.pdf>.

Mihalka, Michael. "Cooperative Security in the 21st Century." *Connections.* Vol. 4, No, 4, 2005.

Snyder, Scott A., Darcie Draudt, and Sungtae Park. "The Korean Pivot: Seoul's Strategic Choices and Rising Rivalries in Northeast Asia." Council on Foreign Relations, Feb. 1, 2017.

Spykman, Nicholas J. America's Strategy in World Politics: the United States and the Balance of Power. Routledge, 2017.

Sweijs, Tim. et al. "Why are Pivot States so Pivotal?: The Role of Pivot States in Regional and Global Security." The Hague Center for Strategic Studies Research Report, 2014.

US Department of Defense. "Summary of the 2018 National Defense Strategy of the United States of America: Sharpening the American Military's Competitive Edge." 2018.

_____. "Asia−Pacific Maritime Security Strategy." 2015.

US White House. "National Security Strategy of the United States of America." 2017.

Walt, Stephen M. "Alliance Formation and the Balance of World Power." *International security.* Vol. 9, No. 4, 1985.

Waltz, Kenneth. *Theory of International Politics.* New York; McGraw−Hill, 1979.

Wolfers, Arnold. "'National Security" as an Ambiguous Symbol." *Political Science Quarterly* Vol. 67, No. 4, 1952.

웹사이트

국사편찬위원회 <https://www.contents.history.go.kr>

동아시아연구원(EAI) <https://www.eai.or.kr>

Bulletin of the Atomic Scientists <https://thebulletin.org>

Center for Arms Control and Non−Proliferation <https://armscontrolcenter.org>

European Geostrategy <www.europeangeostrategy.org>

International Panel on Fissile Materials <https://fissilematerials.org>

MI6 Security Service <https://www.mi5.gov.uk>

NATO <http://www.nato.int>

National Bureau of Asian Research <https://www.nbr.org>

OSCE <http://www.osce.org>

US Department of State <http://www.state.gov>

신문 · 방송 · 잡지

『뉴시스』, 『연합뉴스』, 『조선일보』, 『주간동아』, 『중앙일보』, 『한겨레』, 『한국일보』, 『BBC 뉴스 코리아』, 『KBS』

Wall Street Journal, VOA Korea

찾아보기

저자 소개

전봉근 국립외교원 외교안보연구소 교수

2005년부터 2023년까지 국립외교원 교수로 재직하고, 국립외교원 외교안보연구소장 직무대리, 안보통일연구부장, 외교전략센터 책임교수 등을 역임했다. 연구 분야는 북핵문제, 동북아, 외교전략, 군축비확산, 핵정책 등이다. 국립외교원 이전에는 대통령실 국제안보비서관, KEDO 뉴욕본부 전문위원, 통일부 장관정책보좌관으로 근무했다. 그 외 한국핵정책학회 회장, 한국국제정치학회 부회장, 외교부 · 통일부 · 국방부의 자체평가위원 · 정책자문위원, 민주평화통일자문회의 상임자문위원 등을 역임했다. 서울 핵안보정상회의, 한미 원자력협력협정 개정협상, 남북정상회담자문회의, 국회 남북화해협력자문위원회, 국회 경제외교자문위원회, 원전수출전략 추진위원회 등에 자문위원으로 참여했다. 주요 저서로는 『한반도 국제정치의 비극(박영사, 2023)』, 『북핵 위기 30년(명인문화사, 2023)』, 『비핵화의 정치(명인문화사, 2020)』, 『신 국제질서와 한국 외교전략(공저, 명인문화사, 2021)』, 『북한의 오늘 2(공저, 서울대 국제문제연구소 총서, 2019) 등이 있다.

한반도 국제정치의 비극

초판발행   2023년 6월 30일

지은이   전봉근
펴낸이   안종만·안상준

편 집   양수정
기획/마케팅   정연환
표지디자인   Ben Story
제 작   고철민·조영환

펴낸곳   (주)**박영사**
              서울특별시 금천구 가산디지털2로 53, 210호(가산동, 한라시그마밸리)
              등록 1959. 3. 11. 제300-1959-1호(倫)

전 화   02)733-6771
f a x   02)736-4818
e-mail   pys@pybook.co.kr
homepage   www.pybook.co.kr
ISBN   979-11-303-1785-4   93340

정 가   28,000원